中国社会科学院
庆祝中华人民共和国成立70周年书系

总主编 谢伏瞻

国家哲学社会科学学术研究史

新中国政治学研究70年

房宁／主编

中国社会科学出版社

图书在版编目(CIP)数据

新中国政治学研究 70 年 / 房宁主编. —北京：中国社会科学出版社，2019.12（2020.12 重印）

（庆祝中华人民共和国成立 70 周年书系）

ISBN 978－7－5203－4980－2

Ⅰ．①新… Ⅱ．①房… Ⅲ．①政治学—研究—中国 Ⅳ．①D6

中国版本图书馆 CIP 数据核字（2019）第 200437 号

出 版 人	赵剑英
责任编辑	王　琪
责任校对	郝阳洋
责任印制	王　超

出　　版	中国社会科学出版社
社　　址	北京鼓楼西大街甲 158 号
邮　　编	100720
网　　址	http://www.csspw.cn
发 行 部	010－84083685
门 市 部	010－84029450
经　　销	新华书店及其他书店
印刷装订	北京君升印刷有限公司
版　　次	2019 年 12 月第 1 版
印　　次	2020 年 12 月第 2 次印刷
开　　本	710×1000　1/16
印　　张	32.75
字　　数	456 千字
定　　价	189.00 元

凡购买中国社会科学出版社图书，如有质量问题请与本社营销中心联系调换
电话：010－84083683
版权所有　侵权必究

中国社会科学院
《庆祝中华人民共和国成立 70 周年书系》
编撰工作领导小组及委员会名单

编撰工作领导小组：

组　长　谢伏瞻

成　员　王京清　蔡　昉　高　翔　高培勇　杨笑山
　　　　姜　辉　赵　奇

编撰工作委员会：

主　任　谢伏瞻

成　员　（按姓氏笔画为序）

卜宪群　马　援　王　巍　王立胜　王立峰
王延中　王京清　王建朗　史　丹　邢广程
刘丹青　刘跃进　闫　坤　孙壮志　李　扬
李正华　李　平　李向阳　李国强　李培林
李新烽　杨伯江　杨笑山　吴白乙　汪朝光
张　翼　张车伟　张宇燕　陈　甦　陈光金
陈众议　陈星灿　周　弘　郑筱筠　房　宁
赵　奇　赵剑英　胡　滨　姜　辉　莫纪宏

夏春涛　高　翔　高培勇　唐绪军　黄　平
黄群慧　朝戈金　蔡　昉　樊建新　潘家华
魏后凯

协调工作小组：

组　长　蔡　昉

副组长　马　援　赵剑英

成　员（按姓氏笔画为序）

王子豪　王宏伟　王　茵　云　帆　卢　娜
叶　涛　田　侃　曲建君　朱渊寿　刘大先
刘　伟　刘红敏　刘　杨　刘爱玲　吴　超
宋学立　张　骅　张　洁　张　旭　张崇宁
林　帆　金　香　郭建宏　博　悦　蒙　娃

总　序

与时代同发展　与人民齐奋进

谢伏瞻[*]

今年是新中国成立70周年。70年来，中国共产党团结带领中国人民不懈奋斗，中华民族实现了从"东亚病夫"到站起来的伟大飞跃、从站起来到富起来的伟大飞跃，迎来了从富起来到强起来的伟大飞跃。70年来，中国哲学社会科学与时代同发展，与人民齐奋进，繁荣中国学术，发展中国理论，传播中国思想，为党和国家事业发展作出重要贡献。在这重要的历史时刻，我们组织中国社会科学院多学科专家学者编撰了《庆祝中华人民共和国成立70周年书系》，旨在系统回顾总结中国特色社会主义建设的巨大成就，系统梳理中国特色哲学社会科学发展壮大的历史进程，为建设富强民主文明和谐美丽的社会主义现代化强国提供历史经验与理论支持。

壮丽篇章　辉煌成就

70年来，中国共产党创造性地把马克思主义基本原理同中国具体实际相结合，领导全国各族人民进行社会主义革命、建设和改革，

---

[*] 中国社会科学院院长、党组书记，学部主席团主席。

战胜各种艰难曲折和风险考验，取得了举世瞩目的伟大成就，绘就了波澜壮阔、气势恢宏的历史画卷，谱写了感天动地、气壮山河的壮丽凯歌。中华民族正以崭新姿态巍然屹立于世界的东方，一个欣欣向荣的社会主义中国日益走向世界舞台的中央。

我们党团结带领人民，完成了新民主主义革命，建立了中华人民共和国，实现了从几千年封建专制向人民民主的伟大飞跃；完成了社会主义革命，确立社会主义基本制度，推进社会主义建设，实现了中华民族有史以来最为广泛而深刻的社会变革，为当代中国的发展进步奠定了根本政治前提和制度基础；进行改革开放新的伟大革命，破除阻碍国家和民族发展的一切思想和体制障碍，开辟了中国特色社会主义道路，使中国大踏步赶上时代，迎来了实现中华民族伟大复兴的光明前景。今天，我们比历史上任何时期都更接近、更有信心和能力实现中华民族伟大复兴的目标。

中国特色社会主义进入新时代。党的十八大以来，在以习近平同志为核心的党中央坚强领导下，我们党坚定不移地坚持和发展中国特色社会主义，统筹推进"五位一体"总体布局，协调推进"四个全面"战略布局，贯彻新发展理念，适应我国社会主要矛盾已经转化为人民日益增长的美好生活需要和不平衡不充分的发展之间的矛盾的深刻变化，推动我国经济由高速增长阶段向高质量发展阶段转变，综合国力和国际影响力大幅提升。中国特色社会主义道路、理论、制度、文化不断发展，拓展了发展中国家走向现代化的途径，给世界上那些既希望加快发展又希望保持自身独立性的国家和民族提供了全新选择，为解决人类问题贡献了中国智慧和中国方案，为人类发展、为世界社会主义发展做出了重大贡献。

70年来，党领导人民攻坚克难、砥砺奋进，从封闭落后迈向开放进步，从温饱不足迈向全面小康，从积贫积弱迈向繁荣富强，取得了举世瞩目的伟大成就，创造了人类发展史上的伟大奇迹。

经济建设取得辉煌成就。 70年来，我国经济社会发生了翻天覆地的历史性变化，主要经济社会指标占世界的比重大幅提高，国际地位和国际影响力显著提升。经济总量大幅跃升，2018年国内生产总值比1952年增长175倍，年均增长8.1%。1960年我国经济总量占全球经济的比重仅为4.37%，2018年已升至16%左右，稳居世界第二大经济体地位。我国经济增速明显高于世界平均水平，成为世界经济增长的第一引擎。1979—2012年，我国经济快速增长，年平均增长率达到9.9%，比同期世界经济平均增长率快7个百分点，也高于世界各主要经济体同期平均水平。1961—1978年，中国对世界经济增长的年均贡献率为1.1%。1979—2012年，中国对世界经济增长的年均贡献率为15.9%，仅次于美国，居世界第二位。2013—2018年，中国对世界经济增长的年均贡献率为28.1%，居世界第一位。人均收入不断增加，1952年我国人均GDP仅为119元，2018年达到64644元，高于中等收入国家平均水平。城镇化率快速提高，1949年我国的城镇化率仅为10.6%，2018年我国常住人口城镇化率达到了59.58%，经历了人类历史上规模最大、速度最快的城镇化进程，成为中国发展史上的一大奇迹。工业成就辉煌，2018年，我国原煤产量为36.8亿吨，比1949年增长114倍；钢材产量为11.1亿吨，增长8503倍；水泥产量为22.1亿吨，增长3344倍。基础设施建设积极推进，2018年年末，我国铁路营业里程达到13.1万公里，比1949年年末增长5倍，其中高速铁路达到2.9万公里，占世界高铁总量60%以上；公路里程为485万公里，增长59倍；定期航班航线里程为838万公里，比1950年年末增长734倍。开放型经济新体制逐步健全，对外贸易、对外投资、外汇储备稳居世界前列。

科技发展实现大跨越。 70年来，中国科技实力伴随着经济发展同步壮大，实现了从大幅落后到跟跑、并跑乃至部分领域领跑的历史性跨越。涌现出一批具有世界领先水平的重大科技成果。李四光等人提出"陆相生油"理论，王淦昌等人发现反西格玛负超子，第一颗原子弹装置爆炸成功，第一枚自行设计制造的运载火箭发射成功，在世界上首次人工合成牛胰岛素，第一颗氢弹空爆成功，陈景润证明了哥德巴赫猜想中的"1+2"，屠呦呦等人成功发现青蒿素，天宫、蛟龙、天眼、悟空、墨子、大飞机等重大科技成果相继问世。相继组织实施了一系列重大科技计划，如国家高技术研究发展（863）计划、国家重点基础研究发展（973）计划、集中解决重大问题的科技攻关（支撑）计划、推动高技术产业化的火炬计划、面向农村的星火计划以及国家自然科学基金、科技型中小企业技术创新基金等。研发人员总量稳居世界首位。我国研发经费投入持续快速增长，2018年达19657亿元，是1991年的138倍，1992—2018年年均增长20.0%。研发经费投入强度更是屡创新高，2014年首次突破2%，2018年提升至2.18%，超过欧盟15国平均水平。按汇率折算，我国已成为仅次于美国的世界第二大研发经费投入国家，为科技事业发展提供了强大的资金保证。

人民生活显著改善。我们党始终把提高人民生活水平作为一切工作的出发点和落脚点，深入贯彻以人民为中心的发展思想，人民获得感显著增强。70年来特别是改革开放以来，从温饱不足迈向全面小康，城乡居民生活发生了翻天覆地的变化。我国人均国民总收入（GNI）大幅提升。据世界银行统计，1962年，我国人均GNI只有70美元，1978年为200美元，2018年达到9470美元，比1962年增长了134.3倍。人均GNI水平与世界平均水平的差距逐渐缩小，1962年相当于世界平均水平的14.6%，2018年相当于世界平均水平的85.3%，比1962年提高了70.7个百分点。在世界银行公布的人均GNI排名中，2018年中国排名第71位（共计192个经济体），比1978年（共计188个经济体）提高104位。组织实施了一系列中长期扶贫规划，从救济式扶贫到开发式扶贫再到精准扶贫，探索出一条符合中国国情的农村扶贫开发道路，为全面建成小康社会奠定了坚实基础。脱贫攻坚战取得决定性进展，贫困人口大幅减少，为世界减贫事业做出了重大贡献。按照我国现行农村贫困标准测算，1978年我国农村贫困人口为7.7亿人，贫困发生率为97.5%。2018年年末农村贫困人口为1660万人，比1978年减少7.5亿人；贫困发生率为1.7%，比1978年下降95.8个百分点，平均每年下降2.4个百分点。我国是最早实现联合国千年发展目标中减贫目标的发展中国家。就业形势长期稳定，就业总量持续增长，从1949年的1.8亿人增加到2018年的7.8亿人，扩大了3.3倍，就业结构调整优化，就业质量显著提升，劳动力市场不断完善。教育事业获得跨越式发展。1970—2016年，我国高等教育毛入学率从0.1%提高到48.4%，2016年我国高等教育毛入学率比中等收入国家平均水平高出13.4个百分点，比世界平均水平高10.9个百分点；中等教育毛入学率从1970年的28.0%提高到2015年的94.3%，2015年我国中等教育毛入学率超过中等收入国家平均水平16.5个百分点，远高于世界平均水平。我国总人口由1949年的5.4亿人发展到2018年的近14亿人，年均增长率约为1.4%。人民身体素质日益改善，居民预期寿命由新中国成立初的35岁提高到2018年的77岁。居民环境卫生条件持续改善。2015年，我国享有基本环境卫生服务人口占总人口比重为75.0%，超过中等收入国家66.1%的平均水平。我国居民基本饮用水服务已基本实现全民覆盖，超过中等偏上收入国家平均水平。

思想文化建设取得重大进展。党对意识形态工作的领导不断加强，党的理论创新全面推进，马克思主义在意识形态领域的指导地位更加巩固，中国特色社会主义和中国梦深入人心，社会主义核心价值观和中华优秀传统文化广泛弘扬。文化事业繁荣兴盛，文化产业快速发展。文化投入力度明显加大。1953—1957年文化事业费总投入为4.97亿元，2018年达到928.33亿元。广播影视制播能力显著增强。新闻出版繁荣发展。2018年，图书品种51.9万种、总印数100.1亿册（张），分别为1950年的42.7倍和37.1倍；期刊品种10139种、总印数22.9亿册，分别为1950年的34.4倍和57.3倍；报纸品种1871种、总印数337.3亿份，分别为1950年的4.9倍和42.2倍。公共文化服务水平不断提高，文艺创作持续繁荣，文化事业和文化产业蓬勃发展，互联网建设管理运用不断完善，全民健身和竞技体育全面发展。主旋律更加响亮，正能量更加强劲，文化自信不断增强,全党全社会思想上的团结统一更加巩固。改革开放后,我国对外文化交流不断扩大和深化,已成为国家整体外交战略的重要组成部分。特别是党的十八大以来,文化交流、文化贸易和文化投资并举的"文化走出去"、推动中华文化走向世界的新格局已逐渐形成,国家文化软实力和中华文化影响力大幅提升。

生态文明建设成效显著。70年来特别是改革开放以来,生态文明建设扎实推进,走出了一条生态文明建设的中国特色道路。党的十八大以来,以习近平同志为核心的党中央高度重视生态文明建设,将其作为统筹推进"五位一体"总体布局的重要内容,形成了习近平生态文明思想,为新时代推进我国生态文明建设提供了根本遵循。国家不断加大自然生态系统建设和环境保护力度,开展水土流失综合治理,加大荒漠化治理力度,扩大森林、湖泊、湿地面积,加强自然保护区保护,实施重大生态修复工程,逐步健全主体功能区制度,推进生态保护红线工作,生态保护和建设不断取得新成效,环境保护投入跨越式增长。20世纪80年代初期,全国环境污染治理投资每年为25亿—30亿元,2017年,投资总额达到9539亿元,比2001年增长7.2倍,年均增长14.0%。污染防治强力推进,治理成效日益彰显。重大生态保护和修复工程进展顺利,森林覆盖率持续提高。生态环境治理明显加强,环境状况得到改善。引导应对气候变化国际合作,成为全球生态文明建设的重要参与者、贡献者、引领者。[①]

新中国70年的辉煌成就充分证明,只有社会主义才能救中国,只有改革开放才能发展中国、发展社会主义、发展马克思主义,只有坚持以人民为中心才能实现党的初心和使命,只有坚持党的全面领导才能确保中国这艘航船沿着正确航向破浪前行,不断开创中国特色社会主义事业新局面,谱写人民美好生活新篇章。

---

① 文中所引用数据皆来自国家统计局发布的《新中国成立70周年经济社会发展成就系列报告》。

繁荣中国学术　发展中国理论
传播中国思想

70年来，我国哲学社会科学与时代同发展、与人民齐奋进，在革命、建设和改革的各个历史时期，为党和国家事业作出了独特贡献，积累了宝贵经验。

一　发展历程

——在马克思主义指导下奠基、开创哲学社会科学。新中国哲学社会科学事业，是在马克思主义指导下逐步发展起来的。新中国成立前，哲学社会科学基础薄弱，研究与教学机构规模很小，无法适应新中国经济和文化建设的需要。因此，新中国成立前夕通过的具有临时宪法性质的《中国人民政治协商会议共同纲领》明确提出："提倡用科学的历史观点，研究和解释历史、经济、政治、文化及国际事务，奖励优秀的社会科学著作。"新中国成立后，党中央明确要求："用马列主义的思想原则在全国范围内和全体规模上教育人民，是我们党的一项最基本的政治任务。"经过几年努力，确立了马克思主义在哲学社会科学领域的指导地位。国务院规划委员会制定了1956—1967年哲学社会科学研究工作远景规划。1956年，毛泽东同志提出"百花齐放、百家争鸣"，强调"百花齐放、百家争鸣"的方针，"是促进艺术发展和科学进步的方针，是促进中国的社会主义文化繁荣的方针"。在机构设置方面，1955年中国社会科学院的前身——中国科学院哲学社会科学学部成立，并先后建立了14个研究所。马克思主义指导地位的确立，以及科研和教育体系的建立，为新中国哲学社会科学事业的兴起和发展奠定了坚实基础。

——在改革开放新时期恢复、发展壮大哲学社会科学。党的十一届三中全会开启了改革开放新时期，我国哲学社会科学从十年

"文革"的一片荒芜中迎来了繁荣发展的新阶段。邓小平同志强调"科学当然包括社会科学",重申要切实贯彻"双百"方针,强调政治学、法学、社会学以及世界政治的研究需要赶快补课。1977年,党中央决定在中国科学院哲学社会科学学部的基础上组建中国社会科学院。1982年,全国哲学社会科学规划座谈会召开,强调我国哲学社会科学事业今后必须有一个大的发展。此后,全国哲学社会科学规划领导小组成立,国家社会科学基金设立并逐年开展课题立项资助工作。进入21世纪,党中央始终将哲学社会科学置于重要位置,江泽民同志强调"在认识和改造世界的过程中,哲学社会科学和自然科学同样重要;培养高水平的哲学社会科学家,与培养高水平的自然科学家同样重要;提高全民族的哲学社会科学素质,与提高全民族的自然科学素质同样重要;任用好哲学社会科学人才并充分发挥他们的作用,与任用好自然科学人才并发挥他们的作用同样重要"。《中共中央关于进一步繁荣发展哲学社会科学的意见》等文件发布,有力地推动了哲学社会科学繁荣发展。

——**在新时代加快构建中国特色哲学社会科学**。党的十八大以来,以习近平同志为核心的党中央高度重视哲学社会科学。2016年5月17日,习近平总书记亲自主持哲学社会科学工作座谈会并发表重要讲话,提出加快构建中国特色哲学社会科学的战略任务。2017年3月5日,党中央印发《关于加快构建中国特色哲学社会科学的意见》,对加快构建中国特色哲学社会科学作出战略部署。2017年5月17日,习近平总书记专门就中国社会科学院建院40周年发来贺信,发出了"繁荣中国学术,发展中国理论,传播中国思想"的号召。2019年1月2日、4月9日,习近平总书记分别为中国社会科学院中国历史研究院和中国非洲研究院成立发来贺信,为加快构建中国特色哲学社会科学指明了方向,提供了重要遵循。不到两年的时间内,习近平总书记专门为一个研究单位三次发贺信,这充分说明党中央对哲学社会科学的重视前所未有,对哲学社会科学工作者的关怀前所未有。在党中央坚强领导下,广大哲学社会科学工作者增强"四个意识",坚定"四个自信",做到"两个维护",坚持以习近平新时代中国特色社会主义思想为指导,坚持"二为"方向和"双百"方针,以研究我国改革发展稳定重大理论和实践问题为主攻方向,哲学社会科学领域涌现出一批优秀人才和成果。经过不懈努力,我国哲学社会科学事业取得了历史性成就,发生了历史性变革。

二 主要成就

70年来,在党中央坚强领导和亲切关怀下,我国哲学社会科学取得了重大成就。

马克思主义理论研究宣传不断深入。 新中国成立后,党中央组织广大哲学社会科学工作者系统翻译了《马克思恩格斯全集》《列宁全集》《斯大林全集》等马克思主义经典作家的著作,参与编辑出版《毛泽东选集》《毛泽东文集》《邓小平文选》《江泽民文选》《胡锦涛文选》等一批党和国家重要领导人文选。党的十八大以来,参与编辑出版了《习近平谈治国理政》《干在实处 走在前列》《之江新语》,以及"习近平总书记重要论述摘编"等一批代表马克思主义中国化最新成果的重要文献。将《习近平谈治国理政》、"习近平总书记重要论述摘编"翻译成多国文字,积极对外宣传党的创新理论,为传播中国思想作出了重要贡献。先后成立了一批马克思主义研究院(学院)和"邓小平理论研究中心""中国特色社会主义理论体系研究中心",党的十九大以后成立了10家习近平新时代中国特色社会主义思想研究机构,哲学社会科学研究教学机构在研究阐释党的创新理论,深入研究阐释马克思主义中国化的最新成果,推动马克思主义中国化时代化大众化方面发挥了积极作用。

为党和国家服务能力不断增强。 新中国成立初期,哲学社会科学工作者围绕国家的经济建设,对商品经济、价值规律等重大现实问题进行深入研讨,推出一批重要研究成果。1978年,哲学社会科学界开展的关于真理标准问题大讨论,推动了全国性的思想解放,为我们党重新确立马克思主义思想路线、为党的十一届三中全会召开作了重要的思想和舆论准备。改革开放以来，哲学社会科学界积极探索中国特色社会主义发展道路，在社会主义市场经济理论、经济体制改革、依法治国、建设社会主义先进文化、生态文明建设等重大问题上，进行了深入研究，积极为党和国家制定政策提供决策咨询建议。党的十八大以来，广大哲学社会科学工作者辛勤耕耘，紧紧围绕统筹推进"五位一体"总体布局、协调推进"四个全面"战略布局，推进国家治理体系和治理能力现代化，构建人类命运共同体和"一带一路"建设等重大理论与实践问题，述学立论、建言献策，推出一批重要成果，很好地发挥了"思想库""智囊团"作用。

学科体系不断健全。新中国成立初期，哲学社会科学的学科设置以历史、语言、考古、经济等学科为主。70年来，特别是改革开放以来，哲学社会科学的研究领域不断拓展和深化。到目前为止，已形成拥有马克思主义研究、历史学、考古学、哲学、文学、语言学、经济学、法学、社会学、人口学、民族学、宗教学、政治学、新闻学、军事学、教育学、艺术学等20多个一级学科、400多个二级学科的较为完整的学科体系。进入新时代，哲学社会科学界深入贯彻落实习近平总书记"5·17"重要讲话精神，加快构建中国特色哲学社会科学学科体系、学术体系、话语体系。

学术研究成果丰硕。70年来，广大哲学社会科学工作者辛勤耕耘、积极探索，推出了一批高水平成果，如《殷周金文集成》《中国历史地图集》《中国语言地图集》《中国史稿》《辩证唯物主义原理》《历史唯物主义原理》《政治经济学》《中华大藏经》《中国政治制度通史》《中华文学通史》《中国民族关系史纲要》《现代汉语词典》等。学术论文的数量逐年递增，质量也不断提升。这些学术成果对传承和弘扬中华民族优秀传统文化、推进社会主义先进文化建设、增强文化自信、提高中华文化的"软实力"发挥了重要作用。

对外交流长足发展。70年来特别是改革开放以来，我国哲学社会科学界对外学术交流与合作的领域不断拓展，规模不断扩大，质量和水平不断提高。目前,我国哲学社会科学对外学术交流遍及世界 100 多个国家和地区,与国外主要研究机构、学术团体、高等院校等建立了经常性的双边交流关系。坚持"请进来"与"走出去"相结合,一方面将高水平的国外学术成果译介到国内,另一方面将能够代表中国哲学社会科学水平的成果推广到世界,讲好中国故事,传播中国声音,提高了我国哲学社会科学的国际影响力。

人才队伍不断壮大。70 年来,我国哲学社会科学研究队伍实现了由少到多、由弱到强的飞跃。新中国成立之初,哲学社会科学人才队伍薄弱。为培养科研人才,中国社会科学院、中国人民大学等一批科研、教育机构相继成立,培养了一批又一批哲学社会科学人才。目前,形成了社会科学院、高等院校、国家政府部门研究机构、党校行政学院和军队五大教研系统,汇聚了 60 万多专业、多类型、多层次的人才。这样一支规模宏大的哲学社会科学人才队伍,为实现我国哲学社会科学建设目标和任务提供了有力人才支撑。

三 重要启示

70 年来,我国哲学社会科学在取得巨大成绩的同时,也积累了宝贵经验,给我们以重要启示。

坚定不移地以马克思主义为指导。马克思主义是科学的理论、人民的理论、实践的理论、不断发展的开放的理论。坚持以马克思主义为指导,是当代中国哲学社会科学区别于其他哲学社会科学的根本标志。习近平新时代中国特色社会主义思想是马克思主义中国化的最新成果,是当代中国马克思主义、21 世纪马克思主义,要将这一重要思想贯穿哲学社会科学各学科各领域,切实转化为广大哲学社会科学工作者清醒的理论自觉、坚定的政治信念、科学的思维方法。要不断推进马克思主义中国化时代化大众化,奋力书写研究阐发当代中国马克思主义、21 世纪马克思主义的理论学术经典。

坚定不移地践行为人民做学问的理念。为什么人的问题是哲学社会科学研究的根本性、原则性问题。哲学社会科学研究必须搞清楚为谁著书、为谁立说，是为少数人服务还是为绝大多数人服务的问题。脱离了人民，哲学社会科学就不会有吸引力、感染力、影响力、生命力。我国广大哲学社会科学工作者要坚持人民是历史创造者的观点，树立为人民做学问的理想，尊重人民主体地位，聚焦人民实践创造，自觉把个人学术追求同国家和民族发展紧紧联系在一起，努力多出经得起实践、人民、历史检验的研究成果。

坚定不移地以研究回答新时代重大理论和现实问题为主攻方向。习近平总书记反复强调："当代中国的伟大社会变革，不是简单延续我国历史文化的母版，不是简单套用马克思主义经典作家设想的模板，不是其他国家社会主义实践的再版，也不是国外现代化发展的翻版，不可能找到现成的教科书。"哲学社会科学研究，必须立足中国实际，以我们正在做的事情为中心，把研究回答新时代重大理论和现实问题作为主攻方向，从当代中国伟大社会变革中挖掘新材料，发现新问题，提出新观点，构建有学理性的新理论，推出有思想穿透力的精品力作，更好服务于党和国家科学决策，服务于建设社会主义现代化强国，实现中华民族伟大复兴的伟大实践。

坚定不移地加快构建中国特色哲学社会科学"三大体系"。加快构建中国特色哲学社会科学学科体系、学术体系、话语体系，是习近平总书记和党中央提出的战略任务和要求，是新时代我国哲学社会科学事业的崇高使命。要按照立足中国、借鉴国外，挖掘历史、把握当代，关怀人类、面向未来的思路，体现继承性、民族性，原创性、时代性，系统性、专业性的要求，着力构建中国特色哲学社会科学。要着力提升原创能力和水平，立足中国特色社会主义伟大实践，坚持不忘本来、吸收外来、面向未来，善于融通古今中外各种资源，不断推进学科体系、学术体系、话语体系建设创新，构建一个全方位、全领域、全要素的哲学社会科学体系。

坚定不移地全面贯彻"百花齐放、百家争鸣"方针。"百花齐放、百家争鸣"是促进我国哲学社会科学发展的重要方针。贯彻"双百方针"，做到尊重差异、包容多样，鼓励探索、宽容失误，提倡开展平等、健康、活泼和充分说理的学术争鸣,提倡不同学术观点、不同风格学派的交流互鉴。正确区分学术问题和政治问题的界限,对政治原则问题,要旗帜鲜明、立场坚定,敢于斗争、善于交锋;对学术问题,要按照学术规律来对待,不能搞简单化,要发扬民主、相互切磋,营造良好的学术环境。

坚定不移地加强和改善党对哲学社会科学的全面领导。哲学社会科学事业是党和人民的重要事业,哲学社会科学战线是党和人民的重要战线。党对哲学社会科学的全面领导,是我国哲学社会科学事业不断发展壮大的根本保证。加快构建中国特色哲学社会科学,必须坚持和加强党的领导。只有加强和改善党的领导,才能确保哲学社会科学正确的政治方向、学术导向和价值取向;才能不断深化对共产党执政规律、社会主义建设规律、人类社会发展规律的认识,不断开辟当代中国马克思主义、21世纪马克思主义新境界。

《庆祝中华人民共和国成立70周年书系》坚持正确的政治方向和学术导向,力求客观、详实,系统回顾总结新中国成立70年来在政治、经济、社会、法治、民族、生态、外交等方面所取得的巨大成就,系统梳理我国哲学社会科学重要学科发展的历程、成就和经验。书系秉持历史与现实、理论与实践相结合的原则,编撰内容丰富、覆盖面广,分设了国家建设和学科发展两个系列,前者侧重对新中国70年国家发展建设的主要领域进行研究总结;后者侧重对哲学社会科学若干主要学科70年的发展历史进行回顾梳理,结合中国社会科学院特点,学科选择主要按照学部进行划分,同一学部内学科差异较大者单列。书系为新中国成立70年而作,希望新中国成立80年、90年、100年时能够接续编写下去,成为中国社会科学院学者向共和国生日献礼的精品工程。

是为序。

目　录

导论　中国政治学 70 年发展 ……………………………… (1)
  一　艰难起步、曲折前行的中国政治学 ……………………… (2)
  二　中国政治学学科建设的发展 ……………………………… (5)
  三　中国政治学学术研究的发展 ……………………………… (16)
  四　中国政治学发展的动力机制、演进规律和
    未来前景 …………………………………………………… (32)

第一章　国家理论研究 …………………………………………… (37)
 第一节　国家基础理论 …………………………………………… (37)
  一　马克思主义国家学说 ……………………………………… (38)
  二　自由主义国家学说 ………………………………………… (44)
  三　社会民主主义国家学说 …………………………………… (47)
  四　西方晚近国家学说 ………………………………………… (49)
 第二节　中国国家理论 …………………………………………… (52)
  一　中国传统国家理论 ………………………………………… (52)
  二　中国近代国家转型的动力理论 …………………………… (56)
  三　中国现代国家建构的理论 ………………………………… (59)
  四　当代中国国家形态理论 …………………………………… (63)
 第三节　比较国家理论 …………………………………………… (66)
  一　改革开放前的比较国家理论研究 ………………………… (67)

  二　改革开放后至"冷战"结束前的比较国家理论研究 …………（68）
  三　"冷战"结束后的比较国家理论研究 ……………（70）
  四　比较国家理论研究的当前走向 ……………………（74）
 结　语 ………………………………………………………（78）

第二章　民主理论研究 ………………………………………（82）
 第一节　民主理论在中国的发展 …………………………（82）
  一　中华人民共和国成立后的民主理论研究与发展 ……（83）
  二　改革开放初期的民主理论探索 ……………………（84）
  三　世纪之交民主探索再出发 …………………………（86）
 第二节　人民民主理论研究 ………………………………（91）
  一　人民民主的概念演进 ………………………………（91）
  二　马克思主义人民民主理论研究 ……………………（93）
  三　当代人民民主理论研究的主要议题 ………………（97）
 第三节　基层民主理论 ……………………………………（101）
  一　基层民主研究发展 …………………………………（102）
  二　农村村民自治研究 …………………………………（105）
  三　城市社区自治研究 …………………………………（113）
 第四节　协商民主理论 ……………………………………（116）
  一　协商民主研究发展 …………………………………（117）
  二　协商民主研究主要议题 ……………………………（120）
 结　语 ………………………………………………………（126）

第三章　政党理论研究 ………………………………………（129）
 第一节　中国政党理论研究的历程 ………………………（129）
  一　改革开放前政党理论研究的奠基与曲折发展 ……（129）
  二　改革开放后政党理论研究的全面开展与专业化 ……（130）

  三 新时代政党理论研究体系性创新 …………………（133）
 第二节 比较政党研究 ……………………………………（135）
  一 比较政党理论研究的初期探索 ……………………（135）
  二 改革开放后比较政党研究的恢复和发展 …………（137）
  三 比较政党理论研究的蓬勃发展期 …………………（138）
 第三节 中国政党理论 ……………………………………（140）
  一 中国政党制度研究 …………………………………（140）
  二 执政党建设理论研究 ………………………………（152）
  三 参政党理论研究 ……………………………………（161）
 结 语 ……………………………………………………………（167）

第四章 治理理论研究 ………………………………………（170）
 第一节 中国治理理论研究的进程 ……………………（170）
  一 治理理论研究的缘起 ………………………………（170）
  二 治理理论研究的发展 ………………………………（174）
  三 治理理论研究的兴盛 ………………………………（178）
 第二节 国家与社会的关系 ……………………………（182）
  一 内涵外延拓展 ………………………………………（182）
  二 国家与社会的互动 …………………………………（185）
  三 分析范式应用 ………………………………………（189）
 第三节 政府与市场的关系 ……………………………（192）
  一 外部约束条件 ………………………………………（192）
  二 领域边界的区分 ……………………………………（195）
  三 政府职责功能转型 …………………………………（197）
 第四节 中央与地方的关系 ……………………………（198）
  一 现实制度变迁与"分税制"改革 …………………（198）
  二 政府职能定位调整 …………………………………（205）
  三 未来发展趋向 ………………………………………（207）
 结 语 ……………………………………………………………（208）

第五章 政治制度研究 (211)

第一节 人民代表大会制度研究 (211)
一 发展阶段及其特点研究 (212)
二 人民代表大会制度研究的主要议题 (215)

第二节 中国共产党领导的多党合作和政治协商制度研究 (222)
一 发展阶段研究 (222)
二 中国政党制度的内涵与特点 (224)
三 中国政党制度的完善与发展研究 (228)

第三节 民族区域自治制度研究 (232)
一 发展阶段及其特点研究 (233)
二 关于民族区域自治权的探讨 (234)
三 民族区域自治制度研究的其他议题 (237)

第四节 基层群众自治制度研究 (241)
一 自治制度中治理问题研究 (241)
二 自治制度中治理主体研究 (243)
三 自治制度中行政主导与党建引领关系研究 (246)

结 语 (250)

第六章 行政管理研究 (253)

第一节 行政管理学发展脉络 (253)
一 研究起步与研究中断 (253)
二 行政学的恢复和发展 (254)
三 行政学全面拓展与纵深发展 (256)

第二节 政府改革基本议题研究 (257)
一 行政体制改革与政府职能转变研究 (258)
二 政府组织机构改革研究 (266)
三 服务型政府建设研究 (269)

第三节 政府政策与运行议题的研究 (272)

一　公共政策重要议题研究 …………………………………… (272)
　　二　政务公开与信息公开的研究 ……………………………… (277)
　　三　政府绩效评估的研究 ……………………………………… (280)
　第四节　公务员制度研究 ………………………………………… (283)
　　一　人事行政管理的研究 ……………………………………… (283)
　　二　公务员管理改革和公务员制度建设 ……………………… (285)
　结　语 …………………………………………………………… (289)

第七章　比较政治研究 ……………………………………………… (293)
　第一节　比较政治研究的逻辑线索 ……………………………… (293)
　　一　以中国为本位 ……………………………………………… (294)
　　二　以世界为参照 ……………………………………………… (296)
　第二节　比较政治学的研究框架 ………………………………… (297)
　　一　"三个世界"思想对比较政治研究的意义 ……………… (297)
　　二　对民族解放运动的比较研究 ……………………………… (299)
　第三节　政治学"补课"与外来思想冲击 ……………………… (300)
　　一　改革开放时期比较政治研究的启动 ……………………… (300)
　　二　国外学术著作译介与思想冲击 …………………………… (301)
　　三　地区与国别研究再兴起 …………………………………… (303)
　　四　政治现代化研究兴起 ……………………………………… (304)
　　五　体制转型研究 ……………………………………………… (307)
　第四节　21世纪以来的比较政治研究 …………………………… (309)
　　一　经济全球化的政治效应 …………………………………… (310)
　　二　21世纪比较政治研究的议题与方法 …………………… (312)
　　三　地区与国别研究的启示 …………………………………… (319)
　　四　当前比较政治研究的新议程、新方法 …………………… (322)
　结　语 …………………………………………………………… (326)

第八章 政治思想史研究Ⅰ：中国部分 (330)
第一节 中国政治思想史学科的发展历程 (330)
  一 中国政治思想史学科的兴起与早期研究特点 (330)
  二 改革开放与中国古代政治思想史学科的重建 (333)
  三 中国近现代政治思想史学科的兴起 (335)
第二节 中国古代政治思想史研究的发展与创新 (336)
  一 对象与范围：视野的拓展与新领域的开辟 (336)
  二 主角和议题的复位：体例创新与学科自觉 (339)
  三 超越史学方法：哲学史进路的引入与社会史进路的矫正 (342)
第三节 中国近现代政治思想史研究的发展与创新 (344)
  一 三个阶段：从起步到繁荣 (344)
  二 体例与叙事：列传体+编年体与创新尝试 (346)
  三 对象与视角：国家观与现代化 (347)
  四 文本与语境分析：方法的多样化和研究视域的拓展 (348)
结　语 (350)

第九章 政治思想史研究Ⅱ：西方部分 (353)
第一节 西方政治思想研究的发展概况 (353)
  一 奠基与萌芽阶段 (354)
  二 创立与发展阶段 (355)
  三 政治思想研究的基本类型 (358)
第二节 西方政治观念研究 (360)
第三节 西方政治思潮研究 (364)
  一 西方传统政治思潮 (364)
  二 西方诸多新兴政治思潮 (368)
  三 围绕政治思潮的主要论争 (369)
结　语 (372)

第十章 方法论研究 (378)

第一节 中国政治学研究方法发展回顾 (379)
一 阶级分析方法的运用与发展 (379)
二 政治学研究方法的科学化和多元化 (380)
三 方法论范式转换 (385)

第二节 关于方法论的主要争论 (386)
一 科学化还是"本土化" (388)
二 追求规律还是观照现实 (389)
三 政治学方法论向何处去 (391)

第三节 国外政治学科学方法的学习、运用与反思 (392)
一 介绍国外政治学研究方法的努力 (392)
二 质性研究方法的运用现状 (394)
三 定量及前沿政治学方法的运用现状 (395)

结 语 (399)

第十一章 新兴学科研究 (402)

第一节 政治心理学研究 (402)
一 国内政治心理学的发展阶段 (403)
二 重点议题的研究 (407)
三 存在的问题与展望 (414)

第二节 农村政治学研究 (415)
一 农村政治学发展历程 (416)
二 农村政治学的核心议题 (421)
三 农村政治学研究的主要方法 (428)

第三节 民族政治学研究 (432)
一 民族政治学的形成 (433)
二 民族政治学的研究 (437)
三 着力构建民族政治学知识体系、话语体系和学科体系 (444)

第四节　空间政治学研究 ………………………………（449）
　一　空间政治学的兴起和发展 …………………………（449）
　二　空间政治学的研究议题 ……………………………（452）
　三　空间政治学的未来议程 ……………………………（468）
第五节　环境政治学研究 ………………………………（469）
　一　环境政治学的兴起与发展 …………………………（469）
　二　环境政治学引入和主要议题 ………………………（472）
　三　环境政治学研究的不足与展望 ……………………（482）
结　语 ………………………………………………………（485）

主要参考文献 …………………………………………（488）

后　记 ……………………………………………………（496）

导　　论

中国政治学 70 年发展

　　中国人民在中国共产党的带领下，经过 70 年奋斗和探索，终于取得了社会主义工业化、现代化建设的伟大成就，初步实现了中国从一个半殖民地、半封建国家向社会主义现代化国家的历史性跨越，初步实现了中国从农业社会向现代社会的转型。

　　70 年来中国的工业化、现代化进程是人类社会工业化、现代化进程的重要组成部分，同时又是独一无二的发展历程。它是在西方工业化、现代化世界体系形成后，世界上最大的后发国家实现工业化、现代化赶超的成功范例。中国工业化、现代化道路是人类历史进程中的新探索，同时也为人类社会发展提供了新的知识。

　　中华人民共和国成立 70 年来，中国政治学的学术研究和探索，与中国社会主义工业化、现代化进程一路同行，反映了伴随工业化、现代化探索中的政治实践与政治发展，形成了中国工业化、现代化进程中具有中国特色的政治学知识体系。《新中国政治学研究 70 年》的编写工作，就是梳理、研究和归纳、总结中国 70 年工业化、现代化进程中政治建设、政治发展的知识体系，为未来中国全面实现现代化、建成社会主义现代化强国、实现中华民族伟大复兴的中国梦提供学术支持。

一 艰难起步、曲折前行的中国政治学

1979年3月30日，北京的春天悄然而至。此时，由中宣部和中国社会科学院联合召开的"中央理论工作务虚会"已经持续近三个月之久。来自学术界和党政机关各条战线的与会者们思想高度解放、各抒己见，会上出现了多种思潮。为了统一思想，邓小平在这一天来到会场，发表了《坚持四项基本原则》的长篇讲话。这篇历史性的讲话不仅澄清了改革开放应该坚持的原则和政治底线，还明确了一心一意搞"四个现代化"才是中国"最大的政治"。邓小平强调，实现"四个现代化"是一项复杂繁重的任务，思想理论工作者不能仅限于讨论一些基本原则，而是"要深入专业，深入实际，调查研究，知彼知己，力戒空谈"。这些研究工作不仅限于自然科学，我们应该承认"社会科学的研究工作比外国落后了"，"政治学、法学、社会学以及世界政治的研究，我们过去多年忽视了，现在也需要赶快补课"。[①] 正是在这样的指示精神以及改革开放的大气候下，中国政治学的学科建设和研究工作在沉寂了近三十年之后重新迎来恢复和发展的春天。

政治学在中国的缘起更早可以追溯到19世纪末20世纪初。1899年，作为北京大学前身的"京师大学堂"在传统经学课程之外另设"政治"专门讲堂。1904年，《京师大学堂章程》在学科门类规划时首次提出"政法科—政治门"，这些都成为中国政治学创建的先声。1910年京师大学堂开办分科大学时，开始以"政法科—政治门"招收和培养学生，这标志着政治学在中国正式成为独立的实体学科门类。[②] 政治学的教学和研究之所以在近代中国变得越发受到重视，是因为人们开始认识到中国当时的问题不仅仅是洋务运动所强

[①]《邓小平文选》第2卷，人民出版社1994年版，第180—181页。

[②] 1919年，"政治门"正式更名为"政治学系"。参见"北京大学政府管理学院简介"，2018年，第4—5页。

调的缺少"器物"层面的"船坚炮利",更多的是"制度"层面的不合时宜。

近代以降,伴随着中国政治进程的变迁,中国政治学也历经了波澜起伏的曲折历程。民国时期,政治学逐渐成长为一门独立成熟的社会科学学科,1932年"中国政治学会"在南京成立,1946年约有会员140人。至1948年,当时的一百余所大学中已有四十多所设置有政治学系。① 由于中国政治学起步较晚,向西方学习成为一个自然的过程,西洋的法政学说早期经日本留学归国人员传入中国,② 政治学在课程设置和学科规划上带有欧洲国家尤其是德国政治学的某些特征,例如偏重法律,政治学系多落在法学院,形成"政法不分家"的格局,乃至影响后世发展。自20世纪30年代,英美留学生开始在各个大学政治学系的教师构成中占据主导地位,英美政治思想和研究方法大规模引入中国。这一时期,政治学在西学东渐的同时,也开始关注中国的现实政治。③ 马克思主义学说的课程和研究在这一时期也进入中国大学,成为重要学术思潮之一。④

1949年中华人民共和国成立,政治学需要找寻自己新的定位和功能。一方面,学者们普遍认识到中国政治学在长期大规模引入西方知识的同时忽略了对很多本土问题的深入探讨和研究,相较于马克思阶级和革命学说,西方的理论和概念对当时中国革命实践的解释力较弱。另一方面,中华人民共和国成立初期,中国从国家建设

---

① 赵宝煦:《中国政治学百年历程》,《东南学术》2000年第2期。
② 孙宏云:《中国现代政治学的展开:清华政治学系的早期发展(1929—1937)》,生活·读书·新知三联书店2005年版,第397—399页。
③ 该阶段涌现出了一批中国政治学家,如钱端升、萧公权、高一涵、邓初民、浦薛凤等。由中国学者撰写的政治学专著和教材相继出版,包括张慰慈的《政治学大纲》、高一涵的《政治学纲要》、邓初民的《新政治学大纲》、钱端升的《中国政府与政治》以及萧公权的《中国政治思想史》,等等。
④ 例如北京大学陈启修老师开设了"马克思学说研究"课程。邓初民的《新政治学大纲》是较早运用马克思主义理论研究政治学的著作。

和发展模式上全面借鉴苏联，其中包括学科体系。在苏联模式和意识形态下，政治学被视作资产阶级统治人民的工具，是一门"伪科学"。因此，在1952年的院系调整中，作为独立学科的政治学在中国被撤销，政治学从业者纷纷转行，部分研究和教学工作移至法学、思想政治教育、中共党史以及国际共产主义运动史等研究和教学领域。1960年初，北京大学、中国人民大学和复旦大学曾短暂组建过政治学系，但主要教授和研究马列主义基本原理。不久，为了服务外交和因应国际局势的需要，政治学系改成国际政治系，负责研究国际共产主义运动、民族解放运动和部分区域的国别政治等。直到改革开放邓小平宣布"补课"之后，政治学作为一个独立的学科和研究领域才得以全面恢复。

政治学在中国既是一门古老的学科，又是一门年轻的学科。说其古老，中国古代关于政治思想和治国理政方略的学说和著述极其丰富，虽然无法将其视作现代意义上的政治科学，但其思想学说以及对政治研究的应用取向依然构成当代中国政治学发展的传统资源。说其年轻，是因为现代意义上的政治学学科和研究直到20世纪初才在中国出现，并且其后的发展伴随着中国现当代政治进程而跌宕起伏，其起点和发展水平相较于西方都有诸多不足，改革开放后经历了几代政治学人的"补课"和努力追赶才得以呈现今天的成绩，并依然处于不断积累和成长的过程当中。

政治学是一门专门研究人类社会政治现象和政治活动规律的学科。从广义上看，一切政治现象都属于政治学考察研究的范围；就狭义来说，政治学聚焦于人类社会的公共事务，如美国学者戴维·伊斯顿所言，政治学是研究"社会价值的权威性分配"[1]。政治学是一门实践性突出的学科，是经世致用、治国安邦、造福民众的学问。政治学来源于政治实践，又应用于政治实践。现当代中国政治学起

---

[1] David Easton, *A Systems Analysis of Political Life*, New York: John Wiley & Sons, 1965.

源于中国社会近代以来曾经遭遇的内忧外患，发展于中国人民反抗外来侵略和内部专制、寻求民族独立与人民解放和建设富强民主文明和谐新社会的历程之中。中国现代政治学奠基人之一的钱端升曾指出政治学的三种用途：一是作为知识研究；二是当作一种研究方法；三是实用，即"谋政治之改良"。[①] 1980年，"中国政治学会"在其恢复成立后的《五年发展规划（1980—1985）》中提出，中国政治学的任务是研究中国实际问题，特别是在实现"四个现代化"过程中产生的主要理论和实践问题。邓小平在理论务虚会上的讲话也表明，改革开放和实现"四个现代化"是中国政治学得以恢复发展的背景，也是其需要参与和服务的对象。中国古代"治国安邦"的思想传统和现代国家治理的实际需求共同铸就了中国政治学的"实践基因"。

本书导论部分将专注于中华人民共和国成立70年来的中国政治学发展状况，从"政治学学科"和"政治学研究"两个维度概要地梳理政治学在中国的发展进程。70年来，中国政治学学科经历了建制化、专业化、国际化的渐进演化，中国政治学研究也在不断地多元化、精细化、科学化，这些成绩得益于学科自身的建设和突破、几代政治学学人的奋斗与传承，同时也离不开与中国和世界政治实践的互动。

二 中国政治学学科建设的发展

中国政治学学科自1949年以来走过了70年的成长历程，学科发展的70年镶嵌在中国政治发展的70年当中，其间有转型调适、有曲折沉寂、有恢复发展，直到今天的繁荣兴旺。

（一）改革开放前的政治学学科发展

中华人民共和国成立初期的政治学学科处在新旧交替的敏感阶段，一方面承袭了1949年之前各个大学政治学学科的基本格局，同

[①] 陈夏红：《钱端升全集》，中国政法大学出版社2017年版。

时对学科体系和内容进行了调整和改造。据1949年的统计，之前设有政治学系的高校共有34所，包括北京大学、复旦大学、燕京大学、清华大学、金陵大学等，约有教师193人，在校学生1552人。[①] 可以说，中国政治学经过近半个世纪的发展，此时已经具备一定的学科基础。中华人民共和国成立初期，各地军事管理委员会陆续接管各大高校后，采用了"维持现状、立即开学"的方案，保留政治学系和专业，正常教学和招生。然而，官方和学者们也认识到旧时的政治学学科设置和教学研究内容存在诸多不合时宜之处，需要对其进行调整。

第一，调整课程体系。1950年8月，政务院发布《关于实施高等学校课程改革的决定》，要求"废除政治上的反动课程，开设新民主主义的革命的政治课程，借以肃清封建的、买办的、法西斯主义的思想，发展为人民服务的思想"，同时还规定"各系课程应密切配合国家经济、政治、国防和文化建设当前和长期的需要"。[②] 国民政府时期的一些政治学课程非但不能为社会主义经济建设做贡献，并且其明显的自由主义倾向被视为对新政权的威胁，因此部分原有的政治学课程被废除，[③] 增设了辩证唯物论与历史唯物论、新民主主义论、政治经济学等课程。

第二，改造知识分子的思想。《共同纲领》规定："给青年知识分子和旧知识分子以革命的政治教育，以适应革命工作和建设工作的广泛需要。"1951年8月22日，周恩来在《目前形势和任务》的报告中指出，"从旧社会过来的知识分子，在过去不是受着封建思想的束缚，就是受着帝国主义奴化思想的侵蚀；现在，要为新中国服

[①] 王邦佐、潘世伟主编：《二十世纪中国社会科学：政治学卷》，上海人民出版社2005年版，第111页。

[②] 参见政务院发布的《关于实施高等学校课程改革的决定》第三条、第四条。

[③] 例如，北京大学的"议会政府""现代西洋政治思想""英文政治名著选读"等课程被取消。复旦大学专业性较强的课程仅保留"政治学概论""市政学"和"国际组织"。

务，为人民服务，思想改造是不可避免的"①。政府就此开办军政大学和各类培训班推动政治学习运动，并在整个教育系统推广。据统计，全国高校教职员工的91%、大学生的80%参加了改造学习。② 改造旧的知识系统，保证学科发展的社会主义方向。

第三，人才培养目标的应用型转向。首任教育部部长马叙伦强调，"新中国的教育应该是反映新中国的政治经济，作为巩固与发展人民民主专政的一种斗争工具的新教育"③。在这一指导思想之下，政治学的教学和研究不再是纯粹的学术活动，而是转向服务国家建设和发展的需要。1950年复旦大学率先提出，政治学为新中国培养行政、外交和研究工作三种干部，此后又提出培养中小学的师资队伍。1949年成立的国际关系学院和1950年设置的中国人民大学外交系等都是为了适应当时国际形势和中国外交活动的现实需要。

第四，全国高校院系调整。为了打造服务于国家经济建设和符合社会主义体制要求的学科体系，1952年教育部拉开全国院系调整的序幕，其指导思想是以培养工业建设人才和师资为重点，发展单科性专门学院，整顿综合性大学。经院系调整，全国在校文科生从33.1%降为14.9%，中国成为当时世界上综合性大学、文科类在校学生和文科教育比重最少的国家。④ 在这样的背景下，与经济建设结合不紧密的政治学学科被逐步取消。⑤ 首轮调整后，设有政治学系的大学仅剩中山大学、湖南大学、云南大学、广西大学四所，共有学生271人。原来的政治学系大多被撤并到新建的政法学院，融合到

---

① 《周恩来年谱》（上卷），中央文献出版社1997年版，第175页。
② 李杨：《五十年代的院系调整与社会变迁：院系调整研究之一》，《开放时代》2004年第5期。
③ 马叙伦：《第一次全国高等教育会议开幕词》，载上海市高等教育局研究室等合编《中华人民共和国建国以来高等教育重要文献选编》（上），1979年，第123页。
④ 李杨：《五十年代的院系调整与社会变迁：院系调整研究之一》，《开放时代》2004年第5期。
⑤ 随之取消的还有社会学、心理学、人类学等学科。

"国家与法"的苏联式学科体系当中。当时政治学学科实力较强的北京大学、燕京大学、复旦大学、南京大学的政治学系分别被合并到了北京政法学院、华东政法学院、西南政法学院。1953 年，中山大学、湖南大学、广西大学的政治学系也被移至中南政法学院。

　　需要指出的是，政治学学科的消失并不意味着有关政治学的教学和研究的终结，原来从事政治学研究的学者纷纷转向国际共产主义运动史研究、国家与法的理论研究、中共党史研究以及思想政治教育等领域，继续从事与政治学有关的教学与科研工作。换言之，院系调整后的中国政治学的教学与研究转入或渗入了其他相关的学科领域。

　　20 世纪 60 年代初，国际形势与中国周边环境发生了重大变化。为适应新形势，特别是适应国际问题研究的需要，政治学学科得到一次新的调整。1964 年北京大学、复旦大学、中国人民大学三所高校重新开设政治学系，不久更名为国际政治系。北京大学主要负责研究第三世界国家的民族解放运动、复旦大学侧重西欧北美的政治研究、中国人民大学聚焦国际共产主义运动研究。与此同时，一些区域性研究所（室）纷纷成立，例如北京大学的"亚非研究所"、吉林大学的"朝鲜研究室"、暨南大学的"东南亚研究所"、复旦大学的"拉丁美洲研究室"等。这种学科布局具有明显的国家规划色彩和实用导向，继续体现了学科发展服务国家建设的核心定位。这一时期，为适应研究国外和国际问题的需要，一批西方经典政治学著作相继翻译出版，包括穆勒的《论自由》（1959 年）、卢梭的《社会契约论》（1963 年）、洛克的《政府论》（1963 年）、亚里士多德的《政治学》（1965 年），在一定程度上扩展了中国政治学的知识基础。

　　"文化大革命"期间，包括自然科学和人文社会科学在内的众多学科都处于停滞状态，大学的教学和研究工作被中断。政治学发展受到严重压制，政治学学者被边缘化。20 世纪 70 年代中后期，关于大学教育和学科恢复的讨论渐起，自然科学的教学与科研首先得到一定程度的恢复，包括政治学在内的社会科学学科也得到缓慢的复苏。1970年复旦大学国际政治系恢复招生，1974年北京大学国际政治系设立政治理论教研室，1977年湖北省在全国率先成立政治学会，经过这些尝试，政治学获得了少许的发展空间。

（二）改革开放后的政治学学科发展

政治学学科的恢复重建是改革开放的产物，是国家政治现代化进程的体现。1979年3月30日，邓小平在理论务虚会上做总结发言，提出政治学要"补课"。邓小平的论断为政治学、社会学等过去被认为是资产阶级伪科学的学科平了反，政治学学科在中国得到了恢复和发展。1979年9月14日，中国社会科学院举办政治学座谈会，来自教育部、北京大学、中国人民大学、中共中央党校、中国大百科全书出版社以及中国社会科学院有关研究所的二十余位政治学学者参加，包括张友渔、吴恩裕、龚祥瑞、高天、赵宝煦等。会议讨论了发展政治学的必要性、政治学的概念和定义、研究任务和范围、研究方法、教学工作、成立学术团体以及政治学研究所组织结构七个方面问题。[1] 这是时隔近三十年后，国内首次举办讨论和规划政治学学科发展的重要会议。1980年初，中国社会科学院政治学研究所筹备组和中国政治学研究会筹备会相继成立，为政治学进一步走向实体化和建制化做准备。与此同时，各个高校的政治学教学和研究机构以及地方性的政治学团体也开始纷纷恢复或建立，例如，1979年天津师范大学政法系率先招收"中外政治思想史"硕士；1980年复旦大学重建政治学教研室；1984年华中师范大学成立政治与社会发展研究所、南开大学和武汉大学复建政治学系等，政治学的"早樱"陆续绽放。

1980年12月24—28日，中国政治学会成立大会在北京召开，与会代表共130余人，全国共有23个省市自治区派出代表出席。时任中央书记处书记胡乔木、国务院副秘书长程思远、全国政协副秘书长聂真等到会并发表讲话，除了全国高校、研究所、各级社科

---

[1] 中国社会科学院政治学研究所内部档案和大事记资料。

学院的学者代表外，中央有关部门包括中宣部、统战部、司法部、外交部、教育部、国务院参事室、中央书记处研究室等均有代表出席。会上通过了《中国政治学会章程》，推举钱端升、邓初民为名誉会长，王铁崖、师哲等17人为顾问，张友渔为第一任会长，夏书章等6人为副会长，设常务理事15人、理事81人。此后，安徽、上海、山西、吉林、黑龙江、四川等省市相继成立政治学协会组织。1985年，中国社会科学院政治学研究所结束筹备状态正式挂牌，各省市社会科学院也先后组建政治学研究所或研究室，开展各类研究工作和学术研讨活动。由此，来自不同领域和单位的分散的政治学研究力量开始集结，初步形成全国性的政治学组织体系和学术带头力量。

在队伍建设和人才培养方面，学科恢复之初，加速培养人才是当务之急。1982年政治学会联席会议提议参考社会学的经验举办短期讲习班，加速充实政治学师资队伍。复旦大学承接举办了第一期政治学讲习班，来自全国22个省市的54名学员参加了学习培训。[①]1985年国家教委召开政治学教学研讨会，进一步确立发展政治学学科建设和人才培养的方针，全国各个高校陆续设立政治学专业。从1985年开始，北京大学在中国教育史上首次招收培养政治学博士生。自此，由学士、硕士、博士三级学位组成的完整的政治学人才培养体系形成。相应地，中国学者自主编写的政治学教材初步建立起学科人才的知识体系和培养框架，其中包括徐大同等编写的《西方政治思想史教学大纲》（1980年），赵宝煦主编的《政治学概论》（1982年），王邦佐、孙关宏主编的《政治学教程》（1983年），夏书章著的《行政管理学》（1985年），王惠岩著的《政治学原理》（1985年），王邦佐、孙关宏、王沪宁主编的《政治学概要》（1986年）。至1985年，全国政治学专业教师已达百人，在校本科生535

[①] 参见"中国政治学的恢复与发展暨纪念中国政治学讲习班35周年"学术研讨会会议记录，2017年11月25日，上海。

人、研究生 93 人，编写教材和教学参考书 100 余种。① 学术队伍初成规模并不断壮大，投身到学科发展和服务国家现代化建设的大潮中。

在学术交流平台方面，1985 年由中国社会科学院政治学研究所主办的全国性专业期刊《政治学研究》创刊，这是一本"理论性和应用性结合的刊物"，张友渔教授在发刊词中强调这本期刊旨在"成为政治学研究、教育工作者的园地，党和政府工作人员的益友，中外政治学届友好交往的桥梁"②。这一时期创刊的其他政治学类期刊还包括《国外政治学》《政治学信息报》《中国行政管理》《世界经济与政治》《领导科学》等。

在发展国际交往方面，一些国际知名政治学学者和政治学学术团体陆续受邀访华。来华交流讲学的著名学者包括美国学者加布里埃尔·阿尔蒙德、戴维·伊斯顿、罗伯特·达尔以及马丁·李普塞特等。③ 1982 年，阿尔蒙德来华讲学四周，讲学内容包括美国政治学史、美国政治学协会的组织及其活动、政治学研究方法、政治文化理论、发展中的政治经济、美国外交政策制定中的政治等。1985 年美国政治学会（APSA）代表团在时任会长理查德·芬诺教授（Richard F. Fenno）的率领下访问中国，并与中国政治学会就发展双边交流展开会谈。同时，一大批西方政治学著作和教材被翻译引进中国，包括阿尔蒙德的《比较政治学》、达尔的《现代政治分析》、伊斯顿的《政治生活的系统分析》、亨廷顿的《变革社会中的政治秩序》等。

此外，中国政治学也积极走出去发展。1981 年，国务院批准中

---

① 琼文：《保证质量 积极稳进——政治学教学研讨会综述》，《政治学研究》1986 年第 3 期。

② 张友渔：《中国政治学的兴起——代发刊词》，《政治学研究》1985 年第 1 期。

③ 参见李普塞特中国之行备忘录。Martin Lipset, "China in Transition: A Travel Memoir, May-June, 1984", *PS: Political Science and Politics*, Vol. 17, No. 4, 1984, pp. 765 – 777. 另见叶维钧《我国政治学界的对外学术交流》，《政治学研究》1986 年第 1 期。

国政治学会申请加入国际政治科学协会（IPSA），此后中国政治学会与国际政治科学协会就成员身份、台湾地位、中国参与形式等展开了多轮磋商，并邀请时任国际政治科学协会主席和秘书长来华访问并签署协议。1982年，中国政治学会首次派出四人代表团参加在里约热内卢举办的国际政治科学协会第12届大会，遵照相关领导的指示，此次出访的任务是"了解情况，结交朋友，增加了解，介绍中国政治学会的情况，并相机宣传党的三中全会以来我国取得的成就和我国对重大国际问题的立场"[1]。1985年，中国学者代表团再次参加在巴黎举办的国际政治科学协会第13届世界大会，中国政治学会作为第38名集体会员正式加入IPSA，[2] 赵宝煦教授当选该会执行委员，1988年胡奇安教授当选协会副主席，这些都标志着中国政治学正式获得国际学术界的承认。

政治学恢复重建初期的蓬勃发展除了学科自身在沉寂多年后的活力释放之外，也源自现实政治发展对政治学提出的要求。"四个现代化建设"以及"党中央提出的改革任务"为政治学研究和教学指明了任务和方向。中国政治学会的"学会章程"中很早就明确了为改革和完善社会主义政治体制服务的宗旨。[3] 学会首任会长张友渔在《政治学研究》发刊词中强调"把我国社会主义现代化建设的课题摆在研究工作的首位，积极地、义不容辞地充当党和政府的参谋和助手，这是时代赋予我们政治学工作者的光荣任务"。1986年，时任国务院副总理的万里同志在全国软科学工作座谈会上做了《决策民主化和科学化是政治体制改革的一个重要课题》的报告，指出"随着我国现代化建设的全面展开，随着开放和改革政策的深入实

---

[1] 中国社会科学院政治学研究所内部档案和大事记资料。

[2] 由于台湾方面的复杂因素，中国政治学会于1991年退出了国际政治科学协会，参见"Secretary General Report of IPSA"，April 1996，EC 72，p.5。感谢国际政治科学协会提供的内部备忘录资料。

[3] Baoxu Zhao, "The Revival of Political Science in China", *PS: Political Science and Politics*, Vol. 17, No. 4, 1984, pp. 745 – 757.

施，各部门各地区在实践中提出了大量的新问题，需要采取的各种重大科技、经济和社会决策越来越多，对软科学研究的需要也越来越迫切"，政治学研究作为软科学研究的重要部分，越来越多地参与国家和地方政府的资政活动，一方面给学科发展带来了更多的资源，另一方面提升了学科的应用价值和社会影响力。

改革开放十年之后，中国经历了一场"政治风波"。1989年的"政治风波"对中国政治学的学术发展和学科建设产生了短暂的影响。进入90年代以后，特别是1992年邓小平发表南方谈话和中共十四大召开之后，中国的改革开放和现代化建设进入了一个新的发展阶段，发展与稳定成为主旋律，建立社会主义市场经济必须加强社会主义民主和法制建设，政治学学科在这样背景下再次获得新的发展空间。

首先，学科架构和人才培养体系逐步完善。在《中华人民共和国学科分类与代码国家标准》和教育部颁发的《学位授予和人才培养学科目录》中，政治学均被列为"一级学科"，逐步建立起独立的学科架构。1990年，国务院学位委员会和国家教委（今教育部）联合公布研究生学位、学科和专业目录，政治学被列为法学门类下的一级学科，下分设政治学理论、中外政治思想、中外政治制度、科学社会主义、中共党史、行政学、马克思主义理论教育、思想政治教育八个二级学科和专业。[①] 在该目录中，"国际政治"（代码0303）与"政治学"（代码0302）平级，同为一级学科，下设国际政治学、外交学、中国对外关系、国际共产主义运动、民族民主运动专业。1997年修订的学科目录做出调整，国际政治一级学科被取消，相关专业归入政治学，新的政治学一级学科涵括政治学理论、中外政治制度、科学社会

[①] 《国务院学位委员会、国家教委关于施行〈授予博士、硕士学位和培养研究生的学科、专业目录〉的通知》（1990年颁布）（http://www.law-lib.com/law/law_view.asp? id=52560）。

主义与国际共产主义运动、中共党史、国际政治、国际关系和外交学七个二级学科,① 之后一直沿用。截至 2017 年,我国共有 127 所大学设立了政治学系,目前拥有政治学硕士学位授予权的高校近 80 所,拥有政治学本科学位授予权的高校 130 余所。经过近四年的发展,全国性的本科、硕士和博士三级培养体系以及相应的政治学学位授予制度形成并不断完善。

其次,学科内容和组织形式不断丰富,学科规模不断扩大。20 世纪 90 年代以来,随着学科内容和研究范式的拓展,不断涌现出各种政治学的新兴子学科和交叉学科。总体来说可分为三类:第一类是政治学内部根据不同研究议题和分析对象而分化形成的子学科,例如权力政治学、发展政治学、政治心理学等。第二类是运用政治学的概念、理论方法探究其他领域政治现象的新兴学科,例如农村政治学、环境政治学、民族政治学、军事政治学。第三类是政治学与其他学科相互交叉、借鉴其他学科理论和方法来研究政治问题的交叉学科,例如政治传播学、政治人类学、政治社会学等。② 这些新兴学科的兴起和发展丰富了政治学的研究领域和应用场景。近三十年来,政治学学科规模增长显著,研究实力不断扩充,形成了高校政治学系、各类校属研究中心、各级党校的政治学教研室、各级社会科学院的政治学研究所、党政机关的研究机构、民间智库和研究所等组成的庞大研究网络。

再次,学术共同体建设和学术成果方面,随着学科的规范化和系统化发展,中国政治学者们的学科认同不断提升,学者之间的合作、交流和互动更加频繁,学术共同体逐步形成。1991 年,中国政治学会第三次代表大会和"中国特色的社会主义政治"主题研讨会

---

① 《授予博士、硕士学位和培养研究生的学科、专业目录》(1997 年颁布)(http://old.moe.gov.cn/publicfiles/business/htmlfiles/moe/moe_834/201005/88437.html)。

② 王中原、郭苏建:《中国政治学学科发展 40 年:历程、挑战与前景》,《学术月刊》2018 年第 12 期。

在西安举行,与会学者对"资产阶级自由化思潮"进行了反思和批判,[①] 新的中国政治学会章程强调"建设和发展具有中国特色的政治科学"。进入 21 世纪以来,中国政治学界在推进学术研究和学科建设方面获得了快速的发展,进入一个空前繁荣的时期。以中国政治学最具代表性的学术刊物《政治学研究》为例,《政治学研究》创刊于 1985 年,1989 年受"政治风波"影响停刊至 1995 年,在 1995 年底复刊之初,"经常为没有稿件发愁,也为发行量太小发愁"[②],经过几年的恢复和发展,《政治学研究》的来稿量与日俱增,稿件质量不断提升。有学者以《政治学研究》在 2000—2015 年刊登的 1021 篇研究性论文展开文献计量分析发现,刊文数量呈平稳上升趋势,年平均刊文量达 63.875 篇,其中 2003 年从平均 40 篇跃升到 62 篇,到 2008 年达到最大峰值 92 篇。[③] 当前,《政治学研究》年均投稿数量超过千篇,被国内多家学术期刊评价单位评为政治学一级学科领域最具影响力的学术期刊。

最后,在国际学术交流方面,中国政治学自恢复以来,国际学术交流逐步拓宽。中国学者开始走出去,在国外期刊上发表论文或出版外文专著,中国政治学者的国际期刊发文量从 1997 年的 13 篇提升到 2017 年的 307 篇。[④] 近年来,受国家"走出去"战略的推动,中国政治学者也更加重视对周边以及发展中国家的研究,并亲自前往这些地区开展实地调研,一些科研单位还专门设立了海外调查基金。此外,中国政治学者开始独立创办学科英文期刊,例如复旦大学的 Chinese Political Science Review 和浙江大学的 Journal

---

① 汝信主编:《新时期中国政治学发展 20 年:1980—2000》,中国社会科学出版社 2001 年版,第 130—131 页。

② 信春鹰:《美好的祝愿》,《政治学研究》2001 年第 1 期。

③ 张平、丁超凡:《中国政治学研究的发展态势与评价——基于〈政治学研究〉(2000—2015 年)的文献计量分析》,《北京行政学院学报》2017 年第 6 期。

④ 资料来源:Scimago Journal & Country Rank (SJR),https://www.scimago-jr.com/journalrank.php。

of Chinese Governance 等，通过发表高质量的学术论文以及邀请国际知名学者组织编辑专刊（special issue），很快进入 SSCI 扩展版。经过 40 年的恢复重建和发展，中国政治学的国际排名也不断提升，北京大学、清华大学和复旦大学的政治学进入并稳居 QS 全球学科排名前 50 位。

三 中国政治学学术研究的发展

政治学学术研究是学科建设的基础，学科建设为学术发展提供条件。70 年来，特别是改革开放 40 年来，中国政治学学术研究有了长足的发展与进步，为国家工业化和现代化进程提供着不可或缺的智力与知识的支持。

（一）改革开放前的政治学研究发展

中华人民共和国成立初期的政治学研究一定程度上承袭了之前中国政治学的基本格局，但其研究分布发生了结构性转变。有学者指出，民国时期的政治学研究可分为"自由主义政治学""国家主义政治学""马克思主义政治学"三股主要力量。[①] 其中，"自由主义政治学"长期占据主导地位，其崇尚西方天赋人权、自由平等、社会契约、三权分立等学说，关注欧美自由主义政治体制的制度设计、权力制衡、政党、选举、代议制度、宪法、社会自治等议题。例如张慰慈的《政治概论》、萨孟武的《政治学新论》、陈之迈的《政治学》等都是介绍和研究西方民主政治的代表性著作。"国家主义政治学"主要是指为国民政府官方意识形态进行政治学论证和背书的讨论或研究，包括"三民主义"和"醒狮派"的民族主义。另外，马克思主义的政治学研究在中华人民共和国成立前已经发端并逐渐兴盛，例如恽代英早年在中央军事政治学校和广州农民运动讲习所讲授以无产阶级革命思想为主要内容的《政治学概论》，邓初民

[①] 王邦佐、潘世伟主编：《二十世纪中国社会科学：政治学卷》，上海人民出版社 2005 年版，第 103—108 页。

出版的《政治科学大纲》和《新政治学大纲》都以马克思主义世界观和方法论阐述政治学的基本概念和原理,然而马克思主义政治学因为意识形态原因在国民政府时期受到压制,处于边缘地位。

1949年后,国家人文社会科学工作的重点转向确立马克思主义的指导地位。周恩来在《动员更多的力量从事社会科学研究》的讲话中提出:马列主义必须成为中国人文社会科学的指导理论,同时要求调动旧中国从事人文社会科学工作人员的积极性。[1] 马克思主义政治学随之得到快速发展,高校和科研院所开始建立相关研究机构、扩充研究人员。

1952年院系调整,政治学学科被取消,此后到1979年改革开放的近三十年间,政治学研究被分散到法学的"国家与法"研究、科学社会主义研究、国际共产主义运动研究、区域国别研究、西方政治思想史研究。虽然较为完整的政治学研究体系不复存在,但相关领域中的政治学研究为改革开放后中国政治学的恢复和重建提供了知识和人才方面的储备。

(1) "国家与法"研究。当时新生的社会主义政权处在资本主义国家的敌视和包围当中,从国家体制、发展模式到学术研究向苏联看齐成了必然选择。苏联的学科体系中将政治研究归入"国家与法"的研究序列,[2] 关注国家与法的阶级本质和经济基础。中国继承和发展了马克思列宁主义的国家学说,根据建设新民主主义国家制度的需要,特别关注国家的起源和阶级属性、国家管理形式和结构形式、国家机关体系、中央地方关系、民主集中制、人民内部矛盾和敌我矛盾、社会主义宪法等议题。这些研究既是为了满足社会主义国家建设和政治体制建构的需要,例如确立新中国的根本政治制度和国家权力的分配,也是为了解决社会主义政治统治的各种实

---

[1] 李铁映:《伟大的时代、辉煌的成就:新中国人文社会科学50年》,《中国社会科学》2000年第1期。

[2] 邹瑜等主编:《法学大辞典》,中国政法大学出版社1991年版。

际问题,例如民族问题、所有制问题、统一战线问题、立法和法律问题等,同时也在一定程度上满足了提高各级干部政法知识和宣传教育群众的需要。

(2)科学社会主义研究。科学社会主义研究是中国共产党在运用科学社会主义基本原理解决中国社会主义实践的过程中发展起来的。[①] 20 世纪 50 年代,党校和一些高校开始开设马列主义基础课。1957 年,高放发表《科学社会主义应作为一门独立学科来研究》,主张赋予科学社会主义以独立的学科地位。20 世纪五六十年代,国内学术界围绕着中国革命和建设中的阶级、革命、国家、政党以及战略五大问题,进行了大量学术研究和探讨,其间具有代表性的学术成果有:吴江著《论无产阶级专政》(1958 年)、艾思奇主编《阶级和国家》(1961 年)等。这一时期形成了以阶级等"五大论题"为框架的马克思主义政治学的研究体系,这个体系对改革开放初期政治学恢复后的早期教材,如北京大学编的《政治学基础》产生了深刻影响。

(3)国际共产主义运动史研究。国际共产主义运动史研究是当时因国际和国内形势需要而发展的新兴研究领域,主要关注共产主义运动在全球范围内的历史进程和发展规律,共产党及其领导人具备"国际主义"和"世界主义"的情怀,认为共产主义革命不是一国的革命而是全世界无产阶级的革命。1956 年,以中国人民大学为先河,全国各个高校陆续开设"国际共运史"课程,同时陆续出版了教材和专著,如 1958 年出版的两卷本《国际共产主义运动史》,研究内容涵括共产主义同盟问题、1848 年欧洲革命问题、第一国际问题、巴黎公社问题、德国社会民主党问题、第二国际问题、联共

[①] 汝信、易克信主编:《当代中国社会科学手册》,社会科学文献出版社 1988 年版,第 74—81 页。

（布）党史问题、共产国际问题、国际共产主义运动历史人物的评价等。①

（4）区域国别研究。20世纪50年代末60年代初，特别是中国与苏联两国发生严重分歧后，中国因为外交、国际合作以及地缘政治等方面的需要，开始加强对欧美国家以及亚非拉发展中国家的研究。1963年，中共中央批转《关于加强研究外国工作的报告》，由此区域国别研究开始兴起，研究涉及第三世界国家、周边国家以及西欧北美政治。20世纪70年代，亚非拉民族解放运动高涨，开始冲击美苏两极格局，1974年毛泽东提出"三个世界理论"，同年邓小平在联合国大会上阐述了三个世界的划分，并说明中国的外交立场，将同其他第三世界国家一起"反对帝国主义、霸权主义、殖民主义"视作中国的国际义务。学术界围绕"三个世界"和"中美苏战略三角关系"展开了大量研究。

（5）西方政治思想史研究。关于西方政治学说的研究早在国民政府时期就存在，例如张奚若在清华大学开设有"西洋政治思想专题研究"课程，相关著作有高一涵的《欧洲政治思想史》、萨孟武的《西洋政治思想史》等。② 1949年后，西方政治思想的研究受到一定的阻力，但相关研究并未中断，而是在"国家与法"的研究序列下得到一定程度的发展。例如，1962年钱端升在北京政法学院组织主编了高校教材《当代西方政治思想选读》。因为苏联法学界非常注重西方政治学说，此时几部颇具影响力的苏联思想史研究著作陆续引进中国，如费奇金的《政治学说史提纲》（1955年），凯切江的《政治学说史》（三卷，1959—1961年），莫基切夫主编的《政治学说史简明教程》（1956年），等等。同时，一些西方经典著作也被翻

---

① 高敬增、高放：《国际共产主义运动史研究》，载汝信、易克信主编《当代中国社会科学手册》，社会科学文献出版社1988年版，第84—90页。

② 徐大同主编：《西方政治思想史》（五卷本），天津人民出版社2006年版，总序。

译引进，其中有亚里士多德的《雅典政制》、卢梭的《社会契约论》、莫尔的《乌托邦》、斯宾诺莎的《神学政治论》等。这一时期国外政治思想研究多以引介为主，中国学者的研究成果不多，有的如顾准的《希腊城邦制度》和吴恩裕的《西方政治思想史论集》在改革开放后才得以出版。

（二）改革开放后的政治学研究发展

1979 年政治学学科恢复之初，中国政治学研究的首要任务是填补因学科被取消而留下的大量学术研究空白。此时，政治学研究第一个热点性的问题集中于政治学的研究对象及相关问题，如关于什么是政治、什么是政治学以及什么是政治学研究对象等基础性的学术讨论。这一时期的研究开始跳出将政治仅仅视为阶级斗争的狭隘观念，结合中国和世界政治的现实变化，开拓了政治学研究的视野，将权利问题、决策活动、管理活动等引入了政治学研究范畴。这一时期，适应政治学学科恢复和高校政治学教学的需要，陆续出版了一批政治学概论性著作，这些著作在服务于教学需要的同时，也完成了政治学基本理论、概念和知识系统的梳理，为政治学研究的开展做了基础性的铺垫。

中国政治学在其恢复和初建时期正值中国政治社会发展的重大转型时期，除了上述学科自身建设的需求之外，研究中国现实政治问题，特别是回应政治体制改革和社会主义民主政治建设的实际需要成为政治学研究的中心任务，具体表现在两个方面：首先是科学地总结反思中华人民共和国成立三十年来政治实践的经验教训，防止历史悲剧重演；其次是社会主义现代化建设对政治学提出了新的要求。[①] 20 世纪 80 年代，关于民主法制建设和中国政治体制改革和政治发展的研究主要围绕以下几个议题展开。

（1）关于政治体制改革的一般性理论探讨。中共十一届三中全

---

① 王沪宁：《中国政治学研究的新趋向（1980—1986）》，《政治学研究》1987 年第 2 期。

会公报指出:"实现四个现代化,要求大幅度地提高生产力,也就必然要求多方面地改变同生产力发展不适应的生产关系和上层建筑,改变一切不适应的管理方式、活动方式和思想方式,因而是一场广泛、深刻的革命。"1980年,邓小平发表《党和国家领导制度的改革》的讲话,分析了现行体制的种种弊端及其产生的原因,他指出中国改革最终能不能成功取决于政治体制改革,[1] 中国政治体制改革的序幕由此拉开。如何从学理上认识政治体制改革的概念和内涵?如何理解改革的必要性和紧迫性?如何处理政治改革与经济改革的关系?如何吸取历史教训和借鉴国外先进的制度经验?等等,成为这一阶段政治学界研究、探讨的热点。1980年中国社会科学院政治学所筹备处规划中提出:"组织力量对近期迫切性的课题如国家政治体制与机构、文官制度等进行研究。"[2] 张友渔教授在《政治学研究》发刊词中号召政治学者对"国家领导制度的改革、社会主义经济体制和政治体制的改革、国家行政体制的改革"展开研究。[3] 中国政治学会也多次召开全国性会议讨论与政治体制改革相关的理论问题。一批相关研究成果陆续发表,如吴大英、刘瀚主编的《政治体制改革与法制建设》,李忠杰等著的《政治体制改革论纲》,李会滨、郑邦兴主编的《中国政治体制改革的理论与实践》等。

(2) 关于政治体制改革的具体领域和议题研究。政治体制改革的具体领域及议题研究的重点包括:废除干部领导职务终身制,以及围绕干部任免、选举、考核、管理、退出等课题展开的广泛讨论;国家和政府职能转变,相关研究强调社会主义国家应该跳出单一的"专政"职能,转向服务于发展经济、科学、教育、文化事业以及满足人民群众物质文化需要的多项职能;党政关系,中共十三大报告提出实行"党政分开",学术界出现了关于"党政职能分开说""党

---

[1] 《邓小平文选》第2卷,人民出版社1994年版,第327页。
[2] 中国社会科学院政治学研究所内部档案资料。
[3] 张友渔:《中国政治学的兴起——代发刊词》,《政治学研究》1985年第1期。

政分权说""党政分工说"等不同党政关系模式的论辩;①"一国两制"问题,邓小平在1982年会见撒切尔夫人时提出"一国两制"解决港澳台问题的主张,随后政治学者对"一国两制"的内涵和特色、制度安排、国家结构形式、国家统一进程等议题进行了深入探究;反腐败,80年代中期后的"双轨制"和监管缺位导致了大量腐败问题,学界围绕腐败产生的原因、如何防治腐败、腐败的经济社会学解释等议题展开了广泛探讨,引进了诸如"寻租"等分析框架;②"新权威主义"的探讨,伴随80年代的一系列改革,中国出现了一系列经济社会问题,加之"新加坡模式"和"亚洲四小龙"的工业化成就,让部分政治学者开始反思政治自由化、倡导"新权威主义",学界围绕民主与专制、政治文化、权威体系、发展模式等议题进行了辩论,该阶段由于"民主""自由"几乎成为某种"政治正确",新权威主义到后期遭到猛烈批判。③ 总体来说,上述研究主题都是关于政治体制改革具体应该从何入手、采取哪种方案、如何回应新问题的探讨。尤其是1987年中共十三大提出政治体制改革部署,具体阐释改革的目标、原则、步骤和内容之后,相关研究和讨论更加具象化。

除上述议题之外,政治学研究的根系在改革开放的肥沃土壤中伸向更深更广的领域,中国政治学会筹备会拟定的"1980—1985年政治学研究选题计划"④ 纳入的议题多达90余个,包括民族区域制度、统一战线、司法制度、官僚政治、西方政治制度等。历次中国政治学会年会的论题也涉及包括人民代表大会、公民选举权、选举制度、干部人事制度、行政改革、加强和改善党的领导、中央和地

---

① 王邦佐、潘世伟主编:《二十世纪中国社会科学:政治学卷》,上海人民出版社2005年版,第353—363页。
② 参见《经济社会体制比较》期刊1988年刊登的相关系列文章。
③ 林尚立:《相互给予:政治学在中国发展中的作为——中国政治学30年发展的反思》,《山西大学学报》(哲学社会科学版)2008年第3期。
④ 《1980—1985年政治学研究选题计划》,《社会主义研究》1980年第4期。

方的权力关系、民族区域自治、地方政权建设、基层群众自治等改革议题。此外，关于政治文化、人权理论、市政学、领导科学等议题的研究也方兴未艾。

20世纪90年代至21世纪第一个十年的政治学研究，一方面是在学科自身建设进一步推进的基础上展开的，另一方面是在与现实政治发展的交互影响中继续发展的。该阶段的政治学研究具有鲜明的时代背景。其一，反思20世纪80年代末的政治风波，政治学研究开始从宏大且理想化的政治议题转向关注实际具体的政治社会问题，研究对象趋向丰富多元。其二，邓小平南方谈话和中共十四大的召开，将改革开放推向新的历史进程，国内层面的经济社会改革呼唤对上层建筑的深度研究，国际层面的不断开放推动了政治学的国际交流。其三，经过十多年的学科恢复和发展，政治学研究的人才队伍、知识系统、训练体系和研究社群已经基本成熟完备，学术研究和知识生产在新时期的广阔空间中大展作为。

首先，就学科自身的发展需求而言，该阶段的政治学研究在范式和方法上进一步多元化、规范化和科学化。如果说20世纪80年代的政治学研究较多沿袭了改革开放前的阶级分析范式和辩证唯物主义方法，且在引进西方理论和方法的过程中存在较为严重的"食洋不化"问题，90年代则迎来"百花齐放"的时代，并尝试将政治学的各类概念、理论、范式和方法运用到具体中国问题的分析当中：政治学研究更加注重和依托概念工具和理论框架，诸如国家与社会关系、市民社会、发展型国家、压力型体制、协商民主、善治和治理等理论概念被广泛引入中国实证问题的分析和研讨，提升了学术研究的规范性、学理性及其理论深度；各类研究方法也被系统地引入政治学，包括案例研究、比较研究、田野调查、参与式观察、深度访谈、抽样问卷、内容分析、计量分析等。[①] 除了理论思辨、逻辑

---

① 冯志峰：《政治学方法论30年：现状、问题与发展——一项对86本有关政治学方法论教材的研究报告》，《政治学研究》2008年第4期。

推演、知识梳理和描述分析，政治学学者们开始探索变量关系和因果机制，从"what"转向"why"和"how"。与此同时，多元的研究范式不断涌现，例如行为主义、结构功能主义、历史制度主义、新制度主义、法团主义、理性选择、博弈论、系统论等，学者们的方法论意识以及对研究范式和方法的理解、掌握和运用能力持续提升。

2000年后中国学者发表的讨论政治学范式和方法的论文、教材和著作显著增多，实证研究方法在政治学研究中的比重总体上升。[①] 以北京大学国情研究中心为代表的本土实证调查和数据分析机构开始出现，并具备一定的国际影响力。值得一提的是，虽然该时期的政治学研究在理论、范式和方法层面取得了诸多突破，但其本土化的努力尚有不足，在将中国实践经验提升到一般性理论高度并为国际所认可方面较为滞后。此外，伴随方法论自觉的提升，关于研究方法的辩论和反思也开始出现，如何处理量化和质化的关系，如何推进研究方法与研究问题的适配等成为学者们热议的话题。[②]

其次，政治学研究与中国政治发展"相互给予"，[③] 新的改革开放进程、发展社会主义市场经济、中国参与"世界民族之林"等都亟须现代政治文明建设，该时期政治学研究积极回应、参与时代主题，努力为改革和发展问题提供学理根基、智力支持和解决方案。该阶段的政治学研究从宏观转向中观、微观，从概论性研究趋向专题深度研究，从规范讨论走向实证分析，其主要围绕以下八类领域展开。

（1）政治稳定。20世纪80年代末国内的政治动荡，以及90年代初的苏联解体、东欧剧变，让社会主义国家体制面临前所未有的

---

① 肖唐镖、陈洪生：《经验研究方法在我国政治学研究中应用的现状分析》，《政治学研究》2003年第1期。

② 吕嘉：《中国政治学研究方法的困境与出路》，《探索》2001年第5期。

③ 林尚立：《相互给予：政治学在中国发展中的作为——中国政治学30年发展的反思》，《山西大学学报》（哲学社会科学版）2008年第3期。

挑战，如何保障政治生活的有序性、协调性和可控性成为研究的热点。相关研究一方面批判前一阶段的多元政治、三权分立、多党制度等主张，另一方面探寻如何通过积极稳妥的改革和发展来维持稳定。

（2）执政党建设。稳定和发展成为时代的新主题，维持稳定和引领发展的核心力量是执政党，加强和改进党的建设、完善市场经济下共产党的执政方式，成为政治学研究的焦点，相关研究涉及从革命党到执政党的转变、党与国家（人大）和政府的关系、党的社会基础和代表性、党内民主和人民民主的关系、国外执政党的经验等，特别是中共十五大以后，关于"依法治国"和"以德治国"关系、"法治"与"法制"关系的讨论成为研究风尚。

（3）社会主义民主政治及其运行机制。中国的政治现代化虽然拒绝了西式的民主化道路，但并没有拒斥民主本身，而是在吸收海内外优秀政治文明成果的基础上努力发展具有中国特色的社会主义民主，并寻求国际的理解和接纳，"没有民主就没有社会主义"成为共识。因此，关于社会主义民主的理念、内涵、逻辑、历史范畴和实践形式成为政治学研究重点，相应地，民主的中国经验[①]及其具体的制度安排，包括人民代表大会制度、多党合作与政治协商制度、民族区域自治制度、城乡基层民主制度、政府民主、司法民主等，引起了广泛的探讨和研究，其集中成果是由国务院新闻办公室发布，由中国社会科学院组织、知名政治学者起草的《中国民主政治建设》（白皮书）。

（4）行政体制改革和政府职能转变。为适应市场经济的需要，推进相应的政治体制改革成为必然，在整体社会主义体制不变的前提下，政治体制改革的着眼点落在了行政管理体制、机构改革和政府职能转变等方面，该时期关于"三定方案"机构精简、公务员制度、腐败治理、国家能力、央地关系、府际关系、财政制度、绩效

[①] 房宁：《民主的中国经验》，中国社会科学出版社2013年版。

管理、公共物品供给、政府管理和社会治理、政府过程，以及政府与市场、社会、企业的关系等行政学议题成为研究的潮流，相关研究很多直接服务于各级政府的行政实践和公务人员的培训。2001 年中国加入 WTO，推动政府继续"自我革命"，网络时代的到来让政府的运行方式和治理环境发生了重大变化，和谐社会建设和科学发展观给政府治理提出了新要求，政府创新、电子政务、网络治理、环境治理、政府回应性等议题的研究随之兴起。

（5）社会转型研究。20 世纪 90 年代以降的市场化、城镇化、工业化带来中国社会的诸多结构性变化，政治学研究开始关注社会转型问题，涉及的关键议题包括国家与社会关系、城市地区单位体制、"三农"问题、城乡之间的流动社会、市民社会和中产阶级、阶级阶层和社会流动、弱势群体问题、老龄化和社会福利问题、发展带来的环境问题、认同政治和身份政治，等等。政治学研究不仅具有治国安邦的理想，同时展现出关心社会、关心弱势群体的大众情怀。

（6）政治行为和政治心理。经济的快速发展带来社会利益的分殊化和社会矛盾的复杂化，不同社会群体呈现出不同的利益诉求、行动方式和心理结构，政治学研究在关心政府、关心社会的同时，开始探究群体和个体层面的政治行为和政治心理，涉及的群体包括农民、下岗工人、农民工、大学生、拆迁户、企业家、基层干部、人大代表、网民等，研究议题涉及利益表达和博弈、社会运动、维权抗争、政策参与、选举活动等政治行为，以及国家认同、政治信任、政治社会化、民族主义等政治心理。在对这些议题进行探究的过程中，政治学研究不断科学化，田野调查、抽样问卷和实证分析等得到广泛运用。[①]

（7）国际议题和比较政治研究。随着中国不断扩大国际交

[①] 陈岳等：《中国政治学的跨学科融合与方法论演进》，《教学与研究》2011 年第 4 期。

往、参与全球化,一方面出现了更多了解其他国家和国际社会的需求,另一方面在与外部世界的互动过程中形成自我认知对特定问题的看法。前者推动了比较政治研究,以更好地把握世界政治生活的多样性,其覆盖了西方政治体制、国家建构、选举研究、议会研究、政党研究、民主化研究等诸多议题。后者增强了政治学对国家主权问题、人权问题、主权与人权的关系、国际秩序和中国地位、民族主义、国家认同、全球化的利弊等议题的关注和探讨。

(8)思想流派之争。现实政治的发展还带来思想领域的活跃,针对改革开放以来出现的各类社会问题,不同的思想流派纷纷给出自己的解释和"药方",包括自由主义、保守主义、民主社会主义、社群主义、西方马克思主义等,其中20世纪90年代中后期的新"左"派与自由主义之争尤为激烈,双方围绕"自由优先"还是"平等至上"、直接民主还是间接民主、法治先行还是民主先行、效率与公平、中国基本国情、中国的现代化道路、如何评价历史、如何消除不平等、现代性问题等议题展开了政治学的论辩。[1] 这些思想交锋加深了人们对现实问题的理解和认知,同时也反映了人们在社会转型时期的某种挣扎、迷茫和希冀。

从上述梳理中不难看出,中国政治学研究的领域开拓和议题选择并非空穴来风,要么是基于学科自身发展规律和内在动力的自然展开及推进,要么是出于政治、经济、社会发展的需要或是对发展中出现的各类问题的回应。由于中国政治体制趋向基本稳定,相关研究开始向制度内部精细延展、向社会和民生层面拓展。同时伴随中国发展取得的卓越成就,在国内外出现了关于中国政体"韧性"(resilience)和"中国模式"的讨论。可以说,20世纪90年代至21世纪初的政治学研究更加丰富多元立体,更接地气,更加规范化和

---

[1] 徐友渔:《知识界到底在争什么?》,《社会科学论坛》2002年第4期;汪晖:《当代中国的思想状况与现代性问题》,《天涯》1997年第5期。

更具自主性，并开始从取经走向本土化。① 除了受到政治发展的牵引之外，政治学研究也直接贡献于党和国家的政策制定和理论工作，政治学者先后参与宪法的修订、公务员制度条例的起草、社会主义民主理论的建构，以及就廉政建设、干部管理、人事制度改革、行政区划、编制立法、基层选举、港澳台政策等问题向党政部门提供咨询建议。

21世纪的第二个十年间，特别是中共十八大以来，中国政治建设和政治发展进入新的历史时期，政治学研究也迎来新的时代课题和发展机遇。一方面，中国政治学作为一门独立成熟的学科已经具备自身的发展规律和建设需求，该阶段的政治学研究在前一阶段"百花齐放"的基础上进一步系统化、精细化、科学化；另一方面，学术研究不是无源之水、无本之木，新时代的政治实践在为政治学研究提供丰富的主题、素材和资源同时，也向其提出了新的挑战和要求，这种研究与实践"相互给予"的互动关系在新时期变得更加紧密。

首先，政治学研究的发展得益于学科建设的不断推进，经过30年的成长，中国政治学学科已经建立起完整的知识体系，培养出阵容强大的研究队伍，形成由高等院校、各级党校和社会科学院系统、党政机关研究部门、民间智库等组成的研究方阵。尤其是经过老中青三代政治学人的共同努力，该阶段的政治学研究已经从"补课"和"取经"走向本土化，并开始为世界贡献智慧成果。从研究内容上来说，新时期的政治学研究向深度和精细方向拓展，学者们分头专攻具体的政治议题和板块，例如族群冲突研究、民主巩固研究、政党研究、移民研究、民粹主义研究、政治冲突研究、选举预测研究等，中国研究开始跟具体的学科领域和比较政治议题相结合。特别是新的研究世代崛起，政治学研究开始脱离宏大叙事转向实证数据的收集、变量关系

---

① 王绍光：《中国政治学三十年：从取经到本土化》，《中国社会科学》2010年第6期。

的探索、因果识别和机制解释，并在问题意识、研究设计、文献定位、实证分析和检验等方面形成规范的研究规程。政治学学者的"数据意识"明显提高，对概念、类型学、操作化、测量、计量分析、稳健性检验等研究步骤的理解和掌握日渐纯熟。值得一提的是，该阶段，计算社会科学方法、量化历史方法、社会科学实验方法、大数据分析、机器学习、神经网络、模拟方法和预测性研究等一系列前沿方法和分析工具被引入政治学研究，研究方法的升级成为推动政治学知识生产的重要引擎，方法驱动、数据驱动与理论驱动的合流成为政治学新的增长点。与此同时，由于研究的迅速科学化，原来的研究传统被打破，也引起了学界的反思和论辩。[1]

其次，政治学研究来源于现实服务于现实。中共十八大召开以后，中国政治进程进入寻求"中华民族伟大复兴"和实现"中国梦"的新时代，中国共产党的执政环境更为复杂、执政任务更加艰巨，党和政府深刻把握国内外整体形势，从经济建设、政治建设、文化建设、社会建设和生态文明建设"五位一体"着手，全面推进建成小康社会、深化改革、依法治国、从严治党的"四个全面"。这对中国政治学提出更多的需求和更高的要求。相关领域的探索和实践一方面需要政治学的知识贡献和智力支持，同时也为政治学研究提供了丰富的议题和素材。新时期政治学研究的关键领域包括以下几点。

（1）国家治理和政府治理现代化。中共十八届三中全会提出，"全面深化改革的总目标是完善和发展中国特色社会主义制度，推进国家治理体系和治理能力现代化"，政治学的治理研究进而"从社会转向国家"，[2] 国家治理和政府治理成为新的研究课题。相关研究涉

---

[1] 陈周旺：《中国政治学的知识交锋及其出路》，《政治学研究》2017年第5期。
[2] 2010年后"国家"在政治学研究中回归，参见钟扬、韩舒立《当代中国政治学学科发展状况评估——基于〈政治学研究〉的文本分析》，《政治学研究》2017年第2期。

及两个主要层面：第一是理论层面，包括国家治理和政府治理的概念和理论体系，治理现代化的目标和标准，治理理论的历史溯源和本土资源，国家治理对治理理论的丰富和发展等议题。第二是实践层面，探讨国家和政府治理过程中的具体问题，包括放管服改革、机构调整和改革、服务型政府建设、城市治理、公共服务均等化、精准扶贫、乡村振兴、环境治理、治理创新等，尤其是近年来在中国经济增速换挡、结构调整阵痛、新旧动能转换相互交织状况下的治理能级提升。在国家和政府治理的脉络之下，政治学研究的重心从求变转向求治、从社会转向国家、从民主转向民生。

（2）从严治党与执政党建设。面对新的执政环境和执政任务，中共十八大以来全面从严治党、坚持和加强党的全面领导、依法治国等被提上政治议程，政治学研究除了对这些政治议题进行理论论证之外，还从实证角度对党的干部管理、腐败治理、巡视制度、党内监督、基层党建、区域化党建、党建＋社会治理、党与国家机构关系调整、党员管理和党内组织生活、党群关系等议题展开了深度考察。这些研究大多跳脱出西方"威权政治"的分析框架，直面中国的现实政治，旨在提炼出中国共产党的治国理政模式和治党学说。值得一提的是，2017年"中国共产党与世界政党高层对话会"在北京举行，党际交流、政党在国内国际治理上的角色和责任得到重视，随即"比较政党研究"兴盛起来，相关的研究课题、数据库建设、学术会议、著作和论文显著增多。

（3）"一带一路"和新的"区域和国别研究"。2013年，中国提出了建设"一带一路"的合作倡议，原来被学术研究边缘化的非英语国家、亚非拉发展中国家、周边国家和地区开始受到政治学研究的重视，服务于国家外交战略和对外投资需要的区域和国别政治研究迅猛发展，诸多高校和研究机构整合相关研究力量相继成立新的区域和国别研究中心，发起研究项目，举办研讨活动，推动跨国研究合作、数据库建设和海外田野调查。国家通过"双一流"建设和科研项目基金不断加大对区域国别研究的支持力度，教育部也多次发文要求加强区域和国别研究工作。与此前的区域研究和国别研究不同,该阶段的研究更具学科色彩,政治学的概念、理论、范式、方法、工具等得到广泛运用,并且纳入更多比较的视野。与此前的外部观察为主不同,该阶段的研究拥有更多的实地接触和一手资料。新时期的区域国别研究成为中国政治学走出去的重要窗口。①

(4) 国际局势和中国的国际战略。随着中国国际地位的提升和参与全球事务的频繁,世界政治转型对中国的影响、中国的国际定位和战略选择、中国的国家安全和话语权等也成为政治学热议的话题。具体议题包括全球化与逆全球化、"修昔底德陷阱"、英国脱欧、民粹主义和极右政党;国际组织、新地区间主义、全球治理、全球正义;"构建人类命运共同体"、对外援助、总体安全观、国际形象和政治传播、中国话语体系建构、国际领导力,等等。相关研究不仅在国内服务于国家外交决策,并且达到相当高的国际水准,得以在外文学术期刊上发表,为"讲好中国故事"、促进国家间互信和理解做出了贡献。

(5) 新科技的政治学。智能科技的迅猛发展是该阶段的鲜明特征,国家在新科技的研发和运用方面投入惊人。"互联网+"、大数据、人工智能、算法技术、区块链、物联网、社交网络等不仅重塑着人们的日常生活、经济行为和交往模式,还给政府运行和管理方式、公共服务供给模式、社会科学研究方法等带来创新机遇,同时对社会结构和伦理、个人隐私和安全等形成冲击。一批政治学者凭借敏锐的问题意识投入这些新生事物的研究当中,相关研究涉及政务大数据运用、"互联网+"政务服务、智慧城市、舆情分析、公共数据采集和使用安全、人工智能的政治哲学,等等。虽然该领域刚刚兴起,却拓宽了政治学的研究领域。②

---

① 任晓:《再论区域国别研究》,《世界经济与政治》2019 年第 1 期。
② 王炳权:《改革开放后的中国政治学:演进轨迹与内在逻辑》,《行政论坛》2019 年第 2 期。

综合上述几个阶段的归纳和分析，可以管窥改革开放以来政治学研究的成长历程。40 年来，中国政治学研究的发展得益于学科自身演进的规律，例如不断规范化、科学化、国际化。同时，在中国特殊的时空情境下，政治学研究的生命力与不同时期的中国政治进程密不可分：一方面，中国政治的现代化为中国政治学研究提供了空间和资源、给出了研究的对象和命题，同时影响着研究的功能定位和价值取向；另一方面，中国政治学研究也反哺和推动着中国政治发展，为其提供智力支持、理论根基，以及现代化的治理技术和理念，中国政治发展需要高水平的政治学研究。这种研究与实践的互动关系模式在不同时期有着不同的内容和表现形式，也成为中国政治发展的整体风向。

四　中国政治学发展的动力机制、演进规律和未来前景

政治学学科建设和政治学研究发展经历了 70 年的风雨兼程和成长突破，特别是改革开放 40 年来，从"补课"到"本土化"、从"规范化"到"自主性"、从"取经"到向世界"讲好中国故事"，中国政治学发展取得了傲人的成绩，并呈现出广阔的前景。

从动力机制来说，首先，中国政治学发展得益于不同"学术资源"的汇集，包括西方政治学理论和方法、马克思主义政治学思想以及中国本土政治传统和实践。[1] 西方现代政治学一直是中国政治学补课学习的对象，在较长的时期内为政治学在中国的恢复和发展提供了知识和思想来源、理论和概念工具、方法和研究范式，通过国际交流、海外留学、翻译介绍，西方政治学的知识结构、研究风格和学科布局深刻影响了中国政治学的当前样貌，其中"政治学"与"政治学科"的格局分布、美国研究传统和欧洲研究传统的并存角力也让中国政治学呈现出多元化的发展态势。马克思主义政治学建立

---

[1] 相关讨论最早可见张友渔、石啸冲、王邦佐、王沪宁在《中国大百科全书：政治学卷》（中国大百科全书出版社 1998 年版）序言当中的归纳论述。

在辩证唯物主义和历史唯物主义之上，拥有一整套关于政治关系的性质、国家和政治体制、社会解放和革命等论域的学说，长期引导着中国政治学的价值取向、话语结构、分析范式以及议题选择，尤其在政治学学科被取消的20多年间，马克思主义政治学研究使中国政治学得以延续发展。作为一种实践性和发展性的政治学，马克思主义政治学被认为是构建中国特色政治学学科体系的关键所在。[①] 中国的政治传统和实践为中国政治学发展提供了丰富的本土资源，无论是对中国古代政治思想和政治制度的研究，还是对当代中国各个领域政治实践的考察，都在提升中国政治学贡献"政治学一般性知识"的潜能。同时，发展扎根于中国历史、社会、文化、实践的政治学研究被认为是实现中国政治学本土化的必由之路。

其次，除了学术资源，中国政治学的成长还依赖于"实践引领"，现实中的政治实践和政策需求是引领政治学学科建设和政治学研究生长的关键力量，政治学有没有旺盛的生命力、未来发展状况如何很大程度上取决于中国政治实践的需要。在中国，政治学的发展带着显著的国家色彩和时代烙印，政治学的命运镶嵌在整个国家的政治发展进程当中。中华人民共和国成立之初，由于意识形态的限制和国家建设重心的转移，政治学经历了转型调试直到20世纪50年代初学科被撤销，相关研究在"国家与法"、国际共产主义运动史、科学社会主义等领域得以分散维持。60年代初由于国际局势的转变和外交政策的需要，政治学特别是国际政治研究得到短暂恢复。改革开放之后，出于反思历史教训和服务"四个现代化"建设的需要，政治学在最高领导人的"补课"倡议下完整恢复。80年代，政治体制改革的国家议程引导着政治学研究贡献智慧和解决方案。90年代初，学科价值取向和功能定位的调整直接源于对80年代末政治风波的反思。1992年邓小平的南方谈话将改革开放推向新的历史进

[①] 林毅、郑慧：《构建中国特色社会主义政治学学科体系、学术体系和话语体系何以可能》，《探索》2017年第4期。

程，社会主义市场经济的发展呼唤上层建筑的政治建设，同时改革中出现的各种政治社会问题也亟须政治学给出解释和提出解决方案。与此同时，每次党的全国代表大会开启的政治建设议程以及提出的具体政治表述都牵引着政治学研究的焦点选择和议题变迁。中共十八大以来，随着"国家治理现代化"和"走出去战略"的推进，国家在相关领域的学科扶持和资金投入进一步带动了政治学研究服务实践、资政建言的功能发挥。总之，中国政治实践为政治学研究提供了鲜活的研究素材和广阔的应用场景，政治学研究也为推进中国政治发展贡献了学术智慧。

从演进规律来看，中国政治学在学科发展上不断建制化和国际化，在学术研究上持续专业化和科学化。在建制化方面，政治学的学科体系、学科门类、新兴学科和交叉学科、专业设置、学位授予制度、学术评审制度、学科评价体系等建成并完善，政治学的院系和科研平台建设、学位点建设、资政渠道建设、学术共同体建设、学术交流机制（协会、期刊、会议、网络平台）等稳步推进，政治学的人才培养模式不断创新完善，研究教学团队、学术人才梯队已经建成。新时期，国家在政治学学科建设上持续加大投入，学科发展的规划和布局更加科学合理，为政治学学科的持续稳定发展提供了保障。在国际化方面，经过70年的发展，中国政治学不仅从封闭走向开放，而且从初期单方面的"取经"和"拿来"逐步走向知识生产的"本土化"和科研成果的"走出去"，从西方理论和概念的"试验场"日渐变成发现新知识的"梦工场"，从浅层次的人员往来、学术翻译、学生学者外派到深层次的科研合作、思想激辩和政治知识共建。中国政治学已经从过去与外界的"机械联结"变成与世界的"有机联结"，并且通过"引进来"和"走出去"相结合，其话语地位和国际影响力持续增强。

展望未来，经过几十年的学科成长和研究积累，中国政治学已经具备一定的学术根基，新时期的中国政治进程为政治学做大做强提供了优良的条件，几代政治学人的持续努力为政治学发展积蓄了强劲的势能,未来前景被普遍看好。具体而言,关于"中国政治学向何处去",国内外政治学者展开了广泛的讨论,相关争论聚焦在西方政治科学与中国政治研究两者的关系上,涉及诸如普适性与特殊性、规律性与差异性、科学性和本土性等议题。近年来,倡导政治学"本土化"的声音显著增强(参见图0—1)。

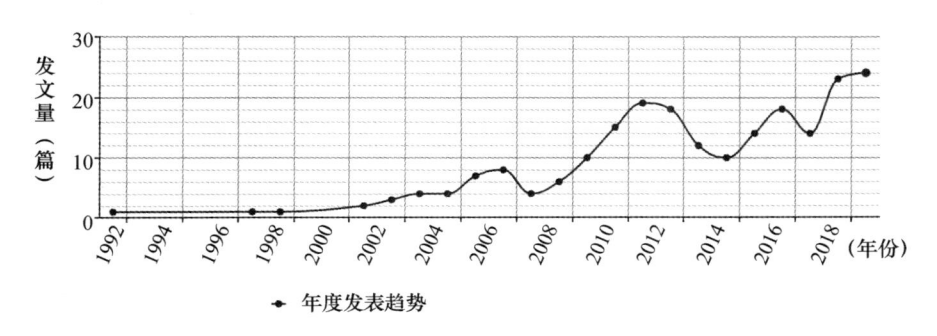

图0—1 讨论政治学"本土化"问题论文的年度发表趋势

资料来源:中国知网。

中国的政治学科从20世纪70年代末得到恢复以来,虽然取得了巨大的进步,但与法学、社会学等学科相比,其发展处于相对落后的状态。从问题的角度看,政治学的不足主要表现在两个方面。

一是,对于迅速发展变革的当代中国社会实践的影响力较弱。改革开放以来,中国社会发生了历史性巨变,经济、政治、社会、文化等领域全面发展。以改革开放以来中国法学的发展为例,在新的历史时期,中国法学界紧密联系中国社会主义法治建设的实际,在实行依法治国、建设社会主义法治国家和建设中国特色社会主义法律体系的进程中,在提供智力支持、咨询规划和理论总结创新等各个方面发挥了重要作用。法学被广泛认为是当今中国社会科学中的一门"显学"。相形之下,政治学在当代中国的政治建设中发挥的实际作用和影响尚不充分。

二是,尚未建立中国现代政治科学的方法论体系,尚未形成政治学的中国学派。以改革开放以来中国社会学的发展为例,在新的历史时期,众多社会学者深入中国社会生活、深入基层、深入群众,在中国工业化、城镇化的历史进程中,观察、记述和认识中国社会关系的新情况、新变化、新问题,研究中国社会,研究中国人的社会行为特点、规律,逐步摸索形成了具有中国特色、中国风格的,以文化人类学为学科特点的中国文化人类学学派,开辟了中国社会学的学科学术发展道路。相形之下,中国政治学尚未形成具有显著辨识度的学科学术特点,尚未建立起独具特色的学科体系和方法体系。

从政治学学科发展总体过程与现状上观察,当今中国的政治学,学习型、运用型研究多,原创性研究少;演绎性多于归纳性,批判性多于建设性。应当说,造成中国政治学发展迟缓,落后于现实需要,落后于相近学科的原因是多方面的。如果仅从研究方法论的领域和角度审视中国政治学研究的现状和进程,中国政治学研究的方法总体上仍然在沿用 20 世纪初及中叶中国政治学初创时期建立的研究范式与方法。从研究对象与类型上看,中国政治学以政治哲学研究为主,政治科学研究尚处起步阶段。[1]

这些问题都在很大程度上限制了中国政治学科的成长以及迈向世界一流,但"发展中的问题要靠发展去解决",中国政治学有望伴随着国家现代化事业的发展,在科研实践中不断探索,提升超越,走向繁荣。

---

[1] 房宁:《谈谈当代中国政治学方法论问题》,《政治学研究》2016 年第 1 期。

第 一 章

国家理论研究

国家理论是 1949 年中华人民共和国成立以来中国政治学领域最重要的研究主题之一，与中国现代国家成长的历程相一致。70 年来，国家理论研究一路走来，出现了多种研究主题。梳理 70 年来我国学术界有关国家理论的研究成果，主要可以划分为三大议题：国家基础理论研究、中国国家理论研究和比较国家理论研究，每一个议题又可以做进一步细分。本章将围绕上述三个议题，就 70 年来我国学术界对于国家理论的研究状况进行述评。

第一节 国家基础理论

1949 年以来，我国政治学界对于国家理论的研究大致可分为三个阶段：一是从 1949 年至改革开放前，以介绍和研究马克思主义国家学说为主，兼顾第三世界反殖民运动中的相关理论学说；二是改革开放初至 21 世纪初，继续以马克思主义国家学说为研究主线，同时引入了大量新的议题，包括自由主义、新马克思主义的国家理论；三是从 21 世纪初至今，在继续加强马克思主义国家学说研究的基础上，对晚近西方国家理论和中国历史国家理论投以较多注意力，研究方法上也越来越呈现出科学化、数据化以及比较研究的倾向。综观 70 年来对国家基础理论的研究，对马克思主义国家学说的研究始终居主导地位。

一 马克思主义国家学说

我国是一个以马克思主义为指导的社会主义国家，马克思主义国家学说在国家理论研究中的地位不言而喻。马克思主义国家学说形成于 19 世纪中后期，是马克思、恩格斯等经典作家在研究西欧资产阶级国家性质和无产阶级革命运动的基础上提出的科学国家观，反映了国家的历史发展规律。从历史唯物主义的立场出发，有关国家的历史起源、阶级性质、类型与职能、历史归宿等代表了马克思主义国家学说的基本要素。马克思主义国家学说于 20 世纪初传入中国，逐步成为指导中国革命和社会主义建设的指导思想。综览 70 年来学术界对于马克思主义国家学说的研究，主要集中在对马克思主义经典作家的国家学说以及以法兰克福学派等为代表的新马克思主义国家理论的研究上。

（一）经典马克思主义国家学说

马克思主义国家学说是马克思、恩格斯等人针对 19 世纪西欧社会的现实，在反思和摒弃黑格尔、费尔巴哈等人的国家学说的基础上建立起来的。《德意志意识形态》《共产党宣言》《哥达纲领批判》《家庭、私有制和国家的起源》等是马克思主义国家学说的经典著作，它们也成为中国学者研究马克思主义国家学说的经典文本。

首先，黑格尔国家学说及其与马克思主义国家学说的关系。黑格尔国家学说是马克思主义国家学说的重要思想来源。黑格尔把国家看作"绝对精神"在世界历史演进中的最高阶段，是"伦理理念的现实性"。针对这种观点，郁建兴等指出黑格尔的国家观突破了个体与国家之间的机械联系，代表了"伦理实体的自由概念的完成"，反映了维护政治共同体和实现个体自由、普遍性与特殊性之间有机统一的需要，因此不能将黑格尔的国家观纳入"极权主义""自由主义"等范畴,也不能将其价值一概否定。① 陈炳辉从"文化"的角度把黑格尔国家学说解读为"政治文化论"。在他看来,黑格尔在论证国家起源时对伦理与道德的区分、对伦理理念从家庭到市民社会再到国家的三阶段发展过程的论述、对政治情绪和政治制度主客观辩证关系的讨论等,表明其所论述的"国家"不仅是一个政治实体,而且是一个文化实体,这一点尤其体现在国家是"伦理理念的现实性"上,黑格尔的国家观因此属于"客观唯心主义"范畴。②

马克思、恩格斯把黑格尔从"逻辑观念"层面来推演国家起源的论证方式转变为从"社会历史"层面来追溯国家起源和演化的方式。在他们看来,国家是生产力发展到一定阶段的产物,是社会分化为阶级且阶级矛盾不可调和的结果;国家作为一套复杂的暴力机器,是统治阶级赖以进行统治的工具;国家从历史的地平线中产生,也将从历史的地平线上消失;在这个过程中,作为资本主义"掘墓人"和新生产力代表者的无产阶级将扮演不可替代的角色。在这一方面,刘俊祥总结了马克思主义国家学说的主要方面,包括辩证法思维、个人主义批判、劳动分工、个体发展与国家起源,以及市民社会与国家的关系等。③

其次,马克思主义国家学说的动力来源。除黑格尔国家学说外,18—19世纪西欧的社会现实为马克思主义国家学说的建立提供了充分的养料,尤其是法国大革命、1848年欧洲革命和巴黎公社运动。这些事件既使马克思、恩格斯看到了资产阶级曾经具有革命性的一面,又使他们看到了资产阶级腐朽没落的一面,以及无产阶级将肩负的历史重任。陈周旺认为,19世纪的法国政治环境为马克思主义

---

① 郁建兴:《黑格尔的国家观》,《政治学研究》1999年第3期;崔建树:《论黑格尔的国家学说及其创新》,《江淮论坛》2006年第3期。
② 陈炳辉:《文化与国家——黑格尔国家哲学新论》,《政治学研究》1999年第3期。
③ 刘俊祥:《马克思政治起源思想的黑格尔主义来源及其早期论述》,《西南政法大学学报》2002年第4期。

国家学说提供了现实动力，它使马克思、恩格斯等人深刻理解了资本主义国家的本质和通往无产阶级国家的道路。①汪仕凯则从马克思、恩格斯追求和实现"人的全面发展"和"劳动解放"的角度来定位其国家理论，认为国家只是他们建构起来的通往这些目标的关键环节和必要手段。②也有学者专门就恩格斯晚年的国家理论进行分析，如在蔡定剑看来，恩格斯晚年关于建立无产阶级新型国家的主张可以概括为"组织真正人民当家做主、掌握国家权力的政权"③。当然，大部分学者还是从生产力、生产关系和阶级的角度来概括马克思主义国家学说。

再次，列宁在马克思主义国家学说中的地位。列宁是首位把马克思主义国家学说落实到单一国家和非西欧国家的革命家，是世界上第一个社会主义国家的缔造者，俄国十月革命的实践大大丰富了马克思主义国家学说。对于列宁的国家学说，在冯同庆看来，列宁对资本主义国家持"辩证"而非完全"否定"的态度，即一方面批判资产阶级的狭隘性，另一方面又给予其历史地位；既揭露其虚伪的一面，又肯定其某些正确观点。④郝良真、何祥林就列宁的国家分类问题进行了阐述，在他们看来，针对1920年前后的国际背景，列宁应用马克思主义基本原理将当时的国家划分为三大类型：占世界人口70%的受压迫的殖民地半殖民地国家和战败国以及新产生的社会主义俄国；少数获得利益的战胜国；保持原来地位的国家。⑤这种

---

① 陈周旺：《马克思国家学说的演进逻辑》，《中国人民大学学报》2012年第1期。
② 汪仕凯：《从现代国家到社会共和国：卡尔·马克思的国家理论》，《经济社会体制比较》2018年第5期。
③ 蔡定剑：《恩格斯晚年对马克思国家学说的发展》，《政治学研究》1987年第4期。
④ 冯同庆：《列宁对资产阶级国家学说的辩证分析》，《北京师范大学学报》1986年第2期。
⑤ 郝良真、何祥林：《列宁关于三类国家划分的理论》，《武汉大学学报》1986年第5期。

划分为理解当时的世界政治力量分布提供了重要的指导。蔡拓则专门就列宁的社会主义理论进行了论述，认为列宁的贡献在于第一次把马克思主义有关社会主义的理论变为现实，且直接领导了数年的社会主义实践，重温列宁的社会主义理论，可以防止社会主义变形和变色。①

最后，国家的性质和职能。在马克思、恩格斯看来，国家是"阶级矛盾不可调和的产物"和"阶级统治的工具"，国家的性质和职能是由统治阶级的属性决定的。唐兴霖根据上述观点，把国家的职能划分为"阶级性"和"公共性"两个方面，它们统一存在于国家实体中，赋予国家阶级压迫和社会管理两种职能，具体通过国家在政治统治和经济生产中所扮演的角色表现出来。②李勇锋和尹继佐把马克思主义国家学说划分为物质利益论、阶级分析论和斗争手段论三个组成部分，并指出，它们既是区分马克思主义有关国家经济管理职能和政治统治职能的主要依据，也是这两种职能赖以相互转化的有机环节。③周琪、王沪宁则认为，李勇锋和尹继佐忽视了国家性质的问题，以经济管理职能为例，它必须以国家具有的阶级性质作为依据，忽视国家性质来谈国家职能，将影响到对马克思主义国家学说的全面理解。④

除此之外，马克思等人有关国家形态、国家消亡等的论述也是学术界的研究重点。在国家形态方面，国家是如何从原始社会破土而出的？国家的历史演进主要包含哪些阶段？马克思主义有关各种国家形态的论述，有关国家消亡的主要含义和基本条件的论述，以及东方社会如何跨越"卡夫丁峡谷"而走向社会主义社会的论述等，都是有关国家形态和国家消亡理论的主要探讨问题。值得注意的是，

---

① 蔡拓：《列宁主义与当代社会主义》，《天津社会科学》1991年第5期。
② 唐兴霖：《论国家的层次和职能》，《社会主义研究》1999年第3期。
③ 李勇锋、尹继佐：《试论马克思主义国家学说》，《社会科学》1982年第10期。
④ 周琪、王沪宁：《国家的经济管理职能具有二重性》，《社会科学》1984年第4期。

有些学者还将马克思主义有关国家消亡的理论与"治理""善治"等当下主题结合在一起。例如,在俞可平看来,马克思经典作家关于无产阶级专政的根本性任务的讨论,实际上就是主张创造条件、消除国家与社会之间的对立关系,做到"还政于民",它表明了"现代政治的重心开始从统治向治理的转型"[①]。

(二) 新马克思主义国家学说

马克思主义国家学说主要与早期资本主义国家联系在一起,新马克思主义国家理论则主要与第二次世界大战后发达资本主义国家的内部变化联系在一起。在这一时期,工人阶级的内部构成、生活状况、组织方式等已迥异于马克思、恩格斯所处的时代,与20世纪上半期以工农联盟为基础而取得革命成功的苏联和中国也差异甚迥。新的时代背景呼唤新的国家学说,新马克思主义国家学说应运而生。它力图根据当代资本主义国家的新情况,从阶级基础、国家职能、权力结构和统治方式等方面对马克思主义国家学说进行解构和重建,使其适应时代发展的需要。

"新马克思主义"并不是一个范围清晰的概念,但法兰克福学派被公认为是新马克思主义的代表,代表性人物包括卢卡奇、霍克海默、阿多尔诺、阿尔都塞等一大批声名卓著的思想家。20世纪晚期,在"后马克思主义"的名义下,又聚焦了一大批思想家,包括拉克劳、墨菲、列菲弗尔、米利班德、利奥塔、德里达等,原来归属于法兰克福学派的部分思想家也被纳入后马克思主义范畴,其中包括哈贝马斯、奥菲等人。不论新马克思主义抑或后马克思主义,都以反思和重建马克思主义作为使命,反对单纯从生产力、生产关系的角度来理解国家,认为阶级基础与上层建筑的关系是复杂多样的,并非经典马克思主义者所认为的简单对应关系。

新马克思主义在20世纪80年代传入中国,旋即成为国内学术

[①] 俞可平:《让国家回归社会——马克思主义关于国家与社会的观点》,《理论视野》2013年第9期。

界的重要研究主题。在有关新马克思主义国家理论的总体研究方面，2004 年，陈炳辉出版《西方马克思主义的国家理论》，对葛兰西、阿尔都塞、普朗查兹等 12 位西方思想家的国家学说进行了述评，是为有关新马克思主义国家理论研究的集大成者。杨雪冬把新马克思主义国家理论进行了分类，将它们划分为"工具主义""结构主义""仲裁者"和"制度平台"四种类型，对应的代表人物包括米利班德、阿尔都塞和普兰查斯、奥菲、杰索普等。他们主要从意识形态与文化霸权、阶级关系与国家自主性、福利国家和合法性危机四个方面对马克思主义国家学说进行了修正和重建。[①]

国家的意识形态功能是国内学者研究新马克思主义国家学说的一大热点。葛兰西的"文化霸权和政治领导权"理论为国内学术界所热捧，它强调国家在意识形态上的管控功能。郁建兴、肖扬东对这一主题进行了研究，认为葛兰西从社会文化和意识形态等角度开辟了马克思主义国家学说研究的新方向。[②] 拉克劳、墨菲、哈贝马斯等后马克思主义思想家则把葛兰西的"政治领导权"理论发展为"话语领导权"理论，他们强调社会历史演变的不确定性和随机性，主张用激进的多元民主来取代无产阶级的解放斗争、用身份政治取代阶级政治等。在陈炳辉看来，这些新观点反映了后马克思主义思想家解构马克思主义唯物史观、阶级概念等理论的努力，它们表面上具有社会主义的价值取向，实际上却已彻底告别了马克思主义。[③]

国家的统治策略也是研究新马克思主义国家学说的一大重点。普兰查斯区分了"占统治地位的意识形态"和"统治阶级主体的

[①] 杨雪冬：《西方马克思主义的国家理论简评》，《马克思主义与现实》2004 年第 2 期。

[②] 郁建兴、肖扬东：《论葛兰西与新葛兰西主义的国家理论》，《社会科学辑刊》2006 年第 6 期。

[③] 陈炳辉：《墨菲的后马克思主义理论》，《马克思主义与现实》2003 年第 2 期；陈炳辉：《从政治领导权、意识形态领导权到话语领导权——拉克劳、墨菲的领导权理论》，《厦门大学学报》2010 年第 1 期。

政治意志"之间的差异,指出前者较后者更缺乏纯粹性。以此为基础,普兰查斯把国家看作一种通过"策略"来统合社会矛盾、实现有机建构的政治结构。肖扬东认为,这一定义超越了马克思主义从"生产力""阶级"角度来理解国家的做法,表明普兰查斯不再完全从结构主义的角度来理解国家。① 南丽军则认为,新马克思主义者力图从社会文化层面赋予马克思主义国家学说以新的内容,把意识形态、文化认同和合法性等都纳入国家统治策略的设计中,但实际上,他们并没有突破资本主义自由民主的理论框架,也没能提出新的、明确的国家概念,没能实现对马克思主义国家学说的发展和超越。②

"国家消亡论"是新马克思主义解构马克思主义的另一个重要命题。列菲弗尔从阶级统治、国家自主性和国家职能三个方面对这一命题进行重新解读。在他看来,并非所有国家都拥有阶级基础、具备阶级性,国家可能完全独立于社会之外。因此,国家政治统治职能的消亡应快于经济管理职能。国家整体的衰退则是一个更慢的过程,它会借助阶级力量来加强自身。针对列菲弗尔的观点,方贻岩指出,列菲弗尔是从存在主义和人道主义的角度来解读"国家消亡论"的,他忽视了马克思主义关于无产阶级国家的阶级性与过渡性关系的论述,而且把这两者对立起来,强调"过渡性"而否定"阶级性",从而人为地切断了马克思主义国家学说的整体性,偏离了马克思主义的本意。③

二 自由主义国家学说

自由主义国家学说是马克思主义国家学说的对立面。它兴起

---

① 肖扬东:《普兰查斯国家理论述评》,《社会科学辑刊》2009年第2期。
② 南丽军:《从葛兰西到哈贝马斯——西方马克思主义资本主义国家理论的再思考》,《学术交流》2009年第10期。
③ 方贻岩:《略论列菲弗尔对马克思国家学说的"恢复"和"革新"》,《厦门大学学报》1992年第3期。

于 17—18 世纪的欧洲，深受文艺复兴、宗教改革和启蒙运动的思想浸染，在西方国家占据主流地位。这一学说在很大程度上塑造了西方现代政治思想和西方现代国家的轮廓，且一直延续至今。国内学术界有关这一流派的国家学说的研究主要包括两个方面：一是评析这一流派的代表人物的国家思想；二是关注其新近演化的方向，尤其是其有关国家职能的论述，并与马克思主义国家学说进行比较。

（一）自由主义关于国家起源的理论

霍布斯、洛克和卢梭是公认的自由主义国家学说的三大代表人物。他们提出"自然状态""天赋人权"和"社会契约"等理论以说明现代国家的起源和功能，它们构成了自由主义国家学说的逻辑起点和核心内容。霍布斯主张，国家是避免人与人之间陷入"战争状态"的正当权威，它维护人的平等、自由和安全，具有至上性、不可分割性和不可回收性等特点。也基于此，国家不参与同人民的缔约。黄裕生就"国家为什么不是缔约方"这一问题，对霍布斯的国家学说提出质疑和批驳。他认为，霍布斯的这一观点与他把"国家建立在人与人相互订立契约基础上"的设想产生矛盾，忽视了契约本身的性质问题。[①] 苏力从知识社会学角度对霍布斯和洛克的国家学说进行评析。在他看来，这两大思想家的国家观"都带有强烈的功利主义色彩"，他们"把国家变成了一种人民追求其自身最大利益的工具"，以贴合欧洲当时的时代背景和社会需要。[②] 卢梭把"人民主权"和"社会契约"作为现代国家产生的前提，全意志和超阶级的法律是实现它们的保证。陈禹鼎指出，卢梭的"国家"是"全民主权国家"，"民主共和国"则是其国家主张实践的结果，不过，由

---

① 黄裕生：《国家为什么不是缔约方？——论霍布斯的国家学说》，《云南大学学报》2012 年第 3 期。

② 苏力：《从契约理论到社会契约理论——一种国家学说的知识考古学》，《中国社会科学》1996 年第 3 期。

于资产阶级在现实生活中更容易掌握国家权力，"全民主权"最终可能蜕变为"资产阶级主权"。在这一意义上，陈禹鼎认为，卢梭的国家观存在空想性。①

部分学者把上述自由主义思想家的国家观与近代共和主义代表人物马基雅维里的国家观进行比较。陈华文认为，马基雅维里关于国家起源和新政治秩序建构的观点实际上与霍布斯的很相近，但他对于君主与共和关系的看法则使他的国家学说呈现出"自然生成与人为创建"两面兼具的特点，这也是后人对马基雅维里评价不一的部分原因。② 任剑涛指出，综观马基雅维里、霍布斯和洛克三人的国家主张，它们呈现出一条"驯服国家与驯化君主的国家建构理论进路"，同时也遗留下了"国家主义"和"英雄崇拜"两种精神病灶。这集中体现在黑格尔的国家学说中，后发国家的现代建国之路亦很难避开这些病灶。③

（二）自由主义的国家职能理论

国家与经济之间的关系问题贯穿于自由主义国家学说的整个过程，具体涉及国家干预经济的范围、时机、方式等。围绕这些问题，形成了各种版本的自由主义观。邹永贤把自由主义关于国家职能演化的理论看作"现代西方社会垄断资本主义及其阶级斗争发展的总轨迹"④。庞金友也认为，这是西方国家现实情境变化的反映，强弱政府的交替出场表明了"国家观念没有终极理论"，关键是要符合社

---

① 陈禹鼎：《卢梭以人民主权论为中心的政治学说述评》，《厦门大学学报》1982年第2期。

② 陈华文：《君主、共和与马基雅维里的政治创建理论》，《武汉大学学报》2015年第4期。

③ 任剑涛：《驯服国家、驯化君主与臣服国家——理解西方现代国家的三个要旨》，《政治思想史》2016年第1期。

④ 邹永贤：《百年来西方国家学说的回顾与前瞻》，《厦门大学学报》1993年第1期。

会需要和客观规律。① 其中，新自由主义国家学说试图在自由资本主义与无产阶级革命之间开辟出一条中间道路。它批判过度的个人主义倾向，强调道德责任和公共义务，同时支持国家在一定程度上干预经济活动，积极为国家管理社会生活辩护，认为国家能调解社会矛盾和维护和平，代表性人物包括早期的格林、霍布豪斯、霍布森，以及晚近的大卫·哈维等。解海南指出，新自由主义国家学说实际上是以新的方法来追求旧的目标——个人自由，结果招致了传统自由主义和马克思主义的双面攻击。② 熊光清、杨虎涛则认为，新自由主义的国家观是一个充满矛盾的混合物，它既要求国家进行政治管制，又希望政府兜底危机、保护垄断。并且，理论上的新自由主义国家学说转化到政策实践上，在全球范围内传播，其间也会存在诸多异质性和非均衡性，它可能放大理论本身的问题，加剧现实社会的冲突。③

三　社会民主主义国家学说

（一）传统社会民主主义的国家理论

社会民主主义也是近代西方的一种重要社会思潮，与马克思主义存在着千丝万缕的联系，但一定程度上又吸收了自由主义的观点。其代表性政治力量主要是各国的社会民主党、工党或社会党。社会民主主义支持国家干预经济、参与调节社会再分配，建立社会保障型国家和福利国家。同时反对一元式的国家主权、倡导多元民主和联合统治，鼓励工人阶级参政，以改良而非革命斗争的方式走向社会主义。

---

①　庞金友：《近代西方国家观念的逻辑与谱系》，《政治学研究》2011年第5期。
②　解海南：《新自由主义学说初探》，《政治学研究》1987年第6期。
③　熊光清：《新自由主义的本质及其对中国的影响》，《当代世界与社会主义》2018年第2期；杨虎涛：《新自由主义的矛盾性、本质及其非均衡发展——兼议大卫·哈维的中国警示》，《经济社会体制比较》2018年第6期。

拉斯基是社会民主主义国家观的典型代表。对于他的国家理论，陈永忠等指出，拉斯基的国家学说不同于其他民主社会主义者的"超阶级国家观"，他主张从实际出发，由经济民主实现社会正义，从根本上改变国家的本质和职能。[①] 殷叙彝则从西欧社会党的治国主张和行动纲领等出发，对社会民主主义的国家学说及其实践进行评析。他指出，社会民主主义的思想家和实践者基本都否定了马克思、恩格斯在《共产党宣言》中提出的基本主张，他们把社会管理职能置于国家职能的首要地位，认为国家是"一个超越阶级之上的代表全社会的机构"，各阶级和利益集团围绕特殊利益展开竞争或合作，它们在议会中的力量对比决定了国家的性质。殷叙彝认为，这可能会加剧统治阶级与工人阶级的对立，导致工人阶级无法从根本上触动资本主义，继而过渡到社会主义。[②]

（二）第三条道路的国家理论

社会民主主义经历了一系列演化过程。在20世纪中期，它以民主社会主义自居，到20世纪晚期，为了摆脱传统福利国家的重压，社会民主主义进一步凤凰涅槃，演化成"第三条道路"。顾名思义，"第三条道路"即介于传统自由主义与传统社会民主主义之间的"中间道路"。20世纪90年代末，英国思想家吉登斯出版《第三条道路：社会民主主义的复兴》，系统提出了社会民主主义在新的历史时期的政治主张。此后，英国前首相布莱尔、德国前总理施罗德、法国前总理若斯潘等西方政要都宣称遵循"第三条道路"的政治主张，"第三条道路"红极一时，形成了一个"粉红色的欧洲"。"第三条道路"理论一方面延续了社会民主主义的政治主张，主张国家应干预经济社会资源的配置、实行多元民主和联合统治等，同时又结合新的时代背景，主

---

① 陈永忠、田明孝、黄宇：《拉斯基的国家观》，《学海》2008年第3期。
② 殷叙彝：《西欧社会党的民主社会主义国家学说初探》，《西欧研究》1987年第5期。

张重新改造福利国家，实施基于责任基础上的"积极福利"政策、重视家庭和社团组织的作用。

"第三条道路"理论于20世纪90年代末传入中国，一时如一股清风吹遍中国学术界。作为对该理论的总体介绍，杨雪冬、薛晓源于2000年出版了《"第三条道路"与新的理论》，郎友兴也于同年出版《安东尼·吉登斯：第三条道路》。他们都对"第三条道路"理论进行了总体性介绍，内容涉及该理论的起源、主要主张、主要争论等。对于这一理论的专题性研究，陶涛指出，"第三条道路"和"全球治理"对于世界相互依存和国家主权转让等的强调，恰好反映了资本主义国家在配置社会资源上存在的局限，公民社会和全球化的势力更是难以阻挡。[①] 郭忠华曾投入大量精力研究吉登斯思想，在其出版的多部著作中都对"第三条道路"理论进行了论述，包括"超越匮乏型经济""对话民主""生态政治""认同政治""情感民主""气候变化的政治"等。[②]

四 西方晚近国家学说

（一）"把国家带回来"

"回归国家"学派是20世纪中期美国学术界兴起的一股重要学术思潮。在风行一时的"行为主义"范式的主导下，政治学研究似乎变得越来越不关心国家、制度等宏大主题了，而主要集中于研究人们的行为、情绪等细节问题。正是在这种背景下，一批政治学家、历史学家开始取道历史研究方法、重新回到国家主题。代表性人物包括巴林顿·摩尔、查尔斯·梯利、西达·斯考切波等，代表性著作包括《专制与民主的社会起源》《把国家带回来》《利维坦的诞

---

① 陶涛：《"第三条道路"与全球治理理论》，《当代世界》2002年第4期。
② 郭忠华：《解放政治的反思与未来：安东尼·吉登斯现代性思想研究》，中央编译出版社2006年版；郭忠华：《现代性理论脉络中的社会与政治：吉登斯思想地形图》，上海人民出版社2010年版。

生》《国家与社会革命》等。

"回归国家"学派于20世纪末传入我国并受到重视,出现了大量有关这一理论流派的成果。在周毅之等看来,"回归国家"学派的出现是美国政治学界与欧洲同行竞争学术话语权的反映和产物,它既表明"国家"是政治学研究的永恒主题,也开启了这一主题研究的"科学时代"。他们受行为主义的影响,主张从现实社会问题出发,通过观察和分析国家在制度设计、市场活动、革命、战争、社会运动等活动中的角色、策略和行为选择,建构起对于国家的认识。换句话说,"回归国家"学派是把国家视为具有独立意志和行为能力的行动主体。它催生出许多用于分析和评估国家行为的分析性概念,例如伊斯顿的"政治系统"、内特尔的"国家性",以及晚近颇受关注和讨论的"国家自主性""国家能力"等。[1] 刘剑则从知识谱系的角度比较了新马克思主义与"回归国家"学派关于国家自主性的论述。在他看来,"回归国家"学派发展了新马克思主义的观点,它把国家作为相对独立的社会政治现象来进行分析,突破了国家与社会的二元对立。但遗憾的是,"回归国家"学派没有明确回答"国家是什么"这一问题。[2]

(二) 新制度主义国家理论

就一定程度而言,新制度主义国家观也是建立在对行为主义反思的基础上。它认为行为主义忽视了组织、法律、历史遗产等因素在政治生活中的地位,个体偏好和集体决策之间也存在诸多差别,单从"行为"的角度不足以理解全部政治现象。新制度主义内部可以划分为众多流派,如历史制度主义、理性选择学派、社会学制度主义等,不同流派对于国家也存在着迥异的理

---

[1] 周毅之:《国家范畴在西方政治学中的复归及其原因考察》,《社会科学战线》1996年第5期;包玉娥:《政治学研究的永恒主题:国家》,《南京大学学报》1997年第1期。

[2] 刘剑:《国家自主性理论研究述评》,《国外社会科学》2010年第6期。

解。例如，历史制度主义偏重于从社会结构、路径依赖的角度来解释国家，理性选择学派则侧重于从行动者的目的和理性角度来解释国家。

新制度主义于 20 世纪末传入中国，并成为学术界的重要研究主题。何俊志较早对历史制度主义的兴起及其对政治科学的影响进行了研究。2004 年，他出版《结构、历史与行为：历史制度主义对政治科学的重构》专著，就旧制度主义存在的问题、历史制度主义为政治学研究提供的新视角、制度的作用、制度变迁的历史、制度与行为的关系等问题进行了总结，是较早对历史制度主义展开全面研究的著作。[①] 在有关新制度主义国家理论的总体性述评方面，胡永佳较早进行了综述。1997 年，他在《政治学研究》上发表《新制度主义国家理论述评》，就新制度主义有关国家起源、国家性质、国家模式、国家职能、国家目标等问题进行综述，是理解新制度主义国家理论的一篇较好的入门性论文。[②] 此后，还有部分学者就新制度主义关于制度变迁总结出三种主要路径，分别是路径依赖、路径替代和路径偶然。[③] 杨雪冬就诺斯的国家理论进行了研究，突出体现在对"诺斯悖论"的分析上。在他看来，借由"产权"理论，诺斯抓住了国家与经济发展之间的潜在冲突，直接把"国家"置于"矛盾状态"。[④] 黄新华则就马克思主义与新制度主义关于国家经济职能的问题进行比较。在他看来，这两种国家学说都肯定了国家对统治阶级利益的维护和对经济发展的"双刃"性影响，但新制度主义进一步充实了马克思主义关于国家经济职能的主张，

---

① 何俊志：《结构、历史与行为：历史制度主义对政治科学的重构》，复旦大学出版社 2004 年版。
② 胡永佳：《新制度主义国家理论述评》，《政治学研究》1997 年第 4 期。
③ 郭忠华：《新制度主义关于制度变迁研究的三大范式》，《天津社会科学》2003 年第 4 期。
④ 杨雪冬：《国家和制度创新：诺斯的国家理论述评》，《经济社会体制比较》1996 年第 1 期。

它关注到经济发展中的制度、产权、国家和意识形态等诸多要素的作用。①

第二节 中国国家理论

中国国家理论是国家理论研究领域的另一个重要议题。如何在理论上刻画传统中国的国家形态？有哪些动力推动中国转向现代国家？当代中国展现出哪些特殊形态？中国的国家建构经验在国家理论领域有何独特贡献？这些是学术界重点关注的问题。基于学术界有关中国国家理论的研究成果，本节将围绕以下问题展开：中国传统国家理论、中国近代国家转型的动力理论、中国现代国家建构的理论、当代中国国家形态理论。

一 中国传统国家理论

中国经历了数千年的传统国家形态。如何认识和勾勒传统中国的国家形态？这是学术界在理解传统中国时首先遇到的问题。基于不同的分析立场，学术界提出过诸多有关传统中国国家形态的概念。例如，赵鼎新的"儒法国家"、赵汀阳等人的"天下国家"、金观涛的"超稳定结构"、费孝通的"差序格局"、许纪霖的"家国天下"等。这些概念的分析重点不一。有些将重点放在对传统中国政权和国家形态的勾勒上，如"儒法国家"；有些则将重点放在对传统中国社会关系和社会秩序的总结上，如"差序格局"。鉴于本章以"国家理论"作为叙述主线，故将重点放在有关政权和国家形态的总结上。在这一方面，"儒法国家"和"天下国家"近年来在学术界形成了较大影响。

---

① 黄新华：《马克思主义国家学说与新制度经济学国家理论之比较分析》，《宁夏大学学报》2002年第2期。

（一）儒法国家

"儒法国家"是旅美学者赵鼎新教授提出的重要观点。这一观点与国内学术界已经存在的"外儒内法"[1]观点存在亲缘性。根据后者，在从汉代到清代这一较长的历史时间内，中国国家政权一直沿用"外儒内法"的统治策略，即表面上推崇儒家思想，倡导"人本""仁义"，但实际上也依赖法家，强调"以法而治"。中国传统政治从而体现出"外儒内法""儒法相济"的特征。近年来，赵鼎新先后出版《东周战争与儒法国家的诞生》《儒法国家：中国历史的新理论》等著作，系统阐述了其"儒法国家"的主张。

根据赵鼎新的界定，"儒法国家"是"在西汉时期逐渐形成的一种以帝国儒学思想作为官方统治意识形态和合法性基础，同时运用法家手段对国家进行实质性管理的国家模式"[2]。在他看来，这一国家模式自诞生之日起便具有极强的生命力，直至1911年辛亥革命才基本解体。"儒法国家"因此是传统中国的基本政治模式。

儒法国家是如何兴起的？对于这一问题，大部分学者把它归结为春秋战国时期的特殊政治形势造就了"儒法国家"。在赵鼎新看来，春秋—战国时代的战争需要以及由此导致的"工具理性文化"是造就"儒法国家"的基本动力。战争推动了工具理性文化的发展，使社会不断趋于理性化。同时，战争也造就了大一统国家的出现，大一统国家再通过驯服战争而实现社会稳定。在赵鼎新看来，"春秋—战国时代的封建制度导致了诸侯国之间频繁而输赢不定的局部性战争，正是在这类特殊类型的战争中所形成的竞争和冲突，促进了效率导向型的工具理性文化在军事、政治、经济和意识形态等领域的扩展，进而为春秋—战国时代社会各领域的演变提供了根本动

---

[1] 冯友兰：《中国哲学简史》，生活·读书·新知三联书店2009年版，第235—236页。

[2] ［美］赵鼎新：《东周战争与儒法国家的诞生》，夏江旗译，华东师范大学出版社2006年版，第7页。

力。但是，由于当时中国社会所具有的特殊的结构性条件（譬如，与古希腊和中世纪欧洲相比），这一推动社会演进的战争力量最终却为国家所驯服"①。

"儒法国家"为什么能够延续？对于这一问题，"儒法国家"的倡导者主要从"儒家"和"法家"两方面寻找解释，认为"儒士阶层"和"儒家文化"为统治者提供了伦理基础和政治合法性；法家则为统治者提供了理性主义基础和制度规范。对于儒法两家在儒法国家中的功能，赵鼎新认为，儒家集中体现在统治合法性基础的供给上，而法家则集中体现在工具主义的驭民之术、中央集权型科层制国家的建立以及严密法律体系的形成上。例如，对于儒家的政治功能，赵鼎新指出："皇帝被神圣化为'天子'，而'天命'的解释权则掌握在从知识精英中选任的儒士型科层官僚手中；儒士阶层是整个科层制国家机器的实际控制者，他们的辅助与配合是皇帝行使权威时必须借助的不可或缺的力量。这样一种政治体制为国家的统治提供了合法性基础，为臣民的生活提供了道德准则。"②

（二）天下国家

"天下国家"代表了学术界对于中国传统国家的另一种理解。"天下国家"与"溥天之下，莫非王土；率土之滨，莫非王臣"的传统政治观念紧密关联，是基于"天下"观念衍生出来的"国家"理解。"天下"观念肇始于先秦时期，它既是一个"空间"概念，代表了当时人们对地理空间的认知和想象，也是当时人们对已知地理空间中的"文化/政治秩序"的思考与安排。③

要理解"天下国家"，首先必须理解"天下"概念。邢义田追

---

① ［美］赵鼎新：《东周战争与儒法国家的诞生》，夏江旗译，华东师范大学出版社2006年版，第2页。

② 同上书，第163—164页。

③ 尹波涛、周伟洲：《天下、中国与夷夏：近年来相关研究述评——以李大龙新著〈从"天下"到"中国"：多民族国家疆域理论解构〉为中心》，《西域研究》2017年第1期。

溯了中国古代天下观念的演化史。殷商时期虽未出现"天下"词汇，但通过"服制"而形塑了"天下"的基本结构。西周初年，"天下"词汇正式出现，认为"天下就是由文化较高的华夏诸邦和落后的夷蛮所组成"。战国时期，天下观念最终形成，认为天下"是由本不相干的方位观、层次观和文化的夷夏观交织而成。天下由诸夏及蛮夷戎狄组成，中国即诸夏，为诗书礼乐之邦，在层次上居内服，在方位上是中心；蛮夷戎狄形同鸟兽，在层次上属外服，在方位上是四裔。方位和层次可以以中国为中心，无限地延伸；诗书礼乐的华夏文化也可以无限地扩张。最后的理想是王者无外，合天下为一家，进世界于大同"。秦统一后，"大体而言，中国人的天下观并没有基本上的改变。尽管两千年来和中国接触的外族代有不同，但是变化不大"①。

相比于邢义田从历史维度总结"天下"观念的演化过程，王柯则从"内涵"角度归纳了"天下"的三层含义：其一，对理论上的天下和现实中的"天下"进行区分，理论上的"天下"指按照正统王朝思想进行理解，统称为"四海之内"，而现实中的"天下"则指王朝政治权力实际上或被认为应该达到的领域，主要指"九州"；其二，"天下"基本的政治结构主要包括"内服"和"外服"，"内服"指由天子和朝廷直接管辖的区域，即王畿；"外服"则指由天子和朝廷间接统治的区域，即诸侯国；其三，"天下"是华夏与四夷共同的生活空间，且通过濡染华夏文化，四夷迟早会成为九州天下的一部分。②

基于对"天下"范围的不同理解，李大龙勾勒了"天下国家"的主要形态。在他看来，"天下"是一个难以明确具体范围的词汇，不同时期具有不同的范围，但它是古代中国人经常用于表示"中国"

---

① 邢义田：《天下一家——中国人的天下观》，载刘岱总主编《中国文化新论·根源篇：永恒的巨流》，生活·读书·新知三联书店1991年版。

② 参见王柯《中国，从天下到民族国家》，政大出版社2014年版。

"正统"皇帝理想中的管辖区域。可以将"天下"划分为三个层次，即郡县（府州）统治区、特设机构统治区和外围民族政权羁縻统治区。由此形成了"天下国家"的三个层次：郡县（府州）统治区是王朝政治权力能够实际到达的区域，特设机构统治区处于王朝政治权力实际控制和名义控制之间的模糊地带，羁縻统治区则是皇权无法直接到达，依赖诸侯和少数民族首领进行统治的区域。"天下国家"的三个层次反映了王朝政治权力从实际控制走向名义控制的动态过程。①

总体而言，"天下"是前现代中国人基于地理空间而形成的关于世界政治秩序的想象，是一种以中国为"中心"和"正统"而不断扩展开来的政治同心圆结构，与以"主权平等"为基础的现代民族国家观背道而驰。具体而言，"天下国家"主要以下三种理论为基础：第一，"大一统论"，即政治上一统乎天子，文化上一统乎以周礼为核心的华夏文化；第二，"畿服论"，即依据"服制"，形成以王畿为中心的同心圆状政治秩序与地理分布格局；第三，"夷夏论"，即以"畿服论"为基础形成的对外民族关系，其核心在于，华夏居于中、夷狄居于表。

二 中国近代国家转型的动力理论

1840 年鸦片战争打开了古老中国的国门，中国从此开始从传统王朝国家向现代民族国家转型。如何看待中国现代国家转型的动力？学术界的认识并不统一。综合起来，主要存在三种代表性观点："内部因素说""外部动力说"和"内外均衡说"。

（1）"内部因素说"将中国现代国家转型的原因归结于中国内部。它与美国史学界已经存在的"中国中心观"存在智识上的关联。"中国中心观"强调，中国现代国家建构的动力"是由其内部的历

---

① 李大龙：《从"天下"到"中国"：多民族国家疆域理论解构》，人民出版社2015 年版。

史演变所决定的"。① 按照这一观点，鸦片战争及以后事件尽管为中国现代国家转型提供了强大的压力，但它们只有经中国的内部结构才能发挥作用。"内部刺激说"在中国学术界具有广泛的影响。例如，张媚玲认为，中国近代国家转型深受历史惯性的影响，"历史惯性总是在长时段下形成并塑造着下一个时代的基本面孔"，长期"大一统"政治诉求的惯性和儒家传统文化的惰性，影响着王朝国家向民族国家转型以及民族国家的权力结构方式和建设道路。② 其还探讨了近代中国民族国家建立之后，选择联省自治还是中央集权制的历史原因，认为"封建帝制"只是传统政治思想观念之外形，中国两千多年来所形成的"大一统"政治观，才是中国传统政治思想的核心。传统中国的中央集权制与西方国家的"联邦制"乃是两种不同的民族国家结构类型，"中央集权制"暗合了"大一统"思想。③ 1911年中华民国建立和1949年中华人民共和国的成立，均选择了"中央集权制"的政治体制，这是一种合理和必然的选择。"内部因素说"并非完全无视鸦片战争以来外部因素的刺激，它只是强调传统历史文化、制度遗产对于中国现代转型的决定性作用，强调内部因素相对于外部因素的重要性。

（2）"外部动力说"也与海外中国研究存在智识上的关联。美国学者李文森认为，中国社会长期以来基本上处于停滞状态，循环往复，缺乏内部动力突破传统框架，只有经过十九世纪中叶西方冲击之后，才发生剧变，向近代社会演变。④ 这种观点代表了西方学术

---

① ［美］孔飞力：《中国现代国家的起源》，陈兼、陈之宏译，生活·读书·新知三联书店2013年版，第1页。

② 张媚玲：《"世俗面相"与近代中国民族国家转型——基于"大一统"思想及文化惰性的思考》，《思想战线》2018年第4期。

③ 张媚玲：《中国近代西南边疆的政治关系——以民族国家认同为基点》，民族出版社2014年版。

④ 转引自［美］柯文《在中国发现历史：中国中心观在美国的兴起》，林同奇译，中华书局2002年版，第177—182页。

界有关中国近代国家转型的一个观点——"外部动力说",并在中国学术界形成重要回声。

在这一观点看来,西方国家的近代转型主要体现为"内生型"变革,但中国近代国家转型则是"外生型"的,是在西方列强的坚船利炮的驱使下畸形步入近代社会的。间小波把中国的现代化看作"防御型现代化",即"落后国家在现代化的进程中因面临先进国家的挑战,为了维护自己的生存,被迫加强自身防御而发动的现代化运动"①。杨春时也认为,中国的现代性是"外发型"的,"它不是出自中国社会自身发展的自然要求,而是在西方列强压迫下提出来的;它不是来自中国本土文化传统,而是来自西方文化传统"②。

(3)"内外均衡说"则认为中国现代国家转型不仅受到西方列强的影响,而且受中国自身条件的影响,因而不能将现代转型的动力完全归结于"内部"或者"外部"。例如,徐奉来认为,"外部因素激发起来的中国社会内部的资本主义现代化的主动因素。这种主动因素同中国社会内部的资本主义萌芽的近代化的自发因素汇合起来,就逐渐成了中国近代社会的主流"③。林尚立也认为,"中华民族实现千年古国的整体转型,创造属于自己的新的发展模式,造就这种奇迹的力量,一方面来自人类文明发展的时代潮流,另一方面来自中国人对自身历史遗产的创造性转换"④。

中国近代国家转型具有复杂的动力机制,不能完全归结于"外部动力"的推动,也不能完全归结为"内部因素"的制约。传统政治制度、文化观念和经济结构对中国现代转型具有决定性影响,但鸦片战争以来西方列强所带来的强大刺激和示范效应,对中国现代国家转型

---

① 间小波:《论中国早期的"防御型现代化"》,《江海学刊》1996年第6期。
② 杨春时:《现代性与现代民族国家在中国的断裂和复合》,《学术月刊》2001年第1期。
③ 徐奉来:《关于中国近代史体系问题》,《湘潭大学学报》1988年第1期。
④ 林尚立:《大一统与共和:中国现代政治的缘起》,《复旦政治学评论》第16辑,复旦大学出版社2016年版。

形成了不可忽视的作用。因此,在解释过程中,关键还在于将内外部因素结合起来,考察它们如何共同推动了中国现代国家转型。

三 中国现代国家建构的理论

尽管学术界对于"现代国家建构"概念存在不同理解,但以下要素通常被视为其基本:主权的建立、民主制度的建立、现代治理体系的形成、现代市场经济体制的确立。这些要素通常与国家转型过程中的某些标志事件联系在一起。具体到中国,以下事件通常被看作中国现代国家建构进程中的标志性事件:鸦片战争、辛亥革命、马克思主义传入与中华人民共和国成立以及改革开放。其中,鸦片战争被看作向现代国家迈进的起点;辛亥革命是传统封建帝制终结的标志,中国开始仿照西方国家的政治体制而建立起宪政民主体制;马克思主义的传入使中国现代国家建构的目标发生调整,即从近代资产阶级的宪政民主体制转变为无产阶级专政的社会主义制度模式;改革开放则使中国向市场经济体制迈进。

(一) 鸦片战争

鸦片战争是中国与西方列强的第一次较量,成为中国通向现代世界的新纪元,开启了中国人民建构现代民族国家和走向现代化的艰难历程,并成为中国由传统社会向现代社会转型的分水岭。[①] 一方面,鸦片战争使当时的中央财政危机四伏,从而动摇中央政权,撬动了中央集权和君主专制权力的根基,从内部瓦解了传统帝国结构;另一方面,鸦片战争使当政者和社会精英阶层认识到传统帝制结构无法与新生的民族国家相抗衡,制度绩效的衰变注定了战事的失利,国家结构的转型不可避免。[②] 士大夫中的极少数先觉者开始开眼看世

---

① 罗荣渠:《现代化新论——世界与中国的现代化进程》,商务印书馆 2004 年版。

② 任剑涛:《从帝制中国、政党国家到宪制中国:中国现代国家建构的三次转型》,《学海》2014 年第 2 期。

界，使得传统世界秩序观念被打破，中国由"天下"回归"国家"。① 也有学者认为，鸦片战争催生了中国的国家主义思想，"或许是因为直到列强不把中国当作一个国家看待，中国人才感觉到有组织一个现代国家的必要"②。

(二) 辛亥革命

辛亥革命是一场深刻的社会变迁，被看作"中国现代化进程中的关键节点"，它开启了中国现代民族国家建构的实践。这集中体现在现代政权建构与民族建构两个维度上。

就现代政权建构而言，辛亥革命的意义在于：首先，破除政制变迁的帝制锁定，建立了第一个"主权在民"的资产阶级宪政共和国，即中华民国，中国"从此再也无法回到皇权的老路上去"③；其次，勾勒了现代中国的基本蓝图，即民主、分权和统一；再次，推动国民政治观念的嬗变，中国政治观实现现代转型，从"天下"观转向"民族国家"观、从"臣民"观转向"公民"观。

就民族建构而言，"经由'驱除鞑虏、恢复中华'转向'五族共和、五族一家'，使得'中华民族'的内聚力和认同感得以强化，初步完成了'中华民族'的国族建构，也在客观上促使'中华民族'由自在的民族实体转型为自觉的民族实体"，辛亥革命是中国近代民族关系史上的重大历史转折，是中华民族发展史上的新起点,④ 民族关系也由传统的"夷夏之别"转变为各族平等。当然，也有学者认为，相较于现代国家的建构而言，辛亥革命在民族建构上的理

---

① 李华兴、张元隆：《中国近代国家观念转型的思考》，《安徽大学学报》2005年第1期。

② [美] 黄仁宇：《赫逊河畔谈中国历史》，生活·读书·新知三联书店 2002年版。

③ 云立新：《浅议辛亥革命与现代中国的建构》，"辛亥革命与民族振兴"论坛交流材料，2011年，澳门。

④ 于春洋、郭文雅：《论民族复兴战略下的中国现代民族国家建构》，《贵州民族研究》2017年第8期。

论准备不足,遇到了难题,即是建立单一民族国家还是多民族国家。① 因为在辛亥革命前,西方传入的是"一族一国"的单一民族国家观念。

(三) 马克思主义的传入

马克思主义最初只是以一种零星的状态传入中国,但1917年俄国"十月革命"对马克思主义在中国的传播产生了重要的影响,五四运动则开启了马克思主义在中国的广泛传播之路。马克思主义的传入对中国现代国家建构产生了深刻的影响,它使中国现代国家建构的指导思想由资产阶级民主主义转变为马克思主义,② 建构方式由片面的政治革命转为全面的社会革命。③

首先,马克思主义国家学说剥开了国家权力的神秘面纱,看到了国家本质,即国家是阶级统治的工具。相对而言,西方资本主义国家学说则把国家看作社会个体之间订立"契约"和"同意"的产物,声称为了所有社会个体,实际上却服务于少数统治者。马克思主义国家学说使中国先进知识分子意识到,民主宪政和政党政治虽然是民主政治的体现,但这只是少数精英而非众多国民的民主,④ 西方民主共和的建国方案从而被否定。其次,马克思主义提出了以无产阶级专政为基础的社会主义国家的建国目标,认为资产阶级国家终将被无产阶级领导的社会主义国家取代。中国先进知识分子从而意识到民主的阶级性,即没有全民的民主,资产阶级民主是少数人的民主,无产阶级和广大劳苦大众的民主才是多数人的民主,建立

---

① 彭武麟:《辛亥革命与中国近代国家转型及其民族关系之建构》,载郑大华、邹小站主编《辛亥革命与清末民初思想》,社会科学文献出版社2012年版。
② 林家有:《"五四"时期马列主义在中国的传播与李大钊同志向马克思主义者转变》,《中山大学学报》1979年第2期。
③ 张灏:《中国近百年来的革命思想道路》,《开放时代》1999年第1期。
④ 蔡文华:《五四时期陈独秀"工人政党"思想的形成》,《河南师范大学学报》2013年第2期。

无产阶级专政的社会主义国家成为奋斗的目标。① 最后，马克思主义认为阶级斗争和社会革命是建构无产阶级专政的必要途径。在马克思主义的指导下，中国"工人政治"开始蓬勃发展，并且建立起了坚强有力的工人阶级政党组织——中国共产党，通过广泛的群众运动和人民战争，无产阶级成为中国革命的主力军。

（四）改革开放

1949 年中华人民共和国的成立标志着"一个以'中华民族'作为国族的人民共和国和主权国家得以初步确立"②，为中国现代国家建构奠定了政治基础，至此，始于鸦片战争的中国现代民族国家转型初步完成。但在改革开放前，中国现代国家建构的任务主要是"建立独立的主权国家"和"维护国家主权的独立"。改革开放后，中国现代国家建构开始进入全新的阶段。

贺东航认为，中国现代国家建构取得的主要成就应以改革开放为起点，改革开放对传统的集权体制进行调整，以放权作为基本取向，从而使许多要素从国家流向社会，为中国现代国家建构带来了机遇和挑战。他还总结了改革开放以来中国现代国家建构所取得的主要成就：其一，现代行政科层制的成长，初步建构了一个门类齐全的现代官僚行政国家体制；其二，国家在沟通、利益表达、聚合、决策制定、政策实施与政策输出等方面的能力增强；其三，政权合法性的巩固；其四，公民社会的成长。③

改革开放促进了现代民主国家建构。徐勇认为，自 1949 年，一个现代民族国家在中国初步建立以来……国家建构带有明显的不均衡性特征，其中最为突出的问题在于"民主—国家建构"明显滞后

---

① 胡绳主编：《中国共产党的七十年》，中共党史出版社 1991 年版。
② 于春洋、郭文雅：《论民族复兴战略下的中国现代民族国家建构》，《贵州民族研究》2017 年第 8 期。
③ 贺东航：《改革开放以来中国现代国家构建的成就与经验》，《北京联合大学学报》2008 年第 3 期。

于"民族—国家建构"。① 改革开放前，中国现代国家建构的重心在于独立主权国家建设；而改革开放后，中国的现代国家建构开始由民族国家向民主国家迈进，开始尝试理顺党政关系、加强人民代表大会制度和政治协商制度建设、大力推进依法治国和协商民主的发展，中国特色社会主义民主取得前所未有的成就。

四 当代中国国家形态理论

当前中国到底属于何种形态？学术界对此进行了多种提炼，形成了各种有关当代中国国家形象的素描。其中，"政党—国家"描述了中国当前国家形态的宏观形象，而"税收国家"和"预算国家"则从某些侧面概括了改革开放以来中国国家建构所取得的成效。

（一）"政党—国家"

鉴于中国共产党在国家中的地位和作用，部分学者提出"政党—国家"概念。在这一观点看来，"政党—国家"既是中国革命的产物，也是中国政治体制的基本特征，同时还是治国的基本方式。任剑涛认为："从国家建构的角度看，政党国家是革命建国的产物。从国家治理的角度看，政党国家的治国基本方式就是以党治国。"②

中国缘何走上"政党—国家"的道路？任剑涛从历史和理论两个角度进行了阐释，"从历史的角度看，政党国家的兴起，是由于帝制中国内部很难生长出民族国家，需要先知先觉的建国者促成中国的现代国家转型。从理论的角度讲，后发外生的中国现代国家建构，必须借助于一种后发先至的国家建构方式，才足以解除国家建构的窘迫状态。在足以实现后发先至的国家建构方式上，只有政党国家具有优长之处。政党国家借助于高度组织化的力量，将分散的国家

---

① 徐勇：《现代国家建构中的非均衡性和自主性分析》，《华中师范大学学报》2003年第5期。
② 任剑涛：《以党建国：政党国家的兴起、兴盛与走势》，《江苏行政学院学报》2014年第3期。

建构力量迅速聚集起来，以政党强大的政治意志形成国家的建构意志。在国家建设过程中，这样的国家形态也有促成国家发展奇迹的效用"①。也有学者认为，现代中国是超越民族国家的文明国家，"政党—国家"体制植根于中华文明体中。

关于"政党—国家"的优点，在部分学者看来，"政党—国家"的最大长处在于其强大的组织和动员能力，能够应对中国建构现代国家的紧迫感和效率性；在国家治理过程中，通过严密的党组织体系和动员能力，"政党—国家"能够有效应对社会中出现的各种紧急情况，能够对国防建设、国民经济、社会发展等项目进行长期规划。②

（二）"税收国家"

改革开放以来，中国财政结构发生了巨大变化，由改革前的单一结构转变为改革后的混合结构。针对这种变化，有学者提出，中国开始从"自产国家"向"税收国家"转型。③

对于"税收国家"的建立基础，主流观点认为，"税收国家"必须以私有制为基础，国家财政收入依赖于税收。但针对中国的情况，也有学者提出，"税收国家"的经济基础是市场经济而不是所有制，"税收国家"不是私有制的专利，在以公有制为基础的社会主义中国同样能够实现"税收国家"。④后者为中国向"税收国家"转型的观点提供了理论基础。

中国向"税收国家"转型产生了重要的影响。在这一转型过程中，国家与社会关系开始被重构，纳税人意识开始形成和发展，财

---

① 任剑涛：《以党建国：政党国家的兴起、兴盛与走势》，《江苏行政学院学报》2014年第3期。

② 陈明明：《党治国家的理由、形态与限度——关于中国现代国家建设的一个讨论》，《复旦政治学评论》2009年第7期。

③ 马骏：《中国财政国家转型：走向税收国家？》，《吉林大学社会科学学报》2011年第1期。

④ 张富强：《论税收国家的基础》，《中国法学》2016年第2期。

政民主的要求开始出现并且越来越强烈,要求国家治理做出回应。马骏由此提出了两个理论命题,即私人部门缴纳的税收在财政收入中的比重越高,中国向"税收国家"的转型就越彻底,国家对社会的依赖就越大,民主化的社会要求就越强烈;在财政收入中,利润和租金的比重越高,国家对社会的依赖越小,国家的自主性越高,民主化的社会要求越弱。① 然而,当前中国财政是混合型的,自产国家和租金国家的特征仍很明显,因此,现阶段国家对社会的依赖仍不是很高,纳税人意识不强,公民权要求也不高,同时,国家的自主性依然很大。张长东认为房产税征收也许能成为一个契机,政府真正从老百姓口袋中直接掏钱,这将有可能提升公民政治参与的积极性和有效性,从而提升政府的回应性和问责性,进而改善公共物品的提供。②

(三)"预算国家"

建立"预算国家"是现代国家构建的核心议题。王绍光最先提出"预算国家"概念,认为有预算不一定是"预算国家",现代国家必须具有现代预算制度,且只有"税收国家"才可能演变为"预算国家",尽管"税收国家"只是"预算国家"的必要条件而不是充分条件。③ 财政统一和预算监督是"预算国家"必备的两个显著标志,且财政统一是预算监督的基础。"预算国家"的产生实际上是"税收国家"遭遇危机时采取的应对措施,即国家汲取能力与政治合法性之间的张力。④ 1978 年以来的经济改革使得中国逐渐从"自产国家"向"税收国家"转型,国家预算制度也随之发生变化,分税

---

① 马骏:《中国财政国家转型:走向税收国家?》,《吉林大学社会科学学报》2011 年第 1 期。
② 张长东:《房产税:国家转型与地方治理的挑战》,《探索与争鸣》2018 年第 3 期。
③ 王绍光:《从税收国家到预算国家》,《读书》2007 年第 10 期。
④ 王鸿貌:《从税收国家到预算国家的理论发展与制度转型》,《法治论坛》2008 年第 3 期。

制改革使得中国在短期内进入"大政府"时代，为应对挑战，中国进行了一系列公共预算改革，以 1999 年试编部门预算改革为标志，中国开始向"预算国家"转型，并形成一个以项目支出为核心的国家治理体制。① 从"税收国家"到"预算国家"有三种模式，即先统一后监督，统一与监督交替推进，先监督后统一。

关于"预算国家"的影响，不少学者认为，现代预算制度的建立将使得国家治理的最核心部分发生根本性变化，整个国家治理变得更加高效且负责。② "预算国家"构建的逻辑起点和现实关怀是"政府再造"，包括"责任政府""阳光政府""有限政府""法治政府"的再造，从整体上重塑现代国家的治理模式，从而使得政府各个部门的行为趋于规范。也有学者认为，预算改革为中国的反腐提供了一项基本制度供给，有助于防止腐败。③

第三节 比较国家理论

比较国家理论研究也是中华人民共和国成立 70 年来的重要主题，经历了不同的发展阶段。从 1949 年到改革开放前，国内学术界对亚非拉民族解放运动和国际共产主义运动投以较多注意力。改革开放后，伴随着政治学科的重建，比较国家理论研究越来越受到重视，出现了大批介绍和研究世界其他国家的著作和专业期刊。但比较国家理论研究的真正发展是在苏联、东欧社会主义阵营解体之后。苏联、东欧社会主义阵营解体的原因以及新兴国家的发展走向，第

---

① 焦长权：《公共支出效率与现代预算国家——"项目制"实践过程中的"资金沉淀"问题研究》，《学海》2018 年第 6 期。

② 王绍光、马骏：《走向"预算国家"——财政转型与国家建设》，《公共行政评论》2008 年第 1 期。

③ 郭剑鸣：《"预算国家"：一项防治腐败的基本制度供给——基于 2008 年国家审计署审计公告的思考》，《人文杂志》2009 年第 3 期。

三世界国家的建国模式、政治转型、民族问题、冲突要素等成为新的问题域。及至当下,全球化、恐怖主义、新保守主义等给世界民族国家带来的改变则成为新的研究重点。

一 改革开放前的比较国家理论研究

面对鸦片战争及以后事件给中国造成的屈辱,中国早期知识分子开始主动了解国外情况,这成为比较国家理论的早期来源。为加强对世界的了解和使中国成为独立而强大的现代国家,魏源、林则徐、徐继畬等近代早期知识分子编著有《四洲志》《海国图志》《瀛寰志略》等著作,它们介绍了当时世界主要国家的政治、历史、地理、文化和社会情况,开始用其他国家的思想来关怀本国前途和命运。这些早期的"区域与国别"研究虽然很少涉及明确的国家理论,但对后来的比较政治和国际问题研究产生了深远的影响。当时还编辑出版了《东方杂志》《世界知识》《时事月报》等杂志或者资料汇编来介绍其他国家的政治。[①]

中国共产党在领导中国革命的过程中也极为重视将救亡运动与对国际社会的了解紧密结合。中国共产党主办的《解放周刊》《解放日报》《新华日报》等报刊报道了大量国际时事,中国共产党在抗日期间发布了《关于加强调查研究的决定》,并成立"时事问题研究会"以研究国际形势和其他国家问题。[②]

中华人民共和国成立后,比较国家研究与共和国的外交息息相关。面对冷战时期国际形势的风云变幻和中国开展独立外交的需要,中国加大了对国际形势和国际格局的研究。[③] 1964 年,中共中央发布《关于加强国际问题研究的决定》,北京大学、复旦大学和中国人

---

① 石磊:《我国国际关系史研究概述》,《外交评论》1988 年第 4 期。
② 李石生:《深入钻研邓小平理论,推进国际关系理论的研究与建设》,《国际政治研究》1999 年第 1 期。
③ 李琮、刘国平、谭秀英:《新中国国际问题研究 50 年》,《世界经济与政治》1999 年第 12 期。

民大学先后在原来政治学系的基础上组建了国际政治学系，分别以亚非拉民族解放运动、西方发达国家、国际共产主义运动等学科方向作为研究重点。此后，其他一些高校还分别设立了针对苏联、东欧、朝鲜半岛、拉丁美洲、日本以及印度等的专门研究机构。[①] 当时"区域与国别研究"的主题包括帝国主义运动、民族解放运动、国际共产主义运动等。特别是在毛泽东提出"三个世界"划分理论之后，围绕"第三世界国家"所展开的研究更成为重要主题。[②] 翻译《国际问题丛书》《国际事务概览丛书》等内部发行书籍，编写《世界知识丛书》等列国志书籍，以及由专门部门所撰写的各国研究报告等，构成了这一时期国别研究的主要成果。

综观这一时期的主要成果，不论在当时的政治学还是国际政治领域，比较国家理论都不构成重要主题，而是更多地与国际关系、国际政治等主题混合在一起，呈现出"嵌入"状态。但这一时期的研究主题和研究特色为改革开放后政治学、比较政治学和国际政治学研究的重建奠定了基础。[③]

二 改革开放后至"冷战"结束前的比较国家理论研究

改革开放初，饱受冲击的政治学科得到恢复。面对新技术革命等世界发展浪潮和中国改革开放的需要，当时的党和国家领导人邓小平同志认识到加强政治学、国际政治研究的必要性，提出了"补课"的要求。以这一要求为契机，政治学、国际政治学迅速得到恢复和发展。同时，国家建设重心的转移和国际形势的转变也为这些学科的发展提供了契机。因为改革既需要借鉴其他国家的成功经验，也需要避免其他国家的苦痛经历，而开放所带来的大量资本、资源

---

① 张宇燕主编：《当代中国国际政治学研究》，中国社会科学出版社2016年版。

② 梁守德：《中国国际政治学学科建设的回顾与思考》，《河南社会科学》2005年第1期。

③ 王逸舟主编：《中国国际关系研究（1995—2005）》，北京大学出版社2006年版。

和人才流动，更要求加强对其他国家和地区的了解。在这种背景下，比较国家理论作为一个综合性议题而受到重视。

在政治学恢复和重建过程中，王惠岩等明确地将政治学研究定位为有关"国家"的研究，认为政治学不仅要研究本国历朝历代的政治学说、制度形式和管理模式，也要批判地吸收当代世界各国的政治学说、制度形式和管理模式。① "比较国家理论"研究在政治学恢复和重建的进程中受到重视。特别是在政治学恢复的早期，更加强调以"国家"为中心的研究，将国家与民族、国家与革命、国家的历史类型、国家的历史更替等内容作为政治学研究的主体。② 1982年赵宝煦等主编的《政治学概论》教材专门辟有"国家论"章节，并围绕国家的起源、国家的本质、社会主义国家以及国家消亡等问题展开讨论。③ 同期出版的许多政治学教材也辟有"国家论"部分，分别探讨国家起源、社会主义国家、资本主义国家等主题，特别是从社会性质、国家演进、国家类型、国家与民族等维度对不同国家进行了比较，表明了比较国家理论的早期探索。1987年，基于对西方政治思想史的研究，邹永贤主持编写的多卷本著作《国家学说史》出版，此后还进一步出版了《现代西方国家学说》《马克思主义国家学说概论》等著作，成为当时有关国家理论研究的系统性著作。

然而，尽管政治学在那一时期已经出现了有关国家理论的丰富研究成果，但主要集中在对国家的一般性理论研究或思想史研究上，比较国家和国别研究则比较有限。相对而言，国际政治领域则更多地以国别和比较国家研究为主。在国际政治领域，出现了大量综合性或者地区性学术期刊，综合性期刊如《世界经济与政治》《国际关系研究》《国际问题研究》等，地区性专门期刊则如

---

① 杜若君、王惠岩：《关于政治学研究对象和内容的几个问题》，载许崇德、于浩成、陈为典编《什么是政治学》，群众出版社1985年版。
② 同上。
③ 法学教材编辑部《政治学概论》编写组：《政治学概论》，北京大学出版社1982年版。

《南亚研究》《东南亚研究》《美国研究》《阿拉伯世界研究》等。通过这些刊物，其他国家或者地区的政治制度、政治运作、宗教文化等主题开始系统地被引入中国政治学界，比较国家研究开始获得较好的发展土壤。

总体而言，在"冷战"结束前的相当长一段时期内，中国的比较国家理论处于"潜伏期"。那一时期中国政治学人将主要精力放在大规模引进和评介西方当代政治学和国际政治的基本理论上，从微观角度进行比较国家研究或者国别研究的成果相对有限，同时，意识形态色彩也表现得较为明显。总结该时期比较国家理论研究，主要有以下特色：第一，集中探讨发达国家的国家建设和外交政策；第二，集中探讨苏联、东欧社会主义国家的国家治理模式、经济改革和民族关系；第三，集中探讨第三世界国家在摆脱殖民统治后的国家制度、经济建设和国际结盟等。

三 "冷战"结束后的比较国家理论研究

世界社会主义运动在20世纪90年代出现严重挫折，地缘政治也由于"冷战"的终结而出现根本变化。两大阵营的对抗暂时沉寂，民族国家重新成为国际政治舞台的行为主体。在这种背景下，民族国家建构重新被置于世界各国的政治议程，比较国家理论研究在"冷战"谢幕后成为政治学、比较政治学和国际政治学研究的核心主题，而中国的崛起则为政治学人从事比较国家理论提供了新的契机和环境。"冷战"结束后，比较国家理论兴起最为明显的例证莫过于《政治学原理教学指导纲要》的制定，它明确将"马克思国家学说的基本理论"作为主要内容。[①] 从此，"国家观念""国家起源""国家与社会""国家与市场""民族与国家""公民与国家""国家制度"等主题系统进入学术研究的视野，而对世界其他国家的研究也有了新的定位，主要以对苏联、东欧地区的国家转型，第三世界民

---

① 参见《王惠岩文集》第4卷，中国大百科全书出版社2007年版。

族国家建设，全球化、恐怖主义、全球治理等对世界民族国家所带来的影响作为重点。

（一）对苏联、东欧地区的国家转型研究

"冷战"结束后，苏联、东欧社会主义国家解体的原因，苏联、东欧社会主义国家失败的教训，苏联、东欧地区新兴国家的制度设计等，成为比较国家理论研究的重点。

（1）"来自上层的革命"。在部分学者看来，苏联解体的原因并非马克思主义意义上的"经济基础决定上层建筑"规律的结果，而是"意识形态演变"的结果。李慎明强调，苏共自身的变化直接导致了苏联的解体，根本原因在于苏共背离了马克思主义、社会主义和人民群众。[①] 当然，也有部分学者认为，民族矛盾、经济衰退，以及外部对抗所造成的负担是导致上层革命的基本因素。例如，郝时远等认为，如果说上层演变是导致苏联解体的原因，那么，国家领导层内部所执行的错误民族政策所导致的民族冲突，则构成了加速苏联解体的催化剂，民族问题应当成为分析苏联解体的重点。[②]

除苏共和民族问题外，也有部分学者将分析的眼光聚焦在苏联的经济体制上，认为苏联实行的是高度集中的计划经济体制，这种经济体制在社会主义早期和卫国战争等特殊时期尽管有其优点，但在社会主义建设时期却显得弊端重重，且长期得不到纠正，经济因素是导致苏联解体的最终原因。例如，高放认为，斯大林时代开创的政治集权制度、计划经济制度等背离了社会主义原则，且在此后的历史中不但得不到纠正，反而变得愈加严重，这是导致苏联解体的最终原因。[③]

[①] 李慎明：《苏共的蜕化变质是苏联解体的根本原因》，《山东社会科学》2011年第7期；李慎明主编：《历史的风：中国学者论苏联解体和对苏联历史的评价》，人民出版社2007年版。

[②] 郝时远、阮西湖主编：《苏联民族危机与联盟解体》，四川民族出版社1993年版。

[③] 高放：《苏联解体、苏共灭亡与斯大林的关系》，《马克思主义与现实》2010年第3期。

（2）"西方国家的和平演变"。第二次世界大战结束之后，以美国为首的西方阵营从来就没有放弃对苏联的"和平演变"，它们希望通过意识形态多元化、经济私有化和市场化、政治民主化的方式来达到此目的。基于这一立场，薛小荣、高民政将苏联、东欧社会主义阵营的解体归结为"来自外部的革命"①。当然，也有部分学者认为，不能将苏联、东欧社会主义阵营解体的原因完全归结为外部动力，而是应将内外部因素结合起来。例如，左凤荣认为，尽管不能否认美国等外部因素在苏联解体过程中的作用，但根本原因还在于苏共自身②。

（3）苏联、东欧地区新兴国家的转型。苏联、东欧社会主义阵营解体后，分化出一大批新兴民族国家。这些国家是如何进行制度设计和国家转型的？这也成为国内学术界从事比较国家理论研究的重点。这些国家在建国之初尽管都困难重重，但无一例外地采用了西方国家的政治模式，实行选举政治、议会政治、政党政治等，同时，都不再把社会主义作为政治合法性的基础，而是以重构的民族认同和民族主义作为合法性来源。部分学者重点对这些国家的制度设计模式进行了研究，认为它们呈现出一种非常独特的"制度偶然"（path contingency）模式。③

（二）对第三世界民族国家建构的研究

"冷战"时期，第三世界国家是苏、美两国的竞争对象，只有在"冷战"结束后，这些国家才真正获得独立，开始进入国家转型和国家建设的快车道。第三世界国家的"非殖民化"和"国家分裂"，成为我国学术界的研究重点。

（1）非殖民化与第三世界国家转型。大部分第三世界国家在历

---

① 薛小荣、高民政：《来自外部的革命：戈尔巴乔夫时期的苏联改革与西方的遏制战略》，天津人民出版社2017年版。

② 左凤荣：《致命的错误：苏联对外战略的演变与影响》，世界知识出版社2001年版。

③ 郭忠华：《新制度学派对后共产主义国家制度变迁的探索》，《上海行政学院学报》2005年第5期。

史上都曾经沦为发达国家的殖民地，第二次世界大战结束后，世界殖民体系土崩瓦解，"非殖民化"成为第三世界国家获得独立的主要方式。李安山在研究非洲国家建构时认为，非洲国家的独立得益于两个方面：一是以"非殖民化"方式摆脱外来殖民统治；二是在发展自身民族主义的基础上建立起独立民族国家。① 当然，那些曾经经历过长期殖民主义统治的非洲国家在实现国家独立后，也常常经受民族问题的痛苦折磨，由于国内存在着巨大的民族差异，实现各民族团结和国家一体化的任务异常艰巨。②

除非洲国家外，东南亚国家同样是研究重点。在对东南亚国家建构的研究方面，韦红选取了五个东南亚国家的民族问题作为研究对象，认为东南亚国家在殖民统治时期通过殖民统治而抑制了民族问题，但民族主义在"非殖民"化过程中得到唤醒，并且形成"政治对立型""经济利益冲突型""文化碰撞型"等多种民族问题形态。③ 除此之外，东南亚国家的民族关系、民族政策、族际整合、宗教关系问题也成为学术界的关注焦点。④

（2）国家分裂与第三世界国家转型。"冷战"结束后，地方民族主义和民族分离主义打着"民族自决"的旗号，要求建立独立的民族国家。成为挑战民族国家政治一体化的重要结构性因素。在当今世界，不论是发达国家还是第三世界国家，都不同程度地面临民族分离主义的考验。基于民族问题而导致的国家分裂，成为"冷战"后比较国家理论研究的重点。

以"战争相关研究项目"（The Correlates of War Project）数据库2016年所发布的数据，郭忠华、谢涵冰分析了经由"国家解体"所导致的国家建构方式，认为"国家解体"是仅次于"非殖民化"的

---

① 李安山：《非洲民族主义研究》，中国国际广播出版社2004年版。
② 李安山等：《非洲梦：探索现代化之路》，江苏人民出版社2013年版。
③ 韦红：《东南亚五国民族问题研究》，民族出版社2003年版。
④ 赵海英：《现代化进程中东南亚国家建构研究：基于族际整合视角》，中国政法大学出版社2016年版。

第二种主要建国方式，在全世界193个国家中，有36个是通过这一方式建立的，占全世界国家总数的18.6%。① 杨恕对民族因素所导致的国家分裂进行了分析，认为民族分离主义既有内生性原因，也有外生性原因，现代国家的地理空间、文化差异、权威不足或者外部势力介入等都可能成为导致分裂的因素。② 同时，他还对比了爱尔兰、巴斯克斯、车臣、魁北克、泰米尔、亚齐等国家共同体要求独立的现象，考察当今民族分离主义运动的不同形式。李捷等研究了民族分离主义的概念、产生和威胁，并就民族分离主义的国际化进行了研究，认为民族分离主义随着全球化的扩散而成为一种国际现象，它对第三世界国家构成了严重的危害。③ 长期在民族学领域耕耘的刘泓则选取了比较典型的民族分离主义案例进行研究，如加泰罗尼亚、魁北克和南苏丹等，在对比国外民族分离主义多个案例的基础上，他有针对性地提出，必须从现代国家的组织、制度、社会及国际合作层面下功夫，对民族分离主义的非理性进行揭示，为反对民族分裂提供合法性和现实策略。④

四　比较国家理论研究的当前走向

"冷战"结束后，由东、西两大阵营主导的全球竞争开始转变为由"新自由主义"主导的全球秩序。经济全球化的发展对以单一民族国家为单元的经济、政治和文化秩序构成了严峻挑战，民族国家的经济体系越来越摆脱国家控制而演化成为全球一体化的市场经济。同时，经济全球化还衍生出大量其他现象，如地方化、全球治理、

---

① 郭忠华、谢涵冰:《民族国家建构的方式与轨迹:基于联合国会员国的分析》，《探索与争鸣》2018年第11期。
② 杨恕:《分裂主义产生的前提及动因分析》，《世界经济与政治》2011年第12期。
③ 李捷、杨恕:《分裂主义及其国际化研究》，时事出版社2013年版。
④ 刘泓等:《当代国外民族分离主义与反分裂研究》，中国社会科学出版社2016年版。

全球恐怖主义和"新保守主义"。所有这些现象都对民族国家构成了冲击，它们改变了此前民族国家的性质、形态和运作方式。全球化时代民族国家发生了何种变化？全球恐怖主义给民族国带来了哪些冲击？如何看待以特朗普为代表的"新保守主义"现象？它们构成了当前国内学术界有关比较国家研究的基本主题。

（一）全球化与民族国家转型

"冷战"结束后，全球化无疑是政治学领域的重要研究主题。但学术界对于全球化的态度却呈现出两种不同的态度：或者认为全球化给民族国家带来了损害；或者认为全球化给民族国家带来了机遇。对全球化持消极态度的一方认为，全球经济一体化给民族国家主权带来了前所未有的冲击和挑战。以全球市场经济、跨国公司、国际组织等为表现形式的全球化力量对民族国家造成了空前的压力，使之无法再对自身经济、政治、人口等因素进行独立自主的管理。[1] 同时，全球化还对民族国家的政府能力造成了挑战：一方面，由于经济全球化的力量过于强大，单一民族国家政府无法单独加以应对，在全球化力量面前，民族国家的政府有时显得过于渺小；另一方面，全球化的瞬息万变又使民族国家政府显得过于笨拙而无法灵活做出反应。[2] 但也有学者站在积极的一方认为，全球化使民族国家的主权和职能得到了强化。[3]

全球化成为考察民族国家理论的新视角，学术界先后出现"民族国家终结""国家主权过时""国家主权弱化""国家主权多元""世界政府""新帝国主义"等论点。[4] 例如，德国思想家尤尔根·哈贝马斯认为，全球化的发展已使民族国家进入"后民族国家"

---

[1] 俞可平、黄卫平主编：《全球化的悖论：全球化与当代社会主义、资本主义》，中央编译出版社1998年版。

[2] 郭忠华：《全球化与民族国家：开放条件下政府能力的重构》，《理论与改革》2002年第5期。

[3] 贾英健：《全球化与民族国家》，湖南人民出版社2003年版。

[4] 俞可平：《论全球化与国家主权》，《马克思主义与现实》2004年第1期。

时代。在此基础上，国内部分学者提出，应当反思和扬弃传统民族国家概念，重新思考民族国家在全球化时代的命运和未来，实现对"民族国家的重构"。① 在"后民族国家"时代，民族国家的内外结构已发生根本改变，不仅民族国家自身的独立性和自主性大大降低，而且公民的认同结构也发生巨大改变，公民认同、民族认同、政治认同、文化认同等核心要素已遭到重构。②

（二）恐怖主义与民族国家转型

进入 21 世纪以来，恐怖主义成为世界舞台上引人注目的现象。以"9·11"事件为标志，全球民族国家不同程度地面临恐怖主义的威胁，恐怖主义对民族国家的内外政策带来了改变，特别是受恐怖主义影响最深的美国及其盟国。与这一变化相适应，恐怖主义与民族国家的关系问题成为学术界的研究重点。例如，孙昂从国际法角度探讨了国际反恐问题，认为美国及其盟友发动的国际反恐，破坏了国际法和国际多边主义，挑战了基于主权平等和独立的国际秩序，破坏了民族国家的主权独立和领土完整。③ 张家栋从民族国家的成熟度角度进行考察，认为恐怖主义对建构程度高和较为发达的民族国家的威胁要小，而对建构程度较低的发展中国家则影响较大。④ 在他看来，恐怖主义对发达国家没有构成根本性威胁，因为这些国家可以在政治框架内对恐怖主义进行有效应对，而"弱国家"则由于治理结构不完善、内部民族冲突等问题，恐怖主义有时可能给它们带

---

① 于春洋：《现代民族国家建构：理论、历史与现实》，中国社会科学出版社 2016 年版。

② 周光辉、刘向东：《全球化时代发展中国家的国家认同危机及治理》，《中国社会科学》2013 年第 9 期。

③ 孙昂：《国际反恐前沿：恐怖主义挑战国际法》，黑龙江教育出版社 2013 年版。

④ 张家栋：《恐怖主义论》，时事出版社 2007 年版。

来致命的打击。①

另外，民族国家也对恐怖主义带来影响。面对民族国家的反恐大联合，恐怖主义也建立起跨国网络组织，甚至出现了以恐怖主义为基础的"伊斯兰国""跨国圣战"等准民族国家组织。这些组织一方面挑战了传统民族国家概念，另一方面，又开始按照民族国家的形式来建立组织自身，有学者甚至称其为民族国家"怪胎"。② 由此延伸，部分学者研究了国际联合"反恐"问题，国际联合"反恐"需要在国家和地区之间的框架内进行合作，这无疑会改变民族国家，对民族国家的主权和政治带来挑战。③

（三）新保守主义与民族国家转型

"冷战"以后，不论是国家之间、地区之间还是全球层次上，主要以"合作"为主流走向。但其中也存在相反趋势，即将自身国家利益置于首要地位的新保守主义思潮时有抬头，特别是当某些国家感觉自身在全球化浪潮中受到利益损害时更是如此。刘曙光认为，新保守主义是一种"反全球化"思潮，它认为全球化代表了市场对于民族国家的胜利，代表了民族国家对于民族共同体利益保护的失败，新保守主义主张把自身利益置于优先考虑的地位。④ 当前，特朗普打着"美国优先""美国至上""让美国再次强大"等旗号，代表了美国新保守主义势力的崛起。在新保守主义复兴的背景下，民族和国家的地位被重新提升，与之相伴而生的是右翼势力占据政治舞台，出现反建制主义和贸易保护主义抬头、民粹主义上升、多元文化失败、民族认同空洞、区域和全球合作衰退等现象。⑤

---

① 张家栋：《恐怖主义与反恐怖：历史、理论与实践》，上海人民出版社 2012 年版。
② 王震：《全球反恐战争问题新论》，时事出版社 2018 年版。
③ 盛红生：《国家在反恐中的国际法责任》，时事出版社 2008 年版。
④ 刘曙光：《全球化与反全球化》，湖南人民出版社 2003 年版。
⑤ 王辉耀、苗绿主编：《全球化 VS 逆全球化：政府与企业的挑战与机遇》，东方出版社 2017 年版。

除此之外，新保守主义还认为，全球化造成了民族国家主权的消解、国家民主的消退、社会的分化、贫富差距过大、技术鸿沟深化、生态环境恶化等问题，它们给民族国家造成了结构性损伤。① 新保守主义并不是一种无的放矢的思潮，而是人们对民族国家在全球化时代的地位和走向的一种反应和反思，无疑将对民族国家的下一步发展产生影响。② 向红认为，新保守主义的反全球化取向，既是反对国际组织、跨国公司及地区或者全球合作，也是反对霸权主义以及与全球化紧密关联的资本主义的反映。③ 毫无疑问，当国际政治、经济秩序进入一个更加不确定的时代，保守主义将变得更加活跃。在新保守主义的影响下，民族国家将更加以"国家中心主义""民族至上主义"来塑造国际关系，民族国家将再次发生蜕变。④

结　语

中华人民共和国成立 70 年来，我国学术界主要围绕国家基础理论、中国国家建构和比较国家理论三大议题展开了关于国家理论的全面研究。今天回首中华人民共和国成立以来我国学术界关于国家理论研究的三大议题，可以清晰地看出理论研究的流变与脉络，从既往流变与脉络中，还可以展望未来国家理论研究的趋向。

一　国家理论研究的轨迹

第一，国家理论研究与中国现代国家的成长经历紧密契合。中华人民共和国成立初期，出于巩固新生人民政权的需要，同时受

---

① 和磊：《反全球化》，高等教育出版社 2016 年版。
② 李丹：《反全球化运动研究》，九州出版社 2007 年版。
③ 向红：《全球化与反全球化运动新探》，中央编译出版社 2010 年版。
④ 刘擎：《超越全球化与民族主义的对立》，《探索与争鸣》2018 年第 10 期。

"冷战"格局的影响，我国学术界对于国家理论的研究主要集中在对经典马克思主义国家理论的研究上，希望借助于马克思主义理论为中国革命和新生的人民政权提供合法性基础。改革开放后，我国与国际学术界的联系更加紧密。在这一背景下，马克思主义国家学说尽管仍是重点，但研究的主题已开始明显多元化，其中最为突出的是自由主义国家学说、新马克思主义国家学说等的传入。随着中国加入世界贸易组织（WTO）和综合国力的进一步增强，大量国外时新的国家理论也开始传入我国，如回归国家学派、新制度主义国家理论等；同时，中国学者还基于自身国家建构的经验提出了"预算国家""税收国家"等理论。中国现代国家成长的每一个步骤都反映在国家理论研究上，催生出新的研究主题。

第二，从侧重于知识"引介"走向"自主知识创新"。与政治学的其他大部分主题一样，国家理论研究也深受西方知识的影响。近代以来，中国学术界曾翻译了大量西方政治学著作，夹杂其中的西方国家理论深刻影响了中国学术界。中华人民共和国成立后，对于西方国家理论的引介虽然有所停歇，但对于马克思主义国家理论的引介依然是重点。改革开放后，在"补课"思维的影响下，我国出现了新一轮翻译热潮，西方国家理论知识再一次涌入中国，翻译和介绍西方国家理论再一次成为重点，主要体现在对近现代西方思想家的国家思想的解读上。但进入21世纪以来，伴随着自主意识的提高和方法论训练的加强，国家理论研究的"自主化"倾向明显加强。这一点尤其体现在基于中国经验的国家理论研究和比较国家理论研究上。种种迹象表明，中国开始从西方国家理论知识的"接收者"转变为国家理论知识的"供给者"。

第三，从主题"相对单一"走向"一体多元"。从中华人民共和国成立初到改革开放前，我国学术界对于国家理论的研究主题显得相对单一，主要集中于对马克思主义国家学说的解读和对第三世界国家革命运动的研究上。从改革开放至今，马克思主义国家学说尽管仍是中流砥柱，但也出现了大量其他主题的研究，如自由主义、新马克思主义、新制度主义的国家学说。同时，国家理论研究还基本与现实政治脉动保持同步。例如，"冷战"格局的终结催生了学术界对于苏联、东欧社会主义国家的转型研究，"第三波"民主化浪潮催生了比较民主化研究，"一带一路"倡议则催生了对"一带一路"沿线国家的国别或者比较研究。从当前形势来看，国家理论研究已呈现出以马克思主义国家理论为主导，其他国家理论同步发展的"一体多元"格局。

第四，研究方法从"规范"向"实证"转向。从中华人民共和国成立初一直到21世纪初，国家理论研究主要建立在规范研究的基础上，"思想史"研究曾经是支配性的研究方法，主要体现在对特定思想家著作的解读上。这方面的代表性作品集中体现在邹永贤先生主编的多卷本《国家学说史》上，全书基本涵括了西方近现代主要思想家的国家学说。进入21世纪初以来，伴随着经验研究方法的强化，国家理论的经验研究倾向明显加强，并且越来越成为主流，"科学化""实证化"色彩明显加强。比如，近年来有关"预算国家""税收国家"的研究，主要建立在相关面板数据或者其他实证资料的基础上。毫无疑问，研究方法的进步不仅反映了我国政治学研究的进步，而且使我们对国家理论形成更加科学的认识。

二 国家理论研究的展望

70年来，我国国家理论研究虽已取得长足进展，但仍然存在着广袤的发展空间，部分领域和主题的研究正处于转型升级阶段，部分领域的研究则亟待加强。

第一，国家基础理论研究亟待加强。目前，我国学术界虽已出现大量有关国家基础理论的研究成果，但主要体现为对西方理论的引介，真正原创性的成果并不多。由于我国有着长期和大量引介西方政治学理论的历史，目前充斥我国政治学界的基础概念和理论基本来自西方，基于本土历史和经验的概念和理论则比较有限。当基于西方社会历史背景的概念和理论被横移到中国，并成为国家理论研究的基础时，这不仅将极大地影响我国国家理论研究的议题设置，而且还将极大地影响我国国家理论研究的价值选择。当前，"构建中国特色哲学社会科学"已成为我国学术界的时代使命。要做到这一点，就必须在基础理论上下足功夫，建立起符合中国国情的概念体系和理论框架。

第二，发展基于中国经验的国家理论。中国是一个有着数千年历史的文明古国，国家建立、国家演化、现代转型、现代建构的经验既有与世界其他国家共通的一面，也有诸多独特的一面。但从当前国家理论的研究现状来看，基于中国经验的研究成果明显偏少。建构"中国特色哲学社会科学"，政治学是其中重要的一环，而中国特色的国家理论又是构建中国特色政治学中的重要一环。就当前的情况而言，需要重点加强中国传统国家理论、中国现代国家转型和1949年以后中国现代国家建构的理论研究，形成具有中国特色的国家理论。

第三，比较国家研究亟待加强。随着新时代国际战略的重大调整，我国的对外交往呈现出崭新格局。尤其是"一带一路"倡议的提出，亟待加强对沿线国家的认识。这给比较国家理论研究提出了时代性课题。在国际战略进入"新时代"的背景下，国别研究、比较制度研究、比较文化研究等理应成为重中之重。只有在积累起有关世界各国的丰富知识的基础上，我们的国际交流才能更加有的放矢，才能更加有效地建立起国际话语权。

第 二 章

民主理论研究

民主政治是世界进入工业化时代后政治发展的普遍趋势,也是当今世界各国人民的普遍追求。中国正处于实现工业化、现代化的历史进程中,民主政治是当代中国社会发展的必然产物。中华人民共和国成立以来一直致力于建设社会主义民主政治的探索。民主理论诞生于民主实践,又指导着民主实践。在中华人民共和国成立70周年之际,回顾和梳理中国民主政治发展历程中的中国特色社会主义民主理论,对于继续探索和发展中国特色社会主义民主政治,对于继续发展和完善中国的民主理论具有重要意义。

第一节 民主理论在中国的发展

政治学意义上的民主概念是一个"舶来品"。但民主政治的实践总是受制于国家的历史环境和现实国情,只能在历史任务和现实条件等客观因素设定的空间中发展。因而,民主从来是历史的、具体的,在不同的时期、不同的历史条件下有其不同的形式和内容。在中国,民主政治的实践同样受制于中国的历史与现实,总是伴随中国社会主义革命、建设和改革任务的变化而变化,民主理论也在社会主义革命、建设和改革的不同民主实践中逐渐形成、发展和完善。

中国民主理论的 70 年，是实务界、学术界围绕不同时期的主题展开探索和讨论的 70 年。在这 70 年里，中国共产党以马克思主义民主理论为指导领导人民探索和建设社会主义民主政治，对中国当代重大政治理论和现实问题进行了总结、概括和反思，初步形成了中国特色社会主义民主理论。

一 中华人民共和国成立后的民主理论研究与发展

马克思主义的无产阶级专政思想是中国民主政治发展的逻辑起点。中国共产党自成立以来就高举民主旗帜，致力于建立一个人民当家作主的国家。这一过程中，形成了丰富的人民民主革命理论：这些理论一方面确立了人民主权的思想，要求走群众路线、坚持民主集中制、实行多党合作与政治协商的民主形式，这些都是人民主权思想中国化的表达；另一方面形成了人民民主专政思想，为即将诞生的新中国的国家制度和政权组织形式提供了理论构想和制度框架。中国的民主实践也激发了学术界对民主政治学术研究探讨的热情。据统计，1949—1956 年，国内有近 30 本有关"民主"的书籍问世。除去毛泽东的《新民主主义论》（1949 年）、《论人民民主专政》（1950 年）、《新民主主义的宪政》（1953 年）等系统阐发人民民主专政思想的著作之外，陈仁炳的《走向民主社会》（1949 年）和《论人民民主》（1950 年）、张东荪的《民主主义与社会主义》（1949 年）、邓初民的《民主的理论与实践》（1956 年）等著作进一步诠释了马克思主义民主理论尤其是毛泽东的人民民主思想；吴铁峰的《论资产阶级的民主》（1951 年）、丁德纯的《如此美国民主》（1951 年）、金鸣盛的《两种选举制度的比较研究》（1955 年）等著作则将研究视角转向国外，以马克思主义尤其是毛泽东民主理论为标准对西方民主制度进行批判，凸显和赞誉人民民主制度的优越性。

然而，随着国际形势、外部环境以及国内形势的变化，中国共产党在社会主义革命和建设的指导思想上出现失误。从 20 世纪 50 年代中后期开始，中国民主政治建设在理论和实践中也出现一系列错误,最后终于在"无产阶级专政下继续革命"错误理论的误导下,在"文化大革命"中,使中国社会主义建设和现代化事业遭遇严重挫折。物极必反,一系列理论错误和实践挫折,为后来中国特色社会主义民主政治建设和民主理论发展提供了经验教训,成为未来重新出发的新起点。

二 改革开放初期的民主理论探索

"文化大革命"之后,中国的民主政治建设从反思和总结"文化大革命"惨痛教训的基础上再出发。1978年《光明日报》刊发《实践是检验真理的唯一标准》,引发了轰轰烈烈的"思想解放"大讨论。各种思潮和理论纷纷获得解禁或重释的契机,对民主真正意义上的讨论也由此开始复苏。

在中共十一届三中全会前的中央工作会议闭幕式讲话中,邓小平指出"民主是解放思想的重要条件",他进一步提出:"为了保障人民民主,必须加强法制。必须使民主制度化、法律化,使这种制度和法律不因领导人的改变而改变,不因领导人的看法和注意力的改变而改变。"[①] 邓小平重新开启了中国共产党人对民主政治的新探索。社会主义民主与法制问题成为20世纪80年代学术界民主研究的重要议题,许崇德、何华辉、李步云、刘瀚等学者相继出版相关著作,使得社会主义民主与法制理论得到充实和完善。

在执政党高层表态以及随后党内理论工作者的带动下,民间知识分子也开始尝试研究与传播民主思想,体制外民主思潮勃兴。体制外思潮又反馈至体制内,引发了1979年初理论务虚会上是否坚持共产党领导和社会主义道路的明显分歧和争论。1979年3月30日,邓小平在理论务虚会上发表了《坚持四项基本原则》的著名总结讲话,提出必须坚持社会主义道路,必须坚持无产阶级专政,必须坚持共产党领导和必须坚持马列主义、毛泽东思想,将四项基本原则

---

① 《邓小平文选》第2卷,人民出版社1994年版,第146页。

设定为包括政治体制改革在内的一切改革开放政策的政治底线。此后,风潮逐渐平息。

但是,在改革开放大形势下,"中国社会受到'西化'的影响以及体制外认同和追求西方政治制度的趋势,并没有因为邓小平对社会主义改革与全盘西化的原则界定而减弱,几乎整个20世纪80年代西方的影响和体制外因素一直处于上升状态"①,最终导致了1989年的政治风波。80年代中国处于寻求稳定和发展的双重需求的艰难处境,中央高层为此形成了"既反左,又反右"的政治观:在经济领域要突破旧经济观,实行市场化改革(即反"左");但政治和意识形态领域必须坚持四项基本原则的底线,坚定不移地反对西化,把控住思想政治观念的大局(即反右)。② 在指导思想之下,政治学界就如何推进政治体制改革和如何选择推进民主化战略,在80年代后期进行了一场关于"新权威主义"的争论。这应当说是中国政治学界在改革开放后第一场关于政治发展和民主政治的重大讨论。

在关于"新权威主义"的讨论中,以吴稼祥、王沪宁、萧功秦为代表的支持者认为,后发型现代化国家的政治民主化必须以经济市场化为先导,只有市场经济成熟到一定程度,真正的民主政治才会得到相应的发展;而经济市场化只有通过"新权威"的准集权体制才能稳定、快速进行。③ 反对者则认为,中国的传统体制本已政治经济高度一体化,再强调集权只会带来社会经济政治的恶化,主张通过政治体制改革、建立分权制衡的政治体系来推动经济体制改革,进而实现政治民主化。这场关于中国民主发展是通过集权间接走向民主,还是通过分权直接实现民主的激烈争论,虽然都各有偏颇,但为90年代国家选择政治发展战略、实现政治和经济发展的良性互

---

① 房宁:《民主的中国经验》,中国社会科学出版社2013年版,第130页。

② 杨光斌等:《中国民主:轨迹与走向(1978—2020)》,中国社会科学出版社2015年版,第20—21页。

③ 林尚立:《当代中国政治形态研究》,天津人民出版社2000年版,第390—391页。

动提供了有益的参照和借鉴。总体来看，80年代中国民主观念和理论在"左右震荡"中艰难前行，同时也在执政党内引发持续性的关于反对资产阶级自由化的争论。

三 世纪之交民主探索再出发

受1989年政治风波和苏联解体、东欧剧变的双重影响，20世纪90年代进入了改革开放以来政治领域相对保守的阶段。中共十三届四中全会上，时任中共中央总书记江泽民强调，"我们的民主法制建设，决不能离开社会主义的方向和轨道，决不能引进西方资产阶级的那套所谓'民主'、'自由'的制度"[1]，为政治体制改革和民主法制建设划定了一道思想红线。但在这一时期，实践领域中政治体制改革与基层民主探索并未停止。1988年和1989年《村民委员会组织法（试行）》和《城市居民委员会组织法》的相继通过，使得基层民主成为高层、知识界和民众在民主问题上的共鸣点。也是从那时开始，政治学界的部分学者开始下移学术重心、扎根田野，探索农村政治学。基层民主研究由此成为这一时期政治学研究的一个亮点。

即使在出现1989年的政治风波之后，尽管政治上管控一度加强，但中国共产党推进中国民主政治建设的主张从未放弃。1990年3月18日，江泽民在七届人大三次会议上的讲话中提出："党的十一届三中全会以来，中央一再强调，没有民主，就没有社会主义，就没有社会主义现代化。进行政治体制改革，就是要兴利除弊，建设有中国特色的社会主义民主政治。无论在什么情况下，我们都要牢牢掌握社会主义民主的旗帜。"[2] 20世纪90年代中后期，随着国内外形势的变化，关于民主的理论问题、关于中国特色社会主义民主政治建设的实践问题再度引起党中央高层的重视。这一时期，中

---

[1] 《江泽民文选》第1卷，人民出版社2006年版，第62页。
[2] 同上书，第111页。

国民主问题研究的一个标志性的事件出现了。这就是中国社会科学院组建民主问题研究课题组以及后来中国社会科学院民主问题研究中心的成立。

1998年4月17—18日，根据江泽民总书记关于加强民主问题研究的指示，中国社会科学院召开会议，决定成立中国社会科学院民主问题研究课题组，调集来自科研局、法学研究所、政治学研究所、马列研究所、世界历史研究所、近代史研究所、哲学研究所、社会学研究所等单位的十多位专家开展民主问题研究以及编写《民主问题》高级干部读本。时任中央政治局委员、中国社会科学院院长李铁映担任课题组组长。1999年底，课题研究的主要成果《民主论》报送中共中央。一并报送的还有三个附录《中国古代思想及制度文化中的民主性因素与近代中国创建民主制度的尝试》《从古代到近代的西方民主》《现代西方民主》和两个资料集《马克思主义论民主》《西方民主政治言论选录》。为进一步深化民主问题研究，2000年2月，中国社会科学院民主问题研究中心成立。民主问题研究中心成立后，调集中国社会科学院多个研究所的资深学者，并在全国高校吸收多位专家集中研究民主理论问题，产生了大批成果，其中最具代表性的学术成果集中体现在《论民主》一书中。[①]《论民主》对于马克思主义民主理论、西方民主理论及其思潮、中国共产党的民主思想与理论以及相关理论问题进行了全面深入的梳理、研究和概括。这部著作是中华人民共和国成立以来迄今为止关于民主理论最为全面、最为系统和最具权威性的一部著作，在一定程度上代表中国学术界对于民主理论研究的水平。

经过20世纪90年代十年的探索，中国民主政治建设的道路日益清晰，中国政治体制改革的目标、基本原则和内容等关键要素已经确定，中国民主政治理论体系开始初具雏形。2002年中共十六大报告中首次提出了中国特色社会主义民主政治发展道路概念，并确

---

① 李铁映：《论民主》，人民出版社、中国社会科学出版社2001年版。

认"党的领导、人民当家作主和依法治国有机统一"①是中国民主政治的根本特征。"三统一"的提出，表明了中国共产党对中国民主政治建设规律的发现和认识，揭示了在中国工业化、现代化发展的现阶段民主政治要素之间的内在关系，建立起实行民主政治的实践规则。②"三统一"得到此后历届领导人的强调，被视为中国特色社会主义民主政治道路的核心内容。此后，中国共产党开始强调制度建设在弘扬人民民主中的突出位置。先是通过中共十五大报告将"民族区域自治制度"确立为我国的基本政治制度，尔后连续两年颁布文件完善共产党领导的多党合作和政治协商制度，又于2007年中共十七大上将"基层群众自治制度"纳入基本政治制度的范围，连同人民代表大会制度确立起中国特色社会主义政治制度体系的基本框架。至此，"三统一""四制度"的中国式民主理论体系，即中国特色社会主义政治发展道路被正式确认。

与蓬勃发展的民主政治建设实践相呼应，学术界对民主政治的研究也再次掀起了高潮。这一时期，一个重要的关于民主研究的理论事件是起草和发布《中国的民主政治建设》白皮书。2004年夏，国务院新闻办委托中国社会科学院负责起草介绍中国民主政治建设的白皮书，中国社会科学院以政治学研究所学者为主组织了起草小组，经过近一年起草工作，其间有党中央、国务院、全国人大、全国政协等近30个部门的政策研究机构参与了审读、修改工作。2005年10月，国务院新闻办公室发布了《中国的民主政治建设》白皮书。这是中国政府首次以政府文告形式向国内外全面系统地介绍中国民主政治建设的理论与实践，引起了国内外舆论界和学术界的广泛关注。这是迄今为止有关我国民主政治建设最具权威性的论述，是我国关于民主政治研究的重要成果。

《中国的民主政治建设》白皮书最重要的理论性成果是首次从制

---

① 《江泽民文选》第3卷，人民出版社2006年版，第553页。
② 房宁：《民主的中国经验》，中国社会科学出版社2013年版，第144页。

度功能的角度对中国政治制度的合理性及内在机制进行了归纳和提炼。中国共产党的领导和执政，是推进社会主义现代化建设和实现中华民族伟大复兴的客观需要。白皮书指出：中国共产党的领导和执政是中国民主的基本特征。白皮书论述了中国共产党执政的合法性，即中国共产党的领导和执政是维护中国国家统一、社会和谐稳定的需要，是保证政权稳定的需要，是把亿万人民凝聚起来，共同建设美好未来的需要。白皮书进而分析了共产党领导的对国家现代化事业的内在保障、推进机制。白皮书指出："中国幅员辽阔，人口众多，且城乡之间、地区之间发展不平衡，差异较大，因此，保证政权稳定对中国意义非同寻常。只有保持政权的稳定，才能聚精会神搞建设，一心一意谋发展；才能使国家现代化的发展战略和奋斗目标，在长时间里得以一以贯之地实行；才能减少各种不必要的或不应有的政治内耗，最大限度地调动一切积极因素，集中一切资源、力量和智慧，解决关系国计民生的重大问题，保证经济社会的可持续发展。"这一论述改变了传统上从中国共产党先进性的主观性角度论证合法性的方式，从中国的基本国情、发展阶段和建设任务的客观角度论述了中国政治制度的合理性和人民性。这一论述也成为之后中国所有官方重要文件对中国制度合理性论述的标准样本，也逐渐辐射到学术界，辐射到中国对外宣传和国际形象的塑造当中。

在《中国的民主政治建设》白皮书发布后，中央要求中国社会科学院在白皮书起草组的基础上组织课题组继续研究中国特色社会主义民主政治的理论与实践。这项研究持续了近三年，一直到中共十七大结束后。课题组研究的核心问题是"三统一"问题，即国家权力与人民权利的关系的理论认识和制度安排的各种问题。这一课题组接受了中央多个部门的大量研究任务，涉及民主政治发展史、国外民主发展的经验教训、中国民主政治的制度结构和发展策略等有关民主政治的几乎所有重要问题。这一课题组最主要的成果是2007年发表在《求是》杂志上的《坚定不移走中国特色社会主义民主政治道路》一文，这篇文章被认为是关于"三统一"的权威理论论述。文章中提出:"实现共产党领导、人民当家作主和依法治国的有机统一,是建设中国特色社会主义民主政治的基本规律。"这篇文章中首次提出:"人民代表大会制度、共产党领导的多党合作和政治协商制度、民族区域自治制度,以及人民群众直接行使民主权利的基层民主制度,是中国特色社会主义民主政治的基本制度框架。"这是首次在公开出版物中将中国四项基本政治制度并称。①

在官方高调集中的民主政治研讨的气氛下,学术界关于中国民主政治发展的理论研究也十分活跃。2006年俞可平提出了一个很响亮的观念性的口号——"民主是个好东西"②,在学术界引发反响并进而导致了持续讨论,学术界形成了民主是个"坏东西""不坏的东西""不好不坏的东西"等不同观点。除了民主效应、民主立场、民主视角、民主路径等宏观问题的争论外,学术界还对腐败、经济发展、公平、秩序、民生、法治、治理等具体问题展开了广泛的探讨。在此基础上,形成了民主要素说、历史定义论、民主主题论、民主阶段论、增量民主、法治民主、复合民主、治理民主等新的民主理论或观点。

中国的发展举世瞩目,中国的政治制度、发展模式也越来越多地吸引着国际社会的关注。中国民主的学术理论研究逐渐进入国际学术界的视野。2013年出版的《民主的中国经验》③运用国际学术界通用的政治学理论与方法,系统分析和阐释了中国政治制度产生的历史与国情条件,是当代中国民主理论的一次系统表达。该书引起了国际主流出版界的重视,英语、西班牙语和阿拉伯语版本相继出版,此外还有日语、泰语、韩语、法语的译本。该书是目前研究中国民主、中国政治制度学术书籍中被翻译语种最多的著作。

---

① 中国社会科学院邓小平理论和"三个代表"重要思想研究中心:《坚定不移地走中国特色社会主义民主政治道路》,《求是》2007年第10期。
② 俞可平:《关于"民主是个好东西"的辨正》,《北京日报》2006年10月23日。
③ 房宁:《民主的中国经验》,中国社会科学出版社2013年版。

第二节 人民民主理论研究

人民民主是中国民主政治的核心概念，是中国民主政治的标志。关于人民民主的研究是中国民主学术研究的中心议题。

一 人民民主的概念演进

以"人民当家作主"为实质内核的人民民主概念，是中国共产党把马克思主义民主理论同中国的具体国情相结合，在长期的实践探索中逐步确立和发展的结果。中国共产党主张和使用的人民民主概念，在革命和建设的不同时期有不同的内涵，经历了从工农民主到人民民主或新民主主义民主，再到社会主义民主和有中国特色社会主义民主的形成和演变过程。事实上，马克思主义经典作家虽然把"人民当家作主"界定为无产阶级民主的本质，但并没有直接提出人民民主的概念。人民民主概念是中国共产党人以马克思主义民主理论为指导在中国政治实践中的创造。在新民主主义革命时期，它指的是新民主主义民主；在社会主义时期，指的是社会主义民主；而"有中国特色的社会主义民主"则是指社会主义初级阶段的社会主义民主。[①] 总的来看，中华人民共和国成立以来，"人民民主"和"社会主义民主"的概念已经得到认可和广泛使用。

马克思主义经典作家的"无产阶级民主理论"是人民民主理论的直接理论来源。在马克思主义经典作家看来，在阶级社会里，任何民主都具有阶级性，总是以阶级的政治统治作为自己确定和存在的前提，因而民主与专政总是相辅相成，任何实行民主制的国家都是民主与专政的统一体。我国目前还是阶级社会，因而，"人民民主"仍然不能免除对敌人的专政。正是如此，我国宪法才将人民民

---

① 李铁映：《论民主》，人民出版社、中国社会科学出版社2001年版，第105页。

主的国体形态定位为"人民民主专政"。毛泽东在解释何谓人民民主专政时，也直言不讳地指出："对人民内部的民主方面和对反动派的专政方面，互相结合起来，就是人民民主专政。"① 虽然任何实行民主制的国家都要两手抓，既要民主也要专政，但"民主"与"专政"的分量却很难把握。在不同的国家、不同的时期，对"民主"与"专政"往往有不同的偏重，这些不同偏重所型构的国家治理逻辑会极大影响国家的治理成效乃至兴衰成败。70 年中国社会主义民主政治的建设史充分诠释了这一逻辑。中华人民共和国成立后内忧外患，国内因经济建设的急功近利导致的反对之声和对复杂的国际形势的误判，使得党内高层得出国家政权体系陷入危机的判断，人民民主的国体建设迅速向"专政"的一面倾斜。1949—1979 年，在官方正式文件中，对"专政"的使用频率越来越高，"民主"的使用空间被极度压缩。1956 年中共八大报告尚有 23 处提到"人民民主"，而"人民民主专政"或"无产阶级专政"的出现频次各有 12 次；到 1969 年中共九大报告和 1973 年中共十大报告，"人民民主"和"人民民主专政"字眼彻底消失，"无产阶级专政"字眼的出现频次大增。1975 年宪法更是将"人民民主专政"直接改为"无产阶级专政"。

　　为了扭转这种极端状况，改革开放后人民民主的概念回归，让人民民主专政的钟摆从"专政"回落到"民主"与"专政"的平衡点，并开始用"法制"取代"专政"成为民主的基础，让原先被专政包裹起来的"人民民主"重新凸显。② 从此，"人民民主专政"在历届党代会报告中的出现频次越来越少，从中共十四大报告的 4 次、十五大报告的 3 次、十六大报告的 2 次，直至中共十七大报告、十八大报告完全消失。这些变化昭示着国家民主政治发展的理路：改革开放以前建构的人民民主基于"专政"逻辑的革命思维，强调

---

① 《毛泽东选集》第 4 卷，人民出版社 1991 年版，第 1475 页。
② 林尚立：《中国共产党与国家建设》，天津人民出版社 2017 年版，第 96 页。

"人民"的革命性和阶级性，实现了国家机器和国家权力的巩固和成长，但却造成了"文化大革命"的十年惨剧；改革开放后型构的人民民主基于"民主"的治理视角，激发和释放了人民自主参与的热情和能量，创造了中国特色社会主义事业的全面发展。

二 马克思主义人民民主理论研究

在中国，以毛泽东和邓小平为代表的共产党人将马克思主义的民主理论与中国具体实践相结合，创立了人民民主和中国特色社会主义民主理论。他们连同经典作家的无产阶级民主理论，是马克思主义人民民主理论在中国不可或缺的重要组成部分。

（一）经典作家的无产阶级民主理论研究

经典作家的无产阶级民主理论是毛泽东人民民主理论的直接来源。这一理论第一次揭示了民主的阶级实质，阐明了民主的科学含义、社会地位和属性，确立了民主问题在无产阶级解放斗争中的重要性。马克思、恩格斯首先从国家形态意义上来论述无产阶级民主，他们把民主作为政治上层建筑，认为民主首先是一种国家制度和国家形式。"民主制是作为类概念的国家制度。"[①] "工人革命的第一步就是使无产阶级上升为统治阶级，争得民主。"[②] "无产阶级革命将建立民主制度，从而直接或间接地建立无产阶级的政治统治。"[③] 马克思、恩格斯将无产阶级民主、无产阶级的国家形态和无产阶级的政治统治结合起来，阐述了无产阶级民主的实现和建设途径。列宁在领导苏联无产阶级专政国家的革命和建设中，进一步提出了"苏维埃＝无产阶级民主＝无产阶级专政"的著名等式，为社会主义民主的实现提供了理论基础和行动指南。在此基础上，马克思、恩格斯、列宁围绕民主集体制、民主的实现形式、民主与经济基础、民

---

① 《马克思恩格斯全集》第1卷，人民出版社1956年版，第280页。
② 《马克思恩格斯选集》第1卷，人民出版社1995年版，第293页。
③ 同上书，第239页。

主与专政的关系等内容进行了深刻的论述,形成了丰富的民主思想。这些思想不仅是中国革命和建设重要的理论指引,也成为学术界民主理论研究的重要内容。王沪宁、俞可平等学者率先详细解读了马克思主义民主思想的内涵和实质,强调了民主的阶级性、目的性、历史性和有效性这些准确把握马克思主义民主观的基本点;① 欧阳康、张陶等学者继而就人民主权、民主的实现条件、实现形式和实现保障等马克思、恩格斯民主思想的基本内容进行了深入研究,展现了马克思、恩格斯民主思想的理论体系。② 许耀桐、杨春志、胡明远等学者则从生成历程、内在逻辑等角度研究了马克思主义民主思想的形成史和演化史,强调马克思、恩格斯民主思想的深厚理论储备和强烈的务实性。③

(二) 毛泽东人民民主理论研究

民主是社会主义的生命,也是中国共产党人孜孜以求的目标。以毛泽东为核心的党的第一代领导集体,在社会主义革命和建设的过程中,十分重视民主的理论和实践,根据世情和国情,坚持不懈地探索适合中国民主政治建设的道路。宋仕平、张新梅、黄南珊等关注毛泽东民主思想,他们提出,毛泽东在马克思主义国家学说的基础上,创立了人民民主专政的国体和人民代表大会的政体理论,强调在人民内部实行民主,把握住了民主的精髓和实质,确保了民众参与国家事务管理的民主权利的实现;提出和创建了中国共产党

---

① 王沪宁主编:《政治的逻辑——马克思主义政治学原理》,上海人民出版社2004年版,第214—226页;俞可平:《马克思论民主的一般概念、普遍价值和共同形式》,《马克思主义与现实》2007年第3期。

② 欧阳康、陈仕平:《马克思民主思想及对当前中国民主建设的启示》,《马克思主义与现实》2009年第4期;张陶、刘俊杰:《基于人民主权的马克思恩格斯民主思想及其现实意义》,《理论与改革》2015年第1期。

③ 许耀桐:《马克思恩格斯社会主义民主思想的形成和创立》,《新视野》2018年第5期;汪家焰、钱再见:《国内学界关于马克思恩格斯民主思想的研究动态及其评析》,《学习论坛》2017年第9期;杨春志、胡明远:《马克思民主思想:从浪漫主义到理想主义与现实主义的统一》,《社会科学战线》2009年第9期。

领导的多党合作与政治协商制度，构建了社会主义的新型政党制度；根据中国的民族实际，建立了民族区域自治制度，制定了一系列民族政策；等等。毛泽东人民民主理论中的许多论题，时至今日仍是民主政治建设面临并必须妥善应对的重大问题，如党内民主、民主监督、民主执政、多党合作、协商民主、民主集中制、民主权利等。鉴于毛泽东晚年民主政治思想的偏差所带来的"文化大革命"惨剧，学者们也纷纷反思、探析造成实践失误的原因，认为轻视法制使得民主政治的发展缺乏制度的保障，最终使民主失序和忽视党的领导，是酿成重大失误和惨剧的两个重要原因。[1]

（三）中国特色社会主义民主理论研究

"文化大革命"结束后，邓小平接替毛泽东成为党的第二代领导集体的核心，带领中国进行社会主义现代化建设。在辩证地吸纳和继承马克思主义经典作家和毛泽东民主思想的基础上，结合中国的实际，形成了中国特色社会主义民主理论。

鉴于毛泽东发动"大民主"进行"文化大革命"，偏重专政手段处理人民内部矛盾带来的恶果，邓小平提出了发展民主是社会主义的本质要求的论断，要求大力发展社会主义民主政治，并将其作为现代化建设的任务和目标写进1982年宪法；主张发展民主必须以坚持四项基本原则为前提，确保民主不变色；强调民主制度化、法律化，以法制制约和保障民主发展，诠释社会主义民主与法制的辩证关系；主张厘清党内民主与人民民主之间的关系，用党内民主来推动国家政治和社会生活的民主；强调进行政治体制改革的必要性，推动党和国家的领导制度、人民代表大会制度、多党合作制度和民族区域自治制度改革。这些民主实践和思想具有强烈的务实性和时代性，引领着中国重新回到社会主义民主政治建设的正轨，吸引了众多学者的青睐和研究。

毛定之、陈立媛、吴宏放等学者立足全局研究了邓小平民主政

---

[1] 房宁：《毛泽东民主思想的当代启示》，《马克思主义研究》2010年第9期。

治思想，概括总结出其民主政治思想的构成、显著特点以及对今天的启示。更多学者将研究兴趣和笔墨聚焦于邓小平民主政治思想的某些重要部分，如民主集中制、党内民主、民主法制、民主权利、民主监督等。作为共产党的根本组织制度和领导制度，民主集中制自列宁首先提出基本理论、毛泽东做出重大发展，至邓小平总结经验教训后最终确立。学者们一致认为邓小平对民主集中制的内涵、外延有着创新性的理论贡献。[①] 作为邓小平民主理论的核心内容，民主法制思想是邓小平对社会主义民主法制经验教训的总结和对未来民主法制建设策略安排的理论体系，是我们建设社会主义法治国家的重要思想宝库和理论基础，论者们认为"法制战略论、民主法制关系论、法制立国论、依法治国论、法制建设论"是邓小平民主法制思想的精髓，[②] 并对其体系构成、思想特点、现实启示等做了全方位研究。

自20世纪90年代起，中国开始进入建设有中国特色社会主义的新阶段。江泽民、胡锦涛和习近平等党和国家的最高领导人针对中国特色社会主义发展中的民主问题，分别继承、丰富和发展了前一代领导集体的民主理论。他们丰富和完善了政党、民主与法制的关系，提出了依法治国、建设社会主义法治国家的治国方略，开启了党领导方式和执政方式的重大转变；他们强调发展社会主义民主政治，坚持把党的领导、人民当家作主和依法治国三者有机统一，赋予当代中国政治制度和民主合法性、正当性；他们把发展社会主义民主政治看作党始终不渝的奋斗目标，强调人民民主的社会主义本质特征，将其升华为社会主义的立身之本；他们明确提出以人民为中心的发展思想，要求民主政治的发展必须有利于人民；他们把

---

① 许耀桐：《邓小平对民主集中制的理论贡献》，《党的文献》2013年第3期；王春玺：《邓小平对民主集中制的解读及其时代价值》，《马克思主义研究》2011年第11期。

② 张文显：《邓小平民主法制思想之精髓》，《法制与社会发展》2004年第5期。

党内民主视为党的生命，要求健全党内民主制度体系，以扩大党内民主带动人民民主；他们把基层民主作为发展社会主义民主政治的基础性工程，要求保障人民享有更多更切实的民主权利；他们强调协商民主是我国人民民主的重要形式，也是实现党的领导的重要途径，要求健全社会主义协商民主制度和工作机制，推进协商民主广泛、多层、制度化发展，发挥其汇聚民意、增进共识、建言献策、民主监督的作用。这些治国理政思想无不蕴含着深刻的人民民主政治价值追求："坚持以人民为中心，彰显人民民主的价值；推进制度现代化，把握人民民主的真谛；实现良法善治，夯实人民民主的基础。"[①] 显然，中国特色社会主义民主理论已从单纯关注国家形态的民主建设转向同时兼顾可实践、可运行并卓有成效的民主形式的创造与应用。[②]

三 当代人民民主理论研究的主要议题

1949 年以来人民民主的理论研究，因所处的时期和任务、使命的不同，侧重点几经变化。其中，以下几个问题的研究较为集中，学界也最为重视。

（一）关于人民民主的内涵讨论

研究人民民主首要的是确定和探讨其概念、内涵，学术界从国体、内在逻辑等不同视野进行了持久的讨论。有论者从国体角度理解，认为作为现代民主政治合法性表达的"人民民主"，无论是历史还是理论的脉络上都只是政治正确的一种说法和民主理论的最高抽象，只是权力正当性的象征，因而人民当家作主的"人民民主专政"

---

① 包心鉴：《人民民主：治国理政的核心政治价值指向》，《政治学研究》2016 年第 5 期。

② 林尚立：《论人民民主》，上海人民出版社 2016 年版，第 123 页。

实质上只是一种最高阶位的"国体",而非具体的民主制度或民主形式。① 有论者着眼于内在逻辑来看待人民民主,认为"人民民主"既是"国家形态"也是"国家目标"。人民当家作主的本质决定了既要保障人民在国家中的地位,又要保障人民的生存与发展。因而,民主与民生的有机结合就是人民民主的中国逻辑。② 人民民主正是民主与民生相结合的民主化战略的价值取向或者政治运作层面的应然选择,因此,这种人民民主观仍然属于理念层面的解读。有论者则从人民的主体性和民主权利意义上诠释人民民主,认为"人民民主"就是全体人民平等地享有权利、行使权利并获得保障。这种观点强调,人民民主是要全体人民通过一定的程序和形式,在平等的基础上享有并将对国家和社会事务的民主权利落实下去,其实质仍是人民当家作主。③ 这是国内学术界对于人民民主的几种主要解释。

(二) 关于人民民主专政的争论

"人民民主"概念自提出以来,就和"专政"一词相伴相生。民主与专政孰轻孰重,这一直是难以度量和平衡的问题。2014年,一篇题为《坚持人民民主专政,并不输理》的文章,引起了学界和社会的广泛关注、讨论、争论。该文针对当前否定人民民主专政的两种倾向,重温马克思主义的国家学说和无产阶级专政学说,认为人民民主专政是中国特色社会主义须臾不可离开的法宝,不能把民主与专政割裂、对立。据此进一步强调,今天的中国,仍然处于马克思主义经典作家所判定的历史时代,即社会主义与资本主义两个前途、两条道路、两种命运、两大力量生死博弈的时代。这个时代

---

① 杨光斌、李冬:《"以党内民主带动人民民主"还是"以党内民主带动国家民主"》,《探索与争鸣》2012年第10期。

② 林尚立:《民主与民生:人民民主的中国逻辑》,《北京大学学报》(哲学社会科学版)2012年第1期;林尚立、赵宇峰:《中国发展的政治基础——以人民民主为中心的考察》,《学术月刊》2012年第5期。

③ 任中平:《党内民主与人民民主、国家民主与社会民主的关系辨析及发展走向》,《云南社会科学》2011年第2期。

仍贯穿着无产阶级与资产阶级、社会主义与资本主义阶级斗争的主线索，故而主张当前背景下，人民民主专政不能取消，必须坚持、巩固并强大。① 该文刊发后立即被各大网站转发，激起学术界和意识形态领域的激烈交锋。质疑、反对者指责该文罔顾世情、国情、党情，在全面推进依法治国之际囿于本本和原则谈阶级斗争、强化专政，与时代精神背道而驰。② 支持派则认为，反对派的举动恰好体现了人民民主专政与主张西方"宪政"之争的实质，事关全面深化改革的大方向。马克思主义所揭示的关于阶级斗争的发展规律、国家学说的实质和"不断革命"的客观真理，以及阶级斗争在一定范围内将长期存在的国情、世情，都决定着我们必须坚持人民民主专政的理论和实践。③ 总体来看，这场坚持人民民主专政是否有理的争论是改革步入深水区后各种思潮泛起的表现，是一场旨在争夺推进治理体系和治理能力现代化的解释权和话语权的学术博弈。

（三）人民民主与社会主义的关系

党和国家对人民民主和社会主义的关系的认识和定位，伴随实践的深入和理论水平的提高而发生着变化，越来越深刻和准确。党和国家先后提出了"没有民主就没有社会主义""人民民主是社会主义的本质要求和内在属性""人民民主是社会主义的生命"等著名论断，将"人民民主"在我党历史上的地位和作用逐渐从社会主义的"条件"提升到"生命"这样一个前所未有的高度。有学者认为，人民民主与社会主义是一对辩证统一的命运共同体，前者是后者的根本特征和根本保证，也是社会主义建设的根本目标，决定着社会主义事业的成败，二者患难与共，共始终共发展；党和国家对

---

① 王伟光：《坚持人民民主专政，并不输理》，《红旗文稿》2014年第18期。
② 中国话语权研究课题组：《国家、阶级、民主与专政：中国话语权研究之一》，社会科学文献出版社2015年版，第352—357页。
③ 李崇富：《坚持人民民主专政，完全合理合情合法》，《马克思主义研究》2015年第1期。

人民民主和社会主义关系的论断,是对马克思主义民主理论和科学社会主义理论的丰富和发展。[①] 有学者对"人民民主是社会主义的生命"论断进行系统分析后认为,人民民主是社会主义的本质规定、重要基石、力量之源以及政治取向,是理论、价值、制度、实践等选择的结果;[②] 实现真正全面的人民民主,是马克思主义关于人类社会进步的价值理想,更是中国特色社会主义的基本价值追求。[③] 二者是内在统一的,须臾不可分。

(四) 党内民主与人民民主的关系

党内民主和人民民主是我国社会主义民主政治建设的两大领域,前者是"党的生命",后者是"社会主义的生命"。两个"生命"之间究竟是什么样的关系?中共十六大提出"党内民主是党的生命,对人民民主具有重要的示范和带动作用",学术界开始集中对于二者的关系以及"党内民主"如何带动"人民民主"进行深入研讨。

就两者的关系而言,学术界有三种观点。第一种观点是认同党内民主示范、带动人民民主的作用和重要性。绝大多数学者认为,党内民主与人民民主都是社会主义民主的基本内容,我国社会主义初级阶段的基本国情和中国共产党的执政地位决定了中国的民主化只能走渐进式发展的道路,党内民主是人民民主发展的前提与基础,也是民主政治发展的逻辑起点和关键。党内民主的不断推进,必然带来整个国家政治生活民主化。"先党内后党外,通过党内民主发展人民民主"[④] 的思想,揭示了党内民主与人民民主这两个"生命"

[①] 王宗礼:《试论人民民主的理论和实践》,《政治学研究》2008年第4期。
[②] 章传家:《人民民主是社会主义的生命》,《求是》2008年第5期。
[③] 韩震:《人民民主是中国特色社会主义的基本价值追求》,《党建》2014年第2期。
[④] 邓世平:《从"党内民主"到"人民民主"——中国特色民主政治发展道路探析》,《湖南师范大学社会科学学报》2010年第3期。

在逻辑上的先后关系,[①] 成为学术界的主流观点。第二种主张要突出人民民主在中国民主政治建设中的重要性,强调人民民主对党内民主的辐射和推进作用。有学者认为,基层民主实践创新的一些案例已经表明,一些地方的人民民主已经走在了党内民主之前,为党内民主的发展积累了丰富的经验。人民民主对党内民主的发展具有不可低估的辐射作用而并非毫无贡献。我们在重视党内民主对人民民主的带动与促进作用的同时,也应该重视人民民主的作用。[②] 第三种意见是强调党内民主与人民民主有机互动衔接,辩证统一,不可偏废。有学者认为虽然二者在民主的地位、主体、形态、层面以及适用范围上不同,虽然不乏矛盾,但二者的关联与互动是主要方面,因而,发展社会主义民主必须重视二者协调互通、有机结合的双向层面,而不能只讲党内民主带动人民民主这个单一层面。党内民主影响人民民主发展时的作用是带动,人民民主对党内民主发展的促进作用则是压力,二者的良性互动、双向协调,是中国社会主义民主政治健康发展的基本要求。[③]

第三节　基层民主理论

基层民主是中国特色社会主义民主政治的基础性工程,代表着最广泛、最大多数人参与的民主实践。自 20 世纪 80 年代中后期开始,基层民主的实践和创新在中国不断进行,理论研究也随基层民主创新实践的发展而不断成长,为基层民主实践乃至中国民主政治

---

① 胡伟:《民主政治发展的中国道路:党内民主模式的选择》,《科学社会主义》2010 年第 1 期。
② 梅丽红:《党内民主与人民民主的互动共进》,《中国党政干部论坛》2004 年第 4 期。
③ 齐卫平:《党内民主与人民民主及其关系的思考》,《湖湘论坛》2010 年第 4 期。

的发展做出了重要贡献。

一 基层民主研究发展

2005年10月国务院新闻办公室发布《中国的民主政治建设》白皮书,把农村村民自治、城市居民自治和企业职工代表大会制度三个方面界定为基层民主自治体系的主要内容。在基层民主的实践过程中,县、乡两级基层人大和乡镇基层政权的选举方式改革、公开推荐和选拔基层干部等范畴,也被学者纳入了基层民主的范围。[①] 中国基层民主发展近40年的轨迹显示,农村基层民主发展亮点纷呈,城市居民自治在20世纪末期开始不断推进,而企业职工代表大会制度则一直发展平缓。因此,学术界更多地关注农村基层民主和城市居民自治的实践创新和理论总结。可以说,农村基层民主和城市居民自治的研究状况和水平代表了中国基层民主的研究状况和水平。因此,这里主要梳理农村基层民主和城市居民自治的研究发展状况。在中国,基层民主的研究也非一帆风顺,而是经历了一个由自发到自觉再到自主的过程,由区域性单学科到全国性多学科再到学科归位研究,由民主选举到民主治理再到有效治理的主题转换。

基层民主在中国的实践是一个波澜壮阔的过程。从1980年2月广西宜山县果作村第一个村民委员会的诞生,到1982年宪法将"村民委员会"定性为农村基层群众性自治组织,再到1987年全国人大常委会通过《中华人民共和国村民委员会组织法(试行)》,一场浩浩荡荡的农村政治实验开始在全国范围内推开。直到1998年全国人大常委会修订通过《中华人民共和国村民委员会组织法》,全国已建立村民委员会90多万个,全国60%以上的村庄都已开始实施村民自治制度。[②] 与轰轰烈烈的基层民主实践相比,中国基层民主研究则显得孤寂和冷清。回顾历史,中国基层民主研究的起点,可以追溯至

[①] 黄卫平:《中国基层民主发展40年》,《社会科学研究》2018年第6期。
[②] 徐勇:《中国农村村民自治》,华中师范大学出版社1997年版,第30页。

1987年华中师范大学张厚安教授等承担的国家哲学社会科学"七五"课题"中国农村基层政权研究"。在研究这一课题的过程中，华中师范大学培养和聚集了一批乡村政治研究学者，由此开始了包括后来的村民自治、基层民主、乡村治理等相关主题的研究。1989年政治风波使得刚刚恢复的政治学又一次陷入发展的危机。1991年徐勇教授在《社会科学报》上发表了题为《重心下沉：90年代学术新趋向》的文章，对学术总体趋势的"重心下沉"进行描述和总结，对后来政治学研究向基层发展产生了积极影响。尔后召开的中共十四大强调，要加强基层民主建设，推进决策的科学化、民主化。在政治学要"重心下沉"和国家倡导基层民主建设的双重背景下，基层民主研究成为当时政治学的选择。但与基层民主推陈出新的实践相比，基层民主的理论研究显得十分有限。在整个20世纪80年代，学术界关注更多的是宏观的国家体制改革问题，而对农村基层的体制改革创新没有足够重视；甚至到90年代中期，农村基层民主研究仍然很有限。"与村民自治实践还只是'一场静悄悄的革命'一样，1998年之前的村民自治研究尚处于悄无声息状态"，"全国九亿农民从事村民自治实践活动，却不到九个人进行研究"。[1] 在20世纪90年代中期以前，不仅研究者少，村民自治的研究成果也处于边缘状态，在政治学话语体系中相当弱势。

基层民主研究的冷清状况因1998年的到来而发生变化。这一年，《村民委员会组织法》经过10年试行，已基本形成制度框架并成为亿万群众广泛参与的民主实践，极大地增强了民众的民主意识和参与能力，收到了良好的效果。1998年11月，全国人大常委会修订并颁布了新的村民委员会组织法，在村民委员会自我管理、自我教育、自我服务的"三个自我"基础上增加了民主选举、民主决策、民主管理、民主监督的"四个民主"，倡导推进村民自治。随即进行

---

[1] 徐勇：《实践创设并转换范式：村民自治研究回顾与反思——写在第一个村委会诞生35周年之际》，《中国社会科学评价》2015年第3期。

的四川遂宁步云乡乡长直选，因是中国"乡长直选第一乡"，成为中国基层民主的突破性创举。以选举为导向的村民自治因此受到海内外的广泛关注，也引起了学界的兴趣。基层民主研究迅速成为政治学的热点，集聚了来自各个领域的学者。如果说，在此之前的基层民主研究还是一种单学科区域性的自发研究，那从1998年开始就进入了多学科全域性的自觉阶段；从不占主流的边缘地带，在经过20世纪90年代的国内国际情势变迁后成了备受青睐的"热点"。

但是，随着村民自治的推进以及实践中问题的逐渐显现，学术界对于村民自治的意义及民主价值的评估，形成了诸多不同的意见和看法。更由于村民委员会的法律定位和国家行政管理实践对其所要求的职责的冲突，村民自治的民主实践开始受到质疑，基层民主的研究队伍开始分化，先前跨学科研究基层民主的法学、社会学等学科的学者和政治学其他领域的学者纷纷退场。这促使基层民主研究的学者开始反思基层民主，不断回归理性、回归学科。实践的不断推进和理论的不断深化，使得国家自2002年起开始调整对基层民主的认识和定位。中共十六大把"扩大基层民主"看作发展社会主义民主的基础性工作；中共十七大把"基层民主"作为社会主义民主政治的"基础性工程"要求重点推进，并将基层群众自治制度升格为社会主义政治制度。党和国家对基层民主的重视，再次使得基层民主受到学术界的高度重视，成为新时期人民民主研究的新热点。基层民主研究队伍再次壮大并更加专业化，研究成果也更加突出。统计数据显示，"基层民主"的论文文献从2007年开始攀升，到2011时达到峰值；学术著作大量出版；各种类型、层级的基层民主会议不断召开，各种学术活动紧锣密鼓。然而，这种欣欣向荣的研究状况自2012年开始再次发生转折。原因是中共十八大强调要加强党对"民主"和"法治"的领导并确认"协商民主"是社会主义民主的重要形式，要求大力推进协商民主广泛、多层、制度化发展。传统意义上注重的选举民主被协商民主取代，以"公推直选"为主要内容的基层民主探索日益式微，基层民主研究开始向基层治理、

"有效治理"或有中国特色的基层协商民主转向。总体来看，中国基层民主研究的状况始终伴随着基层民主实践的变迁而发生着变化和动态调整。

二 农村村民自治研究

自从村民自治施行以来，学界经过 30 余年的不懈努力，对村民自治的性质、地位、价值、施行等进行了广泛深入的探讨。其中，以下几个主题的讨论比较集中。

（一）村民自治价值的两次讨论

关于村民自治是否有价值、有何价值的探讨一直伴随着村民自治的整个实践。20 世纪 90 年代初期，学术界主要是从民主建设与农村改革两方面探讨村民自治，对村民自治价值的认识趋向于一致。就国家民主建设而言，学界认为村民自治是社会主义民主政治建设的基础和重要组成部分，农村基层实行村民自治是建设高度社会主义民主采取的切实步骤，也是农村经营方式改变后党和政府组织农民参与乡村事务管理的新的工作方式。[1] 站在农村改革的视角，村民自治是深化农村改革的突破口，能够实现政治上的民主并促进农村社会的稳定。[2] 20 世纪 90 年代末期至 21 世纪初，正当村民自治在全国如火如荼施行之时，学术界围绕村民自治及其价值形成了第一次大争论。张厚安、王仲田、徐勇、金太军、崔之元、唐兴霖、张紧跟等学者基本持肯定、赞同立场，形成了"突破口说""社会基础说""示范效应说""形式训练说""政治文化说"等代表性观点。[3]尽管具体的表述可能不同，但他们都充分肯定村民自治对中国政治

---

[1] 青萌：《实践的思考（一）关于对村民自治的认识》，《乡镇论坛》1991 年第 8 期。

[2] 米有录：《山西省委常、副省长郭裕怀指出：村民自治是一项伟大的变革》，《乡镇论坛》1991 年第 7 期。

[3] 李德瑞：《学术与时势：1990 年代以来中国乡村政治研究的"再研究"》，社会科学文献出版社 2012 年版，第 168—169 页。

体制改革和发展民主政治的促进作用，强调中国民主政治的渐进式发展道路，肯定村民自治实践对农村村民民主启蒙、民主训练以及民主能力培育，对民主技术、民主制度和民主经验的形成和对传统政治文化的改造所具有的重要意义。

但党国印、沈延生等学者则持质疑、批判甚至反对的态度。怀疑论者认为，乡村政治改革应该是全社会政治变革的最后一个环节，而不是民主政治的起点，它难以内生出推动政治改革全局的力量；中国将本是终点的村民自治作为起点推进，改革的后果难以预料[1]；中国政治改革走所谓"农村包围城市"的道路，前途未卜，[2] 因而发出中国乡村民主能走多远的质疑。否定论者以沈延生为代表，他对村民自治进行了理论和实践的全面否定，认为村民自治无论从马列主义经典作家还是从政治学理论中均找不到理论的源头，是一种"理论上的怪胎"，实践中的村民自治也未按照《村民委员会组织法》规定的路线前进，已经步履蹒跚，甚至走样变形、面目全非；认为村民自治是群众专政的延续，完全与民主无关，因而主张"抛弃'群众性自治'的理论怪胎"。[3] 虽然怀疑论者和否定论者都将村民自治的价值置于中国民主化进程的宏观背景下进行讨论，但他们所秉持的村民自治妨碍国家行政力量对农村的渗透、危害现代化进程以及村民自治的民主化进程、违背民主发展的规律的立场，造成了与肯定派的针锋相对。因此，怀疑派和否定派的观点刊出后，再次引发了肯定派的回应与评议。双方的争论、质疑、批评和反思，促进了学术界对村民自治的民主期望、现实可行性、与民主政治的对接通道等问题的进一步分析。

进入 21 世纪以后，农村税费改革的推进和社会流动的加剧，致

---

[1] 党国印：《"村民自治"是民主政治的起点吗？》，《战略与管理》1999 年第 1 期。

[2] 党国英：《乡村民主政治发展的观念与趋势》，载李周编《21 世纪的中国农村可持续发展》，社会科学文献出版社 2000 年版，第 162 页。

[3] 沈延生：《村政的兴衰与重建》，《战略与管理》1998 年第 6 期。

使"农民真穷、农村真苦、农业真危险"的所谓"三农"问题日益突出,农村治理越加艰难,村民自治进入窘境。村民自治何去何从?2011年《理论与改革》刊发了有关村民自治前途讨论的系列文章,引发了村民自治价值的第二次争论。有人认为,随着城镇化进程的加快、双层经营体制的丧失和农村资源的流失,农村村民已无动力和能力实行村民自治,村民自治存在的意义正在消失,村民自治走进了死胡同。[①] 有学者以《村民自治已经没有意义了吗?》的文章进行回应,认为村民自治对我国的民主政治有着重要的贡献,虽然面临着诸多困境和质疑,但不能因此否定村民自治的价值,主张正本清源,从完善制度本身和改善外部环境两方面着手继续充分发挥村民自治的作用。[②] 对上述争论,还有学者以《村民自治究竟应当向何处去?》的文章回应争论的焦点问题,认为村民自治仍然大有可为,但要摆脱目前村民自治存在的动力衰减、财力匮乏和能力不足的困境,推动村民自治由行政村自治逐步向农村社区自治转型是根本之策。[③] 由此来看,村民自治价值的发挥是值得高度关注的问题,早在此前一年就有学者针对农村选举"乱象"、村民代表会议难以召开、村务公开存在盲点、自治权与行政权冲突等村民自治作用发挥的困境,主张重提其民主启蒙和权利觉醒的价值。[④] 这些讨论其实就是在聚焦村民自治是否发挥了人们期望的作用和功能,是否还具有存在的必要性这一村民自治"合法性"的问题。

(二)村民自治单元的不同取向

关于村民自治如何实现有效治理的问题,近年来曾被一些学者用来作为村民自治价值争论的一次研究转向。究竟如何才能使村民

[①] 冯仁:《村民自治走进了死胡同》,《理论与改革》2011年第1期。
[②] 彭大鹏:《村民自治已经没有意义了吗?》,《理论与改革》2011年第1期。
[③] 任中平:《村民自治究竟应当向何处去?》,《理论与改革》2011年第3期。
[④] 于建嵘:《村民自治:价值和困境——兼论〈中华人民共和国村民委员会组织法〉的修改》,《学习与探索》2010年第4期。

自治实现有效治理？2014年中央"一号文件"提出，"农村社区建设试点单位和集体土地所有权在村民小组的地方，可开展以社区、村民小组为基本单元的村民自治试点"，"探索不同情况下村民自治的有效实现形式"，为村民自治打开了有效治理的方向指引，一些地方随即开展了以村民小组为单元的村民自治实验。广东清远于2012年开始进行改革试点，将村委会和村支部直接下沉到村民小组或自然村，对村民自治组织体系和基层治理体制进行重建。广东清远的改革实现了自治单元与产权单元、利益单元在小组或者自然村级别的对称。村民自治下沉到熟人社会的村民小组或自然村，更便于实现直接民主，从根本上加强了村民自治的社会基础，内容上实现了村民自治的回归，[1] 村民自治由此彰显出新活力。[2] 鉴于广东清远改革所取得的良好效果，学者们认为，清远的经验可以推广，未来村民自治应该打破以行政村为统一单位的村庄自治，进一步加强村民小组及自然村自治，深化、落实和充实村民自治。[3] 在此理论认知的前提下，白雪娇、李松有、史亚峰、邓大才等学者分别从规则自觉、集体行动、群众参与、政策落地、资源集中、规模与利益、利益与规则、权力与权威等方面对村民自治基本单元设定的基础进行探讨，归纳村民自治单元有效运转的条件和标准，试图对这种村民自治下沉的改革行动进行具体技术路线的设计。然而，这种村民自治下沉至村民小组或自然村的做法，学术界反响不一。有学者认为，自然村和村民小组层级建立村委会的做法会导致农村基层组织结构混乱，

---

[1] 汤玉权、徐勇：《回归自治：村民自治的新发展与新问题》，《社会科学研究》2015年第6期。

[2] 付振奇：《村与组所有权：村民自治有效实现的产权基础》，《东南学术》2016年第2期。

[3] 徐勇、赵德健：《找回自治：对村民自治有效实现形式的探索》，《华中师范大学学报》（人文社会科学版）2014年第4期。

要谨慎为之。① 另有学者认为，未来中国农村自治的发展方向应是"单元上移"，"单元下沉"的制度实践有悖于现代民主国家建构的基本准则，而不应推广。② 有学者对这种做法进行详细深入的反驳，认为此项改革不仅自身存在组织、制度、财政以及人力资源等方面的困难，也与当前农村集体经济产权改革、农村社会日益开放和流动、农村治理单元的扩大化以及基层治理的精简与效能的发展方向相违背，因而有其实践限度，并不具有普遍性和可行性，不能成为全国村民小组或自然村自治发展的主方向。③ 总体来看，以村民小组或自然村为基本单元的村民自治探索，只能根据"实际需要"④ 因地制宜地开展，不能一刀切。

（三）村民自治中两对关系的认识

"两委"关系和乡村关系是农村村民自治的两对基本关系。"两委"是指村委会和党支部，乡村关系则是指乡政府和村民委员会之间的关系。村民自治制度的确立、村委会公推直选以及村民自治的实践，将村委会和村党委、乡政府日益推上前台。日渐暴露出的这两种关系的不协调问题，受到了学者们的高度关注。

"两委"关系在村民自治开始施行的一段时间里并不突出。那时，村民委员会虽已建立，但基本没有纳入自治的轨道，村民自治

---

① 郑铨史：《自然村设置村委会切莫一哄而上》，《中国社会报》2014年3月7日。

② 陈明：《村民自治："单元下沉"抑或"单元上移"》，《探索与争鸣》2014年第12期。

③ 项继权、王明为：《村民小组自治的实践及其限度——对广东清远村民自治下沉的调查与思考》，《江汉论坛》2019年第3期。

④ 2015年2月2日中共中央、国务院印发的《关于加大改革创新力度加快农业现代化建设的若干意见》（中发〔2015〕1号），2015年8月31日中共中央办公厅、国务院办公厅印发的《深化农村改革综合性实施方案》（中办发〔2015〕49号）和2016年1月27日中共中央、国务院印发的《关于落实发展新理念加快农业现代化实现全面小康目标的若干意见》（中发〔2016〕1号）均指出：开展以村民小组或自然村为基本单元的村民自治试点，只能"在有实际需要的地方"进行。

形同虚设，村党支部依旧处于核心地位，仍然把控着财政、经济等村庄大小事务管理权，而村委会主任实际上只是村支部书记的助手或执行人，因而村"两委"之间不存在明显的矛盾。[①] 然而，1998年《村民委员会组织法》的正式出台，改变了村委会和村党支部的权力格局，成为"两委"关系变化的主要分水岭。党的领导核心与村民自治权利的关系问题随着村民自治工作的迅速发展越来越清晰，而冲突却越来越严重。学界由此开始投入大量精力来考察和讨论"两委"关系的类型、"两委"矛盾的表现、产生问题的原因及解决的措施。有学者根据权力的构成要素，把"两委"关系分为"党强村强的民主合作型、党强村弱的行政主导型、村强党弱的自治主导型和党弱村弱的组织涣散型"四种类型；[②] 依据"两委"间冲突的主体的不同，把"两委"关系总结为个人冲突、组织冲突和权力冲突三种类型；[③] 有的把"两委"关系划分为协调型、包揽型、游离型、对立型、一体型等类型，并认为"两委"关系是"小关系、大问题"。[④] "两委"关系的对立或矛盾，要么体现为"两委"的权力之争；要么体现为乡村治理的一元独大；要么各自为政、互不买账；要么相互推诿，无心乡村治理。[⑤] 这些激烈的矛盾是时代错综复杂的因素综合作用的结果。学者们多数认为，现有法律和文件对"两委"职能职责的划分不清是造成"两委"矛盾的根本原因，党支部选人机制、农村基层党组织建设状况、"两委"负责人个人素质等因素也

---

① 李凡主编：《中国基层民主发展报告 2000—2001》，东方出版社 2002 年版，第 106 页。
② 郭正林：《中国农村权力结构》，中国社会科学出版社 2005 年版，第 63 页。
③ 徐增阳、任宝玉：《"一肩挑"真能解决"两委"冲突吗？——村支部与村委会冲突的三种类型及解决思路》，《中国农村观察》2002 年第 1 期。
④ 毛军吉、陈远章：《"小"关系 大问题：当前农村"两委"关系调查》，《国家行政学院学报》2011 年第 1 期。
⑤ 张金亮：《试述村民自治机制下两委矛盾的解决》，《农业考古》2010 年第 6 期。

是造成"两委"关系紧张的重要根源。① 也有学者试图从学理的角度、国家与社会关系的角度、农村权力结构的制度化调整视角和利益分析角度来阐释"两委"矛盾问题的产生。② 在此基础上,学者许耀桐开出药方,主张理顺"两委"关系必须把村党支部纳入村民自治体系,完善村民自治主体;通过适当形式让村党支部书记和村委会主任"双肩挑","两委"成员交叉任职,实现村庄"两委"的联合。③ 为了加强党对农村基层组织的领导,2018年12月修订并实施的《中国共产党农村基层组织工作条例》在1999年制定的《中国共产党农村基层组织工作条例》基础上增设"乡村治理"一节,规定"党的农村基层组织应当加强对各类组织的统一领导","村党组织书记应当通过法定程序担任村民委员会主任和村级集体经济组织、合作经济组织负责人,村'两委'班子成员应当交叉任职"。"村党组织书记兼任村委会主任"这一机制创新,将可能使争论了近20年的"两委"关系问题有望得到解决。

乡村关系和"两委"关系一样,也是1998年全国人大常委会通过《村民委员会组织法》和村委会选举推行后出现的一个突出问题。按照《村民委员会组织法》,乡政府和村民委员会在村庄内部事务治理上是指导与被指导关系。但由于村一级既有村委会,也有村党支部。村委会、村党支部又分别和乡镇政府、乡镇党委有关联,村委会又因接受村党支部的领导而与乡镇党委有了牵扯,这使得乡与村之间的关系变得错综复杂,一度成为学界讨论的热点和焦点。事实上,村庄和乡镇存在三层关系:乡镇党委与村党支部的领导与被领导关系,乡镇政府与村委会在村民自治事务上的指导与被指导关系,

---

① 董江爱:《村级选举中形成的"两委"关系对立及出路》,《华中师范大学学报》(人文社会科学版)2005年第1期。

② 胡永佳:《村民自治、农村民主与中国政治发展》,《政治学研究》2000年第2期。

③ 许耀桐:《如何处理村庄治理中的"两委"关系》,《农村实用技术》2011年第1期。

乡镇政府与村委会在依法行政上的管理与被管理关系。但乡村治理实践中，三者关系扑朔迷离，乱象丛生：或以党组织之间的领导和被领导的关系，来怀疑和否定"指导与被指导"关系与"管理与被管理关系"，或以村民自治事务的指导和被指导关系来否定乡镇基层党委的领导和乡镇政府对行政事务的管理，或以乡村间的行政管理关系否定接受党的领导和乡镇政府对村民自治的指导。[1]

  乡与村之间到底是领导关系还是指导关系抑或是管理关系？学术界有过一次集中讨论。徐勇认为，村委会虽是自治组织，但在办理政务时则应该受到乡镇领导。因而村委会在办理村民自治事务和政务时与乡镇政府的关系，应分别是指导关系和领导关系。[2] 与之不同的看法是，只要村委会承担了来自上级政府的行政管理任务，它们的关系就很难保持指导与被指导的关系，很大程度上是领导与被领导关系。[3] 确实，文本的和现实的、应然的和实然的往往有一道天然的模糊地带。何况村民自治作为新生事物本身也正在成长发展，人们赋予它多元的使命和价值。对乡村关系性质和类型的争论因村民委员会组织法的正式颁行和学者的长期阐释而落下帷幕。面对乡村关系，学术界主要从两条线索展开研究。大部分学者主要从乡村关系的性质角度来审视乡村矛盾产生的原因，认为"村委会扮演着村民当家人和政府代理人的双重角色。由于双重角色的权力来源及其权能的不同，不可避免地将导致村委会角色和身份的冲突。这种冲突，实质上是'乡政村治'关系冲突的一种折射或具体表现"[4]。所以，这些冲突和矛盾随着村民自治的发展会愈加显化和加剧，调适乡村关系成为推进基层民主发展必须解决的重要问题。然而，单纯地从法律制度与文件精神层面进行的理论研究，不能获知乡村政

---

  [1] 郭正林：《论乡村三重关系》，《北京行政学院学报》2002 年第 2 期。
  [2] 徐勇：《中国农村村民自治》，华中师范大学出版社 1997 年版，第 213 页。
  [3] 景跃进：《国家与社会》，社会科学文献出版社 2012 年版，第 179—180 页。
  [4] 吴理财：《乡、村关系与基层民主》，载李凡主编《中国基层民主发展报告 2000—2001》，东方出版社 2002 年版，第 124 页。

治的实际运作形态。因此,一部分学者强调"到现实的乡村实践中去理解乡村关系展开的过程"①,主张把乡村关系放在村民自治和村委会选举的背景下,用实地考察、过程描述、访谈等实证方法去研究动态中的乡村关系。仝志辉、董磊明等学者对村委会选举后的乡村关系、税费改革背景下的苏北地区村民自治和乡村关系的实证研究,验证了乡村之间的复杂关系和实际运作,为村民自治改革提供了贴合实践、富有说服力的深度分析。学术界对乡村关系的研究兵分两路,既有制度层面的理论研究,也有实践层面的经验展示,极大地促进了村民自治和乡村关系的改革。面对社会流动的加剧和普遍的农村空心化,单纯的自治也显得力所不及,中共十九大强调"健全自治、法治、德治三位一体的新型乡村治理体系"就是对村民自治和乡村关系改革的推力。

三 城市社区自治研究

城市社区自治是在城市基层实现直接民主的重要形式,也是中国基层民主的重要组成部分。城市社区自治研究是在 2000 年以后随着社区自治实践而发展的。尽管中国的城市居委会和居民自治的提法由来已久,但真正意义上的城市社区自治是近 20 年的事情。1954 年第一届全国人大常委会第四次会议通过了《城市居民委员会组织条例》,首次以法律形式规定了城市居委会的群众自治组织性质,此后全国各城市开始建立居民委员会,实行居住地公共事务的民主管理。1982 年 12 月,五届全国人大第五次会议将城市居民委员会制度首次写入宪法;1989 年 12 月,第七届全国人大常委会第十一次会议审议通过《中华人民共和国城市居民委员会组织法》,为城市居委会发展提供了法律基础和制度保障。但在此之前的社区治理实际上是自上而下的管理,没有在真正意义上形成社区自治。20 世纪末期,单位

---

① 贺雪峰、苏明华:《乡村关系研究的视角与进路》,《社会科学研究》2006 年第 1 期。

制的解体为社区自治释放了自主活动的空间。1999年,民政部开展了"全国社区建设实验区"工作,探索社区自治和建设的创新。2000年,中共中央办公厅、国务院办公厅联合转发了《民政部关于在全国推进城市社区建设的意见》。由此,社区建设和自治活动在全国广泛开展,各种社区建设和治理的规章制度纷纷出台,社区治理创新模式蓬勃发展,社区建设和社区自治由此迎来了历史上的黄金期。

各地轰轰烈烈的社区建设和社区自治实验引起了学术界的广泛关注,城市社区自治的研究成果自此开始不断丰富,内容不断深化,影响不断增大。研究者主要是社会学学者,也包括部分政治学、法学、公共管理等学科的学者;成果绝大部分属于基础理论研究,也有小部分的政策研究和行业指导性成果。学者们关注的议题主要聚集于以下五个方面。

一是城市社区自治的背景和价值定位。有学者从国家与社会分离的角度认为,城市社区自治是一场自上而下的改革,发端于全能政府"失效"和万能市场"失灵"的双重背景,是传统"单位制"解体和政府职能转变及现代企业制兴起共同作用的结果。作为一种管理成本较低的体制创新,社区自治是社区建设的内在要求,具有有利于扩大公民有序的政治参与和加强基层民主建设的价值和意义。[1] 有学者从社会发展的角度,认为城镇化的加速发展使城市社会积聚了大量人口、矛盾和社会事务,也要求社区吸纳、化解和整合,促使社区治理的现实需求应运而生。[2]

二是社区建设的性质之争。城市社区建设的性质究竟是什么?在城市社区建设启动的最初几年是学者们最关心的问题。部分学者认为社区是基层治理的基础单元,整个社区建设都服务于政权建设。"在很大程度上,社区的建构是出于将单位制解体后模糊的城市空间

---

[1] 徐勇:《论城市社区建设中的社区居民自治》,《华中师范大学学报》(人文社会科学版)2001年第6期。

[2] 王振耀:《我国城市基层管理体制改革论纲》,《中国民政》1997年第2期。

改造为标准化与清晰化的国家治理空间的需要,而不是为了建构一个独立于国家的公共领域,社区参与也是为了整合民众对政权体制的支持。"[1]"后单位制"时代的社区仍然是"中国社会的重要组织单位、最重要的行政区划单位"[2]。而从事社会学研究的学者则认为,社区建设就是要在城镇化过程中为公众建立一个自我发育、自我管理的社会空间和滕尼斯式的守望相助的精神家园,"构筑人际关系和谐的、互助合作的新的社会共同体。"[3]

三是城市社区治理的动力和模式。城市社区自治发展的动力是多元的,政府、社会都是推动城市社区建设的主要力量。基于政府和社会在城市社区建设中发挥的作用大小,实践中形成政府主导型、合作型或混合型、自治型三种社区自治模式。学者们通过观察这三种模式在实践中的典型代表,对这些模式的具体运转和优缺点进行了深入的探讨。认为政府主导型和自治型各有优劣,均不适合目前中国的国情,而作为二者折中的混合型或合作型模式兼顾了二者的优点而应成为未来的选择。[4]

四是城市社区自治组织研究。这一主题一直伴随着城市社区自治研究的全过程,从《社会》1998年第10期发表《居委会能成为社区居民自治组织吗?》一文开始,学界就对社区居民自治组织的内涵进行解析,继而对自治组织与党组织、政府组织以及新兴草根组织的关系进行了深度分析,并就如何处理并形成二者间的正确关系提出了应对之道。

---

[1] 李亚雄:《第三部门的发展与我国的城市社区建设》,《华中师范大学学报》(人文社会科学版)2003年第3期。

[2] 杨淑琴、王柳丽:《国家权力的介入与社区概念嬗变》,《学术界》2010年第6期。

[3] 郑杭生:《破解在陌生人世界中建设和谐社区的难题》,《学习与实践》2008年第7期。

[4] 彭惠青:《城市社区居民参与研究——以武汉市社区考察为例》,华中科技大学出版社2009年版,第13页。

五是城市社区自治存在的问题、原因以及改革方向。针对城市社区自治运行过程中存在的行政化隐忧、自治化程度不高、治理方式陈旧以及法律法规滞后等问题，学术界重点分析了社区自治制度、治理结构、治理机制的局限，为其寻找改革出路。有学者在比较村民自治后指出，城市社区自治历史具有迟到的爆发、爆发强度大且仍处于初级阶段的三大特点，展现出自治特色不明显和自治程度不高的发展现状。主张要进行开放性和多元性发展，继续培育和发展公民意识，构建完善的现代公共服务体系，让社区真正运转起来，成为人们守望相助的社会共同体。[①] 除了对国内社区自治进行理论和实践的探究外，学界还对国外社区自治的理论与实践，尤其是以美国、英国、加拿大、新加坡等为代表的国外社区治理模式进行了详尽的介绍与阐释，促进了中国城市社区自治研究的发展，又为城市社区建设与治理拓宽眼界。

学界的这些探讨剖析了问题、探究了缘由、阐释了逻辑、厘清了改革的思路，为城市社区自治的发展做出了理论贡献。总体来看，城市社区自治主要属于21世纪的事情，还处于实践实验的探索过程，研究的时间短、起点低，且主要是个案描述或剖析，缺乏比较研究、规范研究和实证研究的结合，起伏波动较为平缓。与村民自治相比，城市社区自治无论是实践发展还是研究程度都远远不及。整体来讲，研究视野较为狭窄，研究方法较为单一、研究队伍较为弱小、研究成果有限、研究影响有待提升。

第四节　协商民主理论

社会主义协商民主，是中国社会主义民主政治的特有形式和独

[①] 赵秀玲：《中国城市社区自治的成长与思考——基于与村民自治相参照的视野》，《江苏师范大学学报》（哲学社会科学版）2013年第6期。

特优势。现阶段中国民主政治建设发展以实行协商民主为重点是中国民主实践创新的内在逻辑使然，同时也推进了中国民主理论的发展。

中国的协商民主有着历史传统、文化积淀和丰富的实践经验，经历了社会主义革命和建设的长期探索，是人类历史上最大规模的协商民主的政治实践，是目前世界协商民主实践最完备的形态。自中共十八大以来，党和国家高度重视中国特色社会主义协商民主的实践创新和理论探索。协商民主的研究由此迎来了发展的黄金时期，认识不断提高、内容不断丰富、成果日益丰硕，学者们从不同角度、不同议题出发，对中国社会主义协商民主的制度与实践进行了相关研究，理论的日趋成熟也反过来推动了协商民主实践的不断深化。

一 协商民主研究发展

中国协商民主实践由来已久，中华人民共和国成立就是协商民主的产物，这也是现代中国民主政治的起点和传统。经过长期的探索和发展，中国形成了比较系统的协商民主体制机制和完善的理论体系。早在1991年，江泽民就以协商和选举作为两种划分民主的基本形式，"人民通过选举、投票行使权利和人民内部各方面在选举、投票之前进行充分协商，尽可能就共同性问题取得一致意见，是我国社会主义民主的两种形式。这是西方民主无可比拟的，也是他们所无法理解的。两种形式比一种形式好，更能真实地体现社会主义社会里人民当家作主的权利"[1]。随着协商民主实践的不断推进，协商民主的地位和作用在党和国家的正式文件和制度设计中越来越明晰和具体，从一种民主形式上升为一种民主制度。对协商民主的理论认识也不断深化，为协商民主的深度研究提供了良好的契机。

在很长一段时间里，中国协商民主的实践和研究都是在以"政

---

[1] 《江泽民论有中国特色社会主义专题摘编》，人民出版社2002年版，第347页。

治协商"为名的语词下进行的，自改革开放以来，中国的协商民主在多党合作政治协商、政协协商、党内民主协商和基层协商四个层面和领域不断进行实践探索和理论创新，形成了一大批协商民主的经验和理论成果。在学术界，林尚立较早地公开发表论文提出"中国民主政治发展的程序选择必须以协商为价值偏好"①。关于中国发展协商民主的意义和实质，房宁认为，在中国现阶段发展协商民主更实质的意义在于其"潜台词"，即发展"选举民主"不是现阶段中国民主政治发展的重点。2009年他公开撰文指出："着眼于当今中国的形势与任务，我们应当选择协商民主作为发展的重点。"② 这是国内学者首次公开明确提出协商民主是现阶段发展重点的观点。

2006年初，中共中央颁发了《中共中央关于加强人民政协工作的意见》，明确指出："人民通过选举、投票行使权利和人民内部各方面在重大决策之前进行充分协商，尽可能就共同性问题取得一致意见，是我国社会主义民主的两种重要形式。"③ 首次从党的政策文件的高度肯定了协商民主的价值和地位。协商民主研究自此在中国进入了新阶段。2006年以"协商民主"为名的文献数量大幅增长，出版协商民主书籍6本，以篇名为"协商民主"在中国知网检索到的文献同2005年环比增长了150%，高居2006—2012年环比增长率榜首。2007年11月，《中国的政党制度》白皮书明确将选举民主与协商民主相结合看作中国社会主义民主的一大特点，首次从国家重要文献层面提出"协商民主"概念。党和国家对协商民主理论认识的不断深化助推了理论研究的持续发展。2006—2012年，学术界共计出版各类著作37部，平均每年出版多于5部，其中包括"协商民主译丛"第一套、第二套著作8部。这一时期，学界的研究目光主

---

① 林尚立：《协商政治：对中国民主政治发展的一种思考》，《学术月刊》2003年第4期。

② 房宁：《政治协商是中国特色社会主义民主政治的重要形式和主要特色》，《中国政协理论研究》2009年第4期。

③ 《胡锦涛文选》第3卷，人民出版社2016年版，第258页。

要聚集于协商民主理论、政治协商、公民参与、人民政协、选举民主、社会主义民主政治等议题，其中一些研究成果不乏真知灼见。

国外学术界在 20 世纪 90 年代以来，对西方以选举制度为基础的民主制度进行了反思，逐渐意识到选举竞争性作为民主主要形式的缺陷与弊端，开始提出和探索协商民主能否作为一种选举民主的补偿与救济形式的思路。国内学术界也将西方学术界关于协商民主观念的思考介绍到国内，在一定程度上也丰富了国内学术界研究协商民主的思想和学术资源。中央编译局的研究团队较早地注意到了西方国家学术界关于协商民主观念的讨论，陈家刚编译出版了《协商民主》论文集，收录了詹姆斯·S. 菲什金等西方著名协商民主倡导者的系列文章，对国外协商民主研究进行了介绍。[1] 2004 年，浙江大学和澳大利亚塔斯马尼亚大学共同主办，在浙江杭州召开了"协商民主理论与中国地方民主的实践"国际学术研讨会，与会学者围绕民主理论、西方社会中的协商民主、中国政治改革与协商民主以及中国城市和农村的协商民主实践等议题进行了热烈的讨论。陈剩勇、何包钢等学者于同年纷纷从协商民主在中国的适应性、互联网公共论坛与公民政治参与、电视时政类谈话节目与人民政协等方面来探讨协商民主在中国的实践。

2012 年 11 月，中共十八大报告明确指出："社会主义协商民主是我国人民民主的重要形式，要完善协商民主制度和工作机制，推进协商民主广泛、多层、制度化发展"，要"健全社会主义协商民主制度"[2]。首次在党的代表大会报告中正式提出"协商民主"，第一次把协商民主从一种民主形式上升为一种制度安排。此后，一系列有关协商民主建设的文件密集出台，表明了党和国家推进协商民主的决心，协商民主实践广泛推开。学界也因此迎来了协商民主研究快速发展时期。中共十八大以来，国内出版各类协商民主的著作约

---

[1] 陈家刚选编:《协商民主》，上海三联书店 2004 年版。
[2] 《十八大以来重要文献选编》（上卷），中央文献出版社 2014 年版，第 21 页。

130 部，平均每年出版近 20 部，发表的协商民主论文数约占国内学者发表研究民主政治总论文数的 80％。学者们围绕协商民主、人民政协、基层协商民主、选举民主等议题，对中国社会主义协商民主的内在逻辑、理论内涵、价值意义、实践形式、制度体系建设等诸多方面进行了深入的研究。相比较中共十八大之前，这一时段的研究内容更为丰富、研究方法更为科学、研究视角更为多元。

二 协商民主研究主要议题

梳理协商民主的研究史可以发现，进入 21 世纪以来，协商民主研究分别出现了 2006 年和 2012 年两次关键点、两次热潮。学者从"协商民主是中国民主建设的重点"①"中国特色协商民主的几个问题"②"协商民主与国家治理现代化"③"协商民主的现实政治价值与制度化构建"④等方面充分论证了协商民主对人民民主建设所具有的价值优势和特色，并围绕以下主题展开了讨论。

（一）中国协商民主理论与实践

中国的协商民主在中国特色社会主义理论体系中占据重要地位，是中国在实现人民民主过程中的自觉选择和不断探索实践的结果，也是中国社会主义民主理论的新发展。学界对中共十八大以来有关社会主义协商民主的新概括、新表述和新论断展开研究，系统阐述了中国特色社会主义协商民主的内涵、价值意义、理论基础、制度建设等方面内容。

第一，协商民主的内涵。学者们分别从制度形式、治理形式、

---

① 房宁：《发展协商民主是中国民主建设的重点》，《中国政协理论研究》2014 年第 1 期。
② 俞可平：《中国特色协商民主的几个问题》，《学习时报》2013 年 12 月 23 日。
③ 林尚立：《协商民主是我国民主政治的特有形式和独特优势》，《求是》2014 年第 6 期。
④ 包心鉴：《论协商民主的现实政治价值和制度化构建》，《中共天津市委党校学报》2013 年第 1 期。

自治形式、决策形式等方面对协商民主的内涵进行解读,形成了诸多不同的概念表述,但都一致认为协商与共识是核心要素。① 坚持中国共产党领导和社会主义制度是协商的理论前提,社会各政党、各阶级、各团体和人民群众是主体,共同关心或利益相关以及有重大影响的问题是内容,协商的方式是对话、讨论、沟通、辩论、协调和妥协,结果是实现共同利益最大化和共同目标最优化。②

第二,协商民主的价值。有学者从国家建设的角度出发,认为协商民主无论是对中国革命、建设还是超大规模国家的平稳转型和有序发展、有效治理等都有重要的价值。③ 有学者立足于适合现阶段中国国情的民主形式选择,认为协商民主具有促进民主监督,提高民主质量;提升决策科学化水平,提高效率,降低成本;整合社会关系,减少矛盾,扩大社会共识等优点。④ 有学者从法治的角度认为,作为法治中国建设的重要资源,协商民主耦合了中国宪法体制的内在逻辑,在宪法体制发展中能够发挥重要功能。⑤ 有学者着眼于群体性事件的预防和处置,认为在群体性事件呈现高发、规模化、暴力化的今天,协商民主具有提供诉求表达、对话互动和纠纷解决平台,预防和处置群体性事件,防范其向着规模化、暴力性、对抗化方向发展的功能。⑥

第三,协商民主的理论基础。中国的协商民主是深植于中国国情的理论与实践,有着自身的历史积淀、理论渊源,是中国共产党

---

① 陈家刚:《协商民主:概念、要素与价值》,《中共天津市委党校学报》2005年第3期。
② 李后强、邓子强:《协商民主与椭圆视角》,四川人民出版社2009年版,第22页。
③ 林尚立:《协商民主对中国国家建设的价值》,《红旗文稿》2015年第9期。
④ 房宁:《民主的中国经验》,中国社会科学出版社2013年版,第170—172页。
⑤ 马一德:《论协商民主在宪法体制与法治中国建设中的作用》,《中国社会科学》2014年第11期。
⑥ 昌业云、马晓黎:《协商民主在预防和处置群体性事件中的功能》,《山东社会科学》2011年第9期。

独立探索民主道路和建构民主制度的创造性成果。马克思主义民主理论、政党理论，中国特色社会主义民主理论、政党理论、统一战线理论以及中国优秀的传统文化资源都是中国协商民主理论的源头活水。

第四，中国协商民主制度建设。如何进行协商民主的制度建设，推进协商民主实践的制度化，充分发挥协商民主的作用，是目前实务界和学术界都需要研究的重大问题。有学者谈及当前协商民主实践中存在的形式化、认识不到位、缺乏沟通、协商能力弱等问题，建议通过建立制度、完善机制、培育能力、创新方式等途径来扫清协商民主发挥实效的障碍。① 有学者从推进社会主义协商民主广泛多层制度化发展的角度，建议把社会主义协商民主制度列入我国基本政治制度范畴，认为只有将其纳入基本政治制度范畴，协商民主广泛多层次发展才有制度保障。② 这些研究对于促进社会主义协商民主制度化建设无疑是有所裨益的。

（二）协商民主的内外关系

在协商民主理论的发展过程中，学界始终重视从协商民主与其他民主形式的关系探讨来把握协商民主的独特内涵。

第一，协商民主与选举民主的关系。协商民主与选举民主究竟是什么关系，一直是学术界争论的焦点。最初，在公开讨论中多数意见只是把协商民主作为选举民主的一种对比物，没有讨论其优劣。2006年，《让"协商民主"真正成为"选举民主"的补充》的短文刊发，一定程度上引发了两者关系问题的讨论。一些学者根据民主选举中暴露出的问题以及中国现实的国情，认为"选举民主只是一种弱意义的民主，而协商民主，也即自由而平等的公民通过讨论参

---

① 萧鸣政、郭晟豪：《当前社会主义协商民主实践及其完善建议》，《北京大学学报》（哲学社会科学版）2016年第3期。

② 山东大学当代社会主义研究所课题组：《关于把社会主义协商民主制度列入我国基本政治制度的思考》，《当代世界社会主义问题》2016年第2期。

与公共政策形成的制度安排,并不是选举民主的补充,而是民主发展的一个更高形态"①,建议"以协商民主为主,以选举民主为辅,优先发展协商民主"②。另一部分学者则对两者目标、形式、作用和地位进行比较后认为,"这两种民主形式的作用是互补的,但地位上又是有差别的。在现代民主体制下,协商民主处于辅助位置,而选举民主处于主要位置"③,主张以选举民主为主、协商民主为辅。不同于这种明确的偏向,有学者在客观分析协商民主和选举民主的异同和优缺点的基础上主张互补。"选举民主与协商民主远非彼此对立,而是各自有其优缺点;协商民主不是对选举民主的替代,也没有完全弥补选举民主的缺陷"④,"选举民主和协商民主从性质上来说,是相辅相成的,而不是相互冲突的,我们不能以选举民主去否定协商民主,也不能以协商民主去取代选举民主。选举和协商,对中国特色的社会主义民主政治而言,都是不可或缺的基本要素"⑤。通过对比,多数学者承认选举民主与协商民主虽然在主体、内容等方面不同,但是彼此之间并不相互排斥、相互否定,也不存在主次优劣之分,二者的结合才是中国特色社会主义民主政治的特色和优势。但是在如何将二者相结合的理解上还存在着一定的差异。

第二,政治协商与协商民主。政治协商与协商民主的关系既是实践问题也是理论问题。识别二者的联系和区别,有助于厘清理论认识的混乱,也有助于指导民主政治的实践。学术界比较一致的意见是,政治协商和协商民主具有共同的理论前提,在实现人民当家

---

① 马德普:《协商民主是选举民主的补充吗?》,《政治学研究》2014年第4期。
② 余华:《以协商民主推动人民民主的发展——浙江民主政治建设的经验启示》,《浙江学刊》2013年第2期。
③ 马奔:《协商民主与选举民主:渊源、关系与未来发展》,《文史哲》2014年第3期。
④ 齐卫平、陈朋:《协商民主研究在中国:现实景观与理论拓展》,《学术月刊》2008年第5期。
⑤ 俞可平:《中国特色协商民主的几个问题》,《学习时报》2013年12月23日。

作主的终极目的上,在"协商"这个共同理念和实现形式上,在坚持中国共产党领导这一根本原则上以及坚持和发展中国特色社会主义的政治方向上,二者都具有很大的一致性,但二者仍然是两种不同的制度,性质、主体、内容和形式都有着明显的区别。协商性质上,前者以政治为着眼点和落脚点,而后者则以民主为着眼点和落脚点;协商主体上,前者体现的是统一战线性质,后者体现的是人民民主性质,主体的范围显然后者大于前者;协商内容上,协商民主的内涵比政治协商更加丰富多样;而在形式上,协商民主形式远多于政治协商。显然,协商民主主体更加广泛,形式更加多样,渠道更加宽阔,内容更加丰富。所以,"协商民主涵盖政治协商,但不等同于政治协商"[1]。另有学者在比较二者差别的基础上,特别强调二者所具有的亲和性,认为二者都承认多元的社会现实,都以公共利益为最高诉求,都承认政治决策的利益相关者具有政治决策的平等参与权,都承认参与过程是一种讨论、妥协的过程,强调共识对于决策的意义,并都倾向于强化对政治权力的制约。[2] 由此可见,协商民主与政治协商所包含的范围与所处的层次和侧重点虽然有差异,但二者的出发点和目的又是高度一致的,都统一于人民当家作主这一实质内涵中。

第三,协商民主的主要形态。协商民主的形态究竟包括哪些内容?学界一直没有统一的称谓和规范性的界定,表述较为随意或模糊。直到 2015 年,中共中央印发的《关于加强社会主义协商民主建设的意见》明确将协商民主的主要形态概括为政党协商、人大协商、政府协商、政协协商、人民团体协商、基层协商以及社会组织协商,协商民主的形态范围得以确定。学术界开始从不同视角、不同领域关注和研究协商民主的形态。整体上,学界对政协协商、基层协商

---

[1] 张献生:《协商民主与政治协商》,《江苏省社会主义学院学报》2014 年第 2 期。

[2] 陈家刚:《协商民主与政治协商》,《学习与探索》2007 年第 2 期。

和政党协商关注较多，成果较为丰富，但对社会组织协商、政府协商、人大协商以及人民团体协商关注较少，人民团体协商甚至基本上还没有较为系统的研究成果；学界已有的研究也显得单薄，大都还停留在概念、内涵、要素、价值、功能、问题及出路等一般化的介绍和探讨上。这些研究的不足，为学界后续的研究提供了广阔的领域和空间。相对而言，政协协商关注度最高，成果最丰硕，学者们基于协商民主语境和国家治理体系构建两个视角，就人民政协协商的内容、功能、特点、作用发挥、程序机制、制度保障以及法治化等问题展开了系统研究，并对一些地方化实践经验进行了总结和提炼，成果具体而务实。

近年来，各地基层协商创新实践蓬勃发展，浙江温岭农村基层在决策环节的"民主恳谈"、河北青县基层协商民主实践与体制内资源相结合的"青县模式"等成功案例为学界提供了大量研究素材，学者们为此曾掀起了热烈的研讨、规律探究和经验总结。政党协商是中国共产党领导的多党合作与政治协商制度的重要内容，也是社会主义协商民主体系的重要组成部分。政党协商在近年来受到了学界的特别青睐，甚至有的学者认为，政党协商相对于其他形态的协商民主更加重要，在协商内容上更加重大和具体。它"不仅包括经济社会发展重大问题和涉及群众切身利益的实际问题，还有宪法和重要法律修改、国家领导人建议人选等等。政党协商具有多重属性，不仅是社会主义民主的重要形式，是国家治理体系的重要组成部分，还是我国统一战线的重要实现形式，中国特色新型智库的重要平台"[①]。政党协商研究一度成为研究热点。政党协商的历程、内涵、功能、属性以及存在的问题和对策，政党协商的形式、制度、体系都成为学术界研究的重要内容，并在不断推陈出新。

---

① 宋俭、柯友平：《关于当代中国政党协商的几个基础性问题》，《湖北社会科学》2015年第3期。

结　语

中华人民共和国成立 70 年来，探索和建设中国特色社会主义民主政治，始终是中国共产党和广大中国人民的共同追求。在长期实践、反复探索、经历曲折之后，中国共产党带领中国人民终于找到了一条在当代中国，适应实现国家工业化、现代化的民主政治道路。在中国民主政治建设实践探索过程中，政治学界也高度关注这一重要政治发展进程，跟随实践的脚步进行学术的观察、研究与思考，逐渐形成了基于中国经验的民主话语，成为中国政治学重要的理论成果。概括起来说，基于民主中国经验的中国民主话语包括四方面的主要内容。

一　民主要素论

任何一种民主理论都会对民主进行定义，对民主内容进行概括。民主的三要素论便是中国学界对民主政治的内容做出的具有代表性的概括。所谓"三要素论"，即认为民主政治是由权利保障、权力制衡和多数决定等三大要素构成。这种观点与西方主流的民主理论关于民主内涵的理解有着明显区别，西方民主理论大多将竞争性选举作为民主的第一要义。但中国的民主要素论认为：民主选举仅仅是多数决定的权力组成与运行原则这一民主要素的众多表现形式之一，只是民主要素中的一个组成部分，并不构成民主的全部。只有综合权利保障、权力制衡和多数决定等三个要素，才能真实反映民主政治产生、发展演进的历史过程，更加科学地表现民主的内涵。这种出自中国民主政治自身实践经验所体会到的对民主内涵与概念的理解，是源自西方的民主要素单一化、将民主等同于选举倾向的一种解构。

二 历史决定论

基于世界范围以及中国自身民主政治发生、发展的历史，民主的中国话语总结出了历史进程与民主政治发生、发展关系的认识。所谓民主的"历史决定论"认为：政治民主属于历史范畴，其推行的时机和速度，选择的方式和制度，都必须建立在适合一个国家的自然条件与经济禀赋、国际环境、历史文化传统和经济社会发展面临的主要任务的一系列前提性条件基础之上，民主政治具有上述四个方面的社会历史前提。古往今来任何一个国家、任何一种形态的民主政治都无一例外受到这些历史条件的制约。民主无疑反映了社会进步的客观趋势和人民群众的主观诉求，民主是历史主体的必然选择，但历史主体只能在历史环境提供的可能性空间中进行选择，而民主政治建构与发展的可能性空间就是由上述诸项条件共同塑造的。任何国家的民主政治建设都不可能脱离这些条件，否则民主政治建设就要脱离实际。从这个意义上说，民主是由历史定义的，是由历史决定的。

三 民主主题论

与历史决定论紧密相连，"民主主题论"进一步强调现代民主与工业化的联系，也就是说，在决定民主政治进程的四项条件中，最重要的条件是一个国家面临的经济社会发展的主要任务。民主政治进程与时代主题密不可分。民主政治模式的历史选择，与时代主题息息相关。不同历史阶段的历史任务，造就了民主话语的不同诉求与不同内涵。当代中国民主政治建设进程是以实现国家工业化、现代化的这一历史目标为主题的。早在改革开放之初，邓小平就明确提出"没有民主就没有社会主义，就没有社会主义的现代化"[①] 的

---

① 邓小平：《坚持四项基本原则》，《邓小平文选》第 2 卷，人民出版社 1994 年版，第 168 页。

重要命题，把中国民主与现代化紧密联系起来。而改革开放以来的中国民主政治实践也莫不与工业化、现代化建设的需求紧密相关，中国民主建设的目标、形式与进程设置本质上是中国工业化、现代化建设的政治保障，民主政治与工业化、现代化互为表里。

四 民主阶段论

"民主阶段论"认为：民主是一个历史范畴，它是人类历史发展到一定阶段的产物。民主不仅有类型上的区别，而同一类型民主又有发展阶段上的重要差别。民主政治不是一蹴而就的，民主政治发展是民主因素增加和成长的一个相对过程，同一类型的民主，一个国家的民主政治发展也要经历不同的发展阶段。民主阶段论，是在民主的"历史定义论"和"民主主题论"基础上，对于民主政治发展规律问题做出的进一步的理论认识与概括。任何国家的民主政治形态，只有符合本国的社会发展阶段，才能不断进步，富有生机和活力。

第 三 章

政党理论研究

中国共产党在诞生之初就有明确的指导思想与价值原则,围绕马克思主义政党建设尤其是如何依靠群众夺取政权,产生了中国化的创新且务实的思想成果。但对如何更好地成为一个执政党,如何去总结和借鉴世界各国政党执政的经验与教训,如何更好地建立与巩固新中国的政治制度与政党体制等这些问题的理论思考与学术考量,则是在中华人民共和国成立之后才逐步被提出和展开的。

第一节 中国政党理论研究的历程

中华人民共和国成立至今,根据政党理论研究自身的发展脉络并结合中国政治的实践发展的互动关系,可以把政党理论研究分为三个相互联系的发展阶段。

一 改革开放前政党理论研究的奠基与曲折发展

从中华人民共和国成立到改革开放之前,我国的政党理论发展主要有以下几个方面的特征。第一,对经典马克思主义政党的学说研究成果较为丰富。学者对无产阶级政党的自身性质、历史作用、斗争形式和领导方式等内容进行了较为系统的研究,为马克思主义政党的学说实现中国化和时代化提供了重要理论支撑。① 第二，比较政党研究主要针对世界范围内的无产阶级政党。各国共产党会议文件和资料汇编的出版发行，为学者研究各国无产阶级政党提供了便利。② 这一时期，也有部分著作对西方国家的政党制度和资产阶级政党进行分析，但大多是描述性而非理论性的。③ 第三，对中国共产党的历史和党的建设进行了较为系统的研究。中国共产党领导人民建立新政权和巩固新政权的鲜活实践为学者研究党的历史和党的建设提供了直接研究资源。④

马克思主义经典著作中的政党理论，在为无产阶级政党夺取政权和自我建设提供强大理论武器的同时也存在时空局限性，需要中国学者在实践中不断发展和创新。这一时期，由于当时特殊的时代环境和政治运动极大地干扰和影响了我国政党理论研究，但在困难的条件下，一些学者仍坚守了关于马克思主义党的学说和党史党建等领域的学术研究，为改革开放后我国政党理论研究逐步步入专业化与规范化积累了人才和经验。

二　改革开放后政党理论研究的全面开展与专业化

改革开放也将我国的政党理论研究带入了全面发展的新时期。在《1980—1985 年政治学研究选题计划》中，列入政党理论的有各

---

① 罗夫编著：《中国共产党是中国工人阶级的政党》，通俗读物出版社 1955 年版；晋峰：《什么是政党》，上海人民出版社 1956 年版；陆志仁、王金鑫：《党的性质》，上海人民出版社 1962 年版。

② 参见世界知识出版社在 20 世纪 50 年代至 60 年代编辑出版的《各国共产主义政党文丛》。

③ 黄绍湘：《美国简明史》，生活·读书·新知三联书店 1953 年版；孙承谷：《英国国家制度》，生活·读书·新知三联书店 1965 年版。

④ 胡乔木：《中国共产党的三十年》，人民出版社 1951 年版；缪楚黄编著：《中国共产党简要历史》（初稿），学习杂志社 1956 年版；何干之主编：《中国现代革命史》，高等教育出版社 1958 年版。此外，党校系统、高校系统编著了大量关于党史党建的教学讲义和参考资料。

国政党史、各国政党和政府的关系、无产阶级政党、政党制度等内容。①

改革开放后，中国与世界其他国家和地区的交流日益广泛，推动了比较政党研究的繁荣。20世纪末期，东欧剧变和苏联解体重塑了世界政治格局，对世界社会主义发展造成巨大冲击。国内学界开始研究东欧剧变和苏联解体的原因及其教训。许多学者从党的建设、执政策略、领导体制等角度分析东欧和苏联共产党丧失政权的原因，并结合中国共产党发展实际提出相应启示。为了借鉴西方，许多学者对西方国家的政党制度的历史、实践和特征等内容进行了翔实的阐释和研究。亚洲的日本、韩国、新加坡等都处于"儒家文化圈"内，其政党政治在受到西方政党政治影响的同时，也发生了相应的调试和转变，呈现出形态各异的政党政治生态。

政党在推进改革的过程中，一方面，其自身同样置于国家改革的场域中，对其执政能力、组织体系、领导水平等提出了更高的要求；另一方面，改革所塑造的新的发展环境对政党的理论方针、行为方式、运作机制等产生了深远的影响。中国政治学恢复后触及的三大现实政治问题包括废除领导干部职务终身制、政府机构改革和党政关系，政治学的社会政治功能应结合社会发展、政治变迁等过程做动态的理解，而其中党政分开、党政体制改革是政党政治研究的主要议题。②

1989年12月，《中共中央关于坚持和完善中国共产党领导的多党合作和政治协商制度的意见》出台，对加强中国共产党和各民主党派之间的合作与协商，保障民主党派参政议政的地位，支持民主党派加强自身建设等方面的内容做了系统指导。以此为契

---

① 《1980—1985年政治学研究选题计划》，《科学社会主义参考资料》1980年第4期。
② 这一时期，比较有代表性的著作如聂高民、李逸舟、王仲田编的《党政分开理论探讨》（春秋出版社1987年版）。

机，学界开始围绕参政党的性质与定位、参政理论等内容展开较为深入的分析。2005年2月，《中共中央关于进一步加强中国共产党领导的多党合作和政治协商制度的意见》出台，对新形势下完善具有中国特色的社会主义政党制度提出明确部署。学界开始更加全面和系统地对新形势下加强参政党自身建设、提高参政党履职能力、完善民主协商体制等议题进行研究，推动了中国参政党理论体系的建构。

21世纪初，中共十六大把"三个代表"重要思想确立为党必须长期坚持的指导思想并写入党章。这一思想的提出表明中国共产党在纷繁复杂的国际国内环境下，对其政党性质、组织目标、职能定位、自身建设等一系列重大时代课题的回应，也引起了学界广泛关注。江金权提出"三个代表"重要思想对党的性质、宗旨和历史任务进行了新概括，是指导新世纪党的建设的新的强大思想武器。[1] 郑永年认为"三个代表"理论的提出表明中国共产党开始从意识形态层面调整自身，从而更好地解释和包容中国发展现实。学界开始对政党转型、政党变革、政党发展、政党建设、政党适应性、政党现代化等内容从不同角度展开了深入研究。

2006年，中共十六届六中全会审议通过了《中共中央关于构建社会主义和谐社会若干重大问题的决定》。全会强调社会和谐是中国特色社会主义的本质属性，和谐社会内在地要求不同社会主体能够妥善处理彼此之间的关系，从而形成良性互动的积极状态。和谐的政党关系有利于政党合理发挥其政治功能，带动各方面的社会主体参与国家建设和社会发展的积极性、主动性和创造性。在此背景下，学界开始围绕"和谐的政党关系"进行研究，主要包括和谐政党关系的概念界定、基本特征、构建路径和重大意义等方面的具体内容。

---

[1] 江金权主编：《"三个代表"与党建理论的新发展》，中共中央党校出版社2001年版，第297页。

经过30余年的发展和建设,我国政党基础理论和专门理论研究取得长足进展。从学科建设和人才培养角度而言,虽然没有政党政治学这一专业,但对政党政治的研究已经成为政治学、马克思主义理论等学科所属专业的重要内容,已基本形成了以党校、高校、社会主义学院、科研院所、中国共产党政策研究机构、民主党派政策研究机构等为主体的政党政治学术研究团队。一些系统阐释政党政治学原理、体系和内容的学术成果相继问世,例如周淑真的《政党政治学》、王长江的《政党政治原理》、王韶兴的《政党政治论》等。

三 新时代政党理论研究体系性创新

中共十八大以来,在以习近平同志为核心的党中央领导下,我国取得了全方位的、开创性的成就和深层次的、根本性的变革。中国共产党在新时代治国理政和管党治党的丰富实践,推动了学界对中国特色政党理论研究的进一步深化。

中国历史进程和基本国情所形塑的基本政治形态,决定了中国政党政治与他国在组成结构、行为特征和表现形式上有其自身特色。这些都是中国政党理论所必须关注和阐释的基本命题。与此同时,中国共产党治国理政的巨大成就提升了学界的理论自觉和理论自信,学界对政党理论研究的主体性和时代性更加明确,开始从全球视野和大历史观出发,提出一些立足中国实践且具有原创性的理论观点和理论阐释。例如,杨光斌在反驳西方"社会中心主义""国家中心主义"的基础上,提出了"政党中心主义"理论,来解释中国政治发展的独特路径与未来可能。[1]

---

[1] 杨光斌:《中国政治认识论》,中国社会科学出版社2018年版,第170页。类似的著作还有林尚立的《中国共产党与国家建设》(天津人民出版社2017年版)、陈明明的《在革命与现代化之间——关于党治国家的一个观察与讨论》(复旦大学出版社2015年版)等。

习近平总书记强调"打铁还需自身硬",全面从严治党是中共十八大以来党中央做出的重大部署。全面从严治党向纵深方向发展所释放的巨大政治效能和强烈社会反响促进了学界对执政党理论的广泛研究。许多学者对党的政治建设、思想建设、组织建设、作风建设、纪律建设、制度建设、反腐败斗争和政党治理、政党生态、党内监督、党的领导、群众路线、民主集中制等诸多议题进行研究,使执政党理论的体系更加健全、内容更加丰富、结构更加科学,为新时代管党治党的实践提供了重要的理论支撑。

党内法规是中国共产党管党治党的重要依据和基本遵循,是具有中国共产党自身特色的政党治理路径。很长一段时间内,党内法规建设存在修订不及时、体系不健全、内容不细致等问题。2013 年,《中央党内法规制定工作五年规划纲要(2013—2017 年)》出台,在党的历史上首次对加强党内法规建设进行系统布局,提出"力争经过 5 年努力,基本形成涵盖党的建设和党的工作主要领域、适应管党治党需要的党内法规制度体系框架"[①]。中共十八大以来,制定和修订了 140 余部党内法规。中共中央对党内法规建设的高度重视,推动了政治学、法学、马克思主义理论等不同学科的学者开始对党内法规进行多领域、多角度的交叉研究,涉及党内法规功能定位、党内法规体系建设、党法与国法衔接等不同议题。研究党内法规的学术机构相继成立,武汉大学、华东政法大学、厦门大学等高校先后成立党内法规研究中心,党内法规的专业人才培养工作也陆续展开。

2018 年 3 月,习近平在参加全国政协十三届一次会议时,首次提出"新型政党制度"的概念,深刻揭示了中国政党制度的历史必然与现实功用,增强了学界对中国政党制度研究的四个自信。学者围绕"新型政党制度"的历史进程、内在逻辑、理论渊源、功能优势、话语体系建设等内容进行了系统研究,进一步推动了中国政党制度理论的发展。

---

① 《十八大以来重要文献选编》(上),中央文献出版社 2014 年版,第 478 页。

在 70 年的发展过程中，中国政党理论学者以马克思主义党的学说基本原理为指导，并系统学习和审慎借鉴了其他国家和地区的政党理论，从中国共产党领导的多党合作和政治协商制度中汲取了丰厚给养，推动了中国特色政党理论的建构和完善。中国特色社会主义进入新时代，中国的政党理论研究也必将取得更加丰硕的成果。

第二节　比较政党研究

中国政党的发展也离不开世界，从实践的角度讲，世界政党的兴衰正是中国政党执政的镜鉴；从理论的角度讲，世界的政党理论发展也推动了中国政党研究的不断深入。中华人民共和国成立 70 年来，如果从宏观的角度而言，我们大体上可以把比较政党理论的研究划分为三个大的时期，它们呈现不同的研究特征，聚焦不同的研究议题，总体上不断走向深入。

一　比较政党理论研究的初期探索

1949 年后，比较政党研究开始了初期探索，当时主要是源于两个需要：一是，中华人民共和国成立初期建交高峰了解国外政党情况的需要。中华人民共和国成立后，社会主义国家采取鲜明的支持态度，在 20 世纪五六十年代，与大部分亚非国家建立外交关系，新中国在国际上彻底站稳了脚跟；20 世纪 70 年代中美关系的缓和，推动了中国与西方一大批资本主义国家建交，实践了"一条线"和"一大片"战略。二是，中华人民共和国成立初期对苏联模式的借鉴与反思需要。1949—1979 年，中国经历了全面学习苏联到中国探索独立自主发展之路的转折。随着中苏关系巨变和恶化，中国逐渐摆脱苏联意识形态的控制和束缚，从原有学习和模仿苏联模式逐渐转变为探索中国特色的马克思主义政党制度。

1949—1979 年对苏联和东欧政党政治的研究多以出版社翻译书籍

和编撰书籍为主,加之《人民日报》《光明日报》《中国青年报》等报刊发表时政文章。20世纪50年代是中国和社会主义阵营国家外交关系的黄金期,因此在对苏联和东欧政党政治的研究中,以各地中苏友好协会和苏共中央马克思列宁主义研究院等国家机关为主,内容以引介和学习苏联经验为主,对苏联共产党建设问题、苏联选举制度、苏联共产主义建设、苏联共产党历次代表大会进行全面研究。①

20世纪60年代是中苏全面论战和走向全面对抗的时期,中国在思想上以报刊书籍为武器反对苏联修正主义、霸权主义、侵略主义,先后对苏联"全民国家""全民政党"和反华言论进行抨击和批判。赫鲁晓夫在对斯大林的错误纠正中提出,由于社会主义在苏联的胜利,由于苏维埃社会一致性的加强,工人阶级的共产党已经变成苏联人民的先锋队,成了全体人民的党。"全民政党"理论一经提出,在中苏理论对抗中被冠以"修正主义""右倾机会主义""反马克思主义"标签,中方认为"全民政党"是放弃阶级和阶级斗争理论的一种表现,是要取消无产阶级专政和无产阶级政党。

1949—1979年对其他国家政党政治的研究,主要表现为对部分发展中国家和发达国家共产党的研究,对其他国家政党的引介和评判,包括对印度尼西亚共产党、印度共产党和日本共产党,美国共产党和加拿大劳工进步党,苏共、意共、法共、南共联盟的系统研究,② 还包括对英国工党和美国统治阶级③的论断,等等。

---

① 这一时期,国内编辑的出版物包括《苏联共产党的建设问题》(新华书店1950年版);《最民主的苏联选举制度》(河南省中苏友好协会宣传部1953年版);《苏联的共产主义建设》(华东人民美术出版社1953年版);《苏联共产党代表大会、代表会议和中央全会决议汇编》(人民出版社1956、1957、1958年版)等。

② 比如,《印度尼西亚共产党、印度共产党和日本共产党的文件》(世界知识出版社1957年版);《美国共产党第十六次全国代表大会和加拿大劳工进步党第六次全国代表大会重要文件汇编》(世界知识出版社1958年版);《西方对苏共、意共、法共和南共联盟的一些评论》(人民出版社1965年版)等。

③ 比如,新华时事丛刊社编辑的《从英国大选看工党》(新华书店1950年版);华东人民出版社1951年编辑出版的《美国统治阶级在混乱和分裂中》等。

二 改革开放后比较政党研究的恢复和发展

改革开放的新时期为比较政党研究提供了全面发展的历史机遇。中国政治学逐渐恢复并成为独立学科,政治学在高等院校、研究机构和学术组织中发展迅猛,比较政党政治学研究顺应时代需求,逐步参与我国对外开放的政策,构建和平发展环境,积极参与国际事务以及为世界和平、社会主义和人类进步事业服务的大潮中来。

从国际形势看,20 世纪 90 年代初,世界已从两极对抗格局向多极化格局发展,这为中华民族的迅速发展提供了一个千载难逢的历史机遇,这也是 20 世纪末政治学研究面临的世界政治新情境和新命题。苏联解体、东欧剧变开启了中国研究社会主义国家和无产阶级政党发展教训的新高潮,为比较政党政治学提供了丰富素材和崭新视野;多极化格局要求比较政党政治学更多观照和引介国际政治和现代政党执政与发展的新经验。

改革开放前 20 年比较政党的研究逻辑是从抵制排斥、盲目推崇到剖析研判、借鉴应用,总体轨迹是从批判转为借鉴。改革开放后政治学的研究成果之一是从理论上否定了把政治仅仅看成阶级斗争的传统的政治观念,为比较政党政治研究肃清了思想束缚,实现本土观照与比较政治研究得到了新的推动,从理论比较转向实践比较。[①] 政党比较研究的重点是寻找属于世界多国政党特别是执政党的共同特点、政党发展一般规律等普遍性的东西,并从中国的具体情况出发生成具有中国特色的社会主义政党政治学。

改革开放前 20 年比较政党理论的研究方法的形成是结合西方政治学研究方法和本土研究方法,尤其在 20 世纪 90 年代,研究方法的创新为政治学的新发展和新成果奠定了基础。一是借鉴西方政治生态学研究方法,研究政治行政系统与社会圈的相互关系,构建政

---

① 王沪宁:《当代政治学研究的动态化趋向分析》,《政治学研究》1986 年第 2 期。

党生态系统。① 二是翻译引介西方经典的结构—功能理论，作为比较政治研究最重要的理论和研究方法。三是宏观研究与微观研究、动态研究与静态研究相结合的研究方法，为进一步全面、深刻、具体地认识政党现象、政党制度提供了新的手段和新的视角。

改革开放前20年比较政党理论的研究层次主要参照这一时期比较政党政治学主要著作中的研究层次展开，大致分为宏观、中观和微观层次，尤其是进入20世纪90年代，相关著作和论文成果颇丰。宏观层次上对各种政治体系的性质、特征及其政治变迁过程进行历时和共时的比较；中观层次上关注各主权国家的政治文化和政党制度的实证考察和分析；微观层次上对政府机构的结构、职能、权力运作机制以及政党、利益集团等各种政治主体的研究。在西方政党政治研究的结构路径中，一是政党的组织结构研究，二是政党与政治结构研究。比较政党体制研究包括政党的界定与分类、政党的功能、政党体制及其不同类型划分、政党政治前景等方面。

三 比较政党理论研究的蓬勃发展期

进入21世纪，防范"颜色革命"的西化分化政治风险日益重要，需要在政治学研究中提升防范西方政治渗透的内容。与此相适应，21世纪比较政党政治理论的研究逻辑从"追踪—回应"西方理论前沿的学习模式，逐步过渡到了"反思—创新"西方政党政治理论的建设模式，实现了由"西方视野+西方议题+中国启示"路径到"中国视野+西方议题+中国认识"的转变。

21世纪比较政党理论的主要议题，首先是关注俄罗斯政权党的转型与发展。统一俄罗斯党作为政权党需要平衡威权政治与民主政治的关系，致力于推动不同于西方的俄罗斯政党现代化。"政

---

① 在这方面的著作，有王邦佐、李惠康主编的《西方政党制度社会生态分析》（学林出版社1997年版）、王邦佐等编著的《中国政党制度的社会生态分析》（上海人民出版社2000年版）等。

权党"的当前问题集中于充当政治权力的工具和合法性来源,缺乏对社会阶层或群体的代表性,[①] 俄罗斯的政党政治何去何从有待观察。

其次,美国政党政治新变化也受到关注。21 世纪以来美国共经历 2004 年、2008 年和 2016 年三次关键性选举,尤其是 2016 年大选特朗普当选美国总统,新媒体在其中发挥了关键性作用,但是信息网络化容易助长"肮脏政治"与"网络暴政",甚至使虚拟政党具有超越传统政党的趋势。[②]

再次,关注欧洲民粹主义政党的兴起与影响。当前欧洲政党呈现出愈演愈烈的民粹主义倾向,从类型学角度来看,这类演化现象大致可以分为三类:新兴民粹主义政党快速崛起、老牌民粹主义政党强势复兴、传统主流政党相应调适。[③] 东欧国家民粹主义的发展是全球民粹主义抬头的缩影,是对全球经济低迷、贫富差距拉大、传统政党能力下降的积极回应。

最后,关注韩国政党波动性与日本政党右倾化。韩国政党波动性大与日本政党右倾化是东亚政党政治研究的热点。韩国虽然实现了从威权统治向民主政治的转型,但由于长期受到传统思想、政治文化和南北分裂态势的影响,韩国政党政治最为显著的特点之一就是各个政党的聚散离合非常频繁,直至 21 世纪政党的变动依然十分频繁。当前日本政党政治"一党优势""一强多弱"的格局已延续多年,自民党及其政党联盟政党优势地位得以巩固,但有损民主主

[①] 那传林:《当代俄罗斯国家治理过程中的"政权党"现象探析》,《社会主义研究》2015 年第 5 期。

[②] 刘红凛:《信息网络化对美国政党政治的影响》,《政治学研究》2015 年第 4 期。

[③] 张小劲、王海东:《欧洲政党最新演化的类型学分析》,《当代世界与社会主义》2017 年第 2 期。

义社会的健全，而且与选民政治意识、选举制度目标相背离。① 另外，日本政治冷漠症蔓延，政党分化重组频繁、政局动荡，政治对立轴的缺乏，政党政治异化为朋党政治、剧场政治盛行，极端主义渐行其道，统治能力低下和非传统政治力量兴起。②

第三节 中国政党理论

中国现代意义上的政党政治产生于近代革命实践中，经历了多党制的试验和国民党一党专政后，由中国共产党领导中国人民取得了新民主主义革命的胜利，并在革命、建设和改革的长期历程中，逐步建立和完善了作为国家基本政治制度的中国政党制度——中国共产党领导的多党合作与政治协商制度。与之相伴的是，中国政党的理论研究也不断深入，逐步建立起了从单一传统党史党建学科视角到包含政治学、社会学、历史学等多学科视角的研究体系，具有中国特色的政党政治学和政党制度理论体系的框架、范式也逐步明晰。

一 中国政党制度研究

对中国政党制度的理论研究是伴随着中国政治制度尤其是政党制度的发展而不断走向深入的。尤其是改革开放以来，随着国家政治秩序的稳定和政党关系的制度化、规范化，以中国政党制度为主题的相关研究也逐步增多。1989 年，中共中央制定了《关于坚持和完善中国共产党领导的多党合作和政治协商制度的意见》，推动多党

---

① 徐万胜：《日本自民党"一党优位制"研究》，天津人民出版社 2004 年版，第 45 页。
② 臧志军：《试析日本政党政治的危机》，《复旦学报》（社会科学版）2013 年第 4 期。

合作与政治协商的政治实践走上了制度化轨道，也引发了学界研究的第一个热潮。这一时期，许崇德等学者在论证中国政党制度不同于西方政党制度、具有中国特色的同时，也开始将政党政治和国家政权等部分政治学理论工具运用于传统话语体系当中。[①] 中共十六大正式提出建设社会主义政治文明，并于 2005 年和 2006 年分别出台了《中共中央关于进一步加强中国共产党领导的多党合作和政治协商制度建设的意见》和《中共中央关于加强人民政协工作的意见》，推动中国政党制度研究成为学界的一个研究热点，学者从中国政党制度的民主功能、特殊结构类型等方面展开研究。中共十八大以来，随着社会主义协商民主被确认为人民民主的重要形式和新型政党制度概念的提出，学界研究进一步深入，并在中国政党制度的基础、主体、功能、发展四个方面取得了丰硕的研究成果。

（一）政党制度的基础论：多维度的审视

基于中国近现代政治发展的宏观叙事，学界通过对中国多党合作制度产生和发展历史背景的分析描述，完成了对中国多党合作制度历史必然性的论证。学界普遍认为，中国政党的产生是不同于西方政党原生型模式的次生型模式。中国多党合作制度是中国近现代历史发展的产物，以中国共产党在抗日根据地和解放区建立的"三三制"政权为雏形，经历了统一战线共同抗日、尝试建立联合政府、共同反对国民党一党专政、召开新政协建立新中国、提出十六字方针和载入宪法等历史阶段，不断走向制度化、规范化、程序化的政党制度。

随着政党政治学分析工具的丰富和引入，学界对中国多党合作制度形成的现实合理性也展开了不同角度的研究。例如，杨光斌提出了制度变迁中的"政党中心主义"，认为中国建设民族国家、重建政治秩序和推动制度变迁的路径是不同于英美等国"社会中心主义"

[①] 许崇德、皮纯协：《具有中国特色的社会主义政党制度》，《西北政法学院学报》1985 年第 3 期。

和德日等国"国家中心主义"的新路径,而中国多党合作制度是这一新路径的产物。① 林尚立认为政党制度是国家与社会相互作用的结果。政党的产生源于国家权力的开放、社会国家的二元分立和社会利益的分化,而政党的持续存在和运行必然要创立一个既充分尊重社会结构与社会发展内在要求,也充分尊重国家运行与发展基本规律的政党制度。中国外部嵌入的现代化导致推进现代化社会力量的缺失,于是中国开辟了以党为核心的现代化发展和现代国家建设历程,中国共产党凭借其卓越的代表性、整合力和成熟度,成为"党建建国"历程的主体。②

政治文化蕴含着政治制度的深层原因,在对中国多党合作制度形成发展历史的回溯深描和理论逻辑外,还有许多学者对中国多党合作制度形成发展的文化基础进行了探讨。中国多党合作制度是融合民族性与时代性的产物,既传承吸纳了传统文化,还吸收借鉴了人类政治文明的成果。其中,学者探讨更多的是马克思主义与中华优秀传统文化。审视中华传统文化,多元一体是民族文化的一个重要特征,在此格局之下形成了和而不同、兼容并包的"和合"文化,昭示了中华文化强大的"适应性"与"涵摄性"。熊必军认为传统文化的人性基础是"性善论",在此基础上形成的"尚中庸、喜和谐、重合作"的思想,影响着中国人的思想文化理念和行为模式。中国以整体秩序为导向的民本思想区别于西方以个人自由为导向的民主思想,在对政府权威的看法上也形成了不同于西方"必要之恶"的"德善期望"。这样一种"大一统"的整体观念,即集体主义传统和国家至上主义③的观念,便拒绝了竞争型政党制度的建立,影响

---

① 杨光斌:《建国历程的新政治学:政党中心主义、政治秩序与"好政治"三要素》,《中国政治学》2018年第1期。

② 林尚立:《政党、政党制度与现代国家——对中国政党制度的理论反思》,《中国延安干部学院学报》2009年第5期。

③ 熊必军:《合作理论视域下的中国多党合作制度》,《社会主义研究》2010年第2期。

了合作型政党关系的产生。当中国共产党以自己的理念和行动契合天下为公的民本思想，并赢得了人民和各民主党派信任之时，其领导地位和执政党的地位便得以确定。

政党联系和代表着不同社会群体的利益，政党制度的形成和发展也必然显现出对社会基础的内生适应性。在我国，以公有制为主体、多种所有制经济共同发展的经济基础决定了工人阶级领导的、以工农联盟为基础的人民民主专政的国体，经济基础与政治基础均体现出"一元主导、多元共存"的特征，这也决定了适配的政党制度为具有"一元主导、多元共存"特征的多党合作制。此外，社会结构尤其是社会阶级阶层结构也对政党制度的发展变迁具有重要影响。中共十一届三中全会之后，中国的政治、经济、社会制度发生了巨大变化，社会阶级阶层结构也进一步分化、重组和调整。原有的"两个阶级、一个阶层"的格局发生了重大变化，中国共产党开始面向新社会阶层中的先进分子，特别是私人企业主扩大自己的群众基础，各民主党派也重新定位自己的群众基础、工作对象和党员来源。同时，中国共产党继续探索发展和完善多党合作的政党制度，对新时期民主党派的性质、地位、作用等问题进行了新的阐释，并且在宪法中肯定了爱国统一战线和人民政协的性质、地位和作用以及中国共产党领导的多党合作和政治协商制度。

（二）政党制度的主体论：政党与政权关系、党际关系

政党制度的内容包括一个国家的各个政党在政治生活中所处的法律地位、政党同政党之间的关系、政党同国家政权的关系。

关于多党合作制度下政党与政权的关系，主要形成了政党创造、掌握政权的历史维度和以政权为核心的政治制度决定政党制度的逻辑维度两种理路。政党创造、掌握政权的历史维度旨在通过历史脉络分析探讨政党与政权关系的演化和发展，经历了"革命救国—民主建国—合作治国"的阶段，即政党与政权关系经历了重构政权、代行政权再到融入政权的过程。从民主建国到1954年第一届全国人

大召开,人民政协这一政党协商的机关代行民主代议机关的职能,政党直接行使政权,政党活动与政权运行是重叠一致的。进入治国阶段后,政党与政权的关系也发生了新的变化。一方面,改革开放以前,国家权力结构表现为党、国家和社会的三位一体,且中国共产党主导着国家与社会这两个领域,党既是政治生活的核心,又是社会生活的核心。改革开放以来,中国共产党在进行经济体制改革的同时,对政治体制也进行了一系列的改革,改革的中心内容着眼于解决中央权力过度集中、党政不分、以党代政的问题,并取得了巨大进展。[1] 另一方面,各民主党派作用的进一步发挥和政党代表、整合利益诉求的"天赋"使之成为连接社会与国家、协调不同治理主体的重要桥梁;政府、市场、社会、公众等多元治理主体的角色进一步明晰,更加强化了多党合作制度包容性职能的发挥,党外代表人士等社会群体通过多党合作制度进入国家政权,也体现了民主共和这一中国政治合法性的前提和基础。[2]

中共十六大提出,建设社会主义政治文明以来中国特色社会主义政治文明的进程成为多党合作制度的依托,同时多党合作制度的坚持和完善又推动着政治文明建设的进程。[3] 中国共产党在与各民主党派进行充分协商的基础上,通过全国人民代表大会使政党意志上升为国家意志,使政党成为"代表社会依托国家行使治理权力的主体",并融入国家治理之中。中共十八大正式提出"社会主义协商民主制度"的概念,并将多党合作制度所蕴含的协商民主提升到了与中国特色选举民主相结合、共同作为我国人民民主重要形式的地位,

---

[1] 王邦佐、谢岳:《政党推动:中国政治体制改革的演展逻辑》,《政治与法律》2001年第3期。

[2] 王树臣:《浅析党外人士进入国家政权的理论依据》,《河北省社会主义学院学报》2013年第2期。

[3] 王智、丁俊萍:《政治文明视野中的政治协商制度——中国协商性政治的历史与逻辑》,《武汉大学学报》(哲学社会科学版)2004年第6期。

从法理上使我国的政权置于更坚实和立体的社会基础之上。① 中共十八届三中全会提出推进国家治理能力与治理体系现代化以来，多党合作的结构功能与国家治理现代化相契合，"合作治理"则成为多党合作在国家治理现代转型中发挥作用的内在机理。

以政权为核心的政治制度决定政党制度的逻辑维度主要通过国体、政体和政党制度的内在联系分析政党与政权之间的关系，发掘中国多党合作制度确立和发展的内在逻辑。从国家政权结构来看，我国政党制度与我国国体、政体共同构成现代国家政权。基于我国人民民主专政的基本要求，产生了在政权组织上实行议行合一和在政党制度上实行共产党领导的多党合作制两条政治制度架构原则。在我国，工人阶级的领导和广泛的人民民主是人民民主专政的两大基本规定性，必然要求政党制度的设计符合这两大基本规定性的要求。人民民主专政从根本上规定了我国多党合作制度的核心价值和制度要素。人民内部实行广泛的团结与合作推动了政党之间的团结与合作，工人阶级的领导地位决定了其先锋队中国共产党的领导地位，人民民主专政的民主性质和联盟特点也决定了各民主党派参政的政治地位，从而为多党合作制度提供了理论依据，为多党合作提供了共同的政治理念和价值目标，并决定了各政党在国家政治领域中的地位和政党制度的运行方式。②

政党关系是政党政治和政党制度研究的关键环节，直接体现一个国家、一种政体中政党制度的实质。中国共产党领导的多党合作和政治协商制度在实践中形成了"复合形式、立体架构"的政治结构。③ 具体而言，中国多党合作制度下的政党关系是不同于西方的非

---

① 周淑真：《中国人民政治协商会议的制度精神与价值》，《中国人民大学学报》2007 年第 5 期。

② 袁廷华：《中国政党制度功能探析》，《政治学研究》2012 年第 1 期。

③ 周淑真、吴美华：《建立中国特色社会主义政党制度理论体系的思考》，《新视野》2008 年第 4 期。

竞争性的合作型政党关系,包含领导、合作和协商三个层面,① 理解中国多党合作制度下的政党间关系关键在于把握"领导"与"合作"这两个新型政党制度结构之维中最鲜明的特征。它们是一体两面,二者相互支撑,同西方政党制度的"多元"与"竞争"形成了鲜明的对比,完整揭示了中国政党制度的内在特征与运行状况。

在中国的语境中,应当把执政与领导概念做合理的界定与区分。"领导"是一个政治概念,领导问题主要表现为处理党和社会的关系问题。"执政"是一个法律概念,意味着宪法明确执政党的执政地位或获得政党地位的途径,意味着执政党依法通过国家机构,以法律和政策的手段来管理国家。从政治运行的层面来看,执政主要靠掌握国家权力,侧重体制与制度,有规范性、稳定性和程序性的特点。执政的问题主要表现为处理党与国家机构的关系。同样,对于各民主党派的"合作"与"参政",也应予以区分。各民主党派的"合作"有两个层面,一是各民主党派围绕中心,服务大局,认同并要积极宣传和贯彻中国共产党的价值理念、基本路线、基本纲领和基本经验,在自觉维护共产党领导地位的过程中,协助共产党做好群众工作;二是"多党派合作"是各民主党派组织实体的行为,各党派成员的整体表现反映了"多党派合作"的质量。各民主党派的"参政"是各民主党派的精英分子代表本党参加国家政权,协助共产党进行国家政务的管理活动,具有"参政刚性化"和"利益表达指向性"的特征。同时,民主党派参与政党协商蕴含了对公权力自由裁量权的制约,体现了制约控权的原则。②

与政党关系相关的是对我国政党制度类型划分的讨论。学者们看到了我国政党制度与一党制的区别,有学者认为我国政党制

---

① 林尚立:《政党制度与中国民主:基于政治学的考察》,《武汉大学学报》(哲学社会科学版)2010 年第 3 期。

② 杨爱珍:《对中国多党合作制度中几对关系的分析》,《上海社会主义学院学报》2015 年第 2 期。

度属于一党制中的一党领导制,"允许其他政党存在,但法律认可的执政党只有一个,其他政党只作为参政党或反对党进行活动"。有学者对政党制度的社会性质进行了区分,提出了"社会主义国家的一党制"的概念,将这种一党制定义为处于统治地位的无产阶级政党代表人民的利益,掌握国家政权,进行政治统治,并可以划分为一党领导制和一党领导的多党合作制,认为我国的政党制度属于后者。[①] 还有部分学者认为既有的一党制和多党制分类均无法涵盖我国政党制度,提出将我国的政党制度作为新的政党制度类型,即共产党领导的多党合作制。这一新政党制度类型以共产党领导为根本特点,以多党合作为本质特点,共产党领导与多党合作有机结合。[②]

在政党关系研究中,和谐政党关系与政党趋同问题是近些年来的研究热点。总体而言,学界认为和谐政党关系是"我国政党制度的本质属性"[③] 和"中国特色政党制度的显著特征",在和谐政党关系中,政党间基于共同的政治基础,彼此承认和尊重矛盾与差异,以各自的特点与差异为边界,形成的权威与自由、平衡与效率、多元与一元、秩序与活力的统一为中国的经济发展和社会进步提供了生生不息的动力。[④] 但在发展过程中,政党在政治纲领、组织发展和参政议政等方面的趋同现象也值得关注。其中,由于各民主党派"注重先进性而忽略广泛性,组织发展目标范围重叠",导致了组织发展的趋同,"会导致多党合作民主活力的衰减、政党政治的窒息,

---

[①] 王长江主编:《世界政党比较概论》,中共中央党校出版社2003年版,第262页。

[②] 张献生:《共产党领导的多党合作:世界政党制度中一种独特的类型》,《政治学研究》2007年第2期。

[③] 张献生:《政党关系和谐是我国政党制度的本质属性》,《中央社会主义学院学报》2008年第2期。

[④] 王彩玲:《中国特色政党制度的特点和优势——基于党际关系的一种理解》,《中央社会主义学院学报》2008年第1期。

直至毁掉中国特色政党制度"[1]。因此，和谐政党关系不是一味的政党趋同，更要求参与政治合作与政治协商的各政党都有自己独立的政治品质。此外，政党关系的研究多侧重于执政党与参政党之间关系的研究，忽视了党际关系中各参政党之间的关系，这一现象也值得我们关注。

（三）政党制度的功能论

中国多党合作制度是不同于西方政党制度的新型政党制度，对中国政党制度功能优势的研究经历了研究视角从单一的意识形态出发到包含比较政治学等在内的综合理路、研究层次从只聚焦制度分析到社会主义民主政治高度的变化，并通过功能与优势的分析，探讨了中国多党合作制度的自身特色与内在价值。

基于比较现代化理论，我国作为"后发外生型"国家，政党政治是国家危机和近代政治秩序发展的共同结果，在功能上体现的是政治资源整合优先的状态，这与西方政党制度围绕选举制和公民权利展开是不同的。[2] 中国多党合作制度及其政治、经济基础共同表现出的"一元主导、多元共存"的结构特征决定了其功能与西方竞争式政党制度功能的不同，中国多党合作制度下各党派之间的"合作博弈"可以实现各方利益的增加，从而创造体现为不同功能的"合作剩余"。[3]

2007年国务院新闻办公室发布了《中国的政党制度》白皮书，明确提出中国多党合作制度的功能主要体现在政治参与、利益表达、社会整合、民主监督、维护稳定五个方面。实际上，除上述五方面功能外，我国政党制度在培育公民意识，形成共有社会价值、培育公民规

---

[1] 刘舒、薛忠义：《中国政党趋同问题研究：回顾与展望》，《甘肃理论学刊》2013年第2期。

[2] 程竹汝、任军锋：《当代中国政党政治的功能性价值》，《政治学研究》2000年第4期。

[3] 刘宁宁：《合作博弈视角下的中国特色政党制度》，《马克思主义与现实》2009年第6期。

则意识、理性行为能力和妥协精神等方面也承担着重要的社会功能。从对外而言,多党合作制度还存在对外的防御功能,即自身具有的防止被外部力量消灭或同化的功能。我国政党制度巨大的优越性和旺盛的生命力,是战胜西方敌对势力"西化"图谋的力量源泉。①

从理论角度而言,中国多党合作制度的功能体现了三个统一。首先,体现了现代性与民族性的统一。现代性体现了政党制度适应现代民主政治发展的能力与属性,民族性则体现了政党制度背后的鲜明的民族特色和文化传统与习俗。② 政党制度中民族性与现代性的关系由背离、疏离走向高度统一成为政党政治发展的内在逻辑。③ 其次,体现了领导核心的一元性与结构的多元性的统一。政治学意义上的包容性表现为以主体、价值和利益多元为前提,以实现多元共生为目的,以协商和整合为手段的过程属性。这一包容性不仅进一步适应了中国经济包容性增长的发展方向,而且在中国社会结构变迁日益多元的情势下继续保持了适应性、生机与活力。最后,体现了民主的普遍价值与制度形态各异的统一。民主的价值意义在于以人民为中心,追求公民的自治与参与,我国的政党制度正是体现了这一功用;民主的实现形式可以有不同的制度形态,我国的政党制度和政治制度也真切地保障了人民当家作主,"在制度设计和政治实践中都体现了人民民主的基本精神、原则和要求,实现了广泛民主和高度集中的统一、根本利益一致性和具体利益多样性的统一、充满活力和富有效率的统一,是社会主义民主政治的重要实现形式"④。

---

① 孙信:《中国特色政党制度防御功能初探》,《当代世界与社会主义》2008 年第 5 期。

② 赵宬斐:《论我国政党的现代性与民族性的双重际遇》,《岭南学刊》2009 年第 2 期。

③ 李金河:《民族性与现代性的统一——中国政党制度发展的价值取向》,《中央社会主义学院学报》2007 年第 3 期。

④ 张献生:《试论我国多党合作制度的民主价值》,《政治学研究》2008 年第 4 期。

(四) 政党制度的发展论

中国多党合作制度自建立以来，始终处于主动应对环境变化、不断自我调节和完善的过程之中。21世纪以来，当代民主化的全球演进和国内社会结构的变化对我国政党制度的完善和发展提出了新的挑战，对制度创新提出了新要求。

法律规制，完善制度顶层设计。用法律精神去规范政党政治行为，维护政治秩序，已成为世界各国政党的普遍遵循。以宪法思维推动多党合作制度的制度化建设，完善制度设计并培育法治信仰，应是未来政党制度发展的基础。在制度化问题上，学界存在"软法"规制和"硬法"规制两种不同的取向。前者认为，借鉴国际社会管理和我国社会的历史传统与现实经验，多党合作领域的法律调整主要诉之于"软法"无疑更为恰当。[1] 持"硬法"规制主张的学者认为目前对于多党合作制度的具体内容及具体程序大部分停留在执政党的政策与政协文件的层面，应将政策性协商转变为法律性的政治协商，将政治协商制度以法律制度的形式确立下来，通过如《多党合作法》等专门、具体的法律规定明确政党含义，划清政党与其他社会团体的界限；明确各政党的工作程序、机构设置、经费来源及其使用限度，建立与人民代表大会制度、民族区域自治制度和基层民主制度相似的具体法律形式，有效增强多党合作制度的权威性和可操作性。[2]

效能激励，提升制度权威。提升政党制度权威必须要以加强中国共产党的执政能力建设为基础，有效遏制腐败，提升政党认同，并充分发挥民主党派的参政议政、民主监督作用。党际监督与合作、提升制度包容性是提高效能的基础。建立完整的党际监督机制是多

---

[1] 罗豪才、胡旭晟：《对我国多党合作与人民政协的法学考察——以"软法"为主要分析工具》，《湖南省社会主义学院学报》2008年第6期。

[2] 王孝勇：《现代政党与政党制度在民主政治巩固中的作用分析》，《理论界》2008年第12期。

党合作实践的保障，应保障政党监督主体应有的监督权利，应划分政党监督的不同层面，探索有效的监督形式，拓宽民主监督渠道，健全监督的反馈制度。我国当前的合作渠道更多的是垂直型的直线式和平行式的合作，缺乏交叉和网状的多节点的互动，合作中的信息交流不足，过程性反馈效果微弱，持续性互动相对较弱，党派成员的参与度有待提高，应参照网络治理的特点和优势，借鉴合作治理的运行方式，拓展我国政党合作的渠道；在我国政党格局不变的前提下，各政党特别是八个参政党及无党派人士的社会基础、成员结构、性质和任务随着时代和社会变迁而进行适应性调整，即通过"不变形式、变内涵"的方式调整，以增强我国政党制度的包容力。[①] 同时，更要强化执行力，强化制度执行主体对制度的认知与认同，营造良好的现代法理性权威和社会环境氛围。[②]

强化政治整合，促进有序政治参与。中国政党制度是一个具有自我调节机制的有机整体，随着我国政党制度社会生态环境发生的巨大变化，政党制度应主动调整自身，以适应环境的变化，取得与新环境相适应的新平衡。从现实角度而言，就是为包括新社会阶层和利益群体在内的各阶级阶层提供体制内、制度化、畅通的政治参与渠道，并对社会利益进行有效整合。[③] 具体而言，应对社会阶层结构的变化，要坚持中国共产党的领导地位，强化党的政治权威；适应阶层结构变化，扩大中国共产党和各党派的社会基础；协商确定各党派发展对象，打破传统多党合作的对象范围设定，逐渐扩大合作的对象和范围，实现合作成员由精英人士到社会大众的转变，实现政协组成由党派团体向阶层团体转变，合理有序地扩大队伍；建

[①] 甄小英：《关于增强我国政党制度包容力的几点思考》，《上海市社会主义学院学报》2008年第4期。

[②] 刘桂兰：《制度执行力：政党制度权威强化的有效载体》，《领导科学》2011年第5期。

[③] 詹松、李艳霞：《社会结构变化与我国多党合作制度的考量——以政党制度生态环境为视角》，《福建省社会主义学院学报》2010年第1期。

立健全政党平等协商、政党民意收集、政党民意表达、政党跟踪时效和政党奖惩贯彻等一系列制度。①

筑牢思想基础，培育现代公民意识。以政治文化建设推进多党合作制度的完善，要以中国特色社会主义理论体系为指导，创新发展中国特色社会主义民主文化，使制度建设与政治文化建设相互促进；要直面政治文化发展的多元趋势，科学审视、看待各种政治文化的冲突与融合，并围绕"民主"价值不断探讨中国政党制度创新的政治文化理论支撑，坚持和完善多党合作制度的深层次内涵在于建设中国特色政治文化、筑牢多党合作制度思想基础，使多党合作的制度价值内化为现代公民精神的一部分。要与社会主义民主政治文化的培育相结合，通过多种渠道、多种形式，加强社会主义民主政治观的宣传和教育，重视民主政治文化的社会渗透，支持和帮助人民群众形成对民主价值、民主信念的认知。②

二 执政党建设理论研究

办好中国的事情，关键在党。作为长期执政的马克思主义政党，中国共产党也需要在政治实践过程中不断与时俱进，进行"适应性变革"。正是在回应实践诉求、迎接时代挑战中，关于执政党建设的研究也围绕组织、制度、文化、发展等主题催生了一些重要的理论与研究热点。

（一）政党转型与政党现代化

政党转型研究从政治学的角度来讲，往往与政党类型学联系起来。学者们依据国外学界对政党分类的研究，总结归纳了政党功能、政党组织、政党与社会关系、政党与国家关系四个划分政党类型的

---

① 甄小英：《增强我国政党制度的包容力　实现多党合作制度可持续发展》，《马克思主义与现实》2007年第4期。

② 游洛屏：《坚持完善我国多党合作制度应加强中国特色政治文化建设》，《中国统一战线》2009年第7期。

标准，并在此基础上大致勾勒出了政党类型学的基本内容。在此范畴下，学者们认为从转型过程和路径而言，政党转型是指政党从精英型政党向群众型政党、全民型政党和卡特尔型政党的转变；从概念而言，是指在形态、外观、结构、性质、倾向、特性、背景等方面的变革，这一创造性的变革是政党为了应对面临的危机而自觉或者被迫进行的自我变革。①

如果把政党转型应用到中国共产党的政治实践中，则产生了两种比较有代表性的理论或热点问题：从革命党向执政党的转变与政党现代化。当革命党以革命的方式完成夺取政权的任务之后，维持自己的社会政治功用必须对自身进行转化。② 因而，如何在借鉴政党发展一般规律的基础上，认识中国政党从革命党到执政党的转型则成为中国政党政治学界所关心和探讨的关键问题。虽也有学者认为中国共产党从革命党向执政党转变的转型研究存在概念混乱的问题，革命党取得执政地位仅表明其在社会政治架构中地位的变化，并不代表其政治属性的变化，革命党与执政党两者属于不同谱系的概念。③ 但多数学者还是认为需要转型，早期先党后国的政治逻辑和共产党执政的绝对权威形成了独特的政党性质与政党体制，但外部"冷战"格局的结束中断了这一模式的强化巩固和外部激励，东欧剧变和苏联解体更引发了中国共产党的思考，从普遍意义上而言更是政党不断适应时代变迁实现执政党的永续发展的需要。④ 从政治实践角度而言，"三个代表"理论的提出等一系列政党转型的实质举措深入发展也是推动理论研究的内在反映与现实需求。

执政党转型过程中，中国共产党的性质、执政地位、马克思主

---

① 刘长江：《政党的转型与政党的卡特尔化》，《江苏行政学院学报》2010 年第 1 期。

② 任剑涛：《从革命党到执政党》，《南方日报》2002 年 1 月 20 日。

③ 石冀平：《执政党与革命党之辨》，《马克思主义研究》2012 年第 4 期。

④ 周淑真：《以政党转型促进中国民主政治发展》，《探索与争鸣》2012 年第 10 期。

义的指导思想、实现共同富裕的目标、执政为民的根本宗旨等不会变,渐进性的政党转型策略也是基本共识。但不同的理论视角则会得出不同的看法与结论:如果从政党功能的角度看,中国共产党要适应并积极促进以现代法治为核心的治理转型和发展,由全能型政党转变为功能型政党;① 如果从政党权威的角度看,执政党必然由传统威权型政党向现代法理型政党转变;② 如果从党建的视野看,也有学者认为处于转型时代的执政党自身应沿着建设学习型政党、积极推进党内民主建设、增进党内民主和谐的路径发展,③ 或坚持推进服务型政党建设等。这种不同的转型模式实际上也是一系列不同的理念、组织、行为方式与行动策略的相应转变。

政党转型也面临着一些重大的困难与挑战。一方面,中国共产党是一个高度组织化的政党,在严密的组织体系下形成的强大的社会动员能力在世界政党中具有独特性,也是中国共产党取得革命和建设成功的组织保障。但另一方面,在执政党转型的关键时刻,这一优势如果运用不好反而在一定程度上影响转型的进程。从政党与国家、社会的关系来看,国家、社会与市场随着自身力量的增长开始要求行使自身的天然权利,重新界定执政党的边界和活动范围,在探索当中也有可能成为一种危机乃至上升为执政威胁,此时执政党的正常转型意愿和努力就被危机管理和临时应对所代替,执政党转型进程就会因频发性紧急状态而搁置。④

政党现代化则指政党适应客观环境及其变化的需要,适应社会现代化的发展进程,使自身结构、功能、机制和活动方式不断科学化、制度化、规范化的过程。政党转型与政党现代化密切相关,但

---

① 耿国阶:《诺斯悖论视野下中国共产党的转型》,《理论与改革》2011年第3期。
② 王利平:《社会危机与政党转型——基于法治的视角》,《中共福建省委党校学报》2007年第10期。
③ 杨德山:《转型时期执政党转型考察》,《新视野》2008年第6期。
④ 人民论坛"特别策划"组:《中国共产党的转型》,《人民论坛》2013年第24期。

后者的含义更加广泛。国内学界在政党现代化研究中运用比较政治学的研究方法深入挖掘苏联共产党、英美政党、发展中国家政党现代化成功与失败的教训和启示，提出执政党既要引领社会的现代化，也要实现自身的现代化。进一步而言，基于中国政治制度的特性，国家治理体系和能力现代化的基础和核心便是政党治理体系和能力的现代化，其中首先是政党治理体系的现代化，这个体系的现代化不仅仅是自身组织体系的现代化，更是政党与政权、政府、社会等之间关系的不断探索和成熟稳定。

（二）政党执政合法性与政党认同理论

改革开放以来，西方政治学论著、文章被大量译介到我国，合法性理论成为我国政治学研究的一个热点问题。中国共产党作为唯一的执政党，是政治系统的核心，因而政治系统的合法性集中表现为中国共产党执政的合法性。在理解执政党合法性概念上，大致分为三个层次：一是将执政合法性理解为执政合乎法律与法理；二是将执政合法性界定为执政得到被统治者认可和认同；三是将执政合法性的内涵建立于社会认同和法律规范的共同基础之上。总体而言，学界对执政合法性的界定大多偏向对社会认同的考察，认为执政合法性是执政党凭借非权力因素和非暴力手段，通过其历史绩效、意识形态、纲领政策、组织架构、执政绩效及其公众形象的积极影响，使民众出于自觉或自愿接受执政党和领导地位的能力。

执政党围绕着寻求支持与认同所进行的执政努力构成了执政合法性之基础资源，总体而言，它是一个处于动态变化中的领域。其中，既有意识形态和经济增长等主要执政合法性资源，也有在不同时期交替演变的不同主导因素。

在局部执政时期，中国共产党主要从积极挖掘意识形态合法性资源，稳步推进经济建设、提升社会经济发展水平和推进各种民主政治制度的建设三个方面为其在全国执政打下良好的合法性基础。1949年后至改革开放之前中国共产党执政合法性基础十分牢固，主要原因在于武装斗争的胜利和强大的国防军事力量存在；通过长期艰苦的武装斗争的历史奠定了党和国家领导人的崇高威望及强大的个人魅力；中国共产党在长期的革命斗争中积累了巨大的组织资源和组织经验。也有学者归结为源于西方的历史唯物主义和源于中国的政治文化传统。

改革开放推动了执政党执政合法性新资源的挖掘。部分学者从利益分析方法入手，就经济增长与政治合法性的关系进行分析，中国共产党在致力于巩固意识形态所赋予的合法性基础的同时，着手开辟了政绩合法性资源建设、民主与法制建设、社会公正建设等合法性资源新领域，20世纪的经济快速增长提供了坚实的政绩资源，21世纪以来对反腐败、反贫困和社会保障等工作的重视也进一步夯实了执政合法性基础。

21世纪以来，中国共产党在继续推进经济建设、关注效率的同时，更加强调对社会公平的注重；另外，更加注重政党自身建设，塑造政党良好形象，努力提升人民群众对其执政的认可程度。① 部分学者认为，道德价值也应成为执政合法性的重要来源，道德合法性是公民基于道德的正义对政治统治给予合法性的支持并自愿服从的合法性资源。正义的社会制度是一个国家的道德根据和价值规范，也是政治合法性的重要来源。"合法性是一个包含了合法律性、有效性、人民性和正义性的概念体系"，其中正义性的评价标准即"看其能否保护社会最不利者阶层的利益"②。加强道德合法性要实现共同富裕，共享改革发展成果，要在蛋糕继续做大的前提下，更注重分配的公平，推动精准扶贫等事业不断深入开展。③

与政党执政合法性概念相关的是政党认同。其虽产生于美国学者基于心理学视角对选民行为的研究，但从普遍意义而言，它的产

---

① 文宏：《中国共产党执政合法性建设的总体回顾与基本经验》，《探索》2012年第3期。
② 杨光斌：《合法性概念的滥用与重述》，《政治学研究》2016年第2期。
③ 曹帅、许开轶：《论新时代执政合法性重塑的逻辑与路径》，《内蒙古社会科学》（汉文版）2018年第2期。

生、发展与衰亡,反映了政党随着社会的发展不断地调整自身与环境的互动与沟通,折射出政党的兴盛与衰亡。一方面,政党认同是执政合法性的逻辑起点;另一方面,政党认同还是推动执政合法性向政治权威跃进的必要条件。执政合法性最终会转化为政治权威这一过程的实现是通过政党认同的不断获取来完成的,其中包括合道德性、合法律性、执政者实际政绩的有效性等合法性构成的基础要素。① 国内学者围绕政党认同的国别问题②、基础问题等开展了较为深入的研究。这些研究也有较为明显的现实观照,从政党意识形态、政党组织、政党领袖、政党执政绩效等角度提出了构建中国政党认同的方式与路径。③

(三) 政党文化与政党发展

20 世纪 50 年代开始,随着政治文化学派的兴起以及政党政治的发展,政党文化成为政党政治的重要研究领域。学者从文化学、组织学、社会学等不同视角、对政党文化进行概念界定与结构剖析。比如,有学者认为政党文化是政治文化的一部分,包括人们对政党的理念、价值、情感、信仰、理想和原则的选择;④ 有学者认为政党文化是指一个政党所具有的为其党员所认同的意识形态、组织心理、制度规范和行为作风;⑤ 有学者认为政党文化的本质是一定政党因子的转化过程,是政党意识的转化过程和外化形态。⑥

基于政党文化的维度,国内学者也大概提出了中国共产党政党

---

① 杨光斌主编:《政治学导论》,中国人民大学出版社 2010 年版,第 46 页。
② 王庆兵:《发展中国家政党认同比较研究》,中国经济出版社 2007 年版。
③ 如王庆兵的《从政党认同的变迁规律看加强执政党建设的路径》,《中州大学学报》2007 年第 3 期;柴宝勇的《政党认同问题研究》,天津人民出版社 2010 年版。
④ 王沪宁:《从政党文化看执政党建设》,《解放日报》1989 年 5 月 24 日。
⑤ 赵理富:《政党的魂灵:中国共产党政党文化研究》,武汉大学出版社 2008 年版,第 4 页。
⑥ 桑玉成、李冉:《政党文化与中国共产党政党文化研究》,《毛泽东邓小平理论研究》2006 年第 1 期。

文化的基本内涵,并从静态和动态两个方向进行了探讨。静态分析方面,基于历史性与整体性两个维度,学者认为中国共产党政党文化因其以马克思主义作为理论武器,在价值观念上具有普世性;中国共产党不断将马克思主义理论进行本土化实践的尝试,政党文化具有创新性;在组织凝聚力层面,中国共产党人对政党文化高度认同,政党文化具有团结统一性;此外,中国共产党政党文化作用于人的行为实践,具有行为作风的模范性。动态分析方面,学者认为中国共产党政党文化的特点归根到底是由中国共产党的性质决定的。从外部视角对中国共产党的产生模式进行分析,认为中国共产党政党文化随着共产党的产生从而打上了外生型政党文化的烙印,具有高度抗变性和量变与质变相统一的特征,同时还体现了阶级性和人民性相统一、科学性与批判性相统一、继承性与创新性相统一、理想性与现实性相统一、主导性与包容性相统一、稳定性与变动性相统一;从政党文化运行这一内部视角进行分析,认为中国共产党政党文化在多元文化的冲击中表现出明显的流变性,在作用范围和实现方式上表现出个体性与超个体性的统一。①

基于中国共产党的执政地位和政治体制,中国共产党政党文化实际上不仅要服务于维持本党的生存和发展,承担实现组织内部的价值整合,奠定组织结构和运行制度的思想基础、政党形象,培育政治精英,整合和促进党内团结等功能;更承担着影响政治决策及其执行,规范政治路径,获取社会群众认同,培育政治心理,乃至创造、整合、调配文化资源和引领社会文化等功能。②

---

① 李冉:《中国共产党政党文化研究》,复旦大学出版社2009年版,第124—143页;陈金龙:《中国共产党政党文化:建构重要性与基本内涵》,《岭南学刊》2006年第1期;吴桂韩:《中国共产党党内文化研究》,中共党史出版社2013年版,第161—265页。

② 肖铁肩、丁芳:《中国共产党政党文化浅析》,《中南大学学报》(社会科学版)2005年第1期;赵理富:《中国共产党政党文化的外向性功能》,《中共天津市委党校学报》2009年第2期。

政党文化也并非静态固化的，而是随着时代动态发展的。在这个意义上而言，政党文化的自身发展就成为研究政党发展的一个重要视角，中国共产党政党文化的变迁实际上也折射了中国政治、社会、文化自身的发展与变革。自改革开放以来，随着社会变迁的加速发展，中国共产党不断推进自身政党文化的转型，有学者认为，其趋势表现为："从斗争哲学到和合精神，从相对封闭到全面开放，从浪漫精神到理性现实，从伦理中轴到制度中轴，从工具理性到价值理性。"① 而推动中国共产党政党文化发展要坚持主导性、主体性、科学性和时代性原则，大力推进政党文化大众化、时代化、党性化，以先进的组织目标、组织价值观、组织精神等观念文化要素为核心，以科学的制度内容、制度层级、运行机制等制度文化要素为关键，以优秀的行为作风、实践内容等行为文化要素为落脚点，通过继承求真务实、密切联系群众、批评与自我批评、艰苦奋斗的优良作风来建设中国共产党政党文化，"通过社会主义建设、改革发展、政党的自身建设实践来发展政党文化，通过理论与实践创新来建构中国共产党的政党文化"②。

（四）政党法制与党内法规研究

政党法制是第二次世界大战以来在欧美学界出现的一个概念，其内容涉及政党地位、政党行为、政党权利和政党规范。改革开放以来，在"依法治国"与"依规治党"的背景下，我国学术界也加大了对政党法制的研究，梳理了西方国家的政党法制的实践，并尝试将政党法制与政治学的核心问题——如民主化、政治稳定、政治

---

① 赵理富：《中国共产党政党文化转型的趋势》，《湖北行政学院学报》2007年第6期。

② 廖志成：《关于中国共产党政党文化建构路径的思考》，《科学社会主义》2008年第4期；戴剑飞：《中国共产党文化建设基本架构设计——基于组织文化的视角》，《社会科学研究》2012年第5期。

秩序、制度主义等联系起来分析。

由于中国特殊的政党体制，中国的政党法制研究更多的是与中国共产党党内法规的基本理论、体系建设、与法治国家建设的关系等方面相联系。改革开放后，特别是中共十八大以来，中共中央相继制定、修改了一批党内法规，尤其是《中央党内法规制定工作五年规划纲要（2013—2017）》和《中央党内法规制定工作第二个五年规划（2018—2022）》的颁布，对党内法规制度建设进行顶层设计并提出了更高的要求，学界由此掀起了党内法规的研究热潮，推动相关研究向纵深发展。

从历史角度而言，党内法规这一概念是毛泽东在中共六届六中全会上首次提出的。早期法学界认为这一提法缺乏法律依据，随着学界对软法研究的不断深入，党内法规这一概念在学界也逐渐取得了共识。1990年中共中央在《中国共产党党内法规制定程序暂行条例》中首次对党内法规概念进行了阐释，2013年中共中央发布《中国共产党党内法规制定条例》，对党内法规进行了更为明确的界定。学界在研究中大多直接采用这一界定，但具体角度略有不同，有的从规范党内行为关系的角度来界定，有的从词源学的角度进行解构，还有的从法律比较的角度进行界定，等等。

党内法规可以按照不同的标准分为不同的体系，它在革命胜利前发挥了"准法律"的作用，同时与中国共产党领导建国的地位相适应，党内法规在实质上发挥了规范国家政治生活的作用。这一历史作用的发挥随着国家法律法规体系的建立健全而逐步减弱，党内法规逐步退回至规范党的组织和活动领域，但同时也通过执政党的领导地位，在国家政治生活中扮演着更为重要的角色，实现了对政治生活的直接规范到间接引导的过渡。对内规范作用方面，党内法规调整和规范了执政党的中央各机关之间、各级组织之间、地方组织的各类机关之间的各种横向与纵向关系；规范了党务活动中决策、执行、监督之间的权力分配；规范保障了基层党员基本权利，也严肃了党的纪律。① 在社会作用方面，作为一种软法，党内法规通过协调党务和国务，处理党组织与社会组织、利益群体的关系，构成了执政党增强依法执政本领、提高管党治党水平、确保党的坚强领导核心的重要方面。

目前党内法规制度体系建设仍存在一些问题和不足。一是党内法规体系整体建设上缺乏顶层设计、结构不尽合理，存在碎片化、粗放化、虚化和老化等"四化"问题。② 二是党内法规体系制定工作中存在不平衡问题，部分领域缺乏基础主干法规，部分配套制度尚未出台，部分党内法规滞后于党的建设实践，党内法规制定权限不够清晰。③ 三是党内法规体系内部存在不协调问题，新旧法规之间、不同类型法规之间、上下级法规之间系统性不足，部分法规内容重叠交叉、部分规定相互冲突，同时还伴生和诱发了执行力问题、虚置问题、剪切问题、敷衍问题、附加问题。④ 四是党内法规和国家法律在具体规定、适用范围、执法程序、处理标准等方面都存在不同程度的断层和空档、脱节或缺乏协调的问题，党纪与国法在制度对接上、制定上、处置问题等环节上也仍然缺失相应的制度安排。⑤

三 参政党理论研究

民主党派是中国的参政党，参政党理论研究是中国政党理论研究的一个重要组成部分。虽然参政党理论的研究成果远不如执政党

---

① 姜明安：《论中国共产党党内法规的性质与作用》，《北京大学学报》（哲学社会科学版）2012 年第 3 期。

② 宋功德：《党规之治》，法律出版社 2015 年版，第 432—433 页。

③ 邵从清：《论提高党内法规制度体系执行力》，《山东社会科学》2016 年第 12 期。

④ 韩强：《论健全完善党内法规体系》，《中国井冈山干部学院学报》2014 年第 6 期。

⑤ 张晓燕：《怎样使党内法规制度与国家法律法规更协调》，《中国监察》2009 年第 18 期；程同顺、陈永国：《党纪与国法衔接协同实现路径的思考》，《长白学刊》2016 年第 5 期。

之蔚为大观，但总体而言，自1949年尤其是改革开放以来，我国学者围绕参政党的性质、功能、组织等方面也呈现出了一些有价值的研究成果。

（一）参政党理论研究的历程

中华人民共和国成立初期，在中国共产党的统战政策基础上，各民主党派的存在依据、基本性质、主要作用、发展范围等重大问题基本得以确定，各民主党派按照要求进行学习和思想改造，实现从新民主主义向社会主义的过渡。1957年以后，由于反右斗争扩大化和"文化大革命"，各民主党派被迫停止活动。由于历史和政治原因，改革开放前国内对民主党派的理论研究较少。中华人民共和国成立初期的院系调整取消了政治学学科，更中断了对民主党派的理论研究资源。1976年粉碎"四人帮"后，民主党派开始恢复活动，包含成员发展、组织机构建立健全等方面在内的民主党派自觉的建设开始起步，学界对民主党派的研究也日渐活跃起来。

1986年7月，中共中央批准并转发了《中央统战部关于新时期民主党派工作的方针和任务的报告》，这一报告总结了中华人民共和国成立以来中共面向民主党派开展工作的基本经验，阐明了新时期中共对民主党派工作的方针和任务，第一次提出了支持和帮助民主党派建设问题。1989年12月出台的《中共中央关于坚持和完善中国共产党领导的多党合作和政治协商制度的意见》，首次正式确认了我国各民主党派的参政党地位，并对加强民主党派建设提出了相关意见。在政治实践的推动下，20世纪80年代后半期出现了中华人民共和国成立以来关于民主党派建设理论研究的第一波热潮，这一阶段的研究中，学界关注的重点主要是民主党派产生、发展的历史研究和民主党派的性质及其在国家政治生活中的地位、作用等。

20世纪90年代，各民主党派适应变化，组织了关于自身建设的座谈会，并相继召开代表大会对各自章程进行了修改。2005—2006年，中共中央相继出台了《关于进一步加强中国共产党领导的多党合作和政治协商制度建设的意见》和《关于加强人民政协工作的意见》，推动参政党建设的理论研究向前进一步发展，研究主题扩展到了参政党的组织、制度、功能和建设等各个方面，并嵌入了社会主义政治文明、社会主义协商民主和中国新型政党制度等主题当中。

（二）参政党的性质与政党概念的发展

参政党的性质定位是随着国内阶级状况和社会结构变化而不断演进的。1979年邓小平在全国政协五届二次会议上，根据国内阶级状况的根本变化，指出我国各民主党派"已经成为各自所联系的一部分社会主义劳动者和一部分拥护社会主义的爱国者的政治联盟，都是在中国共产党领导下为社会主义服务的政治力量"。同年召开的第十四次全国统战工作会议进一步明确了民主党派是"发扬社会主义民主的重要组织和联系人民群众的重要纽带"。但政治上的"拨乱反正"并没有完全解决理论上的"逻辑自洽"，围绕民主党派的性质和定位仍然存在争论。

有学者认为，资产阶级作为一个独立的阶级已不复存在，因而民主党派也就不具有政党的性质，而是为社会主义服务的政治力量，是"一些有着自己特殊历史背景的进步的社会政治团体"[1]。也有学者认为，民主党派已经成为"代表一部分社会主义劳动者和拥护社会主义的爱国者的新型的社会主义政党"[2]或"社会主义性质的政党"[3]，是"一部分工人阶级的政党"或"工人阶级知识分子的政党"[4]。中共十三大前后，围绕政治体制改革这一议题，学界对民主党派的定位开展了讨论，部分学者认为民主党派也属于执政党的范畴，是"次要执政党""亚执政党""参与执政的党"。还有学者认为民主党派是"合作党""议政党""咨政党""协政党"。2005年颁发的

---

[1] 梁昱庆：《政治学与中国特色社会主义理论研究》，四川大学出版社2010年版，第143页。
[2] 高放：《民主党派不是政党吗？》，《群言》1986年第12期。
[3] 孙显元：《论民主党派的性质》，《安徽省委党校学报》1989年第3期。
[4] 童阳秀：《关于民主党派性质、地位和作用的理论观点概述》，《党校科研信息》1988年第34期。

《中共中央关于进一步加强中国共产党领导的多党合作和政治协商制度建设的意见》完整表述了我国参政党的性质、地位和特点，全面概括了当代中国民主党派的社会基础和政治特点。参政党性质地位的确定，是我国政党制度理论的重大发展和创新，使各民主党派有了明确的政治地位和制度保障，同时也使中国共产党作为执政党和领导党更充分地获得了政党理论层面和逻辑层面上的说明和支持。

民主党派和参政党均是我国政党政治中的特定概念。参政党概念的提出创造性地解决了中国政党政治中的理论和实践问题，同时更是对世界政党概念外延的拓展和丰富。在西方竞争性政党制度中，与执政党相对应的是在野党、反对党；在中国新型政党制度中，在执政党周围的是参政党。作为参政党的民主党派既不是在野党，也不是反对党，而是合法参与国家政权的政党和执政党的合作党，是影响政治过程的独特政党类型。从政党类型学意义上，参政党既有政党组织的一般特点，又突破了以政权目标为政党基本内涵的思维定式。

（三）参政党的建设与中国新型政党制度

在参政党的建设目标问题上，随着政治实践的发展大体经历了三个阶段。第一个阶段，各民主党派在其成立和发展的各个历史时期都提出过各自的发展任务和政治纲领。其共同特点在于均未将党建目标写进各自的章程中，少部分民主党派在全国代表大会的报告中涉及了本党的党建目标。第二个阶段，1997年各民主党派中央领导人调整后的五年内，部分民主党派在文件中提出了"建设高素质参政党"和"建设适应21世纪要求的参政党"的目标。第三个阶段，2002年各民主党派相继召开全国代表大会，在各自章程中明确写下了本党的建设目标，把参政党建设的目标、内涵和原则写入章程。

参政党建设目标与原则的学术争议还是基于参政党与执政党的利益之间的一致性与特殊性的张力。参政党的建设目标从根本上来讲要为社会主义民主政治建设服务，但也不应简单地套用执政党的党建理论，而应符合参政党自身建设实际，突出其特殊性，"具体包括创建参政党理论体系、形成强有力的参政党领导核心、有较强的广泛的社会影响、有足够强大的凝聚力、制度化程度较高、参政能力有较高的水平和组织纪律有较强的约束性"[1]。在参政党建设的原则问题上坚持共产党的领导，发扬社会主义民主，体现进步性与广泛性的统一是参政党建设的根本，但与此同时，民主党派与中国共产党、民主党派之间也应强调"保持特色"[2]，如果没有差异与特色，民主党派也就失去了立身之基。

在具体的建设方面，思想建设是参政党建设的中心环节和首要任务。参政党的思想教育固然包括培育政党意识、加强政治引导和锻造优良品德等方面，[3] 但核心还是培养"参政党意识"[4]。然后是加强参政党制度建设，它是带有根本性、长期性和保障性的建设，其主要内容一般包括建立健全领导班子的议事决策规则、领导班子成员考核制度、发展成员考核培养制度、联系群众制度、机关工作制度和机关干部管理制度。当前的制度设计和制度创新要着力于民主党派内部制度的健全和完善，推动多党合作制度的明确化、具体化。最后是参政党能力建设。它不仅是"参政能力"[5]，还是作为政党组织在参与国家政治生活中表现出来的同治理要求相匹配的综合能力。[6] 由政治把握能力、参政议政能力、民主监督能力、合作共事

---

[1] 朱新镛：《关于当前参政党建设的若干问题》，《广东省社会主义学院学报》2001年第1期。

[2] 王则楚：《保持特色是民主党派自身建设的重要原则》，《广州社会主义学院学报》2004年第1期。

[3] 郑宪等编著：《中国参政党建设新论》，中共中央党校出版社2006年版，第136页。

[4] 杨雪燕：《强化参政党意识是新时期参政党自身建设的首要任务》，《贵州社会主义学院学报》2007年第3期。

[5] 吴翰：《关于参政党建设目标的几个问题》，《广东省社会主义学院学报》2006年第2期。

[6] 张惠康、黄天柱：《参政党能力建设动力机制研究》，《中央社会主义学院学报》2007年第5期。

能力和组织协调能力组成,是参政党综合素质的反映。① 激发参政党能力建设内在动力的主要来自两个方面:一方面是来自参政党内部的动力机制,另一方面是来自参政党外部的动力机制。② 参政党能力建设既要落脚在党派成员特别是领导干部的素质增强上,也要落脚在参政党的领导体制和工作机制的改革上。

2018 年 3 月 4 日,习近平总书记在参加全国政协联组会议时首次提出"新型政党制度"的概念。新型政党制度的协商民主方式和合作性政党关系决定了执政党建设和参政党建设具有重大相关性。各民主党派作为"新型政党制度"的重要主体,必将发挥越来越大的作用。新型政党制度中的中国共产党与各民主党派在政治上是领导与被领导的关系,对于国家政权是执政与参政的关系,在法律地位上是平等的关系,政党之间是协商合作与互相监督的关系。参政党建设的目标、原则、意识、制度、能力等建设必须站在"新型政党制度"的重要、必要组成部分的高度,实现参政党建设和研究的全面提升,为国家治理体系、能力的现代化和建构中国新型政党制度的国际话语体系贡献更大力量。

总体而言,70 年来的参政党研究取得了较大成绩。在研究方式上,转变了过去对参政党进行简单的定性判断、历史描述、职能介绍的倾向,把着力点放在新问题方面,理论性进一步增强;在学科视野上,从单纯就参政党进行研究,转变为借助政治学、历史学、社会学等多种社会科学研究方法,开展多学科的综合性研究,综合性进一步强化;在研究取向上,由大层面的寻求规律性研究转向从某个党派的个案研究,转而替换为以微观的分析寻求结论,科学性进一步提升。但仍旧存在着理论滞后于实践、参政党研究群体与执

---

① 魏晓文、王刚:《参政党建设研究:综述与展望》,《社会主义研究》2008 年第 3 期。
② 张惠康、黄天柱:《参政党能力建设动力机制研究》,《中央社会主义学院学报》2007 年第 5 期。

政党研究群体的分离等问题，进一步从政党政治的学科视野强化参政党的理论研究就成为历史的必然。

结　语

中华人民共和国成立70年以来的中国政党理论研究，其中虽有曲折，但取得的成就是巨大的，主要体现在以下几个方面。

第一，继承并发展了马克思主义政党理论。中国政党理论研究以马克思主义政党理论为指引，以中国共产党建立、革命战争、中华人民共和国建立与建设、改革开放和新时代政党政治建设的实践为基准，赋予社会主义初级阶段、新时代等时代特色，创造性地提出中国特色新型政党制度理论。

第二，提升了中国特色政党原理性的认识。中国特色政党理论不断从基层、地方和中央政党政治实践中汲取营养，不断应对西方错误政治思想的渗透和打压，在实践中不断修正和完善指导理论，不断强化和注重思想创新、理论创新和制度创新，具有鲜明的时代性和实践性。

第三，政党理论研究内容不断拓展、研究方法日益多元，人才梯队日益成熟，基本构建了中国的政党理论体系和学科体系。中国特色政党理论研究经过70年的发展，政界、学界提出了一系列政党发展与建设的指导与理论，规范、实证、交叉多学科等研究方法不断创新；中国特色政党学科体系构建依托各大高校、研究机构和思想智库的研究积累和思想凝聚，依托院系、专业到学科的人才培养与培训机制，迄今已形成较丰富的研究成果、较完备的学科体系和高质量的人才梯队，为中国特色政党理论研究和政治学科发展奠定了坚实基础。

成就与问题同在，机遇和挑战并存，只有不断汲取经验教训，不断夯实理论实践，才能迎来中国特色政党理论的不断成熟完善。

当前中国政党理论研究所存在的主要问题：一是理论研究和学术成果滞后于丰富多彩的政治实践，难以有效引导并指导实践，政党法律法规也需进一步修订和完善，以应对政党能力建设的挑战和要求；二是政党理论研究尚未建立国际范围认可的学术体系和话语体系，多停留在本土研究和本土实践，应当不断扩大思想理论的国际影响力和认同度；三是政党理论研究属于开创性研究，尚未形成具有中国特色的学科体系和学术流派，[①] 需要中国学者的强大责任感、政治敏锐性和积极的学术自省与自觉。

展望未来，中国政党理论研究需要从以下几个方面做出努力。

第一，加强中国政党理论的基础性研究。中国特色政党理论研究需要筑牢理论性和原理性的研究基础，实现政党理论、政党学说和政党思想的不断发展与完善。中国政党理论研究工作者应当扎根基层、扎根现实、扎根国情，把握时代脉搏和现实需要，在继承和发扬已有经典理论和学说的基础上，提出新观点、新概念、新范畴和新理论，站在历史的角度、人民的角度和长远的角度思考、分析和解决问题，不断丰富和完善中国特色政党理论体系。

第二，重点关注中国政党理论的实践性研究。中国特色政党理论研究需要强化实践性的研究导向，加强理论和实践相融合、思想体系和现实发展相契合，不断推动中国政党政治建设的完善进程和发展效能。在中国政党理论的实践中，应当从历史和现实中汲取经验教训，通过研究古代历朝历代政治更迭的经验教训、苏联解体和东欧剧变的经验教训、西方政党政治转型与发展的经验教训，取其精华、去其糟粕，不断丰富和完善中国特色的政党理论与实践体系。

第三，坚持中国政党理论研究的时代性。习近平总书记对哲学社会科学工作者提出应该立时代之潮头、通古今之变化、发思想之先声，积极为党和人民述学立论、建言献策，担负起历史赋予的光荣使命。中国特色政党理论研究需要充分把握政治经济社会发展的

[①] 房宁：《谈谈当代中国政治学方法论问题》，《政治学研究》2016年第1期。

热点、难点和要点，符合社会发展规律和发展趋势，始终站在历史和时代的最前沿，形成高度的理论自信、政治自信和制度自信，创新建构中国特色的政党理论体系。

第四，提升中国政党理论研究的科学性。中国特色政党理论研究需要优化和提高科学性和技术性的研究方法，不断运用新方法和新技术，依托大数据分析方法和信息化手段，把握人工智能潮流和信息网络发展潮流，结合当前国家治理体系创新的总体趋势，使政党政治研究贴合社会阶层的新变化、人民群众的新诉求、国内国际环境的新背景。

第五，建构中国政党理论的国际话语体系。中国共产党领导的多党合作和政治协商制度是中国特色社会主义政党制度，根植于中国革命、建设和改革的伟大实践，"是中国共产党、中国人民和各民主党派、无党派人士的伟大政治创造"。[①] 要牢固树立中国特色社会主义政党制度的理论自觉，提升中国特色社会主义政党理论话语权，在国际交往和国际竞争中体现优越性和自信力，提高中国政党理论研究的国际地位和国际影响力。

[①] 习近平：《坚持多党合作发展社会主义民主政治　为决胜全面建成小康社会而团结奋斗》，《人民日报》2018年3月5日第1版。

第 四 章

治理理论研究

　　作为中华人民共和国成立以来中国政治学最重要的研究议题之一,治理研究经过30多年的发展,从20世纪90年代中期被引入中国以后,伴随着中国经济社会的快速发展,其研究经历了从最初的学习推介、议题扩散到内容深化的不同发展阶段。随着国家治理现代化成为全面深化改革的总目标之一,治理理论吸引了越来越多的学者参与研究,并且更多地反映出中国治理的实践经验,并为不同领域的治理实践提供了有力的智力支撑,实现了中国治理研究的创新与发展。而本章在对中国的治理理论研究进行总体梳理的基础上,分别从国家与社会、中央与地方、政府与市场三个具体治理研究的维度进行了探讨,以期能够为未来更好地深化此议题提供有益的借鉴。

第一节　中国治理理论研究的进程

一　治理理论研究的缘起

　　从学术发展史来看,治理概念最早可以追溯到14世纪晚期,[1] 而治理真正进入现代学术研究视野则是 20 世纪 80 年代末。当时面对着发展中国家经济增长危机的现实情形,1989 年世界银行发布了《撒哈拉以南非洲：从危机到可持续增长》的研究报告,认为非洲发展问题根源在于"治理危机"。此后,世界银行多次在其年度报告中阐释了关于治理的看法,探讨了衡量各国治理水平的指标体系,并不时发布各国治理水平的排行榜。正是在世界银行等机构的大力推动下,治理概念开始被应用到社会科学研究当中,以此来解释不同国家和政府的政治社会实践。加上当时各种全球化现象不断涌现,以及资本主义国家所面临的福利国家危机,导致了国际政治经济格局日益呈现出复杂性和不确定性相互交织的局面,这就需要传统国家政府角色重新进行定位和调整,伴随着西方国家政府改革的推进,尤其是在福利国家改革过程中,形成了对国家和政府作用做进一步限制的研究路径,"那些强烈感到国家在经济和社会生活中导向作用过强因而需要减少的人,已经将部分公共事务的讨论从'政府'的行政范围更多地转向'治理'"[2]。而治理理论一定程度上适应了这种现实的需要,并吸引了各国研究者广泛关注,治理也因此演变成为一个流行的学术概念。

虽然从词源意义上看,中国古代以来很长一段时间都存在治理这个概念,但是它与现代社会科学意义上的治理概念还存在着较大的区别。国内最早对于治理理论的探讨实际是基于"Governance"一词的翻译讨论而展开的,虽然从历史上来看,中国的汉语用法也

---

[1] 最早可以追溯到 14 世纪末,英格兰国王亨利四世使用治理概念用以表明"上帝之法授予国王对国家的统治之权"。其后,在 15 世纪卢素（J. Russell）写到能否成为一位贵族好管家的关键就是"管制力"（governed）和"非管制力"（ungovered）起着核心作用。随后的乔叟、高尔、维克利夫等对该词的使用不仅是将其意指定为"好""公民秩序"等。16 世纪或 18 世纪法语"Gouvernance"一词,曾是启蒙哲学表达政府开明与尊重市民社会结合的一个要素。

[2] [约旦] 辛西娅·休伊特·德·阿尔坎塔拉、黄语生：《"治理"概念的运用与滥用》,《国际社会科学杂志》（中文版）1999 年第 1 期。

存在着治理这个概念,并且在此之前已经在一些领域中被广泛应用,① 但是它与学术意义上的治理存在着较大的差别。国内政治学界首先是从 Governance 的概念如何进行准确翻译而开始推进研究,不同的学者进行了翻译解读,有学者翻译为"治理",有学者翻译为"治道",认为"与传统概念相比,'治道'一词更为优越,因为它更动态、更具体,也因此免受意识形态争论的困扰"②。也有学者翻译为"管治"③,最后大多数采用了"治理"的名称,并成为目前国内统一的用法。

由于治理理论与当时中国改革开放现实具有一定的契合性,所以在引入以后就迅速被政治学界所接受。如同当年政治学恢复重建一样,中国政治学界对于治理理论的研究也开始于对西方学术界治理理论的翻译与推介,并进行了持续的追踪性研究,学者们在对大量国外治理研究学术文献的学习推介基础上,基于中国治理改革实践的需要,结合中国语境和实践对该理论进行了多样化的阐述,一定程度上形成了立足我国,借鉴国外的中国治理理论,进而避免了西方治理理论中由于概念使用过于频繁而呈现出模糊化的状态。

首先,学术界对于治理理论的核心内涵曾经存在有不同的理解,有学者分别从市场经济、组织网络以及国家建构等角度进行

---

① "治理"一词在我国很早就存在,例如在《荀子·君道》中曾经出现:"材技官能,莫不治理,则公道达而私门塞矣,公义明而私事息矣。"而改革开放以后,治理的概念也多次在经济体制改革、环境保护等领域中被使用,其中商业领域的公司治理、企业治理等概念在我国学术界使用较早并且也较为充分。而与政治学相关的则是社会治安综合治理概念的出现与使用,但这里所指的治理更多地侧重于方针和政策的含义,与现在治理概念还有较大的区别。

② 智贤:《GOVERNANCE:现代"治道"新概念》,载刘军宁编《市场逻辑与国家观念》,生活·读书·新知三联书店 1995 年版,第 55 页。

③ 使用这个译法的学者大多是当时研究城市规划的学者,参见陈振光、顾朝林等学者在《城市规划》2000 年第 9 期上关于西方城市管治模式、中国城市管治等一组学术论文。后来该用法基本上集中于城市规划研究领域,后随着"治理"译法的使用越来越广泛,该用法的使用越来越少。

过探讨，其中最有代表性的观点是从公共权力以及治道的角度对治理进行理论解释，认为公共权力构成了治理理论逻辑的核心内容，在此基础上提出了"需要公共权力的合理配置和有效运行，需求合理的治理方式，提高公共产品的生产能力，以满足公共社会需求"[1]。"有限政府、法治政府、民主政府和分权政府，构成现代化的治道构件，这些构件构成了现代治道的制度平台。"[2] 综合以上看法，从政治学意义上来看，我们可以认为治理是围绕着国家（政府）社会市场的关系而展开的，以社会秩序可持续和公共利益最大化为目标，重点关注公共权力及其相关主体的参与及协调的互动过程。[3]

在国内早期关于治理研究的基础理论中，善治[4]无疑是值得关注的。其中，中央编译局的研究团队通过回顾斯托克、罗兹、库伊曼和罗西瑙等学者的研究，提出了善治的概念，认为"善治就是使公共利益最大化的公共管理过程。善治的本质特征，就在于它是政府与公民对公共生活的合作管理，是政治国家与市民社会"[5]。并认为善治包括合法性、透明性、责任性、法治、回应、有效六个要素。其后不少学者在善治的基本研究框架下，强调政府和社会的合作、政府与各种社会组织实现治理目标共享，形成合作的共同体，同时，政府发展和提供一整套政策工具和创新管理技术来激励、吸纳社会

---

[1] 徐勇：《GOVERNANCE：治理的阐释》，《政治学研究》1997 年第 1 期。
[2] 毛寿龙：《现代治道与治道变革》，《南京社会科学》2001 年第 9 期。
[3] 任勇：《治理理论研究为治理现代化提供学理支撑》，《人民日报》2019 年 3 月 25 日第 10 版。
[4] 从理论源头来看，关于善治的讨论来自治理中对于良好治理（good governance）的讨论。从 20 世纪 80 年代开始，一些国际组织或者援助国政府通过向受援助国政府施加政治影响时，明确提出将受援助国家的善治水平提升或者改革作为是否获得援助条件之一。其中以世界银行最为典型，并且它给善治制定了明确的标准。在这种情形下，善治就与治理结合在了一起。
[5] 俞可平：《治理和善治：一种新的政治分析框架》，《南京社会科学》2001 年第 9 期。

的公共服务，而这些内容在其后的地方政府、社区、商会等多个经验性研究中多次出现。

需要指出的是，由于治理研究通过多种开放、发散的方式被赋予了多重意义，导致后来的治理概念具有较强的模糊性，也导致后来研究过程中出现的概念使用以及话语体系的一定程度的混乱。此时的治理研究容易将公民社会和自由市场完全抽象化为政治发展的进步性力量，一定程度上回避了国家仍然处于主导性地位的制度现实，并且对于公民社会或者公民组织也存在不少理论和实践上的争论。如同有的学者评价的那样，"由于其规范性立场，治理理论只是简单地接受了自由主义关于市场经济和公民社会的片面表述，并将其作为政治发展的进步性力量"①。不仅如此，对于治理理论所适用的制度背景也成为学者们关注的内容之一，尤其是需要适当考虑"在缺乏作为制度基础的现代社会政治秩序的情况下，如果过分地夸大'治理'的效用，把本来作为远景的'治理'状态视为眼前的目标，则可能破坏正在进行的现代制度建设"②。作为一个外来的理论概念，治理理论在引进和推介的过程中，必然会出现类似的问题。所以结合当时情境，对于治理研究议题反思成为今后政治学界对此问题进行深化的动力之一。

二 治理理论研究的发展

就治理理论本身而言，它的形成与发展始终是与国家制度变迁和社会转型结合在一起的。由于中国改革开放以后国家、市场、社会不同程度在发生全面性变革，人民依法享有和行使民主权利的内容更加丰富、渠道更加便捷、形式更加多样，其涉及的行为主体也逐步多元化，治理理论所依赖的约束性条件也在发生变化。于是，

---

① 李泉：《治理理论与中国政治改革的思想建构》，《复旦学报》（社会科学版）2014年第2期。

② 杨雪冬：《论治理的制度基础》，《天津社会科学》2002年第2期。

治理理论能够解释的范围不断扩大并扩散到不同领域，且与不同的行为主体和体制制度结合，形成了诸如国家治理、政府治理、社会治理、基层治理、城市治理等不同新兴研究领域。改革开放所带来的巨大经济社会变迁，为治理研究在政治学领域扎根成长提供了丰富土壤，使得治理研究内容进一步扩散化并与不同主体实现了结合，分别形成了国家治理、社会治理、基层治理、政府治理等一系列与治理相关的概念，形成了治理研究的概念域。其中最为典型的是治理概念对于社会管理概念的影响，逐步被社会治理所代替。更为重要的是，这一阶段关于治理研究已经形成了国家与社会、中央与地方、政府与市场的治理研究中的三对关系，它们共同构成了理解中国治理理论的基本面向。随着时代变迁所带来的国家社会市场关系的新变化，政治学界对治理的研究已经不仅局限于简单层次的学习推介，而是在结合中国治理实践的基础上注重将原有治理理论进行本土化改造和提炼，概括出具有规律性的中国治理新实践，以更好地为中国的治理变革提供强有力的理论解释，使得中国的治理研究日渐成熟。

在中国治理研究的涉及三对关系中，国家与社会的关系是治理理论研究的核心内容，也是最为重要的内容。其中关于治理与国家建构的关系是一个重要环节。连朝毅从马克思主义经典理论的角度出发，结合中国的现实情况，认为治理研究要超越西方语境下国家与社会的二元对立关系，"事实上只有在社会主义条件下实现人民当家作主才能真正克服国家与社会关系的内在矛盾，发展出一种国家与社会呈现良性互动状态的新型治理模式"[①]。也有学者认为治理强调市场力量与社会组织的网络式、伙伴式协作与自组织治理，一起实现社会中的众多治理目标，而国家建构是以国家为中心的制度建设，强调稳定性、秩序性与规制性，两者之间存在着内在张力，应

---

① 连朝毅：《国家与社会关系的当代调适及其发展辩证法——基于马克思政治哲学范式的"治理"研究》，《政治学研究》2016年第2期。

该"探索国家建构如何促进形成多中心治理体系,治理体系发展又如何通过国家承担元治理角色而避免和克服治理失败"①。

改革开放以来中国的国家、社会日渐分离,各种类型的社会组织快速发展,人民群众在社会活动中所表达的意愿日渐增强、所拥有的权利日渐广泛,其主体地位显著增强。对此,周雪光从权威体制与有效治理的角度探讨了当代中国国家治理的制度逻辑,认为要解决两者之间存在的矛盾,提出了决策一统性与执行灵活性之间的动态关系、政治教化的仪式化、运动型治理的三种应对机制,在这种背景下,要实现公共利益的最大化以及社会秩序的可持续发展,就不能仅仅依靠单一国家或者政府力量,需要重视人民群众和社会组织的积极作用,在及时回应社会和人民的多样化需求过程中,充分发挥不同利益主体的积极性。②对此,房宁、周少来等认为在中国特色社会主义现实语境下所探讨的国家与社会关系有其自身的特点,"国家与社会不是对立的,不能把我国国家与社会的关系人为地置于西方话语体系之中——把'国家'视为'必要的恶',把'社会'无条件地视为'善'"③。而这一提醒实际上直接涉及治理理论适用于中国场景的核心命题。

从一定意义来说,治理研究更加偏重于实践领域,无论是政府治理、社会治理等,还是基层治理、城市治理等,无不与中国经济社会发展实践密切相关。政治学界关于治理研究中所产生的不少研究成果间接或者直接影响着中国治理的实践,一定程度上改变了与此相关的政治行政话语的变迁,推动着中国各个层次治理体制与机制的创新,在探讨政府与市场的关系方面最为典型。中国的治理研究一方面强调要不断深化政府自身改革和优化政务流程,减少政府

---

① 郁建兴:《治理与国家建构的张力》,《马克思主义与现实》2008年第1期。

② 周雪光:《权威体制与有效治理:当代中国国家治理的制度逻辑》,《开放时代》2011年第10期。

③ 房宁、周少来:《正确认识中国特色社会主义条件下国家与社会的关系》,《人民日报》2010年6月10日第7版。

不必要的微观管理和直接干预行为，在有效弥补市场失灵行为的同时，政府要善于运用多种政策工具为市场发挥决定性作用创造条件，提升服务效能。另一方面也要在一些领域充分发挥市场作用，扩大开放公共服务市场，通过政府购买服务、健全激励补偿机制等多种办法，提高公共产品与公共服务的资源配置效率，调动市场力量，增加非基本公共服务供给，更好地满足群众多层次多样化的需求，最大限度激发市场活力和社会创造力。在此基础上，政府要根据实际情况的发展，改革其机构设置和优化职能配置，重视运用新兴信息技术治理等手段，更加强调"将重点从管理、控制大型官僚机构的技能转向赋权技能，以使网络中平级的各方参与进来，并将众多目标一致的利益相关方聚集在一起，实现相互依赖"[①]。在特定领域更多地依赖协商、合作等多种弹性的治理方式，实现国家治理与社会调节、居民自治的良性互动。

这一阶段不能忽视的是关于治理研究的方法开始逐渐被学术界重视，如同改革开放以后政治学研究的其他领域一样，中国治理的研究方法也呈现出多样化发展态势，学者们使用研究方法的自觉性不断提升。具体来说，在重视治理规范性研究的同时，也重视治理的经验性研究。对于前者而言，学界继续对治理的基础性理论进行再探究，诸如继续深入探讨了国家建构与治理的关系、社会资本与治理的关系等，以便更好地在中国现实场景下运用治理理论来合理解释中国实践。对于后者而言，案例研究、定量研究、实验研究、预测研究等现代科学方法在多个领域中得到广泛应用，最为典型的是在基层治理研究中，有的在大量研究案例的基础上，已经开始采用大数据手段来进行一定程度的数据清洗、分析与应用，实现治理研究方法的更新升级，提升了中国治理研究的整体性质量。

[①] ［美］莱斯特·M. 萨拉蒙：《政府工具：新治理指南》，肖娜译，北京大学出版社2016年版，第13页。

三 治理理论研究的兴盛

2013年中共十八届三中全会明确提出了将推进国家治理体系与治理能力现代化作为全面深化改革的总目标，并对其具体内容进行阐释："国家治理体系是党领导下管理国家的制度体系，包括经济、政治、文化、社会、生态文明和党的建设等各领域体制机制、法律法规安排，也就是一整套紧密相连、相互协调的国家制度；国家治理能力则是运用国家制度管理社会各方面的事务的能力，包括改革发展稳定、内政外交国防、治党治国治军等各个方面。"① 国家治理体系与治理能力现代化的提出标志着治理研究已经拓展到中国治国理政的全过程，为进一步深化治理研究提供了更加清晰的方向。中共十九大又提出了实现国家治理体系和治理能力现代化是"两个一百年"奋斗目标之一，不仅使当前治理研究呈现出新的趋势，而且也为未来可能形成的具有中国特色的治理研究提供了广阔空间。在这种背景下，国内一些重点高校与科研机构纷纷成立了国家治理研究院、国家治理研究中心等机构，② 类似的一系列国家治理现代化丛书也先后出版，③ 从目前来看国家治理研究正在迎来

---

① 习近平：《切实抓好党的十八届三中全会精神的贯彻落实》，载《习近平总书记重要讲话文章选编》，党建读物出版社、中央文献出版社2016年版，第91页。

② 最为典型的是北京大学国家治理研究院和中国社会科学院国家治理智库的成立。2013年，教育部人文社会科学百所重点研究基地北京大学政治发展与政府管理研究所联合复旦大学、吉林大学、中山大学、中国财政科学研究院成立了国家治理协同创新中心。2016年，该研究所改名为北京大学国家治理研究中心。2015年，中国社会科学院成立了国家治理研究智库，以研究和推进国家治理能力和国家治理水平为主旨。

③ 最具代表性的有王浦劬主编的"国家治理研究丛书"（北京大学出版社出版）和俞可平主编的"国家治理现代化丛书"（中央编译出版社出版）。前者已经出版了十本以国家治理为主题的专著，主要内容涵盖社会民主、社会资本与国家治理、纯公共物品供给模式、户籍制度改革等内容；后者主要是国内近年来研究不同治理论文为主的论文集，具体包括何增科和陈雪莲主编《政府治理》、陈家刚主编《基层治理》、杨雪冬和王浩主编《全球治理》、曹荣湘主编《生态治理》、杨雪冬和张萌萌主编《大国治理》、周云红主编《社会治理》等。

一股研究热潮。

在此时的治理理论研究当中，国家治理研究成为热点领域，其中就首先涉及国家治理研究的基本理论。一定意义上来说，"我国今天的国家治理体系，是在我国历史传承、文化传统、经济社会发展的基础上长期发展、渐进渐行、内生性演化的结果"[1]。从更广阔的视野对国家治理进行研究，有学者试图从历史的角度对中国的国家治理进行了探讨。[2] 实际上，中国国家治理的研究都脱离不了中国特色社会主义制度框架，有关中国的国家治理问题都是建立在党的领导、人民当家作主和依法治国有机统一基础之上的，坚持和完善中国特色社会主义制度是国家治理体系和治理能力现代化的前提，中国特色社会主义制度规定了国家治理体系和治理能力现代化的基本发展方向。[3] 也是从这个意义上来说，中国的国家治理现代化是基于中国的现实情况而提出，并有其中国特色社会主义的内在制度和价值的规定性。

在明确以上价值和制度前提的基础上，有学者从学科发展的角度，认为要有效地推进国家治理现代化，一个基本前提是对"国家的母体"，即对社会尤其是各种非西方国家的社会形态进行比较研究，[4] 只有在搞清楚治理的基本理论来源的基础上，才能更好地

---

[1] 习近平：《习近平谈治国理政》，外文出版社2014年版，第105页。

[2] 2019年第1期的《中国社会科学》杂志曾经发表了一组专题文章，从历史社会学角度对传统中国国家治理进行了探讨。学者们分别探讨了正式制度与非正式制度之间的相互作用，以及象征性权力与实质性权力之间的转化；"制度"的整套规则和程序在传统中国国家治理中发挥作用的过程；传统中国国家治理的"内生性演化"进程，这样就使得我们可以更好地理解中国国家治理的历史实践。

[3] 推进国家治理体系和治理能力现代化的论断提出后，学术界就有一种声音认为，这表明我们党接受了一个西方的概念，甚至把西方现代国家体制说成"善治"体制。这种观点在理论上是站不住脚的。参见房宁《如何推进国家治理体系和治理能力现代化》，《人民日报》2014年1月28日第7版。

[4] 杨光斌：《作为建制性学科的中国政治学——兼论如何让治理理论起到治理的作用》，《政治学研究》2018年第1期。

认识中国国家治理的内在机理。所以就有学者在对西方治理理论的源头进行较为系统梳理的基础上，认为中国国家治理体系与治理能力的话语应该包括两个方面，"一方面是做事的方式方法和途径，另一方面是治理国家的能力"①。对于由治理理论而衍生到不同政治领域而生成的国家治理、政府治理以及社会治理的关系，有学者就认为这三者之间"本质上具有一致性，这就是中国共产党领导人民进行的治国理政"②。同时，这三者之间也存在包容性关系、交集性关系和区别性联系，其区别主要体现在治理主体、治理活动涉及社会关系、治理活动涉及的内容、治理活动采用的机制等方面。也有学者对治理涉及的某一维度进行了考察，如从软治理角度进行了探讨，认为"软治理是指以实现国家认同为中心，现代国家通过对精神、文化和价值等形态的有效治理，进而影响人的价值取向和社会行动，来创造国家共同的理念和价值，实现国家整合和社会团结的治理过程"③。软治理可以为国家治理提供文化、精神与价值层面的有效支撑，而这些内容则是未来推进国家治理现代化不可或缺的条件之一。在对国家治理基础理论探讨的基础上，有学者认为中国国家治理现代化不同于西方的治理场景，存在着三个基本命题，即"第一是政府与公民的关系，二是中央与地方的关系，三是政党与国家的关系"④，并且认为这三者在全局上具有决定性意义。

同时，如何有效推进国家治理现代化成为学者们关注的焦点，主要侧重两个方面：一个方面重点是从价值和战略方面探讨，另一

---

① 王绍光：《治理研究：正本清源》，《开放时代》2018年第2期。
② 王浦劬：《国家治理、政府治理和社会治理的含义及其相互关系》，《国家行政学院学报》2014年第3期。
③ 任勇、肖宇：《软治理与国家治理现代化：价值、内容与机制》，《当代世界与社会主义》2014年第2期。
④ 陈明明：《国家现代治理中的三个结构性主题》，《中国浦东干部学院学报》2014年第5期。

个方面则是从策略和机制方面进行探讨。

关于第一方面,有学者从当前国家治理现代化面临的问题角度出发,认为当前存在的问题主要是由于计划政治①所造成的弊端,需要通过深化行政体制改革,建立一系列新的制度和机制才能实现国家治理现代化的总任务。有学者从八大范畴的角度探讨了国家治理的制度逻辑②,并且以国家治理体系来推动国家制度体系成长,关键"一是治理主体的自我成长与完善;二是治理所需要的基础制度的充实与完善。这两个方面是相辅相成"③。而国家治理现代化都是站在既定国家制度框架下展开的,遵循既定国家治理的内在逻辑,充实和完善既定的国家制度。也有学者基于中国国家治理现代化战略选择的角度,认为应该定位在四个具体维度,即"顺应中国国家权力运行从国家专政、国家管理到国家治理发展的历史趋势;确保在中国共产党统领格局下多元主体有序的协同治理,化解中央权威与地方自主之间的紧张性,实现国家治理的有效性和公正性;立足全球视野,为中国积极参与全球治理、提高中国在全球治理中的话语权奠定坚实的内部基础;优化治权,重构执政合法性,从经济绩效合法性转向治理有效合法性"④。

---

① 如认为计划政治主要体现为以下特点:第一是夸大领导者掌握信息的能力和判断力;第二是把人民的各种复杂多样的社会需求和政治需求简单化;第三是重视专门机关的力量而轻视社会自身的力量;第四是重视领导的决策而轻视群众的参与;第五是强调对社会的控制而忽视社会自身的创造性和主动性。参见李景鹏《关于推进国家治理体系和治理能力现代化——"四个现代化"之后的第五个"现代化"》,《天津社会科学》2014 年第 2 期。

② "八大范畴"包括公有与非公有、党与国家、根本制度与基本制度、民主与集中、市场与政府、法治与德治、单一制与民族区域自治、协商与自治。参见林尚立《当代中国政治:基础与发展》,中国大百科全书出版社 2017 年版,第 378—384 页。

③ 林尚立:《当代中国政治:基础与发展》,中国大百科全书出版社 2017 年版,第 387 页。

④ 肖滨:《中国国家治理现代化战略定位的四个维度》,《中国人民大学学报》2015 年第 2 期。

关于第二个方面，有学者在对改革开放以来中国政治发展40年总结的基础上，认为始终存在着国家发展与国家治理策略的均衡过程，"一个国家，要在发展和治理中寻求平衡，既不能只求发展而不要治理，也不能只求治理而不谋发展"①。具体而言，有学者从社会转型与国家治理的理论视角，对中国政治体制改革及其政策选择进行了探讨，认为在维护国家治理体系基本稳定的前提下，"适应性民主改革和责任型政府体制改革的上述政策选项，既可以作为过渡性政策的尝试，也可以在积累经验和制度完善后成为解决具体问题的长效机制"②。也有学者从作为方法论的国家治理现代化价值和路径进行了探讨，认为不仅应该有国家治理的技术、手段、目标和战略思想的综合，而且应该"将对公共权力的有效制约和对公民权利的有效维护当作创新国家治理理论和推进政党自身现代化的根本出发点和落脚点"③。

第二节　国家与社会的关系

一　内涵外延拓展

国家与社会关系一直是治理理论关注的一个基础性问题，随着国家与社会自身的不断演变，两者的关系也在逐渐转换，国家与社会关系经历了一个逐渐转变的历程，从"最初是表示社会和国家的一个一般性术语，与'政治社会'同义，后来表示国家控制

---

① 燕继荣：《中国改革的普遍意义——40年中国政治发展的再认识》，《浙江社会科学》2018年第9期。

② 徐湘林：《社会转型与国家治理——中国政治体制改革取向及其政策选择》，《政治学研究》2015年第1期。

③ 唐亚林：《国家治理在中国的登场及其方法论价值》，《复旦学报》2014年第2期。

之外的社会和经济安排、规则与制度"①。从社会视角看,即所谓市民社会理论的视角。20世纪90年代中期,中国学术界曾经围绕着市民社会问题展开过热烈讨论,并就建构中国市民社会提出了相关的理论构想,② 不少学者围绕着马克思主义的国家、社会关系问题做了系统的研究,认为"过去我们研究马克思市民社会思想时,把注意力集中于'经济基础'或'资产阶级社会',而忽视了在国家和市场系统之外的民间公共领域,即以民间组织或社会组织为基础的市民社会或公民社会"③。在实际研究国家社会关系的过程中,有学者主张以政府概念来替代国家概念,这是"为了更好地表达国家权威与社会整体之间的关系,有必要在实际的分析中用政府的概念来代替国家的概念。这样有助于消除国家阶级性问题对分析的干扰"④。

也有学者在对马克思主义以及新马克思主义国家理论进行系统考察的基础上,认为国家与社会的关系经历了一个从国家中心论转向国家人类学的过程。国家人类学对国家与社会的二分关系表示了怀疑,认为两者之间并不存在严格界限,"我们想象中的分野乃是国家一系列行为,比如高度规则化的官僚系统及其行为造成的感觉效

---

① [英]戴维·米勒、韦农·波格丹诺主编:《布莱克维尔政治学百科全书》,中国政法大学出版社2002年版,第132页。

② 当时讨论的成果主要发表在《中国社会科学季刊》(香港)上,代表学者有景跃进、邓正来等;其他研究成果诸如俞可平《马克思的市民社会理论及其历史地位》,《中国社会科学》1993年第4期;时和兴《关系、限度、制度:政治发展过程中的国家与社会》,北京大学出版社1996年版;张静主编《国家与社会》,浙江人民出版社1998年版;康晓光《权力的转移——转型时期中国权力格局的变迁》,浙江人民出版社1999年版;邓正来《市民社会的理论研究》,中国政法大学出版社2002年版。

③ 俞可平:《让国家回归社会——马克思主义关于国家与社会的观点》,《理论视野》2013年第9期。

④ 李景鹏:《走向现代化中的国家与社会》,《学习与探索》1999年第3期。

应"①。如同有的学者评价得那样:"大凡援用西方市民社会模式的论者,无论是市民社会的理念的批评向度,还是取此一理念的实际经验向度,都有意或者无意地试图在中国的历史和现状中发现西方市民社会的现象。"② 不仅如此,如果对应现实的中国政治社会实践中,就会发现来源于西方理论中的国家与社会分析框架不仅面临一些不可回避的问题,而且往往"把研究焦点放置在两类组织间的二元互动上,较少分析各自内部的分化和冲突及其对外部关系的影响和作用机制,从而简化了现实情境中正式权力与其施加对象之间的复杂关联"③。而中国本土性的国家与社会分析框架,甚至在一些具体研究中往往把国家等同于"政府"等政治性组织,把社会等同于一些处于自发状态的社区居民,影响中国本土化的国家社会研究有效推进。

在具体的中国语境下,中国共产党是研究国家社会关系中不可忽视的重要变量之一,"任何掌握政权的政党都必然同时维系着国家与社会,由此形成的党、国家与社会关系是执政党活动的现实基础"④,因此党、国家与社会的关系一定程度上构成研究中国问题的基本理论视角。中国共产党在中国的国家、社会治理中扮演着关键性角色,这使得中国共产党在国家与社会的相互关系中起着主导作用。因此在中国政治中,这种独特的权力结构不能简单地采用国家与社会二分法进行理解,应该充分考虑国家和社会关系中的"党的相对独立作用"。因此,与在国家社会关系中将国家视为中心的国家

---

① 刘拥华:《从国家中心论到国家人类学——对国家与社会关系的一个历史考察》,《江海学刊》2018年第6期。
② 邓正来、[英]J.C.亚历山大编:《国家与市民社会:一种社会理论的研究路径》,中央编译出版社2005年版,第15页。
③ 肖瑛:《从"国家与社会"到"制度与生活":中国社会变迁研究的视角转换》,《中国社会科学》2014年第9期。
④ 林尚立:《领导与执政:党、国家与社会关系转型的政治学分析》,《毛泽东邓小平理论研究》2001年第6期。

中心主义类似，由于中国共产党在国家社会中的领导核心地位，有的学者也提出政党中心主义的理论判断。①

二 国家与社会的互动

20世纪80年代，美籍华裔学者倪志伟主编的《当代中国的国家与社会》一书，曾经收集了美国学者采用"国家—社会"关系视角研究改革开放前后中国政治结构变迁的成果，比较早地对国家和社会的互动关系进行了研究，其后出现的新权威主义对中国国家社会互动关系也进行了一定程度的讨论。

有学者总结了改革开放以后的中国国家、社会关系的特征，认为整体表现为突出的一体化特点，也就是国家对社会进行直接控制。② 自改革开放以来，中国的国家社会关系经历了巨大的调整变化，出现了国家中心论和社会中心论两种不同的理论说法，国家中心论强调国家在经济发展、社会建设和人民福祉中的绝对性主导角色，需要充分发挥国家及国家机器在公共产品供给中的作用，而社会中心论则强调在推动经济社会发展过程中，需要充分发挥市场和社会的力量，在这样的分析视角之下就很容易形成强国家对弱社会、弱国家对强社会的理论判断。无论是国家中心论还是社会中心论，它们都建立在国家社会二分的理论假设基础之上，在这种情形下就很容易将两者的关系简单化，可能会遮蔽实际中所面临的各种经验性验证。这样的分析路径所导致的结果是仅仅重视运用其分析框架，而缺少实质性分析功能。针对国家、

---

① 从比较制度分析的角度认为俄国—中国以及很多后发国家走了一条政党组织主导的现代化模式，并据此提出了政党中心主义。并据此认为政党中心主义将是对长期主导国际社会科学的国家中心主义，尤其是社会中心主义的挑战。参见杨光斌《制度变迁中的政党中心主义》，《西华大学学报》（哲学社会科学版）2010年第2期。

② 对此，有学者曾经将此时的国家社会关系总结为党政一体化、议行一体化、政经一体化、政法一体化、政社一体化五个典型的体征。参见王沪宁《革命后社会政治发展的比较分析》，《复旦学报》（社会科学版）1987年第4期。

社会关系在改革开放以来的深刻变化，两者之间的相互赋权成为新的趋势。有学者认为："国家力量的增长主要表现为国家权力运作范围的扩大、运作过程的规范化和制度化以及有效运作水平的提高。"社会力量的增强表现为三个方面：第一个是"社会对国家控制力和影响力的扩大"；第二个是"社会力量的增长意味着社会自主性的增强"；第三个是"社会力量的增长意味着社会对国家的制约与监督水平的提升"①。越来越多的学者开始认同国家社会相互增权的理论逻辑，于是国家与社会之间寻找到了相互增强和互为支撑的空间，国家与社会的二元单纯对立关系也因此得到了改变。

关于国家、社会两者的互动关系，学术界形成了诸如共生关系、法团主义、双强关系等理论判断。根据有些学者的研究，国家与社会的互动关系在近代以来就已经存在，并以国家对社会的扶植和限制的形式存在于清末民初的国家社会关系之中。②进入改革开放时期，则出现了共生型国家社会关系，"在社会治理过程中政府与社会组织的互动所体现出来的关系并非是此消彼长的，而是形成了专业主导、嵌入共生和党建引领基础上的良性互动"③。也有学者指出，基于地方知识而采取的国家社会互动策略，更容易刺激社会组织的活力和有效性，激发国家与社会的双强关系。④ 随着国家治理实践构建了新的社会发展空间，各种形式的社会组织得到了充分的发展空间，社会团体也随之得到了快速的发展，在这一发展过程

---

① 马宝成：《互强型国家与社会关系：村级治理的模式选择》，《天津社会科学》2004年第6期。

② 朱英：《清末民初国家对社会的扶植、限制及其影响》，《天津社会科学》1998年第6期。

③ 宋道雷：《共生型国家社会关系：社会治理中的政社互动视角研究》，《马克思主义与现实》2018年第3期。

④ 贺雪峰：《国家与农村社会互动的路径的选择——兼论国家与农村社会双强关系的构建》，《浙江社会科学》1999年第4期。

中，法团主义也成为学者的关注焦点之一，而这一思路依循的同样是国家与社会的互动逻辑。它认为在国家赋权社会的同时，社会并不具备完整的自主性能力，需要政府提供例如制度和监管方面的规范和引导，强调政府的参与在社会中的作用；与此同时，国家在赋予社会参与社会性公益类事务中的机遇，可以推动社会的自主能力发展，也能增强国家的能力。一方面国家通过制度建设和社会治理策略的改进来提升国家治理的合法性，释放更大的发展空间，创造良好的社会秩序，同时"另一方面能够利用机会和行动空间，通过对抗、冲突，承接政府转移职能、主动参与国家事务、影响国家政策过程等并存的生存策略，表达、维护自身利益以赢得自身的成长与发展"[1]。对此，有学者提出了强国家、强社会的理论，"要求国家作为社会总体利益的代表在尊重社会及其各种组织法律上的独立性的前提下积极介入社会生活过程，对后者的活动进行多种形式的协调与引导，或者为它们创造出适宜的活动环境与条件。对于社会自身不能解决的问题，如环境保护、社会公正、国民教育等等，国家则必须主动地予以解决"[2]。也就是说，国家除提供社会不能解决的公共物品和公共服务外，还需要提供充分的制度空间、平台和资源环境，激发和孕育出社会自身活力，并将其作为未来我国国家、社会变革的目标模式。

在以往的很多研究中，学者们经常将国家和社会视为整体，从国家和社会的整体性关系入手探讨两者关系，但由于我国的国家和社会结构上所呈现出的多层级、多条块以及多样性，将国家和社会视为整体的研究方法存在着明显不足，主要体现在其研究策略和路

---

[1] 郁建兴、关爽等：《从社会管控到社会治理——当代中国国家与社会关系的新进展》，《探索与争鸣》2014年第12期。
[2] 唐士其：《"市民社会"、现代国家以及中国的国家与社会的关系》，《北京大学学报》（哲学社会科学版）1996年第6期。

径并不能体现国家和社会关系在相对微观层面所体现出来的丰富性和复杂性，过于简化国家和社会在两者互动中的微观内容。为克服这一不足，有学者提出了结构——功能的分析框架，① 以及"表达性事实"和"客观性事实"的分析策略，② 试图通过更为微观的视角来化解将国家和社会整体化所带来的局限，但是这种尝试也存在自身的局限，即忽视了结构和制度在分析中的地位，因此需要在国家、社会关系分析中尝试新的策略。从互动的方法论意义上来看，过程——事件分析这一取向在吸纳了策略行动的分析方法以后，试图将国家与社会关系看成一个过程，并从中看到"潜在的因素是如何被激活的，衰败的东西是如何得到强化的，散乱的东西是如何重组的，更重要的是，从这个过程中看到国家与社会的关系是如何再生产出来的"③。所以现在越来越多的学者围绕一些具体个案来对国家、社会互动关系策略来进行研究，④ 希望能够比较清晰地看到国家和社会内部的变化关系，进一步展现国家和社会的丰富的动态互动过程。

因此，在国家、社会关系中，学者们的许多研究往往会聚焦于国家、社会互动关系的经验型研究，解读国家通过何种途径进入社会，并对社会形成或是重组或是嵌入或是监管约束的影响，又或者国家受到来自社会的反制，社会成功影响了国家的决策和行为等。有学者通过对基层政府维稳机制多个具体个案的研究，分析了国家与社会的互动微观过程与具体策略以后，发现基层政府在维护社会稳定中往往采取以下三种具体策略："将抗争中讨

---

① 张静：《基层政权：乡村制度诸问题》，浙江人民出版社2000年版。
② 黄宗智：《中国革命中的农村阶级斗争——从土改到文革时期的表达性现实与客观性现实》，《中国乡村研究》2003年第2期。
③ 孙立平：《"过程——事件分析"与对当代中国国家农民关系的实践形态》，《清华社会学评论：特辑》，鹭江出版社2000年版。
④ 周孟珂：《国家与社会互构："村改居"政策"变通式落实"的实践逻辑——基于Z街道"村改居"的案例分析》，《浙江社会科学》2016年第5期。

价还价常规化、惯例化；设计和实施一套科层制游戏；在稳定和平安的口号下构建一个以信息和服务为导向的政府。"[1] 也有学者通过对具体个案分析，认为政府会依据自身利益、社会组织的挑战能力和提供的公共物品，对社会组织进行分类处理，并采取分类控制策略。[2] 还有学者认为从地域性视角切入是研究国家与社会关系的新的尝试，以现有的国家法律为支撑，在社会之中依旧扮演着积极性角色，政府通过创造需求，转交由社会完成的策略，实现了国家与社会的有效合作，通过国家利用社会的方式来实现了国家与社会互动。[3] 总之，这些关于国家、社会互动的个案研究，说明了两者之间并非始终是此消彼长的关系，而是可以保持两者的相对有效平衡。

三 分析范式应用

中国改革开放的历史进程和国家社会关系特点，决定了其理论框架应用主要围绕特定研究领域。在国家、社会的边界与领域相对清晰的基础上，中国政治学界对国家社会理论分析范式的总结，最为典型地集中在基层治理、政党政治、地方治理等领域。有学者从不同类型的治理变革来刻画出中国国家、社会关系研究的多样性。[4]

---

[1] 张永宏、李静君：《制造同意：基层政府怎样吸纳民众的抗争》，《开放时代》2012年第7期。

[2] 康晓光、韩恒：《分类控制：当前中国大陆国家与社会关系研究》，《开放时代》2008年第2期。

[3] 有学者通过福建晋江慈善总会个案对于国家社会互动关系进行了考察，在某些政府的职能和观念转化比较快的地区，出现政府与民间社群组织比较良性的合作模式，即从政府的角度创造需求在运作中交由社会操作，形成了国家利用社会合作模式。参见贺东航《地方社群传统与政府主动性——福建晋江慈善总会对构建国家与社会关系的启示》，《华中师范大学学报》（人文社会科学版）2005年第5期。

[4] 参见郭苏建主编《转型中国的国家与社会关系新探》，格致出版社2018年版，分别从理论建构与制度建构两个部分来探讨了转型中国的国家与社会关系，囊括了公共生活、政治问责、政社互动、网络社会等内容。

从政党政治研究来看，在中国的政治语境中，政党一定意义上属于国家的范畴，将政党纳入国家、社会互动过程中，并应用于具体实践，是对中国场景下国家、社会关系研究的一次再发展。典型的如党群关系研究，"国家与社会互动是一个释放权力与获取权利的过程，党群互动则是一个实现和满足群众利益需求的过程"①。进一步来说，在政党政治研究中逐步明确了政党与政府的关系，区分了领导与执政的关系等。

从地方治理来看，早期学者主要从国家社会关系角度来谈政府职能转变问题。随着改革进一步深入，有学者从政党国家转型的角度提出了中立国家的概念，在这种国家形态当中，"国家必须让渡使社会趋于安宁的必要空间，才足以让社会与国家理性互动，让公民经由积极的互动形成互助的社会理念；让国家集中精力去处置重要的公共事务，俾使国家的权威真正挺立起来"②。地方治理中的另一重点内容是政府的角色和定位问题，其中地方政府创新是一个重要观察角度，有学者对连续六届中国地方政府创新奖进行了考察，认为随着社会所拥有的资源、能力和信息的进一步增多，通过社会参与协同将会进一步提高治理水平、改善治理质量，未来地方政府创新将呈现出以下趋势："国家和社会的协同治理将逐渐成为公共管理的主流，公共行政将逐步演变为国家和社会协同治理为特征的公共治理。"③ 不仅如此，有学者认为地方政府创新一定程度上也体现了国家与社会关系的结构性变化，"阐明和确认国家权力与公民权利的分属领域，一个自主社会的形塑必然成为国家权力的边界。惟其如此，国家权力的规范和社会权利的保障必是确立在法治的基础之上亦即确立在国家

---

① 祝灵君：《党群关系：当代中国政治研究的视角》，《政治学研究》2008 年第 2 期。
② 任剑涛：《国家转型、中立性国家与社会稳定》，《社会科学》2014 年第 11 期。
③ 何增科：《国家和社会的协同治理——以地方政府创新为视角》，《经济社会体制比较》2013 年第 5 期。

的法治原则的本质规定和公共权力的行动范围与社会自治权利本身具备的逻辑要求上"①。还有学者通过考察一定时期政府的行政诉讼案例数据来探讨国家与社会之间的争议发展趋势,认为"中国原来的强国家与弱社会的关系模式并没有发生实质性的结构变迁,同时,随着社会利益多元化、公民权利、法治观念的兴起,弱社会渐渐变得强大"②。

从基层治理来看,乡村治理和社会组织研究是两个重点内容。乡村治理结构的变化,改变了原有乡村中的国家社会关系,包括村民自治中"两委"关系、村委会的角色定位、村委会选举、村民政治参与,等等。③ 社会组织的研究也是国家、社会分析框架关注的重点领域,有学者通过对一些社会组织具体考察,发现一些社会组织面临着对国家与社会的双重依赖关系,"缺乏社会基础的体制内社会组织凭借和利用国家的特殊合法性支持而进入到社会领域中以汲取资源的相关策略"④,可在此基础上改变国家与社会的治理取向,推动国家与社会的和谐发展。具体来说则通过一些个案来探讨国家、政府与社会的合作过程,既包括政府主动调适自身职能来营造良好政策环境,推动社会发展,也包括社会组织自身主动借助国家与政府变化过程,更好地寻找其发展空间。在重点关注向社会治理层面

---

① 周庆智:《从地方政府创新看国家与社会关系的变化》,《政治学研究》2014年第2期。

② 李月军:《当代中国国家与社会之间争议的变与常》,《北京社会科学》2014年第9期。

③ 相关文献参见景跃进《国家与社会边界的重塑》,《江苏社会科学》1999年第6期;徐勇《中国农村村民自治》,华中师范大学出版社1997年版;贺雪峰《国家与农村社会互动的路径选择——兼论国家与农村社会双强关系的构建》,《浙江社会科学》1999年第4期;金太军、王运生《村民自治对国家与农村社会关系的制度化重构》,《文史哲》2002年第2期;景跃进《党、国家与社会:三者维度的关系——从基层实践看中国政治的特点》,《华中师范大学学报》(人文社会科学版)2005年第2期。

④ 邓宁华:《"寄居蟹的艺术":体制内社会组织的环境适应策略——对天津市两个省级组织的个案研究》,《公共管理学报》2011年第3期。

的转变时,既有学者以具体案例验证了从社会管控到社会治理的转变过程,也有学者结合社会治理结构的变化,认为未来"社会自治基础上的'协同治理'应该是公共治理和社会管理创新的方向"[1]。

第三节 政府与市场的关系

从世界各国的发展经验来看,政府与市场的关系是关系到一个国家持续发展的重要问题之一。从中华人民共和国成立70年来的经验看,从最初的计划经济,到改革开放以后公有制基础上有计划的商品经济体制,以及其后的社会主义市场经济体制,一直到中共十八届三中全会提出了市场在资源配置中起决定性作用,实际上就经历了政府与市场关系再认识的过程。对此,我国政治学界也进行了系统的研究,而这一点在推进国家治理现代化的背景下尤其显得重要,并且这一进程与中国的改革开放全过程结合在一起,并构成政府与市场关系变化的外部约束条件。

一 外部约束条件

在政府与市场关系变化的约束条件当中,政治与行政体制变化具有重要的影响,可以说市场行为空间的每一次扩大都与国家的政治与行政管理体制改革密切相关。改革开放以来通过政治与行政体制改革来扩大地方政府权力,"市场经济各区域经济体中的政府围绕吸引具有流动性的要素展开竞争,以增强各区域经济体自己的竞争优势"[2]。从而对市场发展形成各具特色的引导效应,赋予了地方政

---

[1] 燕继荣:《协同治理:社会管理创新之道——基于国家与社会关系的理论思考》,《中国行政管理》2013年第2期。

[2] 周业安、冯兴元、赵坚毅:《地方政府竞争与市场秩序的重构》,《中国社会科学》2004年第1期。

府更多的自主空间，推动政府职能的转变，"地方行政管理体制改革的目标是实现计划经济的管制型政府向市场经济的服务型政府的转变"①。改革开放以来，适应时代特点和经济发展需求的政治与行政管理体制日渐形成。

中共十四大确立了社会主义市场经济体制以后，与其相适应的政府职能转变逐渐提到议事日程上来，服务型政府建设进入了发展阶段。中共十五大提出："建立办事高效、运转协调、行为高效的行政管理体系，提高为人民服务水平"，在强调优化政府运行过程与机制的基础上，进一步明确政府"为人民服务"的价值导向，并在其后得到了较大的发展。中共十六大提出："完善政府的经济调节、市场监管、社会管理和公共服务的职能。"中共十八大提出了"建设职能科学、结构优化、廉洁高效、人民满意的服务型政府"，进一步将服务型政府建设的内容具体化。之后进入了全面深化改革时期，服务型政府建设随之进入了深化阶段。十八届三中全会提出了使市场在资源配置中起决定性作用，明确把服务型政府建设作为国家治理体系和国家治理能力现代化的重要组成部分。从中国改革开放进程看，"中国政府并没有只是扮演'守夜人'的角色，相反发挥着积极作用"②。中国在逐步推进改革过程中，通过逐步厘清与市场的关系，避免了对微观经济行为主体的直接干预和指导，进而实现了对传统经济机制的超越。

一般而言，政府和市场都是经济活动的调控主体，但是两者都存在失灵的可能。从实践中来看，市场和政府都不是完美的经济活动主导者，"由于市场经济制度固有的内生性功能障碍，引起市场机制在资源配置的某些领域运转不灵，加之我国目前的市场体系还不

---

① 黄新华：《市场经济体制建立和完善进程中的地方政府治理变革——改革开放以来地方行政管理体制改革的回顾与前瞻》，《政治学研究》2009 年第 2 期。

② 徐勇：《基于中国场景的"积极政府"》，《党政研究》2019 年第 1 期。

健全，市场机制尚不完善，完全由市场来主导标准的制定目前还不可能实现，因此在标准的制定过程中需要政府的介入"[1]。政府也存在内部问题，由于"公共决策失误、官僚机构提供公共物品的低效和浪费、内部性与政府扩张、寻租及腐败等"[2] 等原因，政府同样面临失败可能。有学者认为政府是否有效要根据具体的情况来看，而判断的标准"需要考察以下三组要素：所提供社会物品和服务的特征；相关参与者的特征；制度的交易成本特征"[3]。但在外部条件约束下，政府和市场主体的行动策略存在较为明显的不同。有学者认为应该从宏观和微观两个层面分析，"政府应当采用法律对微观经济进行消极管理，防止市场主体在追求自身经济利益的同时损害他人和社会的利益，保障市场经济的活跃有序；政府应当采用公共政策对宏观经济进行积极管理，以弥补市场调节的不足，消除市场调节的副作用，使经济健康而持续地发展，并且使经济发展有利于公平正义，有利于共同富裕"[4]。在政府与市场的现实互动中，微观层面则容易展现出更为丰富的趋利性行动策略。"当期望用市场去弥补政府失灵时，必然经过一个政府资源大量外逸的过程，由此形成的巨大诱惑力，会强化企业政治行为，加强交换动机。"[5] 从政府与市场关系的总体发展来看，逐步经历了"国家从生产者变成了投资者、资产所有者；国有企业经历了从类国家行为体，到类政府行为体，再到垄断性市场主体的转变；市场价格机制从农副产品价格逐步扩

---

[1] 苏竣、杜敏：《AVS 技术标准制定过程中的政府与市场"双失灵"——基于政策过程与工具分析框架的研究》，《中国软科学》2006 年第 6 期。

[2] 陈振明：《非市场缺陷的政治经济学分析——公共选择和政策分析学者的政府失败论》，《中国社会科学》1998 年第 6 期。

[3] 顾建光：《探寻政府与市场角色关系的"新共识"》，《上海交通大学学报》（哲学社会科学版）2014 年第 5 期。

[4] 张明澍：《论政府与市场关系的两个主要方面》，《政治学研究》2014 年第 6 期。

[5] 金太军、袁建军：《政府与企业的交换模式及其演变规律——观察腐败深层机制的微观视角》，《中国社会科学》2011 年第 1 期。

展至农产品、商品以及竞争性领域和环节的要素价格"①,并体现在不同具体领域当中。

二 领域边界的区分

如何确定市场和政府的职能范围,一直是中国政府在经济转型中关注的重点。理论上能够清晰划分的边界,分别会形成强政府与弱市场、弱市场与强政府、弱政府与弱市场、强政府与强市场等不同组合,但实践中却比较难以把握。有学者从博弈视角出发,阐述政府与市场的互动关系,认为"政府与市场的博弈展开为政府干预派与市场自由派、政府力量与市场力量之间的'双重博弈'"②。双方的合作是新的关系走向。有学者从权威和交换的结构角度,认为政府与市场两者之间既有冲突又有统一的方面,"政府不能取代市场的资源配置的基础作用,市场更不会承担公共政策的制定功能;政府运行过程中产生的政治权威与市场运行过程中产生的经济权威存在着利益冲突,会出现控制与反控制的互动过程"③。因此对于政府与市场的功能选择不应该交叉错位,而应该实现有机复合配置。有学者区分了市场活动的微观和宏观两个层面,在以上两个不同层面当中,政府应该有不同的针对性措施,即"在微观经济层面政府应当采用消极的方式进行管理,即:政府应当制订一套严密的法律并且严格地执行法律,防止经济个体在市场环境中追求自身利益时损害他人和社会的利益。在宏观层面政府应当采用积极的方式进行管理,即政府应当通过制订和执行公共政策在整体上引导和调节市场经济的发展方向力求使市场经济的发展有利于社会公平使所有社会

---

① 何艳玲:《理顺关系与国家治理结构的塑造》,《中国社会科学》2018 年第 2 期。

② 刘祖云:《政府与市场的关系:双重博弈与伙伴相依》,《江海学刊》2006 年第 2 期。

③ 宋世明:《从权威与交换的结构看政府与市场的功能选择》,《政治学研究》1997 年第 2 期。

成员受益"①。从市场活动的整体来看，我国政府和市场经济的发展得益于政府与市场的定位转变，形成"政府与市场的互强格局，要求政府摒弃'一元本位'的权力逻辑，从市场发展的客观要求出发实现责任重构。政府的主要着力点应该在于为市场提供公平竞争的游戏规则和优质高效的公共服务，促进市场有序健康发展"②。由此可以看出，在市场活动中，政府与市场的边界逐渐趋于清晰，而是依据不同的经济活动领域和活动内容，划清两者之间的界限，从而更好地发挥两者的长处和优势。

在推动我国政府改革和市场经济活动当中，有学者提出了"企业化政府"概念，也就是把经济活动中的竞争机制引入政府活动之中，借此打破政府的垄断。有学者对此提出了质疑，认为公共政策的这一选择完全是基于其"经纪人"理论假设，但是这一假设属于经济领域和私人领域，而政府属于公共领域，政府改革的基础应该是"公共人"假设，而政策改革的目标应该是通过制度创新，建立起有利于行政人员"公共人"特性觉醒的机制。③ 对于诸如民族地区的政府与市场关系，由于其经济社会发展的特殊情况，出现了政府在一定程度上干预甚至替代市场机制的情形，就"应将政府与市场关系逐步调适到市场主导资源配置、政府辅助并服务市场的正常状态"④。针对农村发展现实，有学者认为"政府需要界分与市场、农村社会组织之间的行为边界，在充分尊重市场配置资源的基础性作用、尊重农村社会自主管理的基础上，体现政府职能的'兜底'

---

① 张明澍：《论政府与市场关系的两个方面》，《政治学研究》2014 年第 6 期。
② 陈国权、李院林：《政府职责的确定：一种责任关系的视角》，《经济社会体制比较》2008 年第 3 期。
③ 张康之：《行政改革中的理论误导：对在政府中引入市场竞争机制的质疑》，《天津社会科学》2001 年第 5 期。
④ 李俊清：《民族地区政府与市场关系的定位与调适》，《中国行政管理》2010 年第 11 期。

特征"[1]。其实，就中国的实际情况来看，既需要有效的市场，市场作用能够充分发挥，同时也需要有为的政府，政府应该"保护产权，维持宏观稳定，克服市场失灵，因势利导地推动技术、产业、制度等结构的变迁"[2]。

三 政府职责功能转型

如前所述，政府与市场关系是国家治理中的基本关系之一。中国学术界历来注重对政府与市场关系的研究，并形成了丰富多样的研究成果，为更好地理解政府与市场关系的本质提供了思考，为如何理顺两者关系提供可行的建议，其中最为关键的是正确处理政府与市场的关系，这在很大程度上取决于政府自身的改革和功能转型，取决于政府通过体制机制建设来实现职责和功能的转型。学术界主张主要体现在三个方面。

第一，继续以人民为中心的服务型政府建设。改革开放40年来，我国始终以政府职能转变为主题，加强服务型政府的体制机制建设，通过约束政府行为，向市场和社会赋予更多权利，进而实现政府职能的有效转变和对市场行为空间的扩展。

第二，加强政府与市场的合作。一方面，政府抓住简政放权这个"牛鼻子"，以全面深化"放管服"改革为引领，加强监管创新，促进社会公平正义；优化政府服务，提高办事效率，持续简政放权，进一步激发了市场活力和社会创造力。另一方面，结合互联网等新技术的发展，发挥市场在有效提供公共物品上的功能，使政府与市场的合作成为可能，在公共领域形成两者彼此互补的合作优势，为最大限度发挥两者的优势提供基础。

第三，完善公共服务体系。政府要通过公共政策的有效引导增

---

[1] 郁建兴、高翔：《农业农村发展中的政府与市场、社会：一个分析框架》，《中国社会科学》2009年第6期。

[2] 林毅夫：《政府与市场的关系》，《国家行政学院学报》2013年第6期。

强基本公共服务供给能力，调动市场力量增加非基本公共服务供给，围绕教育、卫生健康、养老、社保等领域为人民群众提供便捷高效、公平可及的公共服务。同时也要加强公共服务质量监管，尤其是人民群众普遍关心的教育文化、卫生健康、医疗保障、生态环保等热门领域，充分运用"互联网+"等新型手段，提高优质公共服务供给的效率，增强优质公共服务资源辐射效应，不断提升人民群众的获得感、幸福感、安全感。

第四节 中央与地方的关系

作为国家治理体制中纵向权力关系与资源配置的最为基本内容，中央、地方关系在中国的国家治理中占有重要地位。中华人民共和国成立以后，初步形成了单一制的国家结构形式，其后经过多次中央、地方关系的调整，"建国以来，这种关系始终处于动态演进过程之中。在传统计划经济时期，中央与地方关系的演进特点是收权与放权的往复循环；改革开放之后，以财税体制改革和政府机构改革为重点，中央与地方关系的调整取得了宝贵的成功经验。"[1] 有学者认为："中央与地方关系的实质说到底就是中央政府与地方政府的权限划分和中央政府对地方政府的监督。"[2] 因此，中央与地方关系事关国家统一、民族团结与社会稳定。

一 现实制度变迁与"分税制"改革

毛泽东曾经在《论十大关系》中提出了"必须有中央的强有力的统一领导。必须有全国的统一的计划和统一纪律，破坏这种必要

---

[1] 刘承礼：《理解当代中国的中央与地方关系》，《当代经济科学》2008年第9期。

[2] 潘小娟：《中央与地方关系的若干思考》，《政治学研究》1997年第3期。

的统一，是不允许的。同时，又必须充分发挥地方的积极性，各地都要有适合当地情况的特殊"①。面对当时的政治社会实践，当时的中国共产党试图要发挥中央与地方的两个积极性，"寻求按照事务的类型（例如工业、农业和商业）来发现分权的可能性（这一点与国外的分权的经验其实是一致的），并且试图将分权和协作概念延伸到各级政府以及各地政府之间"②。

实行改革开放后，邓小平在《党和国家领导制度的改革》中回顾了中华人民共和国成立以来的历史经验，曾经明确指出"权力过分集中"问题，而这种过分集权在中央和地方关系中都有所体现，有学者将其概括为资源再分配—利益满足体制，③ 也有学者从概念区分的角度，将"我国在计划经济基础上所形成的是中央高度集权的管理体制，而不仅仅是中央集权制"④。对于中央、地方关系发生变化的原因，有学者认为是由于"现代化过程中有限的社会资源总量与剧增的社会需求总量之间的矛盾"⑤。其实，从中华人民共和国成立以来的历史进程来看，中央与地方的关系一直在集权与分权之间徘徊，如果两者关系处理不好，就容易陷入"一放就死，一收就乱"的境地，正是在这样的背景之下，我国开始推进中央、地方关系的

---

① 《毛泽东文集》（第七卷），人民出版社1999年版。

② 苏力：《当代中国的中央与地方分权——重读毛泽东〈论十大关系〉第五节》，《中国社会科学》2004年第2期。

③ 有学者认为中国的政治体制一直采用高度集中的方式再分配资源，协调各种利益要求，形成了集中统一的资源再分配—利益满足体制，从而奠定了中央政府和地方政府关系的模式，决定了中央政府对地方政府具有压倒性的指挥权。改革开放以后逐步改变这一体制，中央政府缩小了资源再分配的范围，实际上许多地方的利益中央政府已不能给予满足，需要地方政府通过低一层次的资源再分配来加以满足。参见王沪宁《中国变化中的中央和地方政府的关系：政治的含义》，《复旦学报》（社会科学版）1988年第5期。

④ 薄贵利：《中央与地方权限划分的理论误区》，《政治学研究》1999年第2期。

⑤ 王沪宁、陈明明：《调整中的中央与地方关系：政治资源的开发与维护——王沪宁教授访谈录》，《探索与争鸣》1995年第3期。

改革，形成了不同的中央、地方关系的演变阶段。①

在这个过程中，如何进行合理有效的分权也是政府改革的重要问题。为了有效调动地方政府的积极性，中央向地方下放了包括财政、行政审批的多项权力，激活了政府、市场与社会的活力，推动了国家治理的变革，尤其在地方政府层面表现得最为明显，"作为国家机器重要组成部分的地方政府和地方社会之间逐渐由强制性的统属关系转化为交换性的'社会契约'关系"②。有学者认为，这个集权和分权的过程要"解决好国家发展活力不足以及部门本位、地方保护、寡头分割等问题；分权化的目标不是重新切分'权力蛋糕'，而是实现治理变革；分权化改革应该坚持的原则是让企业、社会和公民最大化受益；分权化改革必须与促进统一性和均等化的制度变革同步进行"③。谢庆奎将中央向地方分权的过程总结为三种："倾斜分权、纵向分权以及经济分权"④，以此导致地方政府行为发生了不少变化，随着地方政府获得更多的自主权力，地方政府的选择空间和行动策略都在发生重大变化。对于中央、地方关系发生变化的原因，陈明明认为是由于"现代化过程中有限的社会资源总量与剧增的社会需求总量之间的矛盾"⑤。也就是在中国这个超大型社会中，

---

① 有学者将中华人民共和国成立以来中央与地方关系演变概括为：20 世纪 50—80 年代的集权与分权阶段；20 世纪八九十年代政府与市场角色的不断调整；2000 年之后公共服务提供的责任划分。而在这个过程中，如果研究视角从"以行动者为中心"转化为"以过程为中心"，就会发现国家建设与民族融合、发展效率、控制、职务晋升或地方代理、外部影响以及学习等要素在其中发挥了重要作用。参见李芝兰、刘承礼《当代中国的中央与地方关系：趋势、过程及其对政策执行的影响》，《国外理论动态》2013 年第4 期。

② 赵成根：《转型期的中央与地方》，《战略与管理》2000 年第 3 期。

③ 燕继荣：《分权改革与国家治理：中国经验分析》，《学习与探索》2015 年第1 期。

④ 谢庆奎：《中国政府的府际关系研究》，《北京大学学报》（哲学社会科学版）2000 年第1 期。

⑤ 王沪宁、陈明明：《调整中的中央与地方关系：政治资源的开发与维护——王沪宁教授访谈录》，《探索与争鸣》1995 年第 3 期。

社会需求总量的不断提升与社会资源的总量之间出现了错位，只有给予拥有更多地方性知识且正不断成长的地方政府以更多权力空间，通过一定程度的分权才可能对上述矛盾进行有效的化解。

改革开放开启了中国分权的时代，为了提供必要的外部激励，中央权力不断下放。1978年启动经济改革以来，中国的经济改革取得了令人瞩目的巨大成功。1978—1995年，中国的国内生产总值（GDP）年均增长近10%，堪与东亚其他国家和地区经济"奇迹"媲美。但在这段经济繁荣时期，政府财政收入的增长却远远滞后于GDP的增长。1953—1978年，中国政府的财政收入占国民收入分配的比重为34.2%。从1979年开始，这一比重逐年降低，中国政府财政收入占GDP的比重从1978年的近31%跌至1988年的19.3%，再到1994年的不到11%，改革开放以来财政占比下降了20多个百分点，政府整体的汲取能力严重下降。伴随着这一过程，在国家财政预算收入中，中央政府所占比重也大幅下降，从20世纪50年代的70%、60年代60%下降至90年代初的50%以下，至1994年这一比重已经不足33%。

1992年，在美国耶鲁大学任教的王绍光教授和当时在美国访问的胡鞍钢教授，受中国科学院资助，在耶鲁大学合作完成了一项名为《中国国家能力报告》的研究，报告先在中国香港出版，1993年在内地出版。该报告提出在经济高速增长期里，中国的财政收入占比严重下降是中国的国家能力出现重要衰退的征兆。作者呼吁重新提升中国的国家能力，一是要提升财政收入占国民收入的比重，二是要提高中央财政收入占国民收入的比重。前者反映了政府动员汲取的社会资源占总的社会资源的份额，后者反映了中央政府动员汲取的社会资源占总的社会资源的份额。

20世纪80年代末到90年代初期，是国内外政治场域的多事之秋，外围政治形势的变化尤其是东欧剧变和苏联解体，对当时的中国决策层形成了极大震动。《中国国家能力报告》在总结这些国际经验的过程中，就以南斯拉夫的"财政分权主义"及其负面经验作为重要论据，提出过度分权可能导致惨痛的政治后果。国家能力的衰退尤其是中央政府财政能力的下降，以及相伴而生的行政管制权力的衰退，不仅会影响政权稳定，也决定着中国如何面对当时即将启动的市场经济改革。

这份报告的价值在于代表中国学术界呼吁和推动了"分税制"的实施。尽管在这份报告之前，财政系统已经有不少声音提出要建立中央专属的税收系统，但是仍然不可抹杀这份报告的重要意义，它加速了分税制作为一项改革议程进入政治层面的考量与讨论。1993—1994年中国政府进行了财政体制的重大调整，分税制改革的实施从根本上扭转了"两个比重"连续15年下滑的趋势，从而在增强政府整体财政汲取能力的同时，提高了中央政府的财政汲取能力。

这份报告当时所关注的深层次的理论问题是，新启动的市场经济改革对中国国家能力变化将产生什么样的影响？在向市场经济转变的过程中，究竟应该削弱还是加强政府作用？如果中国市场经济转变是以中央政府为主导，那么，中央政府应当发挥哪些作用？地方政府应具有什么职能？在一个人口众多、幅员辽阔、经济发展极不平衡的大国中，如何建立一种稳定的、规范的中央和地方关系？如何在市场经济转变和现代化赶超过程中，加强中央政府的主导作用？从1994开始，中国以财政"分税制"改革为先导，在国家能力建设方面逐渐向行政权能所能企及的其他重要领域延伸。中国先后在审计、央行、金融、证券、保险、电力、统计、外汇、海关、出入境检查检验、海事、地震、气象、测绘、粮食储备、烟草、邮政、物资储备、工商管理、国土资源、技术监督、公路、供电、环境保护、生产安全、食品与药品监督等领域实行了中央垂直管理、省级垂直管理或特殊垂直管理。

分税制的倡议和实施大大丰富了中国政治学讨论的维度和内容。围绕是否应该再进行更大限度的集权以及集权的限度问题，学界普遍提出分权和集权都具备各自鲜明的特点，但于中国而言，只有将两者结合，才能更好地发展。有学者认为政府提供的物品包括共享物品和服务、调节收入和财富分配和保持宏观经济稳定。谢志岿对分权的内容和内在关系做了进一步的概括，认为"要明确中央与地方关系，一般要进行两次分权，第一次是国家（政府）与社会分权，第二次是中央与地方（政府内）分权，第一次分权是第二次分权的基础，只有在明确政府与社会分权的基础上，才能明晰政府内的分权，没有政府与社会的明确分权，中央与地方的政府内分权就难以划清楚"[①]。有学者对分权内容进行了细致归纳。[②] 同时也有学者从选择性分（集）权展开对中央政府和地方政府的分权研究，认为中国现下的分权改革内容有了更强的多样性，而且权力的下放和上收同时存在，这一过程既有利于中央地方和国家社会之间权力边界的清晰化，也可以体现我国整体的灵活性和适应性。[③] 但在此后的实际运行过程中，也出现了权力部门的条条化、技术革命影响治理效应[④]等新情况。因此有学者就建议尽快改革现行的条块分割体制，减少行政层级，增强县乡基层政权的财政能力，形成权力与责任相匹配的运行机制。而此后出现的不少地方"省管县"改革，就是对此问题的实践回应[⑤]。

---

① 谢志岿：《协调中央与地方关系需要两次分权——对协调中央与地方关系的一项新的探索》，《江海学刊》1998 年第 1 期。

② 有学者将其总结为单一制模式、碎片化权威主义理论、事实联邦主义理论、委托代理模式四种研究类型，参见黄相怀《当代中国中央与地方关系模式述评》，《中共中央党校学报》2013 年第 1 期。

③ 李振、鲁宁：《中国的选择性分（集）权模式——以部门垂直管理化和行政审批权限改革为案例的研究》，《公共管理学报》2015 年第 3 期。

④ 有学者考察了土地项目的制图过程，认为一方面，中央政府相信地理信息系统的客观性和透明性，因而将视野聚焦于其所呈现的信息，并依赖这些信息来监督与纠正下级政府的行为，因而可能在某种程度上忽略了现实中无法被信息化的复杂实践。另一方面，制图术为地方政府带来的新的治理可能性也逐渐超越了中央政府运用行政命令实现治理的范围。参见杜月《制图术：国家治理研究的一个新视角》，《社会学研究》2017 年第 5 期。

⑤ 在这一阶段，学术界围绕"省管县"体制做了大量研究，此后随着这种体制发生变化，相关研究文献逐步减少。

随着我国中央与地方分权的展开，中央和地方政府间的关系也随之发生了变化，中央政府与地方政府之间，地方政府之间，政府部门之间都因权力关系的变化而出现了彼此关系的更新，这个问题也引起学者们的关注。在进行相关研究的过程中，地方政府之间的关系更加引人注目。从实践中看，地方政府关系主要包括两种类型：一种是地方政府间的竞争，另外一种则是地方政府间的"合作互助"。对前者而言，有学者认为"过度的地方政府竞争不利于良好府际关系构建，所以必须采取有效的措施来提升地方政府府际治理水平"①。

除政府之间的竞争之外，还存在着政府间的合作互助以及区域协同治理关系，"随着市场经济的飞速发展，既有的行政区划疆界正日益受到冲击，但行政区划的法定边界和按特定地区设置的政府管理行为却在一定程度上抑制甚至损害着这种经济发展的自然冲动"②。在这种背景下，协调不同层级政府之间的关系，促进经济社会与地区间协调发展，就成为研究政府间关系的重要内容。与此相联系则是关于区域政治研究，"区域政治主要研究国内地缘政治、民族地区的政治整合策略、地区政治发展与国家政治发展的关系、行政区与经济区的关系、中央政策与地区差异的关系等问题"③。在区域政治与区域治理研究过程中，还有另外一种具有中国特色的中央、地方关系机制值得关注，即对口支援机制，这种机制"既是单一制国家的举国体制运行使然，也是一党长期执政过程中平衡地方差异的必然措施"④。从中华人民共和国成立70年历程来看，中央、地方关系演变经历了一个复杂的过程，而这个过程也为学者围绕此问题进行研究提供了丰富的素材。

---

① 任勇：《地方政府竞争：中国府际关系中的新趋势》，《人文杂志》2005年第3期。
② 陈瑞莲、张紧跟：《试论区域经济发展中政府间关系的协调》，《中国行政管理》2002年第12期。
③ 杨龙：《我国的区域发展与区域政治研究》，《学习与探索》2003年第4期。
④ 李瑞昌：《地方政府间"对口关系"的保障机制》，《学海》2017年第4期。

二 政府职能定位调整

在中央、地方关系研究中,一个核心命题就是关于职能定位的研究,其中压力型体制[①]是一个目前比较有解释力的理论概念,它充分反映了经济体制转型背景下中央与地方关系的新变化。

改革开放改变了之前集权的体制,地方政府获得了更多的自主权力,包括立法权、财政权、事权以及人事权都有较大的调整,有学者从政府间关系的角度,认为"虽然政府间行政关系所包含的内容十分广泛,但从决定政府间关系的基本格局和性质的因素来看,政府间关系主要由三重关系构成:权力关系、财政关系和公共行政关系"[②]。在很长一段时间推进的分权改革中,这三重关系涉及的主要是中央和地方的纵向的权力关系,在逐步推进分权和经验积累中,明确了地方政府的主要职权是管理好为社会生活直接服务的地方公共事务和公共产品。但同时中央政府需要负责全国性事务,"走集分并存的道路,即在保证中央权威和资源控制量的前提下,实行必要的地方分权"[③]。在维护中央权威的基础上,实现地方政府的适当分权成为中央地方职能调整的重要路径之一。

随着地方政府自主权的扩大,其作为也随之发生了变化,在强调地方政府公共服务职能的同时其行为也展现出了多元的特点,学术界总结出"地方政府公司化""政府即厂商""政权经营者"等相关概念式的理论概括,同时分权的具体策略也成为研究内容之一。

---

① 压力型体制是指一级政治组织(县、乡)为了实现经济赶超,完成上级下达的各项指标而采取的数量化任务分解的管理方式和物质化的评价体系。关于压力型体制概念的形成以及学术脉络发展过程,参见荣敬本等《从压力型体制向民主合作体制的转变》,中央编译出版社1998年版;荣敬本《"压力型体制"研究的回顾》,《经济社会体制比较》2013年第6期;杨雪冬《压力型体制:一个概念的简明史》,《社会科学》2012年第11期。

② 林尚立:《国内政府间关系》,浙江人民出版社1998年版,第70—71页。

③ 林尚立:《行政改革与中国现代化》,《社会科学》1992年第4期。

例如在我国的审批权下放过程中，地方政府会基于风险考虑选择以审批权的集中行使形成集权，"中国行政审批制度改革中存在中央政府与地方政府两类核心行动者，它们具有两种不同的改革路径和行动策略，即中央'简政放权'和地方'相对集中'。中央政府侧重于精简、下放审批事项；而地方政府承接所下放的审批事项后则以审批权的相对集中行使为核心特征"①。有学者通过区分地方政府权力来源，认为地方政府在地方公共责任中的表现不足，是因为民主授权和行政授权的不平衡，民主授权的不足导致了政府官员更注重对上负责，而忽略地方公共责任。②

关于中央政府和地方政府在分权进程中的策略，有学者将其总结为"渐进式的集（分）权"：政策调整的适应性；有选择的集（分）权：不同政策的异质性；差异化的集（分）权：政策工具的多样性。③ 同时，由于我国政府内客观存在的条块结构，④ 改革开放以后形成条块矛盾并且日渐突出。针对政府间关系，不同层级的政府在纵向间职能、职责和机构设置上的高度统一和一致的现象，有学者将其总结为职责同构现象，即"在政府间关系中，不同层级的政府在纵向间职能、职责和机构设置上的高度统一、一致"⑤，在这样的结构下，地方政府往往面临事务没有减少，但是处理的自主性和权力却受到了限制。要解决此问题，有学者认为不仅要强调中央政府与地方政府、地方政府之间的合作，而且要强调政府与社会之

---

① 许天翔：《央地二元互动下地方政府行政审批权"相对集中"的内在逻辑》，《中国行政管理》2018年第8期。

② 杨雪冬：《分权、民主与地方政府公共责任建设》，《华中师范大学学报》（人文社会科学版）2004年第6期。

③ 朱旭峰、吴冠生：《中国特色的央地关系：演变与特点》，《治理研究》2018年第2期。

④ 中国治理体制的"条块关系"从20世纪的50年代开始形成，已经逐步演变成为影响中央地方关系的主轴，同时形成了"条块分割"等治理的弊端。

⑤ 朱光磊、张志红：《"职责同构"批判》，《北京大学学报》（哲学社会科学版）2005年第1期。

间的合作，推动长期存在的条块问题的顺利解决。

三　未来发展趋向

从世界各国的发展经验来看，正确处理中央地方关系事关一个国家的兴衰成败，对于中国这样的超大型国家更是如此。关于未来研究，学术界的关注集中于维护中央权威、调整条块关系、权限逐步规范化三个方面。

首先，维护中央权威。中国未来发展需要强有力的中央权威，已成为学术界的主流观念。同时，学界主张在维护中央权威的同时，也要注意调动地方积极性，通过达成两者之间的平衡夯实中央权威的基础。"在新时代，理应重视政治势能的制度化，这包括'党的领导'的制度化、尊重地方的自主性、将高势能公共政策嵌入科层的常规政策体系执行之中，才能确保中国公共政策的良性落地，使之服务于中国的现代化建设。"① 中共十八大以来，以习近平同志为核心的党中央进行了一系列旨在加强中央权威的改革，学术界做了三个方面的分析与概括：一是有选择性地强化垂直管理，例如纪委的双重领导和适当的司法分开；二是有针对性地实行政治性集权，避免不必要的条块分割，例如加强党中央在立法中的地位；三是推进党风党纪建设，强化中央政治权威，例如党风党纪建设。②

其次，调整条块关系。条块结构带来的最大问题就是地方政府面临权力的行使受到限制，经常面临上级部门的管理、监督和指导，地方政府的权力因此受到较多的限制，地方政府的自主性也因此下降。有学者指出"属地化管理"和"条块结合，以块为主"两项原则是解决条块问题的可行方案，具体则包括了"明确事权范围"

---

① 贺东航、孔繁斌：《中国公共政策执行中的政治势能——基于近20年农村林改政策的分析》，《中国社会科学》2019年第4期。
② 朱光磊：《全面深化改革进程中的中国新治理观》，《中国社会科学》2017年第4期。

"简政放权""条块协作"三个方面,[①] 通过严格界定条块的权力范围,增强基层政府权力,配合条块之间的协调运行机制,可有效避免条块结构所带来的负面作用。

最后,权限逐步规范化。合理划分中央与地方财政事权和支出责任是政府有效提供基本公共服务的前提和保障,也是处理中央地方关系的关键,因此对于中央与地方的事权进行合理划分,需要更加明确不同层级政府间的事权划分,实际上就是做到"不同行政区域和层级的政府,基于不同区域范围内公共利益的多重需求及其层级关系特点,合理配置权力,科学运行权力,优化权力关系,优质高效地提供公共物品"[②]。不仅如此,还需要在按照"事权和支出责任相一致"原则的基础上,明确各类事权的支出责任,并以法律规范来实现,"推进各级政府事权规范化、法律化,是深化财税改革和建设法治财税的重要举措。我国应在法律层面明确各级政府间的事权划分,通过法律机制保障和促进各级政府履行事权"[③]。逐步完善相应的法律制度的配套,建立科学合理划分中央、地方责任的法律体系,推动中央、地方关系的法治化的实现。

结　语

作为开始从西方学术界引进的一个学术概念,治理研究要在构建中国特色社会主义政治学话语体系中扮演重要角色,就需要结合中国的国家与社会、政府与市场、中央与地方等具体问题,以及中国特色社会主义政治发展道路来进行整体性研究。在中

---

① 陶振:《基层治理中的条块冲突及其优化路径》,《理论月刊》2015年第1期。
② 王浦劬:《中央与地方事权划分的国别经验及其启示——基于六个国家经验的分析》,《政治学研究》2016年第5期。
③ 刘剑文、侯卓:《事权划分法治化的中国路径》,《中国社会科学》2017年第2期。

国，无论是国家治理体系现代化还是国家治理能力现代化，都是在坚持和加强党的全面领导的前提下进行的，这也反映了当前中国治理研究中一个最为基本的特点。所以在未来进行治理研究，就需要重点分析在国家治理、政府治理、社会治理、基层治理等诸多领域，如何坚持发挥党总揽全局、协调各方的领导核心，实现各项公共事务治理的制度化、规范化、程序化，将加强党的全面领导与国家治理体系和治理能力现代化有机联系起来，从而把我国政治制度优势转化为治理国家的效能，以更好实现党领导人民群众有效治理现代国家。

中共十九大以来，以"人民为中心"发展思想的提出为治理研究进一步拓展提供了重要方向，其在治理实践中则表现为加快建设人民满意的法治政府、创新政府、廉洁政府和服务型政府，深化"放管服"改革，积极回应人民群众日益多样和个性化的需求，努力为人民群众提供便捷高效、公平可及的公共服务。而要给予以上当前治理实践以新时代的理论回应，就需要当前治理研究做出更为积极的贡献。同时，当前中国正处于一个伟大变革的时代，各种前沿热点问题层出不穷，对中国治理研究而言，则需要关注事关国家发展与社会转型的重大前沿热点问题。而在当前，一个非常值得关注的问题就是如何有效防范化解重大治理风险。改革开放以来，面对着社会再组织化、信息革命和互联网技术的新发展所带来的多种风险要素，原来以国家或者政府为中心的风险治理机制面临着巨大挑战。对此，中国的治理研究应该有较大的理论作为，既可以围绕健全风险研判机制、决策风险评估机制、风险防控协同机制、风险防控责任机制等方面，积极研究化解防范治理风险的路径；也可以从治理理论本身出发，重视提高国家与社会的双重能力，充分发挥政府与市场的双重作用，研究构建多层次多主体的复合风险治理机制，发挥治理过程中不同行动者的协同作用，有效防范各类风险连锁联动情况的发生。

纵观70年来中国的治理研究进程，治理的学术研究总是伴随着中国治理实践而形成与拓展的,是对以往波澜壮阔的中国治理变革经验与规律的理论总结,并将在未来全面深化改革的过程中继续实现进一步的创新与发展。

第 五 章

政治制度研究

政治制度是指国家政权的组织形式及其制度体系,当代中国的政治制度主要包括作为根本政治制度的人民代表大会制度,以及作为基本政治制度的中国共产党领导的多党合作和政治协商制度、民族区域自治制度和基层群众自治制度。中国政治制度的建构原则是党的领导、人民当家作主和依法治国的有机统一,"三统一"具体体现为四项政治制度之中。正是这"三统一"和"四制度"构成了中国模式的政治框架。① 当代中国政治制度是中国政治学研究的重要内容,系统总结和梳理中华人民共和国成立70年以来当代中国政治制度研究的发展阶段、观点论争和研究特点等,不仅对中国政治学的学科发展有着重要的理论意义,而且对于理解中国政治制度的运行过程和发展趋势也有着重要的现实意义。

第一节 人民代表大会制度研究

人民代表大会制度为中国人民当家作主的根本途径和最高实现形式,是中国共产党在国家政权中充分发扬民主、贯彻群众路线的

---

① 房宁:《民主的中国经验》,《瞭望》2010年第1期。

实现形式,是坚持党的领导、人民当家作主、依法治国有机统一的重要制度载体。作为中国的根本政治制度,它包含五个层级人民代表大会以及由它产生的其他国家机关,涉及各级政权机构的组成、职权、活动原则和相互关系,以及党与人大、人大与人民、中央与地方国家机构职能划分关系等的制度。

一 发展阶段及其特点研究

1949 年以来,人民代表大会制度历经几十年的发展,在国家政治生活中发挥着重要作用。在发展阶段的划分上,学术界倾向于将全国人民代表大会制度发展历程分为四个阶段。第一阶段:1949—1953 年,从中国人民政治协商会议和地方各界人民代表会议向各级人民代表大会过渡。第二阶段:1954—1966 年,人民代表大会制度全面确立和初步发展。第三阶段:"文化大革命"的十年,人民代表大会制度遭受严重破坏。第四阶段:从中共十一届三中全会至今,人民代表大会制度得以恢复和发展。[①]

(一)1954 年前:人民代表大会制度的形成

作为中国共产党领导人民在长期革命斗争中创造的一种特色政权组织形式,人民代表大会制度从苏维埃代表大会制度、参议会制度和人民代表会议三种制度过渡演变而来。1931 年 11 月中华苏维埃第一次全国代表大会在江西瑞金召开,成立了中华苏维埃共和国临时政府,此时很大程度上采取的是苏联苏维埃代表大会制度,但并非全盘移植。在抗日战争时期,为了形成抗日统一战线,中国共产党领导的抗日根据地的政权建设由苏维埃代表大会制度转向参议会制度,这与国统区设立的参议会有所区别。例如在政权组织人员分配上,抗日根据地实行"三三制"原则,而国统区实行"一党专政"原则。解放战争时期,解放区参议会制度逐渐向人民代表大会制度转变。新民主主义取得基本胜利

---

① 刘政:《人民代表大会制度的历史足迹》,中国民主法制出版社 2008 年版。

以后，中国人民政治协商会议第一届全体会议通过的《共同纲领》，确定了新的国体与政体，与国体相适应的政体是基于民主集中制的人民代表大会制度。中华人民共和国成立初期，全国实行普选的条件尚未成熟，由中国人民政治协商会议和地方各界人民代表会议向各级代表大会制度过渡。1953年后，普选条件逐渐完善，各地逐级召开人民代表大会。1954年9月，第一届全国人民代表大会第一次会议召开，标志着我国人民代表大会制度的建立。

(二) 1954—1966年：人民代表大会制度探索前进

人民代表大会制度建立后前三年，人大工作展开了积极的探索。全国人大及其常委会通过了80多个法律、法令和有关法律问题的决定，审查批准了"一五"计划和年度计划、预算，决定了综合治理黄河的重大建设项目等，党中央非常重视人大工作并就完善人大制度提出相应的重要指导性意见。但"三大改造"完成后，人民内部矛盾凸显，加之"反右"运动在一定程度上堵塞了建言献策通道，关于人大建设工作的意见也被批判否定，立法工作基本停顿，监督工作也流于形式。从1957年下半年"反右派斗争"开始到1966年"文化大革命"的发生这九年多的时间里，全国人民代表大会共召开了六次会议，即一届全国人大第五次会议，二届全国人大第一、二、三、四次会议，三届全国人大第一次会议。全国人大常委会开会189次，其中，第一届全国人大常委会开会19次，第二届全国人大常委会开会137次，第三届全国人大常委会开会33次。从人大及其常委会召开会议的频次可以看出，人民代表大会制度的实际运行和作用的发挥与制度确立的头三年的整体趋势相比，呈现明显地下降与削弱，尤其到60年代中后期受到国内政治因素的影响，人大制度日益走向停滞。[1]

---

[1] 申坤：《中国人民代表大会制度的历史变迁研究》，博士学位论文，中共中央党校，2013年。

（三）1966—1976 年：人大制度遭受严重破坏

在"文化大革命"期间，人大制度的规则体系遭到严重破坏，《中华人民共和国宪法》被搁置，人大制度失去了最根本的法律依据与基础。人大制度的组织体系影响颇大，国家审判机关等被取消，全国人大及其常委会以及地方各级人大活动停滞。而且人大制度中权力机关的作用也难以体现，国家经济预算等都未能提交全国人大审查批准。1966 年 7 月，全国人大常委会第三十三次会议决定无限期延迟第三届全国人大第二次会议的召开，直到 1975 年才召开第四届全国人大第一次会议。在此期间的人民代表大会制度徒有虚名，而无其实。1975 年召开的第四届全国人大一次会议，会议代表不由民主选举产生，采取"民主协商"选出。1976 年四次人大会议以及 1975 年五次人大会议的任免，没有经过全国人大代表大会，这期间人大制度的运行并未按照制度的规定进行。

（四）1978 年以来人民代表大会制度的重建与发展

中共十一届三中全会开创了人大制度建设和研究的新局面，"全党对社会主义民主和法制建设重要性的认识产生了一次历史性的飞跃，它为人民代表大会制度的建设和发展，奠定了良好的基础"[①]。1978 年底，中共十一届三中全会提出了发展社会主义民主、健全社会主义法制的任务，并要求全国人大及其常委会把立法工作提上重要议程。1978 年第五届全国人大一次会议和 1982 年第五届全国人大第五次会议，分别通过两部新宪法，1978 年与 1982 年两部新宪法的出台以及在 1982 年宪法基础上的六次修订都为人大规则体系的重新确立及人大权威的树立奠定了基础。[②] 在 1982 年的宪法中，对人大制度的基本内容做了全面规定。

改革开放之后，人民代表大会制度逐渐发展完善，在立法、选

[①] 《人民代表大会制度建设四十年》，中国民主法制出版社 1995 年版，第 153 页。

[②] 同上。

举、人大职权等方面做了大量的相应改革与创新。人民代表大会制度适用性、健全和完善人民代表大会制度的途径、人民代表大会制度改革发展、改进人大代表工作、提高人大代表素质等主题成为研讨热点。进入 21 世纪以来，学界对人民代表大会制度的研究越来越多，各类研究团体、研究机构相继成立，研究的议题更为广泛，研究的问题愈加具象化。人大与执政党关系、人大与"一府两院"关系、人大选举、人大监督、人大代表专职化、地方人大作用发挥等成为研究重点。

二 人民代表大会制度研究的主要议题

（一）人大与执政党：从二元解释到三者有机统一

在人大与执政党的关系研究方面，总体是从"孰高孰大"的二元解释逐渐过渡到"坚持党的领导、人民当家作主和依法治国的有机统一"的学理解读，更加重视党的领导地位和方式与人民代表大会制度优势发挥的互动研究。如王贵秀曾指出党绝不能置身于宪法和法律之外，更不能凌驾于法律之上，从这个意义上来说人大高于、大于党。[1] 执政党的权力属于人民权力的一部分。在国家事务中，人大的权力是至上的，人大也高于一切政党。党一方面要在政治上指导人大的工作，一方面又要遵守人大通过的法律与决定，亦即党的意志既要体现人民意志，又要服从人民的意志。[2] 朱光磊从执政党的角度指出，党的组织与人大的关系为：党对全国人民代表大会的工作实行政治领导，党又在宪法和法律的范围内活动，其中关键是党的领导地位与作用。[3] 刘靖北指出"党与人大的关系才是最根本的党

---

[1] 王贵秀：《理顺党政关系 实现依法执政——对建设宪政、完善人大制度的政治哲学思考》，《人大研究》2005 年第 4 期。

[2] 郭道晖：《论人民、人大、执政党的权力位阶》，《北京联合大学学报》（人文社会科学版）2012 年第 2 期。

[3] 朱光磊：《当代中国政府过程》，天津人民出版社 2008 年版。

政关系"。中国共产党领导执政的重点应当放在国家权力机关上，而不是放在国家行政机关上，主要是领导国家政权而不是具体管理国家的行政事务。[1] 这种党政关系的实质就是执政党如何领导并掌握国家政权，实现执政党对国家和社会的有效领导和治理。[2] 党对人大的领导主要是政治、思想和组织领导，即通过制定大政方针，提出立法建议，推荐重要干部，进行思想宣传，发挥党组织和党员的作用来实现；中国共产党在法治国家作为一个整体；既是领导党，又是执政党，一身二任，责任重大，唯有来自人民授权的人大对其进行监督，才具有最高的法律效力性。陈伟指出这一规范关系是基于权力与权威的明确区分，按照权力与权威分立互补而统一于宪法的政体设置，可以实现人民民主与党的领导、依法治国的有机统一。[3] 陈家刚从立法工作中考察党与人大的关系，他认为在立法工作中，党的领导不是包办代替，而是宪制性的、重大的问题由党中央来把握。这体现的就是一种政治性的、方向性的领导。这种领导是政治性的、方向性的领导，人大主导与党的领导有可能相得益彰，人大主导立法会促进党的领导，反过来党的领导也会保障人大对立法工作的主导。[4]

（二）人大与"一府两院"：从单向主从关系到双向互动关系

从法律关系来看，人大是权力机构，产生"一府两院"执行机关，研究者不但探讨了人大与"一府两院"之间监督与服从的关系，也更加重视研究其间既监督又支持的互动关系。程竹汝认为作为权力机关的人大与"一府两院"的关系是单向的主

---

[1] 刘靖北：《中外党政关系比较与中国党政关系的现实思考》，《科学社会主义》2002年第1期。

[2] 李庄：《党政关系建设的核心：理顺党与人大的关系》，《理论视野》2007年第1期。

[3] 陈伟：《论中国共产党与人民代表大会的规范关系》，《学海》2008年第3期。

[4] 陈家刚：《人大主导、行政主导与党的领导》，《人大研究》2017年第2期。

从关系，是抽象的政府权力与具体的政府权力的关系，是授权与职责的关系，是监督与负责的关系。① 彭春成认为人大对"一府两院"的监督主要是法律监督和工作监督：法律监督是监督其执法情况，工作监督主要包括审议其工作报告，提出质询、询问，提出建议、批评意见和任免干部等。② 尹汉华指出人大选举产生政府，政府对人大负责并报告工作，人大对政府工作实施监督，人大与政府是产生与负责、监督与报告的关系。人大选举产生和监督政府，政府直接对人大负责。③ 张鹏、陈建智运用博弈论的方法分析了人大和"一府两院"监督与被监督的关系。④ 在对政府的财政监督上，任喜荣认为人大预算监督权力的发展正在逐渐改变着人大与政府之间的权力关系，人大制度框架下的公共权力关系结构的法治理想逐步走向现实，预算监督与财政民主体现着人大预算监督权的成长。⑤ 林慕华、马骏认为加强地方人民代表大会预算监督不仅有助于深化预算改革，而且有助于进一步完善人民代表大会制度和社会主义民主。⑥

（三）人大选举制度改革：从强调协商酝酿到引入适度竞争机制

在我国的人大代表选举实践中，长期以来是以强调组织意愿、

---

① 程竹汝：《授权与监督：论完善人民代表大会制度的几个问题》，《学术月刊》2005年第6期。
② 彭春成：《人大要强化对"一府两院"的监督》，《中州学刊》2006年第4期。
③ 尹汉华：《理顺我国执政党、人大与政府之间的关系》，《齐齐哈尔师范高等专科学校学报》2007年第2期。
④ 张鹏、陈建智：《博弈的均衡：人大和"一府两院"监督与被监督的关系探析》，《广州大学学报》（社会科学版）2009年第6期。
⑤ 任喜荣：《地方人大预算监督权力成长的制度分析——中国宪政制度发展的一个实例》，《吉林大学社会科学学报》2010年第4期。
⑥ 林慕华、马骏：《中国地方人民代表大会预算监督研究》，《中国社会科学》2012年第6期。

依靠协商和酝酿程序为基础的，诸多学者倡导引入适度竞争机制促进人大选举制度的完善。如有人主张扩大直接选举，缩小间接选举；合理确定代表名额，加强人大效能；将竞争机制引入人大代表选举；实行小选区制。按选举法规定，选区划分，有按居住地划分和按生产单位、事业单位、工作单位划分两种情况。[1] 邹平学指出完善代表选举产生机制的路径选择：一是完善现行代表的选举程序，包括改进和健全现行代表候选人的提名程序、增强选举的竞争性和公开性、适当推行与扩大界别选举制、改革代表名额分配办法、区分选举权和被选举权等环节；二是适时扩大直接选举的层面，直至最终实现全国人大代表的直接选举。[2] 而王勇则提出竞选制和专职代表制是构建人大代表选举监督体系的制度平台。[3] 刘欣、朱妍通过运用实证研究方法指出阶层利益不但是联系阶层地位与投票行为的机制，还通过阶层认同阐明阶层地位与投票行为间的因果关联；阶层政治论是分析当前中国民众政治参与的一种有效理论工具。[4] 陈文、胡胜全认为人大代表选举制度的改革向度应从"组织确认"向"有序竞争"转变，增强产生正式候选人程序的公开性，健全候选人与选民见面制度，适当引进竞选机制，逐步扩大直接选举范围，促进人大代表专职化。[5]

但是近年来"辽宁拉票贿选案"和"衡阳贿选破坏选举案"两

---

[1] 孙彬：《我国人大代表选举制度改革初探》，《中国党政干部论坛》2000年第2期。

[2] 邹平学：《完善人民代表选举产生机制的若干思考——为纪念人大制度50周年而作》，《法学评论》2005年第1期。

[3] 王勇：《竞选制和专职代表制：构建人大代表选举监督体系的制度平台》，《人大研究》2003年第11期。

[4] 刘欣、朱妍：《中国城市的社会阶层与基层人大选举》，《社会学研究》2011年第6期。

[5] 陈文、胡胜全：《从确认到竞争：人大代表选举的现存问题与改革向度》，《深圳大学学报》（人文社会科学版）2013年第3期。

个案件发生后，贿选问题引起了学术界的反思。秦前红指出辽宁贿选案不仅是一个重要的公共事件，同时也凸显地方人大制度运行的诸多法律问题。必须客观分析贿选形成的原因，并在立法上明确界定贿选的意涵和问责措施；进一步规范临时筹备组的运作程序；优化人大代表的选举和结构制度。① 房宁则强调指出，只有强调选举民主和协商民主相结合，才能保证我们的决策不为个别利益集团所绑架、不退化为一种利益博弈，人大代表的选举要从国家整体利益、长远利益、根本利益来考虑，综合决策。这样，人民代表大会制度的优越性才能发挥出来。②

（四）人大代表的代表性：从兼职代表制到专职代表制

人大代表作为全体人民利益的代表者，在行使人大代表职权时发挥着至关重要的作用。所谓人大代表的代表性，表现在两个方面：一是人大代表所代表的人民的全面程度；二是人大代表履行代表职责的有效性。③ 人大代表的两个代表属性表明了人大代表的产生和人大代表的履职。在现实运作中，学者普遍认为我国人大代表存在代表性不强的问题，使得人大代表表现出"符号性"。

从人大代表的代表性来看，按阶级和身份确定代表结构已经不能够完全适应社会发展现状，现行法律对人大代表的城乡比例规定不尽合理，少数代表缺乏应有的代表意识，相关法律制度不够完善，人大代表专职化程度低。④ 从角色定位来看，在兼职代表制下，人大代表容易发生经常性的角色冲突，无法对代表身份形成稳定的角色

---

① 秦前红：《返本开新——辽宁贿选案若干问题评析》，《法学》2016年第12期。

② 房宁：《人大代表比例调整意义不应过分夸大》（http://www.jcrb.com/xztpd/2013zt/201302/QGLH/LHSP/201303/t20130304_1056824.html）。

③ 张建民：《论人大代表的代表性》，《岭南学刊》2000年第5期。

④ 黄学贤、朱中一：《完善人大代表的代表性》，《浙江人大》2006年第2期。

预期，故而在实践中往往导致代表身份的"符号化"；而在专职代表制下，人大代表必然会对其代表身份形成较为稳定的角色预期，容易产生较强的角色认同感，从而在实践中保证代表身份的"实质化"。① 周燕指出我国实行人大代表专职化的可行性包括政治生活的新内容，要求人大代表实现身份的专职化转型。社会分工与专业化倾向日益凸显，要求代表的专职化。② 邹平学认为通过完善代表的生活保障权、言论免责权、人身特别保障权的保障制度，完善代表执行代表职务的时间和物质保障措施，引进和配置专职助理将有利于健全和完善人大代表执行代表职务。③ 张瑞存认为完善人大代表专职化要逐步改变代表的选举方式，变间接选举为直接选举。加强人大常委会和专门委员会的建设。减少行政机关和司法机关的代表的人数和比例，提高人大代表的地位，切实保障人大代表行使职权。④ 殷焕举、李晓波指出完善现行的人大代表专职化的路径选择有：逐步减少人大代表数量，推进人大代表专职化进程；逐步改变代表选举方式，变间接选举为直接选举；逐步建立并不断完善专职代表任职保障制度；逐步健全人大代表履职监督机制。⑤

（五）人大监督功能的发挥：从形式化监督到实质性监督

创新人大监督制度是坚持和完善人民代表大会制度，发展社会主义民主的必然要求。第十届全国人大常委会第二十三次会议通

---

① 王勇：《竞选制和专职代表制：构建人大代表选举监督体系的制度平台》，《人大研究》2003 年第 11 期。

② 周燕：《我国人大代表专职化的可行性及现实意义》，《人大研究》2006 年第 1 期。

③ 邹平学：《论健全完善人大代表执行代表职务的保障制度》，《求是学刊》2005 年第 4 期。

④ 张瑞存：《我国人大代表专职化的现实障碍及其未来发展》，《理论与改革》2004 年第 3 期。

⑤ 殷焕举、李晓波：《人大代表专职化研究》，《科学社会主义》2011 年第 4 期。

过的《中华人民共和国各级人民代表大会常务委员会监督法》自2007年1月1日起施行,对人大监督的创新提供了契机。学界通过回顾梳理人大监督机制存在的问题,指出人大监督的创新亟须制度化。就当前来看,我国人大监督体制并没有理顺,监督程序并不完善,人大监督文化并没有形成,从而制约了我国人大监督制度功能的充分发挥。[1] 制度化以及程序化建设对监督权的运用至关重要。[2] 人大监督的改革和重构要从本质上得到突破,如重构的话就应在各级人民代表大会及其常务委员会中设立监督委员会;改变审计和反贪污机构的隶属关系,即由各级人大常委会领导;健全监督的保障机制。[3] 目前人大监督不力的问题,实际上是人大监督权威缺失的问题,而人大监督权威的缺失既与监督法律不完善和体制不健全有关,也与政治文化建设滞后有关。[4] 加强人大监督亟须程序支持,没有程序保障,法律上的权利可能是一纸空文,人大监督权程序化才是当务之急。[5] 有学者主张将强化公民监督同人大监督结合起来,呼吁建立人大监督专员制度,以此完善和创新我国公民的监督机制。[6] 加强人大监督的工作,需要从人大代表的专职监督、监督工作的常态化、监督程序的制度化等方面系统推进人大监督制度创新。

---

[1] 汪中山:《论我国人民代表大会监督制度创新》,《中州学刊》2006年第2期。
[2] 俞荣根、莫于川:《观念更新、制度创新与人大监督——关于加强人大监督工作的思考与建议》,《政治与法律》2000年第3期。
[3] 谭世贵:《我国人大监督制度的改革和重构》,《海南大学学报》(社会科学版)1999年第1期。
[4] 林伯海:《人大监督权威缺失的传统政治文化探析》,《政治与法律》2002年第5期。
[5] 蔡定剑:《加强人大监督亟须程序支持》,《人民论坛》2006年第5期。
[6] 程竹汝:《完善和创新公民监督权行使的条件和机制》,《政治与法律》2007年第3期。

第二节　中国共产党领导的多党合作和政治协商制度研究

中国共产党领导的多党合作和政治协商制度是中华人民共和国政权建立的政治前提和基础，是我国的国体即人民民主专政的制度表现，是我国政治体制基本原则即民主集中制的有机组成部分，是中国特色的社会主义政党制度，是社会主义民主的基本形式之一。1949年中国人民政治协商会议第一届全体会议召开，通过了具有根本大法性质的文件——《共同纲领》，从政治上确认了这一制度作为基本政治制度的地位。1993年，八届全国人大一次会议根据中共中央的提议，把中国共产党领导的多党合作和政治协商制度载入宪法，明确为我国的四项基本政治制度之一。

一　发展阶段研究

中国共产党领导的多党合作和政治协商制度经过70年的发展，已经由最初的探索期走向了当前的成熟期。学术界对这一制度70年以来的发展阶段进行了不同的划分，其中具有代表性的有三阶段论[1]与五阶段论[2]。结合这一制度发展的现实情况，可以将这70年的发展划分为三个阶段，即初创阶段（1949—1978）、制度化建设阶段（1978—2012）以及制度优化阶段（2012年至今）。

---

[1] 潘信林、陈思琪：《新型政党制度的历史发展、时代内涵与实践探索》，《党政研究》2018年第4期；肖存良：《中国政治协商制度研究》，上海人民出版社2013年版，第71页；张钦：《中国政党制度的历史发展、基本特点及其经验启示》，《内蒙古大学学报》（哲学社会科学版）2011年第6期。

[2] 张浩：《中国共产党与八个民主党派关系的历史考察》，《思想理论教育导刊》2014年第3期。

(一) 初创阶段

1949年9月中国人民政治协商会议第一届全体会议的召开以及《中国人民政治协商会议共同纲领》的通过，正式将中国共产党领导的多党合作和政治协商制度在法律上加以确认。随着1954年第一届全国人民代表大会的召开，全国政协完成了协商建国的使命，随后人民政协作为统一战线的组织继续存在和发挥作用。1956年4月，毛泽东在《论十大关系》的讲话中对"党和非党的关系"做了论述，同年，中共八大确立了"长期共存、相互监督"的八字方针，明确了多党合作和政治协商制度的地位和作用。在此期间，涉及国计民生的重大问题都在人民政协进行政治协商，各民主党派在各种社会改革运动、抗美援朝斗争、协助政府动员人民参加社会建设、巩固和扩大统一战线、进行思想改造等工作中都发挥了重要的作用。1949年起至"文化大革命"前，各党派间定时召开"双周座谈会"32次，[①] 毛泽东等中央领导人与各民主党派代表及民主人士还通过书信往来、会谈等形式进行交流沟通。但从1965年开始，受"反右"运动及"文化大革命"的影响，中国人民政治协商会议中断长达13年之久。

(二) 制度化建设阶段

"文化大革命"结束后，全国各省市区相继召开了新的一届政协会议，1978年五届政协一次会议的召开标志着全国政协正式恢复工作。在这一阶段，中国共产党领导的多党合作和政治协商制度取得了四个方面的发展：一是将民主党派界定为社会主义性质的政党。1979年，邓小平在统一战线工作会上首次使用"多党合作"并提出"新时期革命的爱国的统一战线"的概念，这为改革开放以后民主党派的建设与发展指明了方向。二是指导方针的变化。1982年，中共十二大报告确立"长期共存、互相监督、肝胆相照、荣辱与共"作

[①] 罗广武：《关于多党合作和政治协商的几个认识问题》，《政治学研究》1996年第2期。

为多党合作的"十六字方针",这是多党合作制度在理论发展上的又一重大进步;三是将中国共产党领导的多党合作和政治协商制度确立为基本政治制度;四是中国共产党领导的多党合作和政治协商制度的制度化、规范化和程序化。

(三)制度优化完善阶段

中共十八大以来,新型政党制度作为马克思主义政党制度中国化的最新成果被赋予了新的时代内涵。将坚持党的领导作为根本保障,将加强党派自身建设和参政议政能力建设作为必要手段,将运行机制的制度化、规范化和程序化作为基本途径,将弘扬制度自信作为长远目标。① 在运行机制方面,进一步明确了多党合作、参政议政、政治协商和民主监督的主要内容和形式;在加强民主党派队伍建设方面,党始终把团结培养党外代表人士作为党和国家工作全局的重要方面。

二 中国政党制度的内涵与特点

(一)制度内涵

关于这一制度的内涵,存在着三种不同的观点:一是两种制度论,即认为中国共产党领导的多党合作和政治协商制度本质上是两种制度,即规范党派关系的多党合作制和中国共产党领导的政治协商制度;二是政协协商制度论,即中国共产党领导的多党合作和政治协商制度中"党的领导"和"多党合作"的本质都是"政治协商制度";三是中国特色社会主义政党制度论,即认为中国共产党领导的多党合作和政治协商制度本质上规范的是多党合作关系。多数学者持第三种观点,认为中国共产党领导的多党合作和政治协商制度是中国特色的新型政党制度,之所以在多党合作后面加政治协商是因为我国多党合作的主要内容是政治协商,且中国人民政治协商会

---

① 潘信林、陈思琪:《新型政党制度的历史发展、时代内涵与实践探索》,《党政研究》2018年第4期。

议是多党合作的重要组织形式。① 但是有一种观点认为对中国共产党领导的多党合作和政治协商制度身份的表述不同,其功能也存在差异。②

（二）组织载体

有关人民政协在政治协商过程中的地位还未达成共识,有三种代表性观点：一是人民政协是政治协商的主体；③ 二是人民政协是政治协商的载体；④ 三是人民政协既是主体也是载体,即人民政协政治协商具有双重属性,作为政治协商载体时,协商主体包括政党、政府、人大、民主党派和群众团体；作为政治协商主体时,人民政协主动与政党、政府和人大进行政治协商。⑤ 多数学者认为中国共产党领导的多党合作和政治协商制度的组织载体是中国人民政治协商会议（简称人民政协）,包括全国委员会和地方委员会。但各民主党派及无党派人士并不只有通过人民政协这一个途径发声,还可以直接与党的各级组织通过民主协商会、谈心活动等方式进行党际协商,参政议政。与此同时,江苏、浙江等很多省市探索建立了乡镇（街道）政协工作委员会,街道政协工委的设立为探索基层政治协商做出了有益的探索。

（三）五大要素

中国共产党领导的多党合作和政治协商制度研究的要素包括政党领导、多党合作、政治协商、参政议政和民主监督。这五大要

---

① 罗广武:《关于多党合作和政治协商的几个认识问题》,《政治学研究》1996年第2期。

② 李小宁:《中国政党制度的四对基本范畴》,《上海市社会主义学院学报》2014年第4期。

③ 林伟、林少红、肖莉:《政治协商各方良性互动机制探析》,《中央社会主义学院学报》2013年第2期。

④ 殷啸虎:《政协协商式监督的性质与定位》,《统一战线学研究》2017年第5期。

⑤ 肖存良:《中国人民政治协商会议政治协商主体研究》,《中国政协理论研究》2012年第4期。

素提供了中国政治生活中所需的领导、合作、协商和监督四种功能。① 对这五大要素的实践及理论研究构成了中国共产党领导的多党合作和政治协商制度研究的主要内容。其中，坚持中国共产党的领导是中国共产党和各民主党派合作的首要前提；多党合作是制度的重要内涵；参政议政、政治协商和民主监督是人民政协的三大职能。

一是中国共产党的领导。中国共产党的领导是政治领导，不是组织领导，各民主党派与中国共产党一样享有法律地位上的平等性、组织上的独立性。中国共产党对各民主党派的政治领导，具体是在政治原则、政治方向和重大路线方针政策上的领导，领导的基本途径是政治吸纳，基本方式是宣传教育和协商。

二是多党合作。多党合作主要表现在三个方面：在政党关系上，民主党派是合作党不是反对党；在党政关系上，民主党派是参政党，不是在野党或执政党；在政党的社会或政治属性上，民主党派是中国特色社会主义性质的政党。② 多党合作的发展趋势与目标是政党关系和谐，重要内容是参政议政，③ 既包括在政治、经济、文化和社会领域的团结合作，又包括在国家政权中的合作共事。④

三是参政议政。参政议政的主要内容和途径有：其一是党际协商；其二是各民主党派成员以人大代表身份行使国家权力；其三是各民主党派成员担任政府及司法机关的领导职务；其四是各民主党派成员参加各级中国人民政治协商会议，这是最主要的途径；其五

---

① 肖存良：《中国政治协商制度研究》，上海人民出版社2013年版，第81页。
② 袁廷华：《"中国特色社会主义参政党"的提出、内涵及意义》，《中央社会主义学院学报》2014年第2期。
③ 齐卫平：《制度界面的协商民主形式：多党合作和政治协商》，《上海市社会主义学院学报》2007年第5期。
④ 张献生：《共产党领导的多党合作：世界政党制度中一种独特的类型》，《政治学研究》2007年第2期。

是参政党服务社会,通过直接服务民众的方式参与国家政治生活。[1]

四是政治协商。其主要内容包括:其一是各协商主体"在"人民政协协商,"由"人民政协发挥组织和协调作用;其二是人民政协协商民主的参与主体包括9个政党和无党派人士、56个民族、5大宗教等34个界别,其中中国共产党起核心领导作用;其三是全局性、战略性问题是政协协商的重要内容;其四是在决策之前和决策执行之中进行协商。[2] 与此同时,"双周协商座谈会"[3]、网络议政平台[4]等创新形式在近年来也在政治协商工作中发挥了重要作用。

五是民主监督。民主监督是一个广泛的范畴,政治协商和参政议政是实现民主监督的具体方法。[5] 在内容上包括关注公共政策的制定和执行以及公共权力正当运行的人民政协民主监督,政党之间的党际政治监督两个方面。[6] 关于民主监督的途径,民主党派以人民政协为载体,通过政协全体会议、常委会议、主席会议向党委和政府提出建议案;各专门委员会提出建议或有关报告;委员视察、委员提案、委员举报、大会发言、反映社情民意或以其他形式提出批评和建议;参加党委和政府有关部门组织的调查和检查活动;政协委

---

[1] 钱牧:《试论当代中国政党制度中的基本范畴和特殊范畴》,《湖北社会科学》2017年第9期;姜天麟:《试论参政党参政议政和自身建设的运行架构》,《中央社会主义学院学报》2008年第4期。

[2] 张丽琴:《政协协商:概念、特性与价值》,《经济社会体制比较》2018年第4期。

[3] 谈火生:《双周协商座谈会:人民政协协商民主的制度创新》,《国家行政学院学报》2017年第2期。

[4] 韩志明:《理性对话与权利博弈:政协协商与基层协商的比较分析》,《探索》2018年第5期。

[5] 陈杰:《试论民主党派的参政议政和民主监督》,《内蒙古大学学报》(人文社会科学版)1997年第2期。

[6] 陆聂海:《民主党派民主监督作用的发挥——基于调研和问卷的分析思考》,《理论探索》2018年第1期。

员应邀担任司法机关和政府部门特约监督人员等形式对公权力进行监督。

三 中国政党制度的完善与发展研究

（一）从制度确立转向制度化、规范化和程序化研究

自 1949 年颁布《共同纲领》确立中国共产党领导的多党合作和政治协商制度以来，中央及地方各级党政部门、各民主党派及人民团体、各级政协组织等制定的文件规章数量众多，① 全面提升了制度化、规范化、程序化的深度和广度。在地方层面，各省市党政部门、人民政协因地制宜，开展了系列实践创新。但目前多党合作和政治协商制度的制度建设还不够健全。在制度化建设方面，一是现有一些制度过于宏观、不太具体、操作性不强，② 在程序制度建设方面需要重点加强；二是随着社会主义民主政治建设的深入，已有的制度不能完全指导实践的，需要在实践中继续完善。在规范化建设方面，一是完善多党合作和政治协商制度的规范体系；二是拓展、细化、明确政治协商、民主监督、参政议政的内容和程序；三是明确或量化相关文件、规章等中的模糊性概念。在程序化建设方面，一是要革除重实体、轻程序的偏见，准确把握程序化建设的原则，明确程序化建设的重点，增强程序的"刚性"；③ 二是对参政议政、政治协商、民主监督的时间、顺序、方式、步骤，尤其是时间和顺序做出明确的规定。

（二）从三大职能转向人民政协有效履职研究

参政议政、政治协商、民主监督是人民政协的三大职能。它们

---

① 于小英：《我国多党合作制度化规范化的历史演进与发展趋势》，《中央社会主义学院学报》2012 年第 6 期。

② 夏波：《政党协商的制度化规范化程序化研究》，《广东省社会主义学院学报》2017 年第 4 期。

③ 张献生：《切实推进多党合作和政治协商的程序化建设》，《中央社会主义学院学报》2007 年第 4 期。

之间相互依赖、相互补充，并不是单独存在并发挥作用的，三者在独立运行中融为一体。① 其中民主监督职能较参政议政和政治协商相比，功能有所弱化，在实践中趋同于参政议政，是目前民主监督研究面临的最大难题，除此之外新时期人民政协面临职能拓展的需求。

一是完善现有职能需求。总的来说，人民政协三大职能的有效发挥受阻，其原因主要表现在对人民政协的重要性认识不足，人民政协功能规范缺乏法律规定与授权，人民政协界别及其成员构成不尽合理三个方面。② 而在三大职能的具体运行过程中，又分别面临不同的挑战，其中，参政议政与政治协商的规范化、程序化有待突破，对参政议政与政治协商的主体、内容、标准、程序等规定比较模糊、不清晰、不科学，导致具体实施过程缺乏规范性的指导。民主监督功能弱化，基层政协民主党派缺位情况比较普遍，③ 而其中最根本的原因在于包括监督对象制约机制、监督主体考核机制、与其他监督形式的协调机制等在内的民主监督机制不够健全。

二是新时期人民政协职能拓展需求。新的历史条件下，社会结构转型、发展民主政治的需要、团结与民主两大主题也被时代赋予了新的内涵，这些变化日益要求人民政协在完善现有参政议政、政治协商、民主监督职能的基础上，扩大职能范围。拓展民意汇聚职能，密切与社会各界的联系，搭建各界利益表达的平台；拓展舆情分析职能，对社情民意进行系统的专业化分析，努力成为高层次的、非常权威的舆情分析预报中心；拓展协调关系职能，发挥人民政协广泛代表性和包容性的优势；拓展党派合作职能，各党派可以就共同关心的问题在政协开展协商讨论，并通过政协信息发布平台表达

---

① 李小宁：《中国政党制度的四对基本范畴》，《上海市社会主义学院学报》2014年第4期。

② 张继良：《人民政协履行职能的主要问题与对策》，《当代世界与社会主义》2011年第4期。

③ 侯万锋：《增强基层政协民主监督实效性问题及对策探析》，《理论导刊》2015年第12期。

政见，适时在政协向其他党派通报本党派重大事项和工作情况。① 随着中国的崛起和对外开放的进一步扩大，人民政协的公共外交职能应当受到重视，② 在发挥人民政协优势的同时，亦可以彰显中国特色社会主义政党制度的独特魅力。

（三）从民主党派自身建设到发挥民主党派参政议政作用研究

中国共产党领导下的多党合作和政治协商制度决定了各民主党派自身建设是在中国共产党政治资源配置的框架内进行的，这个框架随着社会环境的变化收缩或扩张，民主党派在这个框架内活动。中国共产党作为执政党，拥有对国家大政方针和任用重要干部的主导权，是政治资源配置的主导，但要维持多党合作的政治格局，首先要保证各民主党派有一定的政治资源，特别是人才资源；③ 其次，需要进一步提升民主党派的履职能力和效力。

1. 各民主党派的政治资源

民主党派拥有丰富的政治资源，并具有以知识分子为主体的智力资源优势、以爱国主义为核心的精神资源优势和联系广泛的社会资源优势。④ 各民主党派的政治资源主要包括两个方面的内容：一方面是民主党派本身所拥有的智力资源、精神资源和社会资源；另一方面是在多党合作格局下，有效发挥民主党派参政议政、政治协商和民主监督，中国共产党为各民主党派配置的制度资源、功能资源、组织资源、政策资源等。

---

① 周清：《试论社会发展视角下人民政协职能的拓展》，《新视野》2013 年第 1 期。

② 亢升：《人民政协公共外交的"五维"审视与职能优化思路》，《理论探索》2017 年第 4 期。

③ 张文举：《关于民主党派发展新的社会阶层人士工作的思考——基于政治资源合理配置的视角》，《中央社会主义学院学报》2012 年第 3 期。

④ 唐长久：《政治发展视野下民主党派政治资源优化配置探析》，《中央社会主义学院学报》2012 年第 1 期。

在政治资源配置方面,《宪法》对民主党派的政治资源做了初次分配,但是我国没有专门的《政党法》,从软法的视角分析,执政党的文件政策及参政党规范本党派组织和活动的章程、规则、原则等对民主党派的政治资源做了再次分配。① 70 年来,虽然民主党派绝对人数在增长,但是执政党对民主党派的资源配置还处在"量"的扩张阶段,民主监督与参政议政的界限不清,不能完全适应国家治理的需要,因此,要创新党派干部选用机制,建构党派监督的制度平台,完善民主监督机制,拓宽渠道,让民主党派参与社会管理。② 在权力资源配置方面,必须要合理配置民主党派政治资源,扩大监督权力资源的比例,在资源配置方式方面引入竞争机制,在资源配置手段方面纳入法律制度。③ 与此同时,面对不断增长的新兴社会阶层,各政治主体之间应合理分配政治资源。

2. 各民主党派能力和效力研究

改革开放以来,随着社会结构的改变,各民主党派的社会基础向两个向度拓展。一方面是社会转型中出现的非公有制经济人士和自由择业知识分子等新社会阶层,成为民主党派组织发展的最主要社会基础;另一方面是政党组织的分布区域从"大中城市"逐渐转向"县(市)城区"。④ 社会基础的改变及社会主义民主政治的持续推进,各民主党派履职能力的提升和效力的发挥面临着来自各方面的挑战。

一是民主党派的代表性面临失衡、趋同和虚置的挑战。在社会

---

① 张文举:《关于民主党派发展新的社会阶层人士工作的思考——基于政治资源合理配置的视角》,《中央社会主义学院学报》2012 年第 3 期。

② 王建华、王云骏:《中国共产党对民主党派的资源配置研究——基于国家治理的考察视角》,《南京社会科学》2012 年第 4 期。

③ 唐长久:《政治发展视野下民主党派政治资源优化配置探析》,《中央社会主义学院学报》2012 年第 1 期。

④ 任世红:《民主党派社会基础演变的影响因素及发展前景》,《中共浙江省委党校学报》2013 年第 3 期。

转型期，民主党派面临代表性失衡，即代表过度与代表缺失；代表性趋同，即政党趋同、界别模糊与重复代表；代表性虚置，即形式代表与实质代表的悖论三大挑战。①

二是民主党派队伍建设问题及后备储备干部不足。主要表现在缺乏系统科学的选拔、推荐、培养、使用机制，队伍结构不合理，队伍综合素质有待进一步提高。②需要从思想建设、人才队伍建设、组织建设和制度建设四个层面，尤其是人才队伍和干部队伍建设入手，从民主政治发展的战略高度整体推进民主党派队伍建设。③

三是民主党派的影响力无论在历史上还是现实中都一定程度上出现下降趋势，制约了民主党派作为中国特色社会主义参政党作用和功能的充分实现。④同时由于民主党派履职的制度化、规范化及程序化建设不完善或缺失，进一步制约了民主党派履职能力和效力的有效发挥。

第三节　民族区域自治制度研究

民族区域自治制度作为我国的四项基本政治制度之一，对于维系多民族国家的完整统一与和谐安定，发挥了重要的作用与价值。截至 2019 年底，我国共建立了 155 个民族自治地方，包括 5 个自治区、30 个自治州、120 个自治县（旗）。55 个少数民族中，已有 44

---

① 胡筱秀：《从形式代表到实质代表：中国民主党派代表性问题探讨》，《毛泽东邓小平理论研究》2016 年第 6 期。
② 陈志娟：《新时期民主党派代表人士队伍建设问题与对策》，《人民论坛》2015 年第 8 期。
③ 汪守军：《新形势下关于加强党外代表人士队伍建设的探讨——以民主党派人才队伍建设为视角》，《中央社会主义学院学报》2012 年第 4 期。
④ 汪守军：《民主党派的影响力实证研究——以重庆市为例》，《探索》2016 年第 1 期。

个建立了民族自治地方，实行区域自治的少数民族人口占少数民族总人口的71%，民族自治地方面积占全国总面积的64%，与此同时，还建立了1173个民族乡，进一步丰富和完善了民族区域自治制度。民族区域自治制度在国家的政治生活中发挥了重要的团结稳定促进作用。

一　发展阶段及其特点研究

民族区域自治理论的形成发展有其清晰的脉络可循，我国学术界的主流观点是将民族区域自治制度的创立与发展划分为三个阶段，即创立和初期探索阶段（1949—1965）、曲折前进阶段（1966—1977）以及逐步完善阶段（1978年至今）。

（一）创立和初期探索阶段

民族区域自治这一思想早在中国共产党开展国内革命战争时期即已形成。1941年5月1日颁布的《陕甘宁边区施政纲领》第17条即指出"依据民族平等原则，实行蒙、回民族与汉族在政治经济文化上的平等权利，建立蒙、回民族的自治区，尊重蒙、回民族的宗教信仰与风俗习惯"，这标志着民族区域自治制度作为中国共产党主张的解决国内民族问题的制度化设计正式形成。1947年5月1日，内蒙古自治区的成立标志着民族区域自治制度的正式实施。随后，在省一级的层面，还有4个民族自治地方先后成立：1955年10月1日成立新疆维吾尔自治区；1957年7月15日成立宁夏回族自治区；1958年3月5日成立广西僮族自治区，后于1965年10月12日改为广西壮族自治区；1965年9月9日成立西藏自治区。与之同时，地市级、县级民族区域自治地方陆续建立，民族区域自治的政治构架基本形成。

（二）曲折前进阶段

"文化大革命"期间，受到极"左"思想的影响，民族工作让位于阶级斗争，少数民族地区的武斗事件，以及少数民族干部被迫害，使得民族区域自治权利在实际上被弱化。特别是1975年通过的宪法删去了关于"各少数民族聚居的地方实行区域自治"的硬性规定，使得民族区域自治制度的法律地位得以动摇。在这一时期，民族区域自治制度受到了严重冲击，实际上处于接近停滞的状态。

（三）逐步完善阶段

改革开放以来，随着民族政策的落实，民族区域自治迎来了新的发展。1984年颁布《民族区域自治法》标志着民族区域自治制度法治化的形成；2001年民族区域自治法做出修订，将民族区域自治制度明确为国家的基本政治制度之一，从而奠定了这一制度在中国国家政治生活中的重要地位；2005年发表的《中国的民族区域自治》白皮书将民族区域自治称为基本国策，使这一制度的地位达到了一个新高度。

二 关于民族区域自治权的探讨

自治权的落实在民族区域自治制度全面实施的过程中具有突出的意义，体现在政治、经济、文化和社会生活的各方面。自治权作为民族区域研究的重点，历来受到学界的青睐，主要涉及以下几个维度：范围及特点、自治权的性质、自治权的行使等。

（一）自治权的范围及特点

自治机关的自治权是指民族自治地方的人民代表大会和人民政府，根据本民族、本地区的情况和特点，自主地管理本民族、本地区的内部事务的权利。[1] 具有三个基本的内涵：一是在国家（或成员邦）宪法框架内的制度；二是民族自治和区域自治的有机结合；三是通过自治机关行使自治权来实现的。[2] 行政自治权运行是与一般地方政府的行政执法权、行政管理权交织在一起的，充分体现了

---

[1] 金炳镐：《试论自治机关的建设与自治权的行使》，《民族研究》1988年第2期。

[2] 侯德泉：《民族区域自治概念的三个视角》，《内蒙古社会科学》2003年第4期。

"民族自治与区域自治结合"的特点。因地理位置偏远等历史原因，大多数少数民族地区无论在教育、经济、文化等方面都处于相对落后的状态，自治权所起的补救作用也是加速其经济发展的助推器。

（二）自治权的性质

关于自治权的性质，学术界主要有三种观点。一是权力论。法律法规明确规定的，由自治机关根据法律规定的原则，并结合当地民族的政治、经济和文化特点，自主地管理本地方、本民族内部事务的一种特定权力。[①] 二是权利论。是国家授予民族自治地方自治机关的一种附加于地方国家机关职权基础上的特殊权利，是实行区域自治的少数民族管理本民族内部事务的权利。[②] 既是国家根据统一和自治原则赋予民族自治地方的权利，也是自治民族根据统一和自治原则应该享有的权利。[③] 三是权力与权利统一论。自治权具有权利性和权力性的双重属性。从权利属性的视角看，民族自治地方政府自治权是国家法律赋予民族自治地方政府政权机关的法定权利。从权力属性的视角看，自治权对于民族自治地方政府权力机关来说，又是一种行政性的权力和职权。[④] 总而言之，民族自治权具有自主性与从属性、区域性与民族性、权力性与权利性、共享性与独享性、原则性与灵活性相统一的二重性特征。[⑤]

（三）自治权的行使

自治地方的自治权均由自治机关来行使，关于自治民族领导干

[①] 吴宗金主编：《中国民族区域自治法学》，法律出版社 2004 年版，第 65 页。

[②] 周平：《民族政治学》，高等教育出版社 2003 年版，第 102 页。

[③] 金炳镐：《试论自治机关的建设与自治权的行使》，《民族研究》1988 年第 2 期。

[④] 宋才发：《民族自治地方政府自治权探讨》，《内蒙古大学学报》2008 年第 6 期。

[⑤] 唐志君、覃小林：《民族自治权的二重性特征及实现的保障机制研究》，《云南行政学院学报》2015 年第 2 期。

部代表谁行使自治权的问题，有两种不同看法：一种是认为自治民族的领导干部首先是代表本民族行使自治权，因此要保障自治民族的特殊利益。另一种则是认为当前的民族分布特征是大杂居小聚居，一个民族地方往往居住着多种民族。自治机关的领导干部首先是代表自治地方境内的各民族行使自治权，保障各民族的共同利益和平等权利，在此基础上，适当考虑照顾自治民族的特殊利益。[①] 我们认为，自治权应当属于民族自治地方的全体各族人民，民族共同体使得各族人民早已心心相连。

面对当前诸如社会结构、社会需求、社会状态、外部环境、发展方式的不断变化，如西部大开发战略的部署实施，使得民族区域自治中自治权的落实问题更加突出。自治权行使不到位和流失主要表现为制度环境不健全，[②] 上级国家机关、民族自治机关及其他地方政府机关之间的关系问题，自治机关存在的政治体制问题，自治地方资金、技术、科技干部和人才缺乏，[③] 贫困面大，教育科技都很落后，宣传不够，《民族区域自治法》难以兑现，[④] 民族自治地方公民的自治权意识淡薄[⑤]等问题。总而言之，民族区域自治权是衡量民族区域自治是否实现的唯一标准，但实践中民族区域自治制度的非内生性、民族自治地方财政的非自足性、自治机关的双重性以及自治权的

[①] 乌尔希叶夫：《关于民族问题理论若干学术观点和一些主要问题争论的综述》，《内蒙古大学学报》（哲学社会科学版）1992年第1期。

[②] 李冬玫：《试论当前民族区域自治制度中自治权的落实问题》，《中南民族大学学报》2004年第S1期；王传发：《民族自治地方自治权流失的原因分析与对策思考》，《贵州民族研究》2005年第5期。

[③] 李冬玫：《试论当前民族区域自治制度中自治权的落实问题》，《中南民族大学学报》2004年第S1期。

[④] 李莉：《发展权视野下的民族自治地方自治权探究》，《湖北民族学院学报》2007年第2期。

[⑤] 王传发：《民族自治地方自治权流失的原因分析与对策思考》，《贵州民族研究》2005年第5期。

非彻底化等因素，严重影响了民族区域自治权的有效行使和落实。①

自治权是民族区域自治的核心要素，自治权的有效行使体现了民族区域自治制度的优越性。少数民族多位于祖国边疆，经济发展较于东部而言受到过多的限制。因此民族区域自治地方落实和行使自治权，思想上，要进一步转变思想，树立和增强自治观念；行动上，充分利用西部大开发机遇，加快民族区域自治地方的经济发展，加强民族区域自治地方自治机关建设，提高自治机关行使自治权的能力和水平。②此外，中央层面还应积极推进民族区域自治补充体系建设，完善民族区域自治政策。

三 民族区域自治制度研究的其他议题

（一）民族参与观：从"民族自治"到"民族共治"

实行民族区域自治制度的一个重要前提是在哪里设立民族区域自治。根据历史情况及实际情况，将民族自治地方确定为自治区、自治州、自治县三级。民族自治地方体现多元，首先，自治区的民族构成体现"多元"，每个自治区均非单一民族自治区，而是多民族共同在"区"中行使自治权，体现了"多元一体"的民族政治格局。③

民族共治是民族区域自治制度的本质特征。所谓民族共治，就是在国家统一的前提下，由各民族共同造就的以共和为目标，以权益平衡发展为取向，以民族关系良性互动为核心的政治结构、运作机制和实现工具。包含两个层面：一是各民族对国家的共治；二是有关民族对民族杂居地区的共治。④主要有以下几种观点：一种观点

---

① 韩慧、徐会平：《民族区域自治权行使的影响因素及保障对策——中央与地方关系的视角》，《济南大学学报》2010年第2期。
② 同上。
③ 陈华森：《我国民族区域自治制度的内在机理及其现实价值》，《政治学研究》2013年第3期。
④ 朱伦：《民族共治论——对当代多民族国家族际政治事实的认识》，《中国社会科学》2001年第4期。

认为中国各民族大杂居小聚居的分布特点决定了民族共治。民族自治是民族共治的前提，自治权利是民族共治的核心，民族法制是民族共治的关键。① 不少学者认为"民族共治"是一种新的理论高度并表示赞同。② 另一种观点认为从现实条件上看，民族共治缺乏现实生存的土壤，民族区域自治与民族共治并非共存的关系。③

（二）央地关系探讨：从"中央—自治地方"关系到"中央—地方"关系

我国的民族自治地方与国家的关系是特殊的地方与中央的关系，其特殊性体现在民族自治地方的政治、经济和文化等方面，且必须接受中央的集中统一领导，执行国家的法律、政策。④ 中央与民族区域自治地方之间事实上同时存在两种不同的关系：一是民族区域自治地方作为地方政权与中央构成一般意义上的中央与地方关系；二是民族区域自治地方作为自治机关与中央构成中央与自治地方的关系。⑤ 民族关系的基本类型有三种，分别为少数民族与国家的关系、少数民族与汉族的关系、各少数民族之间的关系。⑥

很多学者在这种特殊的关系背景下研究制度运行的情况，如财

---

① 乌力更：《民族自治与民族共治——权利与少数民族》，《理论研究》2003年第4期。
② 杜文忠：《自治与共治：对西方古典民族政治理论的宪政反思》，《民族研究》2002第6期；王良云：《民族区域自治的本质是民族共治》，《四川统一战线》2008年第9期；李占荣、魏腊云：《"多民族国家"解决民族问题的宪法理念》，《哈尔滨工业大学学报》（社会科学版）2017年第5期。
③ 苗丽：《"民族共治"与"民族区域自治"之辨析》，《云南大学学报》2012年第6期。
④ 阙成平：《论以自治区单行条例替代自治条例的法理》，《广西民族研究》2013年第4期。
⑤ 韩慧、徐会平：《民族区域自治权行使的影响因素及保障对策——中央与地方关系的视角》，《济南大学学报》2010年第2期。
⑥ 周平：《我国少数民族地区开发过程中的几个政治问题》，《政治学研究》2002年第1期。

政自治权、行政管理、政治文明建设、民族关系及治理模式等，并结合具体的民族地区由表及里，深入分析。例如以宪法和《民族区域自治法》为依据，探讨"有条件的地方"省直管自治县的优越性，提出以赋权的方式有效解决城镇化进程中自治县面临的制度困惑。从央地关系视阈探讨民族区域自治的配套立法。

（三）法制化建设：从法制建设到法制体系形成

将民族区域自治建设纳入法治轨道是依法治国、建设社会主义法治国家的基本要求。当前民族区域法制建设的研究主要围绕法制化进展、民族地区立法、自治条例和单行条例、民族自治地方立法变通权、民族区域自治配套立法展开。

1. 民族区域自治的法制化进展

民族区域自治法制建设大体上经历了新民主主义革命时期的自治法规建设、中华人民共和国成立初期的民族区域自治法制建设、1982年宪法颁布以来的民族区域自治法治三个重要的发展时期。[1] 2001年全国人大常委会修改的《民族区域自治法》、2005年制定的《民族区域自治法》配套行政法规以及2006年全国人大常委会对《民族区域自治法》的贯彻实施都推动了民族区域自治的法制化进程。改革开放以来，自治机关领导干部和一般公职人员的素质明显提高，在上级国家机关的财政支持、对口支援、实施专项计划、加强基础设施建设、扶贫攻坚等政策支持，以及区域内各民族人民的共同努力下，民族地区呈现新样貌。因此民族区域自治法制应不断完善，以适应各种外部条件的变迁，适应建设社会主义法治国家的要求。完善民族区域自治法制，一要加强配套法规建设，促进民族区域自治法的实施；二要协调各层次立法，强化民族区域自治法律法规体系的逻辑统一性；三要建立健全监督机制，保障民族区域自治法律法规的实施；四要注重"主体"需求，发挥少数民族群众在

---

[1] 宋才发：《民族区域自治制度的实践回眸及未来走势》，《学术论坛》2018年第2期。

法律制定和实施中的能动作用；五要吸收借鉴国际经验，推动民族区域自治法制与国际接轨；六要强化法治观念，实现调整民族关系、处理民族问题。

2. 变通立法权研究

由于变通权与千差万别的民族习惯相呼应、与民族社会发展状况相适应、与社会转型时期社会矛盾的特点相适应，因此民族自治地方立法变通权具有重要意义，它是民族自治地方立法的特殊权力。当前相关研究主要围绕变通立法权的概念解析、法理解析、价值蕴含、立法路径、具体时间、合理性转变进行深入研究。所谓变通立法权，即民族自治地方的人民代表大会行使自治权，依法按照法律法规基本精神，针对民族自治地方的实际情况，对法律法规相关规定进行变革和改变，仅在本地方实施并受上级人大常委会批准监督的立法权力。[①] 立法变通权其性质上属于授权立法，兼具权力和权利两种属性。[②] 从具体实践上看，民族自治地方立法变通存在的问题主要表现在变通立法的主动性不强、效果不明显、技术存在较多问题、立法队伍不健全、上级国家机关的配合及帮助职责在自治立法中的作用发挥不够。[③] 针对其存在的问题，应从转变意识、完善立法技术、健全和完善立法变通机制等角度出发加以解决。

3. 民族区域自治配套立法研究

民族区域自治配套立法是指"由国家有权机关制定或认可的，旨在实施《民族区域自治法》，以实现民族区域自治地方各项自治权的法律规范的总和。其表现形式包括法律、法规、规章、地方性、

---

① 雍海滨：《论民族自治地方立法变通权及其运用》，《民族研究》2006 年第 3 期。

② 张佩钰：《我国民族自治地方变通立法权的法理属性探析》，《贵州民族研究》2018 年第 2 期。

③ 雍海滨：《论民族自治地方立法变通权及其运用》，《民族研究》2006 年第 3 期。

自治条例、单行条例、补充规定及变通规定等"①。进行民族区域自治法的配套立法能够更深入贯彻落实《民族区域自治法》。关于民族区域自治配套立法，学者们主要从其价值、功能和作用、措施、主体、现状及意义、完善建议等方面展开探讨。配套立法的主体分为全国人大及其常务委员会对民族区域自治法的配套立法、国务院及其各部委在民族区域自治法方面的配套立法，省、直辖市在民族区域自治法的配套立法，民族自治机关在民族区域自治法方面的配套立法。② 不断完善加强配套法规建设，促进民族区域自治法的实施。

第四节　基层群众自治制度研究

基层群众自治制度是我国四大政治制度中唯一定型于改革开放时期的基本政治制度。基层群众自治制度主要包括城市居民自治制度、农村村民自治制度、企业职工代表大会制度。基层群众自治具有基层性、群众性和自治性的特点。有关基层群众自治制度研究的主要议题包括：自治制度中治理问题研究、自治制度中治理主体研究和自治制度中行政主导与党建引领的关系等。

一　自治制度中治理问题研究

基层群众自治制度中的治理问题一直是这个研究领域居于主导地位的问题。在相当长一段时间内，一些研究者主要从制度主义的分析视角，以基层群众自治制度为主要研究对象，对社区自治制度的政治意义、运行过程和居民自治等问题开展具体研究。一般认为

---

① 吉雅：《民族区域自治法配套立法略论》，《中央民族大学学报》2007年第6期。
② 吴克泽：《民族区域自治法配套立法主体刍议》，《宁夏社会科学》2011年第11期。

基层群众自治制度是构筑我国民主政治的制度性基础之一，自治也是现代城市管理的重要依托。桑玉成等认为在城市基层社区民主自治的过程中，可以通过对三维的治理框架有效地构建，也就是构建出制度和结构以及能力的框架后，在宏观的层面来开展法制制度的建设。[1] 林尚立认为在社会自治能力发展中，社区的自治发展最具战略意义，社区正逐渐成为中国政治建设的战略性空间。"城市以及城市中的市民在整个国家政治生活中所具有的影响力，决定城市基层群众自治的发展，对中国民主政治建设和发展具有全局性的重要意义。"[2] 王春福认为，在基层的发展和建设中坚持自治制度，就是发扬基层民主的过程。加强基层群众自治制度建设，不仅能够加强社会主义民主制度建设，使人民依法直接行使民主权利，而且可以妥善协调好改革发展过程中的各种利益关系，有效化解各种矛盾，确保社会和谐发展。[3]

随着现代治理理论的引进与发展，以及社区事务的复杂性与共治性，越来越多的研究者将自治制度逐渐纳入治理制度的范畴来分析，探讨自治制度运行过程中的现实障碍与问题，更加强调以多元主体参与、协商共治机制等为特征的社区治理体系的构建，以及社区协同治理能力的提升。如徐勇认为，在农村社区建设过程中，必然要创新农村基层管理体制。由自然村落制度到社队村组制度，再向社区制度转变，可以整合资源、完善服务，实现上下互动、城乡一体，并建构起政府公共管理与社区自我管理良性互动，公共服务

---

[1] 桑玉成、杨建荣、顾铮铮：《从五里桥经验看城市社区管理的体制建设》，《政治学研究》1999 年第 2 期。

[2] 林尚立：《社区民主与治理：案例研究》，社会科学文献出版社 2003 年版，第 38、314 页。

[3] 王春福：《坚持和完善基层群众自治制度是构建和谐社会的基础》，《辽宁师范大学学报》（社会科学版）2008 年第 4 期。

与社区自我服务相互补充的新型制度平台。①

二 自治制度中治理主体研究

在基层群众自治制度的研究过程中,长期以来诸多学者对居委会、村委会、业委会等自治组织予以了重点关注,对其法理地位、组织属性、人员构成、选举程序等做了较为深入的研究。但从研究趋向来看,研究者更加重视对于基层多元组织的整体性分析,强调现代基层治理中的多元组织平台构建与优化,将基层党组织、居委会、村委会、社区工作站、物业服务企业、社会组织、辖区企事业单位、居民自发团体等作为基层群众自治体系加以研究,从"自治组织"到"多元组织"的研究趋向较为明显。

在相当长一段时间内,学者对于基层群众自治组织的研究主要集中在对居委会、村委会、业委会等自治组织的强调和探讨,一般认为其构成了基层治理中的基础性组织平台。如徐勇认为,改革开放以后国内的城市社区自治组织得到了大力发展,其作为社区自治的主要力量,对于城市自治组织开展有效的自我管理和教育以及服务等产生了推进的作用,同时对于社区公共环境的改变,以及社区民众的利益维护和社区和谐发展等方面也起了积极的作用。② 有学者将居委会的功能定位为收集社区居民意见,向政府反映社区民意,提出解决问题的相关建议并加以实施,动员和组织居民参与社区管理。③

从一开始实行村民自治,就存在农村"两委"(村委会与党支部)关系问题的讨论,一般认为,"两委"关系类型大概有如下几

---

① 徐勇:《在社会主义新农村建设中推进农村社区建设》,《江汉论坛》2007年第4期。

② 徐勇:《论城市社区建设中的社区居民自治》,《华中师范大学学报》(人文社会科学版)2001年第3期。

③ 杨小华、苗天青:《社区建设中的"三巨头"(社区居委会、业主委员会、物业服务企业)角色探讨》,《现代城市研究》2008年第7期。

种：协调型、包揽型（村支部包揽一切）、游离型（党的领导无法体现）、对立型、一体型。[①] 农村社会的这种"二元权力结构"带来诸多矛盾。直接公开的村民选举导入了自下而上的民主权力，与"政党下乡"[②] 所建构的自上而下的政党权力发生冲突。尽管党支部有办法操控村委会选举，但此种做法已经失去合法性。陈智明提出，村党支部被排除在农村社区治理结构之外，进而导致了对村委会的制约监督机制不完善，这是村民自治制度的根本缺陷，[③] 所以村支部的作用不应该被屏蔽。但也有相反意见，党国英认为村委会出现了"无权的尴尬"，因为选举并未撼动乡村的权威结构，村支部权威还是很大。[④] 为了调和"两委"关系，各地进行了多种实践，主要有以下三种：（1）"两票制"。即村党支部的权威也来自村民，村党支部选举前也经过村民投票。（2）"一肩挑"，即村党委书记和村委会主任由一人担任。（3）建立村代会。党支部书记兼任村代会主席，权威高于村委会，从而实现对村委会的控制。[⑤] 传统"乡政村治"体制大有弊病，县政府权责分离，有决策权力却不直接行使基层之政事，乡镇政府行使基层政事却无相应的决策权，能力也不足，结果就是乡政府在治理结构上表现为权小、责大、能弱。为了完成上级任务，只能将行政责任往下延伸，寻找办事的"腿"，导致村委会行政化。[⑥]

业委会是伴随住房商品化改革，基于房屋产权而生成的新兴自

[①] 毛军吉、陈远章：《农村"两委"关系现状及对策——对湖南500个村的调查》，《中国党政干部论坛》2001年第1期。
[②] 徐勇：《"政党下乡"：现代国家对乡土的整合》，《学术月刊》2007年第8期。
[③] 陈智明：《农村村民民主自治制度的根本缺陷探析》，《求实》2002年第10期。
[④] 党国英：《中国乡村自治：现状、问题与趋势》，《江苏社会科学》2004年第4期。
[⑤] 于建嵘：《村民自治与共治》（http://www.aisixiang.com/data/31467.html）。
[⑥] 徐勇：《县政、乡派、村治：乡村治理的结构性转换》，《江苏社会科学》2002年第2期。

治组织，以财产权为依托的业主组织的大量出现，使得我国基层民主建设直接与财产权相联系。"业主委员会作为一种社会结构的变迁，其产生与发展意味着公民对属于个人私有财产——房产进行自治管理的真正开始，从更深层次看，业主委员会代表着一种新的国家与公民地位或关系的重大调整——业主将成为新的社会结构的主体，并给社区自治与基层民主带来了新的亮点与路径。"[1] 张静认为业主维权及业主委员会的出现是居民基于公民私有财产权利诉求而发生的深刻质变，它必然会造就一种新型的公民组织和社会形态，这种组织迥然不同于政府的其他社会组织，它产生于居民选举，服务于居民的财产保护和权利救济，它试图以对等的身份、以合约的形式建构社会关系秩序。[2]

在我国特定的政治环境和制度运行实践中，基层治理事实上是多元组织共处的特定政治空间和社会生活共同体，其治理逻辑既有赖于自治组织基础之上的"自发秩序"构建，也涉及基层党组织、行政组织、社会组织、辖区企事业单位等多元组织"共治秩序"的形成，从自治组织到多元组织的研究趋向愈加明显。如徐勇认为，由于特定的国情和制度背景，中国的城市社区建设是一种"规划性变迁"，居民自治属于政府主导型自治。而自治的成长，又要求政府下放权力，转变职能，改变领导方式，在自治基础上重新塑造政府，实现政府与社会关系的重构。应以合作主义理念处理政府管理与社区自治协同治理城市社会的关系问题。[3] 林尚立认为，基层民主实际上涉及四个主体：人民群众、基层群众自治组织、基层政权和社会

---

[1] 李爱斌：《北京市业主委员会发展调研报告》，载唐娟主编《城市社区业主委员会发展研究》，重庆出版社 2005 年版，第 153 页。

[2] 张静：《成长中的公共空间之社会基础》，载上海社会科学联合会编《社会转型与社区发展》，2001 年。

[3] 徐勇：《论城市社区建设中的社区居民自治》，《华中师范大学学报》（人文社会科学版）2001 年第 3 期。

组织。① 燕继荣也认为，社区层面的社会资本投资的目标在于提高社区的凝聚力，增强社区和谐一致，促成社区成员之间的信任与合作。② 孙柏瑛认为单纯指向"去行政化"的改革往往难以奏效，保证社区居委会的自治权利，需要在国家建设进程中政府行政管理体制的综合改革和整体推动。③

三 自治制度中行政主导与党建引领关系研究

在基层群众自治制度中行政主导与党建引领是一个重要的研究范畴，也是在中国基层群众自治制度中尤其是城市社区自治中独具特色的一大问题。

长期以来，我国的基层治理是在"省—市—区（县）—街道（乡）—社区（村）"的行政管理体制下展开的，基层社会秩序的构建依附于压力型的行政化体制，长期以来大量行政性事务下沉到社区和农村，居委会和村委会承担了大量的基层建设和社会维稳等行政任务，基层治理及其秩序建构呈现出明显的"行政主导"特点。

诸多学者对居委会和村委会行政化及基层治理行政主导现象做了较深入的研究，如有的认为中国诸多地方践行了网格化社会管理模式，这种社会管理模式具有鲜明的行政主导特征。④ 在"行政一元化"基层治理结构中，居委会事实上"行政性"高于"自治性"，被高度"行政化"。⑤ 社区居委会既是社会各级政府完成社会管理任

---

① 林尚立：《基层民主：国家建构民主的中国实践》，《江苏行政学院学报》2010年第4期。

② 燕继荣：《社区治理与社会资本投资——中国社区治理创新的理论解释》，《天津社会科学》2010年第3期。

③ 孙柏瑛：《城市社区居委会"去行政化"何以可能?》，《南京社会科学》2016年第7期。

④ 杨光飞：《行政主导下的社会管理创新：实践观察与政策反思——以网格化管理为例》，《黑龙江社会科学》2015年第5期。

⑤ 孙柏瑛：《城市社区居委会"去行政化"何以可能?》，《南京社会科学》2016年第7期。

务的最后层级，接受行政派出机构的大量行政任务与指令，具有"行政性"属性，又因为具有法律授予的群众性自治组织职能而具有"自治性"，这种二重性在实际运行中往往由于行政力量的过于强大而呈现出过度行政化的特征。[1] 居委会的行政化主要表现在组织设置功能行政化，自治章程、工作制度及人事决定行政化，经费收支行政化，运行方式、考核机制行政化。[2] 同时，有的也认为城市社区居委会的行政化倾向较为突出，与居委会作为基层群众性自治组织的法定性质相悖，因而主张居委会"去行政化"。

随着城市住房商品化改革和农村城镇化进程的推进，基层治理空间形态发生了深刻嬗变，单纯依赖行政主导的传统政府管制方式已经难以实现基层有效治理，如何夯实执政党的执政基础，在利益多元化的基层空间中充分发挥引领作用，整合社情民意和利益诉求，成为新时代基层党建面临的全新课题。于是，"党建引领"成为基层群众自治中的一个治理实践趋向，也成为政治学界讨论的学术议题。

党的领导以及党建引领，成为新时期基层治理及其基层秩序构建的重要政治依托，基层党组织成为整合基层资源、引领居民和村民自治、凝聚社会力量的核心。学术界提出，如何更好地强化党建引领作用，有效发挥社区居民在基层社会治理中的主体作用，既是满足新时期居民多元需求、加强基层民主建设的客观需要，也是维护社会稳定、推动社区顺利发展的迫切要求。[3]

行政主导与党建引领的融合是具有实践基础的。在中国城乡基层群众自治实践中涌现出了把行政资源和党的核心领导有机结

---

[1] 贾智丞：《社区居委会"去行政化"改革问题及对策》，《新西部》2018年第20期。

[2] 向德平：《社区组织行政化：表现、原因及对策分析》，《学海》2006年第3期。

[3] 姚芳、陈斌：《党建引领下的社区自治实践创新——以上海市杨浦区江浦路社区（街道）为例》，《上海党史与党建》2014年第10期。

合的范例。深圳是中国改革开放的先行地区,深圳在30多年的时间里,从一个边陲小镇发展为人口超千万人的超大型城市,成为中国工业化、现代化的重要基地,创造了人类工业化、城镇化历史空前的奇迹。在发展进程中,深圳在基层社会治理中摸索出了一套适应现阶段经济、社会发展的基层社会的治理模式,为学术界总结为"一核多元"的基层治理模式。这一模式的核心问题是建立起一套以党的基层组织为核心整合行政及社会资源共同治理基层社会及社区的治理体系。深圳南山区的实践工作者唐奕与深圳大学的政治学者们共同研究和总结出了"一核多元"体制,这个基层自治中的治理模式。早期的理论性总结集中于唐奕主编的《基层治理之路》一书中。①

所谓"一核多元"的基层治理模式,核心理念是通过社区党组织发挥领导核心作用,将社区的各种利益主体和社会组织纳入管理和服务的范围,整合资源,在引领基层民主、推进社区自治、维护群众权益和关心国计民生等方面推动和谐社区建设。具体来说,"一核"即社区党组织,是社区各类组织和各项工作的领导核心,具有如下几项功能。

一是政治领导功能。体现在对基层重大事项进行最终决策上,如社区规划、社区规章、社区事业等;体现在对各类组织的统筹、协调上,打破封闭、多元各自为政的状态,实现体制内外的资源整合、党员与居民作用的共同发挥;体现在对自治组织开展自治活动的引导上,推进居民民主参与、民主决策、民主监督和民主评议,使基层民主自治有序开展。

二是利益协调功能。面对经济社会转型时期出现的下岗失业、贫富分化、阶层分化和城乡二元结构等问题,基层党组织能够充分调动政治的、经济的、文化的各种手段,使不同的利益诉求能够得到合理的表达,能通过整合资源,多元共治,使各种矛盾和问题得

---

① 唐奕主编:《基层治理之路》,中央编译出版社2016年版。

到合理解决，从而促进社会持续稳定和谐发展。

三是服务凝聚功能。市场经济条件下，执政党的凝聚力、吸引力和感召力来自为群众提供看得见、摸得着的物质和精神财富，这是执政党赢得民心的基础性工作。

四是资源整合功能。通过区域统筹，打破原来的系统、行业、职能界限，积极运作社区存量资源，探索建立区域内跨系统、跨行业的组织网格，将体制内的组织资源嵌入体制外的社区，代表民意、整合利益、引领社会。

"一核多元"中的"多元"意为"多元主体共治"。多元主体分担社区治理中的多方责任：居委会负责社区自治事务，社区工作站承接政府行政管理事务，社区服务中心承担社区公共服务，各类社区组织、物业管理公司、驻区单位等多元主体共同参与社区治理。

"一核多元"的社区治理模式，扩大了基层民主，较好地处理了"行政主导"与"党建引领"的关系，即一方面发挥了集中资源、统一领导的效率优势，另一方面又调动了各方面的积极性、主动性。"一核多元"意味着行政主导推进基层工作机制创新，有效提高了公共管理科学化水平，形成了完善的社区公共服务体系；基层党组织的核心作用使基层各种社会资源得到整合，实现了社区"多元共驻共治共享"的和谐局面。①

改革开放以来丰富多彩的基层自治、基层治理实践及其经验为中国政治学界提供了实践基础、学术资源，政治学界的学术研究又在不断地推进和影响着中国的政治改革、政治建设的实践进程，一个良性互动的局面日益形成。

---

① 房宁、唐奕：《治理南山——深圳经验的南山样本》，中国社会科学出版社2018年版，第132—142页。

结　语

当代中国政治制度，植根于中华民族几千年来生存和发展的广阔沃土，产生和发展于中国共产党和中国人民为争取民族独立、人民解放和国家富强而进行的革命、建设和改革开放的伟大实践，是适合中国的历史与国情，符合中国现代化建设要求的制度选择，与国家和人民的命运息息相关。

深入认识和理解当代中国政治制度不仅要把握制度体系自身的结构与功能，还应当进一步深入理解制度体制所蕴含价值体系。政治制度的价值体系包含了政治制度中政治主体关于权力、地位和责任的规范与安排，以及制度安排的道义和理性的诠释形态，它是制度体系的道义基础，也是进一步深刻分析和认识制度体系的钥匙。当代中国政治制度的价值体系突出地表现为中共十六大所表述的——党的领导、人民当家作主和依法治国的有机统一。

党的领导、人民当家作主和依法治国的有机统一。体现了中国政治制度架构中人民权利的保障、人民权力的行使和人民权利保障与权力行使的方法三个实践操作模式，为当代中国人民主权的实现提供了具体形式，从而也形成了当代中国政治制度的独特优势。

一　保障人民权利，激发社会活力

中国政治制度通过保障人民权利，调动人民群众的积极性、主动性和创造性，为中国的工业化、现代化提供了巨大动力。改革开放以来，中国进行了一系列旨在破除束缚广大人民群众的政治、经济、社会等多方面限制的改革，进一步保障了人民的权利，扩大了人民的自由。这一系列改革主要体现在三个方面：一是经济自由与权利的开放和保障。改革开放以后，中国出现了前所未有生产主动性、积极性，出现了全民创业的热潮，民营经济异军突起，在短短

30年内超过国有、集体经济成为国民经济的生力军，目前中国民营经济对 GDP 的贡献率已超过 60%。二是人民权利得到法治保障。依法治国，建设社会主义法治国家，使中国人民的权益得到了法治保障，形成了全社会的新预期，即只要通过个人努力就可以获得社会流动、身份改变和获取财富等机会，人们对自己行为的结果有了明确的预期进而转化为劳动与创造的积极性。三是社会价值观的根本改变。中国改变了以往以家庭背景和政治立场确定社会价值的旧价值体系，形成了依据受教育程度和个人成就为主决定地位的社会价值体系。这样，整个社会价值观的改变和经济活动预期的形成，转化成了普遍的社会动员，转化为巨大的生产动力，中国经济社会发展的积极性变成了亿万人民个体的欲求与冲动，使经济发展获得无穷动力，改革开放以来中国社会活力的激发都离不开政治制度的保障作用。

二 集中国家权力，实行战略性发展

中国政治制度在保障人民权利，调动人民积极性的同时，还具有另一种重要价值，即集中国家权力，实现工业化、现代化的战略性发展。坚持共产党领导的制度机制就在于，可以集中权力于国家，"利出一孔"，"集中力量办大事"，利用集中于执政党与国家政权的权力实施中国工业化、现代化的集约型、战略性的发展。作为后发展国家，政府能否在经济社会发展中发挥规划、组织和协调的作用，从而促进经济集约化发展是根本动力之外的又一个关键因素。而政府作用的发挥取决于政治制度的选择。中国的政治制度恰恰赋予了执政党领导下的政府集中资源、协调各方发展经济社会的能力，具体体现为宏观调控经济运行、制定发展规划、协调区域发展、基础设施建设、政策环境营造和公共服务提供等。

中国学术界在研究中国工业化、现代化以及工业化、现代化进程中政治制度、政治发展发展的过程中，取得了大量基于中国经验的原创性的理论成果。在研究作为后发国家的中国的政治制度与中

国工业化、现代化关系以及在比较政治发展的研究过程中，中国政治学界揭示了工业化、现代化进程中不同政治制度产生的两种社会激励机制的理论性发现。[①]在后发国家的工业化、现代化进程不同政治制度会产生不同的社会激励机制，一种是分配性参与，即实行竞争性选举制度、实行政党政治的制度下，会促使社会成员不同竞选、政党活动改变分配规则、重新洗牌获取社会利益；另一种是生产性激励，促进社会成员通过生产经营活动，实现社会及个人的发展。

当代中国政治制度的成功就在于采取开放社会权利、集中国家权力的制度安排和发展策略，进而产生生产性激励，而避免分配性激励，实现了在相对稳定的社会环境中获得经济社会快速发展的社会结果。中国政治制度为国家实现工业化、现代化提供了两个积极性——市场的积极性和政权的积极性，从而既为经济发展提供强大社会动力，又能保障社会秩序，避免社会矛盾冲突过度而阻滞工业化进程。对于当代政治政治制度的价值与功能的这一深刻揭示，应当说是中国政治学界关于当代中国政治制度研究取得的一个具有重要价值的研究成果。

---

① 参见房宁《亚洲政治发展比较研究的理论性发现》，《中国社会科学》2014年第2期。

第六章

行政管理研究

中华人民共和国成立70年来,中国行政管理研究经历了曲折的发展历程。在改革开放的新时期,行政管理学焕发了活力,迎来了繁荣和发展。中国行政管理学已经形成了基本研究框架,研究议题不断拓展,逐步成为一个独立学科。在学术研究繁荣发展的同时,行政管理教育也得到了长足发展,研究团体与平台持续扩展,人才队伍不断壮大。改革开放以来,行政管理的学术研究始终与行政体制改革、政府改革的实践紧密相连,始终坚持理论联系实际,坚持为国家和政府改革与发展创新服务的宗旨。数十年来,中国行政管理学研究在行政体制改革与政府职能转变、政府组织机构改革、服务型政府建设、公共政策与政府运行、绩效评估与管理方式创新、人事行政与公务员制度等重要领域取得了丰硕成果。

第一节 行政管理学发展脉络

一 研究起步与研究中断

行政管理在中国的研究,或者说把行政学作为一门学科的研究,可以追溯到20世纪30年代。中国学者开始陆续撰写行政学著作,最系统、最具代表性的是张金鉴所著《行政学之理论与实践》。"19

世纪末和 20 世纪初,翻译出版了美国学者所著的《行海要术》《行政纲目》,日本学者蜡山政道所著的《行政学总论》、美浓部达吉所著的《行政法撮要》等。……从 30 年代起,中国学者撰写的行政学著作陆续问世。其中最早、最为系统的行政学专著是 1935 年出版的张金鉴所撰的《行政学之理论与实践》。"① 到 20 世纪 30 年代,行政学逐步成为一个独立学科。中国共产党已经在延安建立了行政学院,根据革命根据地政权建设和政府管理需要,开设了行政学课程。② 这些行政学研究的早期历程,为中华人民共和国成立之后的行政管理研究奠定了基础。

在中华人民共和国成立之初,行政学作为独立学科得到了短暂的保留。但在 1952 年的高等院校院系调整当中,行政学作为一门独立学科被取消了。③ 在高等学校中与行政学有关的课程改称"行政组织与管理"。从此,行政管理的研究作为一门学科陷入停顿状态。

二 行政学的恢复和发展

1979 年 3 月底,邓小平在理论务虚会上的讲话中提出"补课论",我国行政学与政治学一道恢复重建。在这一背景下,老一辈政治学和行政学者,大力呼吁、提倡恢复、发展行政管理研究。1981 年,周世逑发表《一门被忽视了的学科——行政管理学》,呼吁在我国立即恢复和重建行政管理学。夏书章在 1982 年撰文指出:行政工作的一系列现实问题,包括行政组织、人事管理、工作方法、机关管理等问题,要实行现代化行政管理,就必须进行更为系统、广泛

---

① 《中国大百科全书·政治学》,中国大百科全书出版社 1992 年版,第 417 页。

② 刘怡昌、许文惠、徐理明主编:《中国行政科学发展》,中国人事出版社 1996 年版,第 2 页。

③ 同上。

的行政学研究,强调"把行政学的研究提上日程是时候了"①。

1982年中国政治学会在上海复旦大学举办了全国行政学讲习班,1983年又在济南举办了政治行政体制改革研讨会,并举办了政治学行政学讲座。② 这两次培训和讲座,使得行政学越来越受到理论界和政府行政人员的重视,对于行政管理研究与教育的恢复发展起了重大作用。1984年8月,国务院办公厅和原劳动人事部在吉林市举办了全国"行政科学研讨会",共同深入探讨了发展行政学的有关问题,提出建立具有中国特色的行政管理学,初步明确了行政学和行政改革要研究的主要课题,建议成立中国行政管理学会和筹建国家行政学院。③ 1985年《中国行政管理》创刊,这是一个重要的研究与传播研究成果的平台的创建。1988年10月,经国务院批准,中国行政管理学会在北京正式成立,这是行政学研究成为一个独立学科并得以明确下来的重要标志。

1984年,周世述著《行政管理》由人民出版社出版。1985年夏书章主编的《行政管理学》由山西人民出版社出版。1988年黄达强、刘怡昌主编的《行政学》由中国人民大学出版社出版。这些重要专著和教材建构起了行政管理研究的主要范畴和基本轮廓,初步形成了行政管理研究的基本框架,奠定了行政学研究与发展的重要基础。除了教材类的基础性专著,还有工具书类的成果。例如,1988年,吉林人民出版社出版了1949年以来我国第一部《行政学词典》。这一时期,行政管理在研究议题上主要涉及机构改革、政府职能、人事行政的问题。1987年中共十三大报告中提出了转变政府职能的重要任务要求,1988年实行了我国改革开放以来的一次重大机构改革。重大改革是行政管理学研究的实践基础,1989年中国行政

---

① 夏书章:《把行政学的研究提上日程是时候了》,《人民日报》1982年1月29日第5版。

② 刘怡昌、许文惠、徐理明主编:《中国行政科学发展》,中国人事出版社1996年版,第3页。

③ 同上。

管理学会的第一次年会主题是"我国行政体制改革的理论和实践"，涉及对政府职能、组织机构、运行机制、人事制度等问题的讨论。

改革开放后到 20 世纪 80 年代中期，国内一批高等院校相继创办了行政管理系和专业，发展行政管理教育。1985 年，湖北大学创建行政管理系。1986 年 9 月，中国人民大学组建了国内第一个行政管理研究所。[1] 1988 年，北京大学政治学与行政管理系开设行政管理专业。1994 年，国家行政学院成立。

这一时期，开始了引进、翻译和研究国外研究成果相关工作。中国人民大学出版社组织翻译出版了"公共行政与公共管理经典译丛"等一批公共行政学教材与专著，[2] 北京大学出版社也出版了"美国公共政策经典译丛"等。国内学者在介绍、分析西方政府公共管理实践经验和相关理论的基础上，探讨了中国行政管理以及政府改革的大量的现实问题。

在这个阶段，中国行政管理的研究框架与理论体系初步形成，为以后全面发展和多元交汇融合发展奠定了极其重要的基础。

三 行政学全面拓展与纵深发展

经过改革开放 20 多年的发展，到 20、21 世纪之交，我国行政管理研究进入全面拓展、深化提升与多元交汇发展的阶段，在研究议题的扩展和深化、人才教育培养、国际交流等诸多领域都取得了重要进展。

1997 年中共十五大之后，行政体制改革、政府机构改革不断推出，法治政府建设、《公务员法》的推出，对国内行政管理研究产生

---

[1] 王郅强：《构建具有中国特色的公共管理学科知识体系》，《学海》2019 年第 1 期。

[2] 比如［美］罗森布鲁姆等《公共行政学：管理、政治和法律的途径》，张成福等译，中国人民大学出版社 2002 年版；［美］盖伊·彼得斯《政府未来的治理模式》，吴爱明等译，中国人民大学出版社 2001 年版；［美］斯帝尔曼二世编著《公共行政学：概念与案例》，竺乾威等译，中国人民大学出版社 2004 年版。

了直接的推动和促进作用。随着实践的发展，行政体制改革、政府改革创新对行政管理学的要求日益增加，提高了行政管理学的社会价值和学术地位。1997年在国务院学位委员会学科目录中，公共管理被列为管理学门类下的一级学科，行政管理相应调整为公共管理下属的二级学科并且列于首位。学科级别的调整标志着行政管理学科学术地位的上升，对于行政管理研究定位、内容以及方法上都产生了深远影响。

学科调整之后，中国人民大学、中山大学、复旦大学、北京大学等国内许多高校在行政学或行政管理专业硕士培养的基础上，陆续获得行政管理博士学位授权点，并开始招收和培养博士研究生，这也标志着公共管理学科具有本科—硕士—博士的完整人才培养体系。截至2018年3月，全国公共管理学科"博士一级"授权达到了48所。公共管理一级学科硕士点的数量达到170余个。[1]

2001年，中国加入世界贸易组织（WTO），这是我国改革开放和现代化事业历程中具有划时代意义的大事件。加入世界贸易组织对于中国的行政管理体制和政府管理实践都意味着巨大挑战，要求转变管理理念、加快政府职能转变、转变管理方式和提高依法行政水平，多方面的制度与运行机制等都要做出相应改革与调整。这为行政管理的研究提供了实践基础与机遇。加入世界贸易组织后，中国的行政管理学在研究视野上大为开阔，议题大为拓展，研究内容不断深化。行政管理研究领域迎来空前繁荣的新阶段。

第二节 政府改革基本议题研究

行政体制改革与政府职能转变、政府组织机构改革、服务型政

---

[1] 王郅强：《构建具有中国特色的公共管理学科知识体系》，《学海》2019年第1期。

府建设是改革开放以来中国行政管理学研究的三大基本议题。

一 行政体制改革与政府职能转变研究

行政体制改革的核心是政府职能转变,围绕着这一问题中国行政学界进行了 30 多年的研讨。

(一) 行政管理体制改革的基础理论研究

行政管理体制改革是一个实践问题,但由于它自身的重要性以及不可逆性,行政管理体制改革需要理论的指导和经验的参照。行政体制改革的政策研究与实践是理论与实践紧密结合、互动,理论界与政府部门相互关联、配合比较突出的一个领域。

1. 行政体制改革的重要性与性质定位

从 20 世纪 80 年代到 90 年代,行政体制改革的研究起初着重于建立科学化的行政管理体制,促使行政管理科学化,从实际出发改革行政管理体制。当时有学者指出:"社会主义制度的性质和我国政体的特点,决定了我国的行政管理体制应当共有两重性质:一是服务型,二是民主集中型。"[1] 另有不少学者强调了中国特色的行政管理体制目标与价值问题,基本上是从社会主义性质以及经济体制改革这一经济基础要求为出发点。"为了从根本上改变落后的管理模式,必须总结经验,解放思想,走自己的道路,建立起具有中国特色的、生气勃勃、活力充沛的行政管理体制。"[2] 明确行政体制改革性质,"行政管理体制改革在本质上从属于政治体制改革。明确行政管理体制改革的这一属性意味着……不应当过分偏重或一味强调这一体改的技术属性或策略层面,而失却改革的政治目的"[3]。对中国

---

[1] 包心鉴:《我国行政管理体制改革中的两个问题》,《社会科学研究》1985 年第 6 期。

[2] 周世逑:《社会主义行政管理的重大发展》,《政治学研究》1985 年第 1 期。

[3] 张国庆:《行政管理体制改革及其与政治体制改革的异同》,《中国行政管理》1994 年第 4 期。

行政体制改革从战略高度进行定位,"中国从 70 年代末即开始以经济体制为中心的体制改革,与之相适应进行了重塑政府形象的全方位行政体制改革。这是巨大的社会改造工程,是中国走向现代化在政府体制上的组织准备"①。此战略定位下的行政体制改革是一个包含多项任务的系统性改革,涉及职能结构、权力结构、组织结构和人事制度方面的基本框架。

2. 关于行政管理体制改革的核心问题

早在改革开放之初,就有人提出:"改革行政管理体制,核心问题是如何科学地划分权限的问题。"② 划分权限其本质是政府应该履行哪些权力、行使哪些职能,因此,推进行政体制改革排在第一位的是转变政府职能,还涉及厘清政府与社会的关系,同时改革政府机构、工作方式和理念等。比较早的专著,也阐述了政府职能与行政体制改革的密切关联,例如张志荣、徐功敏主编的《行政体制改革与转变政府职能》。③ 行政管理体制的现代化应符合纵向与横向的行政职权划分、结构体制安排科学合理、运行体制协调高效,实现法治化。

(二)行政体制改革推进路径和对策探讨

系统性研究行政体制改革的成果主要体现在专著当中。20 世纪 90 年代就有一些关于行政体制改革的研究性专著。④ 中共十七大之后,对行政体制改革的研究也在深入,著作不断增多,⑤ 代表性成果

---

① 刘怡昌:《迎接新世纪的重大变革——20 世纪末叶中国政府的行政体制改革》,《政治学研究》1996 年第 1 期。

② 张树义:《我国的行政管理体制》,《政治与法律》1985 年第 2 期。

③ 张志荣、徐功敏主编:《行政体制改革与转变政府职能》,社会科学文献出版社 1994 年版。

④ 张文寿主编:《中国行政管理体制改革:研究与思考》,当代中国出版社 1994 年版;张国庆主编:《当代中国行政管理体制改革论》,吉林大学出版社 1994 年版。

⑤ 主要有郭济主编《行政管理体制改革:思路和重点》,国家行政学院出版社 2007 年版;唐铁汉等《中国行政管理体制改革战略研究》,国家行政学院出版社 2009 年版;陈哲夫主编《中国行政管理体制改革》,红旗出版社 2009 年版。

之一是全面系统地论述行政体制改革的重要内容,包括行政体制改革理论与进展、深化行政体制改革目标与任务、政府自身改革与建设、加强和创新社会管理、提高应急管理能力与水平、国际金融危机与公共行政改革、推进行政体制改革研究与创新等。[1] 行政体制改革还有蓝皮书系列,从 2011 年出版第一本《中国行政体制改革报告 No.1》,到 2017 年,已经出版了六本,每年都有比较集中的主题,比如简政放权和行政审批制度改革。在改革开放 30 周年和 40 周年,还出现了一些对政府体制改革实践总结性的成果,对改革历程、基本经验、未来发展趋势维度做了全面总结分析,改革开放以来的行政体制改革主要围绕着经济体制改革、转变政府职能和建立宏观调控体系的脉络展开;整个改革历程呈现出渐进性、复杂性和从外延型改革向内涵型改革发展的主要特点;基本上对行政体制改革要尊重中国国情和坚持正确的指导思想等基本经验达成了共识;在未来趋势上,还要坚持党的领导,聚焦职能整合与机构优化设置,构建简约高效的基层管理体制,完善法律法规推动体制改革的法定化。[2]

学术论文则多数是研究行政体制改革面临的现实问题和解决思路。行政管理体制改革的深入要着重建立服务型政府,强调着力建设中国特色行政管理体制。[3] 有些研究从法治视角探讨行政体制改革的基本目标,其中有学者提出,"改革的基本目标是按照市场经济和民主政治的要求重新定位政府角色而形成有限政府,着力打造有效政府,形成亲民政府,将行政权力掌控者和权力行使过程全部纳入

---

[1] 魏礼群:《行政体制改革论》,人民出版社 2013 年版。
[2] 汪玉凯等:《中国行政体制改革 30 年回顾与展望》,人民出版社 2008 年版;周天勇等:《中国行政体制改革 30 年》,上海人民出版社 2008 年版;周光辉:《构建人民满意的政府:40 年中国行政改革的方向》,《社会科学战线》2018 年第 6 期;马宝成、安森东:《中国行政体制改革 40 年:主要成就和未来展望》,《行政管理改革》2018 年第 10 期。
[3] 马凯:《以转变政府职能为核心 深化行政管理体制改革》,《国家行政学院学报》2008 年第 5 期。

公共监督视野而形成透明政府"[1]。建设具备这些性质的政府，也是基本上理顺政府与公民、企业、市场、社会关系的路径。

对行政管理体制改革的实践经验、改革难点、改革思路的梳理。有些学者是从机构改革角度对行政体制改革的经验进行总结，即由党和国家高层决策，基本上是自上而下推动。[2] 关于行政体制改革的逻辑判断，有学者提出，"改革行政体系以使其能够有效执行中国共产党旨在解决社会主要矛盾的策略"，以推进国家治理体系和治理能力现代化为目标检视这一逻辑，丰富有关中国行政体制改革的知识。[3] 有些学者从改革具体内容和举措方面概括了行政体制改革十大方面："在推进行政审批制度改革、政务公开、政府重大决策科学化民主化和法治化、政府工作的第三方评估和社会评价、公正有效地提供公共产品和公共服务、地方政府的权力和责任清单制度改革、公务员职务与职级并行制度改革等十个方面，取得了显著进展。"[4] 这一类研究基本上都是问题导向，或者说针对当时行政管理体制改革中存在的问题来提出解决思路和对策。

（三）当前阶段关于行政体制改革实践的研究

2013 年《国务院机构改革和职能转变方案》实施，行政体制改革开启了一个新阶段，从简政放权和放管结合的两轮驱动发展到"简政放权、放管结合、优化服务"三位一体全面推进改革。围绕政府放管服的改革实践，以及改革中的职能转变、事中事后监管等难点问题展开研究，既有行政审批改革的顶层设计问题，又有具体的

---

[1] 莫于川：《有限政府·有效政府·亲民政府·透明政府》，《政治与法律》2006 年第 3 期。

[2] 王澜明：《改革开放以来我国六次集中的行政管理体制改革的回顾与思考》，《中国行政管理》2009 年第 10 期。

[3] 于君博：《改革开放 40 年来中国行政体制改革的基本逻辑》，《经济社会体制比较》2018 年第 6 期。

[4] 许耀桐、包雅钧：《中国行政体制改革的进展及其重点》，《北京行政学院学报》2016 年第 4 期。

案例分析。其中重点是对简政放权和行政审批制度改革的研究，这也是具体领域行政体制改革的研究。

近年来学术界对这一体制的研究主要如下：一是对简政放权和行政审批制度的研究，2001 年以来较少的专著集中在历史沿革、相关理论、主要问题、从制度和运行机制方面提出改革总体构想和配套方案。[1] 较多学术论文是从一般意义上总结行政审批制度改革的发展、问题和对策，概括行政审批制度改革的实践经验和路径。[2] 二是进一步改革思路，有着法律、职能、程序等不同路径，有的强调依法推进简政放权，修改完善以《行政许可法》为代表的法律法规，依法设定行政审批权力的标准。[3] 转变政府职能也是一条重要路径，需要配套的改革推进。[4] 还有的从履行职能和权力行使程序角度，认为要着重解决行政审批流程、网络手段、标准化等技术性问题。[5]

通过行政审批制度改革推进实质性的政府职能转变，必须解决一系列具有根本性的问题，包括权力清单的制度体系如何构建、行政审批制度改革要走出只是关注权力事项数量的误区，着重改革政府的权力配置与权力结构。此外，比较系统的研究地方政府行政体制改革的成果认为，和谐社会与以人为本是地方政府体制改革的制度起点，地方政府的权能定位与合理架构是关键，责任体系的重构

---

[1] 丁茂战：《我国政府行政审批治理制度改革研究》，中国经济出版社 2006 年版。

[2] 竺乾威：《行政审批制度改革：回顾与展望》，《理论探讨》2015 年第 6 期；唐亚林等：《2001 年以来中央政府行政审批制度改革的基本经验与优化路径》，《理论探讨》2014 年第 5 期。

[3] 王克稳：《我国行政审批制度的改革及其法律规制》，《法学研究》2014 年第 2 期；应松年：《行政审批制度改革：反思与创新》，《学术前沿》2012 年第 5 期。

[4] 陈天祥等：《从行政审批制度改革变迁透视中国政府职能转变》，《中山大学学报》2015 年第 2 期；艾琳、王刚：《行政审批制度改革中的"亚历山大绳结"现象与破解研究》，《中国行政管理》2016 年第 2 期。

[5] 黄小勇：《政府流程再造视野下的行政审批标准化建设》，《行政管理改革》2012 年第 4 期。

与完善是深化改革的前提,地方政府体制改革要实现公共服务化的转型。① 以案例研究的形式对地方行政管理体制改革的研究也有不少成果,如对上海和广东的行政体制改革历程与经验分析,② 这些对于当地深化改革或在全国范围内推进改革具有一定启示意义。

(四) 政府职能及其转变的研究

行政体制改革要抓住转变政府职能这个关键与核心,因此,政府职能问题一直是行政管理研究关注的基础性重点议题,而且研究内容不断扩展。

1. 政府职能基本理论和重要内容的探讨

确定政府职能,必须处理绕不过的政府与市场、企业,与社会之间的重要关系。转变政府职能的一个基本问题就是国家与社会的关系,二者需要分离,这也是重要的理论基础。③ 有些学者从政府与市场关系角度探讨政府职能转变,指出了一些问题,包括政府对角色的认知、机构翻牌和职能依旧、放任主义、利益机制缺失、两权分离的不足等问题。至于改革的思路,有人提出"政府在市场经济中的位置和政府经济职能的具体内容是重塑政企关系,政府作为社会公共权力行使者和国有资产所有者代表的职能分开,即政府的一般社会经济管理职能与国有资产管理职能分开"④。政府职能转变的基本原则与路径包括合理性、合法性原则;要与国家治理现代化的改革逻辑相一致,要在政府、市场、社会三者能力的权衡中动态调整政府职能边界。⑤ 有些学者是从国家治理角度进行分析,例如,从

---

① 沈荣华等:《地方政府改革与深化行政管理体制改革研究》,经济科学出版社2013年版。

② 个案性质的行政体制改革研究,如陈奇星主编《改革开放40年上海行政体制改革的回顾与展望》,上海人民出版社2018年版;陈天祥等《广东行政管理体制改革40年》,中山大学出版社2018年版。

③ 严翅君:《我国政府职能转变的一个理论基础》,《学术月刊》1993年第7期。

④ 倪星:《重塑政企关系的行政学思考》,《政治学研究》1997年第5期。

⑤ 乔亚南:《政府职能转移的正当性建构》,《广东社会科学》2018年第4期。

国家治理现代化的角度和认识高度出发，来阐释转变政府职能的目标定位、本质抓手、法治路径和实现机制等基本理论问题，政府职能转变的经济绩效取向与社会公平正义价值辩证结合，以政府与市场、政府与社会的关系作为政府职能转变的路径依托。① 从政府职能转变的历史脉络和发展演变分析，其转变仍然没有脱离政府权力这一中心，而且还具有一定的路径依赖。② 从多数研究来看，仍然是以政府与市场的关系为基点。

2. 以政府职能转变推动政府改革的研究

专门就政府职能转变问题进行系统性研究的成果，例如，有些学者全面分析了改革开放以来政府职能转变的历史阶段，从转变政府职能配合经济建设、使政府职能适应社会主义市场经济，到建设服务型政府的职能转变新阶段，强调了政府职能要体现国家的阶级性与社会性的统一。由此，突出了政府职能在中国改革中的核心地位，政府职能转变关系到转变经济发展方式、社会建设、机构改革与优化政府运行过程，所以政府职能转变要与经济体制改革、与人民群众的普遍要求相适应。③ 这些研究也是这一领域具有前沿性的成果。有些是以政府职能为核心来推动政府全面改革的系统性研究，④ 主要阐述了重构政府职能与转变、深化行政审批制度改革、全面正确履行政府职能，实现内涵式的政府改革。有些是把政府职能转变作为建设服务型政府的重要路径。⑤

应对加入 WTO 给政府管理带来的挑战，转变政府职能与推进行

---

① 王浦劬：《论转变政府职能的若干理论问题》，《国家行政学院学报》2015 年第 1 期。

② 竺乾威：《政府职能的三次转变：以权力为中心的改革回归》，《江苏行政学院学报》2017 年第 6 期。

③ 朱光磊等：《政府职能转变研究论纲》，中国社会科学出版社 2018 年版。

④ 石亚军主编：《破题政府职能转变：内涵式政府改革新路径实证研究》，中国政法大学出版社 2016 年版。

⑤ 吴爱明等：《服务型政府职能体系》，人民出版社 2009 年版。

政体制改革。围绕这个现实问题，2001—2004 年，不仅有一些相关主题的研讨会召开，比如北京、天津的一些研究机构包括中国行政管理学会召开的研讨会；而且有一些文章涉及政府与企业的关系、政府转变经济管理职能、创新管理体制等。一些比较深入分析的观点涉及政府转变管理职能和行为方式调整的具体思路，外部推动力。① 按照"入世"要求转变职能，必须"调整政府行为，主要是调整政府组织行为、管理行为、信息披露行为、行政审批行为、财政支出行为、财富分配行为和公务员管理行为等"②。

  对地方政府职能及转变的研究。对地方政府职能的研究有不同的层次，有的侧重于乡镇和县级政府，有的侧重于省级政府。1990年11月，中国行政管理学会县级行政管理研究会成立，这是重视对基层政府管理研究的一个体现。尤其是 2010 年以后，对县级政府职能的研究逐渐增多，学界比较多的是从统筹城乡发展、新型城镇化的角度分析县级政府职能转变的重要性与转变重点。为保障新型城镇化健康发展，地方政府职能转变的重点，是要进一步发挥市场配置资源的决定性作用，提升政府的公共服务水平，同时要加强社会治理，以及环境保护的职能。有些是从省级政府层面对政府职能实践进行总结分析，上海的行政体制改革中始终把职能转变放在首位并贯穿于改革全过程，取得了新进展。但是在公共服务和社会管理职能上还需强化，履行职能的方式和法治意识还待加强，为此还需要进一步简政放权和处理好政府层级间的职责权限，发挥市场配置资源的决定性作用，发挥好社会组织的作用，通过创新行政管理方式提高效能。③ 浙江省深化政府改革和探索职能转变的重大举措，

---

  ① 武树帜：《加入世贸组织后的中国行政管理》，《中国行政管理》2000 年第 7 期。

  ② 彭向刚：《中国"入世"后政府的职能转变及行为调整》，《吉林大学社会科学学报》2003 年第 4 期。

  ③ 陈奇星主编：《转变政府职能与服务型政府建设》，上海人民出版社 2015 年版。

是通过权力清单、责任清单、负面清单与政务服务网的"四张清单一张网"的途径实现的，科学、严谨地完成了政府权力的精简与优化，开创了省级政府的"中国政务第一网"，取得显著成效，提升了行政服务满意度；但是还需要进一步解决好的问题是，服务内容不够完整统一，系统整合与资源共享的难度还较大。① 对政府政府职能的这些研究中，分析的问题具有一定的普遍性，取得的经验也具有一定的推广适用性，对推动政府改革具有一定的政策意义。

二 政府组织机构改革研究

行政体制改革与政府职能转变都需要相应载体和主体的调整与改革，于是政府组织与机构改革作为政府改革领域的一个重大现实问题，成为行政管理研究的一个重大议题。1982 年政府机构改革是改革开放之后首次大规模机构改革，具有转折性意义。1988 年政府机构改革以转变政府职能为主要特征，为全面展开行政管理体制改革跨出了重要一步。从 20 世纪 80 年代倡导恢复行政管理（学）研究之初，政府组织和机构设置就成为重要研究对象。夏书章在 1982 年提出把行政学研究提上日程的呼吁中，第一个问题即是"行政组织问题"。

（一）对机构改革基本理论问题的研究

比较早的机构改革研究是与政府职能转变紧密联系在一起的，这与行政体制改革和政府职能转变实践相符合。例如，20 世纪 80 年代就提出了组织机构设置的依据与机构改革的指导原则，政府机构设置的直接依据有三条，即政府职能的发展变化，国内外形势和实际需要，政府行政管理的方式；政府机构改革必须符合整个经济体

---

① 范柏乃、张鸣：《加快政府职能转变的实现路径：四张清单一张网》，浙江大学出版社 2016 年版。

制改革的方向和要求，必须有利于加强民主管理和提高工作效率。①这些理论分析对于现在的机构改革来说，仍然有借鉴意义。

政府机构改革作为一项复杂性、系统性工程，需要解决一些基本问题，包括改革的基本内容和范围；改革的基本原则，包括政企分开、精简统一效能原则和依法行政原则；改革的关键是权力与利益再分配，明确部门分工与划清职权。② 有些学者提出了政府合理规模理论和政府机构平衡发展理论，前者揭示了机构改革的实质和关键，后者揭示了机构改革的动力和必然性。③ 对政府机构改革的理论逻辑，有的是从经济学视角探讨，政府机构改革不只是外在表现的部门撤并，本质上是"伴随着政府职能转变而对现有行政资源在结构上的优化和整合，其目的在于实现与现代市场经济和社会发展相适应的现代政府治理"④。

特别是中共十九大之后，进行了全面、系统的党和国家机构改革。十九届三中全会通过了《深化党和国家机构改革方案》，第十三届全国人民代表大会第一次会议通过了《国务院机构改革方案》，开启了新一轮机构改革。学者们对2018年党和国家机构改革的解读与思考，多数与国家治理体系和治理能力现代化的目标联系起来，着力构建起职责明确、依法行政的政府治理体系。

（二）对政府机构改革实践的分析

这一类成果主要是描述、总结机构改革实践的做法，分析经验

---

① 王志刚编：《政府职能转变与机构改革》，光明日报出版社1988年版。类似成果还有桂世镛、唐铁汉主编《邓小平行政理论与我国政府机构改革》，国家行政学院出版社1998年版。

② 夏海：《政府的自我革命：中国政府机构改革研究》，中国法制出版社2004年版。

③ 王玉明：《关于政府机构改革的基本理论问题》，《理论学习月刊》1998年第8期。

④ 时红秀：《大部制改革：基于经济学视角的分析》，《国家行政学院学报》2012年第5期。

和存在的问题。有的运用马克思主义国家理论和邓小平建设有中国特色社会主义理论，回顾分析了中国行政管理体制和机构改革的经验教训，总结出了解放思想是改革的必要前提、转变管理职能是关键环节、整体把握是基本要求等重要观点，而且还提出要合理规定机构设置的限额等重要原则。① 还有的是通过简述 1949—1993 年历次机构改革的做法，指出了机构改革中的一些主要问题，如机构设置的不稳定性，机构设置的规范化、法制化程度有待提高，政党关系的问题对政府机构改革的影响。② 实际上，这些问题的分析对于后续机构改革而言也是需要进一步注意的。

改革开放以来的政府机构改革的经验总结、理性判断和趋势分析。这一类研究基本上都肯定了我国政府机构改革取得的进展与成就、积累的重要经验对全面行政改革的重要影响。政府机构改革要服务于经济体制改革，要自上而下地展开，要遵循依法推进路径；以市场经济体制为基础整合职能和机构来优化组织架构，以优化协同高效为着力点来构建现代政府治理体系；40 年来的机构改革呈现出明显的阶段性、渐进性、持续性和一致性特征，每个阶段都有不同的改革任务和侧重点，但与建立和完善社会主义市场经济体制的要求是根本一致的。③ 对几十年政府机构改革的总结中，也有理性反思的成果。比如有些学者认为，政府机构改革也需要改革，"从变革管理角度系统梳理和审视改革开放以来国务院七轮机构改革历程，需要从战略定位、推进方式、公共责任、总体设计和精细化过程管

---

① 张志坚主编：《中国行政管理体制和机构改革》，中国大百科全书出版社 1994 年版。
② 刘智峰主编：《第七次革命》，中国社会科学出版社 2003 年版。
③ 许耀桐：《中国政府机构改革 40 年来的发展》，《行政论坛》2018 年第 6 期；沈荣华：《我国政府机构改革 40 年的启示和新趋向》，《行政管理改革》2018 年第 10 期；左然、左源：《40 年来我国机构改革的经验和启示》，《中国行政管理》2018 年第 9 期。

理等方面对机构改革进行再思考"[①]。

(三) 对大部制机构改革的研究

大部制机构改革的研究,在宏观层面是对大部制改革的必要性和重要意义、优势的论证,对部门整合以及整合的职能调整的基础进行研究,对部际互动协同关系进行研究;微观层面对部内的内设机构之间关系进行探讨,还有的是对大部制机构改革面临的困境进行分析并提出思路的对策性研究。

关于大部制改革的建议思路。大部制改革实质是行政权力重新配置,多数是从政府核心职能整合、事权和权责统一、内部结构的优化与协调、增强部委机构政策制定能力、促进政策一致性和执行协同性等方面提出对策。[②] 有些成果是从法律角度特别是从行政法的视角来探讨大部制改革的系统路径;[③] 有些是借鉴一些发达国家的大部制设置的经验来提出中国的对策,[④] 对英、德、法、美、俄等国的机构设置与基本特点进行分析,总结对中国有借鉴意义的经验;有的是进行实证研究,对已经落实大部门制改革的政府机构进行调研,并分析原因和进行解释。

三 服务型政府建设研究

关于服务型政府这一议题研究,从开始提出这一概念,到成为行政管理学研究中比较广泛、具有影响力的重要议题,是特别能体

[①] 周志忍、徐艳晴:《基于变革管理视角对三十年来机构改革的审视》,《中国社会科学》2014年第7期。

[②] 鲍静、解亚红:《科学确定大部门体制改革的推进策略》,《中国行政管理》2008年第4期;杨宏山:《大部门制改革的行动逻辑与整合机制》,《政治学研究》2013年第3期;杨兴坤:《大部制:雏形、发展与完善》,中国传媒大学出版社2012年版。

[③] 石佑启、黄新波:《我国大部制改革中的行政法问题研究》,知识产权出版社2012年版。

[④] 沈荣华:《大部制》,江苏人民出版社2014年版。

现理论联系实际的一个领域。最早提出和研究服务型政府的是刘熙瑞教授,他发表在《中国行政管理》(2002年第7期)的《服务型政府——经济全球化背景下中国政府改革的目标选择》一文,被认为是具有开创性的成果,该文已被引用2900多次。这之后的服务型政府,经历了从理论探讨到成为中央政府决策、再促进理论研究的过程。2004年,服务型政府进入中央政府决策的视野,出现在政府工作报告中,然后被写入党的文件,中共十七大明确提出把"建设服务型政府"作为行政管理体制改革的重要目标,对服务型政府的研究也在不断深入,形成了理论与实践之间更好的互动。中共十九大报告中,在深化机构改革和行政体制改革的部分,又重申了"建设人民满意的服务型政府"[1]。学术界的研究内容主要是围绕着建设服务型政府的基本理论、对实践的分析和建设的现实路径等重点展开。

(一)服务型政府基本理论问题探讨

这也是服务型政府研究兴起时段的主题,从多层面论证建设服务型政府的重大意义,也是能够基本达成共识的一点。基本理论包括对服务型政府的本质规定、理论基础、价值基础等基本问题讨论。根据服务型政府的规定性要求,有些学者从政府的公共性、民主政治理论、马克思主义的代表制思想、现代公共行政学理论、法治理论、民主行政理论等维度论证服务型政府的理论基础。[2] 还有些学者从民主和法治角度,探讨了与服务型政府建设密切相关的有限政府、公民社会、法治的关系理论。[3] 对公共服务的研究和服务型政府的研

---

[1] 习近平:《决胜全面建成小康社会 夺取新时代中国特色社会主义伟大胜利》,《人民日报》2017年10月18日第4版。

[2] 刘熙瑞、段龙飞:《服务型政府:本质及其理论基础》,《国家行政学院学报》2004年第5期;刘俊生:《论服务型政府的价值基础与理论基础》,《南京社会科学》2004年第5期。

[3] 姜明安:《建设服务型政府应正确处理的若干关系》,《北京大学学报》2010年第6期。

究，还受到了美国新公共服务理论的较大影响，比较典型的是关于新公共服务的基本理论内涵和原则，包括服务于公民而不是服务于顾客，追求公共利益，重视公民权胜过重视企业家精神，服务而不是掌舵，重视人而不只是重视生产率。[1]

（二）建设服务型政府的实践对策探讨

把服务型政府作为中国行政改革的目标选择。如何实现这一目标，对基本思路和对策的探讨成为研究的一部分。代表性的观点是，从政府的公共服务职能角度，提出建立和健全公共财政体制来加大公共服务的投入，建立起完善的公共服务体系，从而真正实现服务型政府建设的目标。[2] 这一类研究普遍认为，通过强化公共服务职能，完善公共服务体系，是实现服务型政府建设目标的现实着力点。另一类研究认为，服务型政府建设应当从政府理念、政府制度和政府行为三个层面进行检讨和反思，并以公民本位的精神实现政府再造，良好的治理要求政府与社会的互助合作、双向互动、共管共治。

（三）服务型政府建设的综合性研究

这方面主要呈现为专著类研究成果，包括服务型政府的基本特征、建设目标与实现路径等。比较早的研究是从政府的公共供给视角分析，认为服务型政府要满足社会公共需求，一个关键是政府服务要由经济建设型转向社会服务优先型。[3] 服务型政府的基本特征是以人为本、公开透明、高效廉洁、依法行政、具有责任性和回应性，建设服务型政府的战略问题是一个带有根本性的重大命题，是政府改革的整体性和长远性部署。实现服务型政府目标的基本途径是职能转变和制度创新，还必须转变传统的政府机制和工作方式。[4] 后

---

[1] ［美］登哈特：《新公共服务：服务，而不是掌舵》，丁煌译，中国人民大学出版社2004年版。

[2] 唐铁汉：《强化政府公共服务职能 努力建设公共服务型政府》，《中国行政管理》2004年第7期。

[3] 李军鹏：《公共服务型政府》，北京大学出版社2004年版。

[4] 高小平等主编：《服务型政府导论》，人民出版社2009年版。

来，关于服务型政府的专著类成果不断增多，也基本上是在这个理论体系内发展的。

2013年以来，随着我国行政体制改革进入新阶段，服务型政府的研究也不断深入。有些研究认为着重构建公共服务体系，地方公共服务体系的战略重点在于保基本、强基层、提能力、促统筹；实施策略上主要是推进地方政府公共服务体制改革，构建多元主体协同的服务供给机制，健全公共服务资源的保障机制，不断提升公共服务质量。[1] 为了完成建构公共服务体系这一服务型政府建设的核心内容，还需要完善公共财政体制。[2] 有的着重提出了建设服务型政府的制度供给路径和运行机制。[3] 总之，这些研究都较多地坚持了理论与实践的结合，体现了研究成果的丰富性和进步性。

第三节 政府政策与运行议题的研究

这一部分主要是梳理概括政府公共政策制定与执行，运行过程中的政务公开等管理方式创新、绩效评估等一系列重要议题研究的发展状况。

一 公共政策重要议题研究

政府管理的过程在一定意义上主要是制定与实施公共政策的过程。政府的公共政策制定、政策执行、政策评估等，成为行政管理研究中的一个重要领域，随着政府管理面临的公共事务日益复杂，公共政策在其中的重要性更加凸显。公共政策的研究在20世纪70

---

[1] 姜晓萍主编：《建设服务型政府与完善地方公共服务体系研究》，中央编译出版社2015年版。

[2] 朱光磊等：《服务型政府建设规律研究》，经济科学出版社2013年版。

[3] 薄贵利、刘小康等：《创新服务型政府运行机制》，人民出版社2014年版。

年代就受到了关注，但理论研究上的广泛推进，是在 90 年代以后。行政管理体制改革深入推进，要实现行政管理的现代化，必然要求有科学化、民主化、高质量的决策做保障，这也是公共政策研究得以发展的实践背景。

一些研究团体的设立体现出对这一议题研究的日益重视。例如，1992 年 10 月，中国行政管理学会成立了政策科学研究分会，即全国政策科学研究会，主要任务是组织力量加强政策科学研究，也为政府决策实践提供参谋咨询服务。关于公共政策研讨会的举办，也是一个体现。2012 年首届"公共政策年会"在中国人民大学召开，到 2017 年已经举行了六届，围绕着政策理论、政策过程、政策变革、制度与秩序等主题展开研讨。

（一）公共政策基本理论研究与体系建构

公共政策理论研究的演进过程呈现出一个跟进西方公共政策理论的进展，同时不断努力根据中国化情境实现本土化改造和建构的过程。在 20 世纪八九十年代，公共政策研究经历了一个翻译国外公共政策著作的阶段，包括西蒙的《现代决策理论的基石：有限理性说》、林德布洛姆的《决策过程》、德罗尔的《逆境中的政策制定》等。

90 年代的研究关注公共政策的本质及其理论基点或基本理论问题，这一时期也形成了公共政策研究的基本理论框架。比较有代表性的是关于公共政策基本理论的思考，有学者提出，"公共政策作为政府对社会公共利益的分配，政府通过选择、综合、分配、落实利益，实现政府目标；公共政策与市场机制相比，主要解决的是公平；事实与价值的有机结合，是公共政策分析的基础"[①]。在此基础上，建构起中国公共政策研究的基本理论体系，包括公共政策的基础理论、公共政策分析框架和构成理论、政策过程理论。还有的著作中

---

① 陈庆云：《关于公共政策的理论思考》，《北京大学学报》1995 年第 6 期。

建构起了包括政策系统、政策过程、政策分析的基本框架。① 这些成果对公共政策研究和政策科学发展起到了奠基性作用。

(二) 公共政策制定过程的研究

对广义政策过程的理论研究。关于政策过程的模型或模式的研究，有些是对西方国家的公共政策制定过程的介绍与分析，有些是对中国公共政策制定模型的研究与解释。有些学者基于地方不同层级政府的政策制定与执行实践，构建出了"决策删简—执行协商"这样一种作为过渡性制度安排的政策过程模型。② 这种模式适应于现阶段的中国公共政策治理环境，有助于推进部分领域的政策改革。

公共政策制定过程中的公民参与研究。政府是公共政策的当然制定主体。在促进公共政策和决策科学化、民主化发展，提升公共政策质量和有效性的社会要求之下，公共政策制定中的参与主体也应多元化，包括专家参与、相关组织参与、公民参与等。其中，学术界讨论比较多的是公共政策制定过程中的公民参与，涉及公民参与公共政策制定的重要性、价值取向、理论基础，参与过程中的问题与困境或影响因素，进一步扩大和推进公民参与的途径和对策建议。③ 这一类的研究受到国外研究的影响比较大，例如，美国学者研究的在政府决策过程中发展公民参与的策略和路径，包括获取信息、公民参与决策的会议形式、政府与公民的合作关系等，④ 对国内学术研究产生了影响，这本著作多次被一些文章引用。

另一类是着眼于政府的决策中走群众路线，应注重民意表达，

---

① 陈振明主编：《政策科学》，中国人民大学出版社1998年版。
② 薛澜、赵静：《转型期公共政策过程的适应性改革及局限》，《中国社会科学》2017年第9期。
③ 朱德米、唐丽娟：《公共政策过程中的公民参与》，《中共福建省委党校学报》2004年第11期。
④ [美] 托马斯：《公共决策中的公民参与：公共管理者的新技能与新策略》，孙柏瑛等译，中国人民大学出版社2005年版。

也是政府一直要求的了解民情、集中民智、集思广益。中共十七大报告指出"推进决策科学化、民主化,完善决策信息和智力支持系统,增强决策透明度和公众参与度,制定与群众利益密切相关的法律法规和公共政策原则上要公开听取意见"①。这也是此类研究的重要实践背景。公共政策制定中的民意表达是政策制定的重要基础,有的学者针对存在的问题提出"从观念变革、制度建设和具体操作这三个层面来探寻有效策略"②;有的则是分析了当代中国政府公共决策中公民参与的现实基础、公民参与能力等问题。③

(三) 公共政策执行过程的研究

一个政府公共政策的生命力在于其执行力。公共政策如何得到有效执行,成为公共政策议题研究中的组成部分。对地方政府在公共政策执行中存在问题的探讨,大多数学者认为是"上有政策、下有对策",政府执行不力被认为是一个普遍性问题。这些问题和现象表现形式多种多样,有的是选择性执行,有的是象征性执行,有的是拖延式执行,等等。

继而有些文章对这些政策执行或实施问题的原因解释,并提出公共政策执行问题的解决之道。有些学者认为公共政策有效执行需要一定条件,维护中央政府宏观公共政策的权威性,政策执行人员的效忠国家的信念和遵从法律、维护社会正义的坚定性,对于有效执行法律和公共政策至关重要。有些学者从一些地方案例总结了中国公共政策成功执行的经验,"通过层级性治理和多属性治理,采用协调、信任、合作、整合、资源交换和信息交流等相关手段来解决公共政策在央地之间、部门之间的贯彻与落实的问

---

① 胡锦涛:《高举中国特色社会主义伟大旗帜 为夺取全面建设小康社会新胜利而奋斗》,人民出版社 2007 年版,第 29—30 页。

② 罗依平:《地方政府公共政策制定中的民意表达问题研究》,《政治学研究》2012 年第 3 期。

③ 石路:《政府公共决策与公民参与》,社会科学文献出版社 2009 年版。

题，减少政策梗阻和政策失真现象，达至公共政策的目标和绩效，这在一定意义上即构成了公共政策执行的中国经验"①。还有些学者从政策学习视角分析了政策执行机制。② 这些都是促进政府有效执行的路径研究。

(四) 公共政策评估研究的开展

公共政策评估的研究相比于公共政策其他领域的研究，起步比较晚，发展也比较慢。对20世纪90年代的研究状况，有学者把我国公共政策评估的现状概括为"刚刚处于起步阶段，仍然存在不少问题需要解决，有不少薄弱环节亟待加强"③。21世纪头10年，公共政策评估实践和研究都在进步。"总体来说，在中国，随着政策科学理论与实践的发展，科学的政策对经济发展和行政效能的巨大推动作用，使得政府日益重视政策评估对决策科学化、民主化的重要作用，并在实践过程中鼓励政策评估。但另一方面，中国的政策评估还不规范、不完善，而且受到较多人为因素影响，包括评估主体、评估的标准、评估方法等等。"④

关于实践中的政府公共政策评估的对策，政策评估标准问题是公共政策评估理论的重要内容之一，学界围绕这一问题的争论见仁见智。有的学者认为，科学的公共政策评估体系至少包括三个维度，形式维度、事实维度、价值维度，共同构成一个三位一体的逻辑体系。⑤ 有些学者针对公共政策的经验主义评估方法的缺陷，提出了加

---

① 贺东航、孔繁斌：《公共政策执行的中国经验》，《中国社会科学》2011年第5期。

② 杨宏山：《创制性政策的执行机制研究》，《中国人民大学学报》2015年第3期。

③ 陈振明主编：《政策科学》，中国人民大学出版社1998年版，第49页。

④ 陈世香、王笑含：《中国公共政策评估：回顾与展望》，《理论月刊》2009年第9期。

⑤ 张润泽：《形式、事实和价值：公共政策评估标准的三个维度》，《湖南社会科学》2010年第3期。

强公共政策的价值评估。政策评估不仅是对公共政策效益、效率这些客观指标的评价，还应该是一个对政策价值进行综合判断的政治行为。公共政策价值评估研究理应成为公共政策评估研究不可缺失的向度，构建起公共政策价值评估框架。

当前和今后的一些研究重点，需要更多地关注公共政策的创新经验与实践风格研究。要对从中央到地方的政治、经济、社会、教育、科技、文化、人口、环境等领域的政策变迁，政策内容与政策创新进行实证研究，建设当代中国公共政策实践数据库与案例库，讲好公共政策领域的"中国故事"，用中国政策科学理论诠释中国现实的政策实践，加强中国特色政策科学的理论体系建构。[①]

二 政务公开与信息公开的研究

公开透明是现代政府治理运行的基本特征之一，也是政府管理方式的创新。随着改革开放的推进，政务公开和政府信息公开的实践、电子政府的发展是政府改革中的重要现实。对政务公开的研究经历了从20世纪90年代政务公开研究的起步与初步探索，到21世纪以来与政府信息公开研究的交叉推进，是一个不断深入的历程。

1997年，中共十五大报告中提出了有关政府部门要"实行公开办事制度"的要求，这是实践中政务公开的一个重要标志。与此相对应，对政务公开的研究也真正起步了。讨论政务公开的法理基础、法律依据，通过政务公开加强对权力的监督是实现行政管理可持续发展的有力杠杆，完善政务公开的制度建设。[②] 在政务公开的理论与逻辑研究方面，有的是从政治发展的角度讨论政务公开；有的则是

[①] 陈振明：《中国政策科学的学科建构——改革开放40年公共政策学科发展的回顾与展望》，《东南学术》2018年第4期。

[②] 卢笙岗：《试论实行政务公开的法律依据及其运行》，《社会科学研究》1998年第6期；高小平：《政务公开：行政管理现代化的重要标志》，《中国行政管理》2000年第7期；郭济主编：《政府建设与政务公开研究》，知识出版社2001年版。

从逻辑演绎和实证分析的角度对政务公开和政治发展的内在逻辑关系进行探讨。①

随着1999年中国启动政府上网工程和互联网的发展，出现了对电子政务与政务公开的研究交叉推进。中共十六大报告中指出，"进一步转变政府职能，改进管理方式，推行电子政务"②。电子政务是政府适应信息化和全球化时代的必然选择，推动着政务公开的拓展。电子政务是政府治理的一场深刻革命，在推进政府信息化进程中具有重要作用，提高政府管理和运作的透明度与公开性，促进政府与社会公众之间的信息互动。③在新技术革命和信息社会的时代，电子政务能够积极促进政府有关信息资源的网上公开和利用，推动行政系统与外界的信息共享，推动政府部门和组织运行具有更大的开放性与协调性。④

2008年《中华人民共和国政府信息公开条例》实施，使我国政务公开进入了法治化、制度化的新阶段。在此之前，基本上围绕着政府信息公开的立法、起草等相关问题进行讨论和研讨，多数是行政法学界的研究，也有不少成果是关于建立完善政府信息公开制度的研究，以宪法规定的公民知情权作为信息公开制度的法理基础。信息公开是现代民主参政理念的产物，借鉴发达国家的信息公开法律制度，对我国信息公开的主体、内容、方式、程序、监督、责任、救济等都需要有制度建设并在立法中规定。⑤之后，政府信息公开的研究多数是围绕着该条例的实施、法律理论

---

① 胡仙芝：《政务公开与政治发展研究》，中国经济出版社2005年版；干以胜主编：《中国政务公开研究》，中国方正出版社2012年版。

② 江泽民：《全面建设小康社会　开创中国特色社会主义事业新局面》，人民出版社2002年版，第35页。

③ 汪玉凯：《电子政务在中国：理念、战略与过程》，国家行政学院出版社2006年版。

④ 吴爱明主编：《中国电子政务：理论与实践》，人民出版社2004年版。

⑤ 刘恒等：《政府信息公开制度》，中国社会科学出版社2004年版。

问题、公开的制度建设、运行保障机制等方面在推进。① 还有些成果是对一些发达国家的公开制度和立法进行比较分析，提出对中国的借鉴性做法。②

2013 年以来，国务院对政务公开工作进一步强调和全面推进。特别是 2016 年以来，连续几年的国务院政府工作报告中多次强调了深入推进政务公开、加大政务公开力度、全面推进政务公开的要求，可见中央政府对政务公开工作的日益重视。反映在行政管理学术研究领域里，对政府信息公开的研究也呈现出了深化发展。有的研究认为公共利益的衡量是政府信息公开的决定性因素，在公开还是不公开信息的对极利益冲突中，公共利益成为关键的平衡器。③ 对政府信息公开制度的总结性研究，认为要逐步以治理现代化的要求完善信息公开的制度建设，通过理念、体制和技术的升级，推动信息公开向政务公开转化并促进治理现代化进程，同时进一步修改完善政府信息公开的立法。④

大数据对政府信息公开的影响。大数据的特征与发展推动着政府信息公开的领域拓展，要求政府应对数据开放和数据管理的挑战。有些研究认为，政府数据开放需要获得清晰的制度依据和保障，至少也要对数据信息相关权利归属、开放后果等基本前提加以明确。⑤ 在大数据发展的时代背景下，政府信息公开的实践改革需要不断

---

① 周汉华：《〈政府信息公开条例〉实施的问题与对策探讨》，《中国行政管理》2009 年第 7 期。

② 赵正群等：《政府信息公开法制比较研究》，南开大学出版社 2013 年版。

③ 王敬波：《政府信息公开中的公共利益衡量》，《中国社会科学》2014 年第 9 期。

④ 马怀德：《政府信息公开制度的发展与完善》，《中国行政管理》2018 年第 5 期；王锡锌：《政府信息公开制度十年：迈向治理导向的公开》，《中国行政管理》2018 年第 5 期。

⑤ 赵润娣：《政府信息公开领域新发展：开放政府数据》，《情报理论与实践》2015 年第 10 期；王德夫：《论大数据语境下政府数据开放的制度保障》，《图书与情报》2018 年第 4 期。

推进。

三 政府绩效评估的研究

政府绩效评估的研究是一个比较新的研究领域,是促进建设现代化政府的重要途径与工具。行政管理学界对政府绩效评估的研究与中国政府的实践有着互动关系。近年来,党和政府开始重视政府绩效管理和评估工作。中央政府多次强调发展政府绩效评估的重要性和原则要求。中央政府层面较早提出政府绩效评估重要意义的论述是,"抓紧研究建立科学的政府绩效评估体系和经济社会发展综合评价体系"①,推行政府绩效管理制度,科学确定政府绩效评估的内容和指标体系。这可以说是研究发展的重要实践背景和推动力。中共十八大报告中再次强调,"创新行政管理方式,提高政府公信力和执行力,推进政府绩效管理"②。2018年的国务院《政府工作报告》中,提到了多个领域包括生态文明、财政资金等的绩效考评与绩效管理。③ 政府绩效评估逐渐成为我国政府管理创新的一个重要组成部分。

(一) 绩效评估体系的标准

有些学者基于对西方国家政府绩效评估的分析,总结了绩效评估过程中贯穿的公共责任以及服务和顾客至上的管理理念,为此绩效评估需要由收集资料、确定评估目标、划分评估项目、绩效测定及评估结果使用等组成的一套体系与方法。④ 这也是较早总结绩效评

---

① 温家宝:《政府工作报告——2005年3月5日在第十届全国人民代表大会第三次会议上》,《国务院公报》2005年第12号。

② 胡锦涛:《坚定不移沿着中国特色社会主义道路前进 为全面建成小康社会而奋斗》,《人民日报》2012年11月18日第3版。

③ 李克强:《政府工作报告——2018年3月5日在第十三届全国人民代表大会第一次会议上》,《人民日报》2018年3月23日第2版。

④ 蔡立辉:《政府绩效评估的理念与方法分析》,《中国人民大学学报》2002年第5期。

估体系架构的观点。绩效评估的制度设计,主要是科学规范地方政府绩效评估的程序,建立健全地方政府绩效评估的信息保真制度和结果运用制度。[1] 这些体系、程序、制度建构是绩效评估价值实现、行为推动的根本保障。

在评估的指标体系上,有些学者认为建构科学合理的评估指标体系,至少应该包括国民经济、人民生活、科教文卫、生态环境、社会治安等方面,还要注意定量评估与定性评估的结合。[2] "把具体指标分成要素指标、证据指标和量化指标三种类型,可以从绩效要素结构、关键绩效指标、标杆管理、围绕专题绩效、因果关系和QQTC等多个角度进行指标设计。"[3] 关于政府绩效评估操作技术的研究,有些学者提出了评估误差的解决办法,不仅要选择科学的指标体系,而且要建构专业化的评估主体、设计规范的评估程序、选用正确的评估方法,以保证评估结果的合理有效。[4]

(二) 绩效评估的主体

绩效评估的关键流程和环节当中,由谁来参与评估,也即评估主体的确定,是一个基础性问题。虽然研究当中基本达成共识的是,评估主体应当多元化,但具体在实践中如何解决这个问题,有着不同看法。有的学者主张政府主体与社会公众结合,有的主张社会公众或者公民评估政府,有的主张第三方中立性的评估。在评估主体确定的理论上,有些学者提出了利益相关者的理论,构设出完整的绩效评估主体范围,为绩效评估的理论化探讨提供

---

[1] 彭国甫:《地方政府绩效评估程序的制度安排》,《求索》2004年第10期。
[2] 倪星、余凯:《试论中国政府绩效评估制度的创新》,《政治学研究》2004年第3期。
[3] 卓越:《政府绩效评估指标设计的类型和方法》,《中国行政管理》2007年第2期。
[4] 范柏乃等:《影响政府绩效评估误差的因素及其对策研究》,《软科学》2005年第4期。

了新的视角。① 公民作为评估主体参与政府绩效评估的实践,经历了公民无参与阶段到有限参与阶段的发展,还需要不断推进以公民为本的评估发展。②

(三) 第三方绩效评估问题

这个绩效评估体系,包括指标体系、过程体系、制度体系等重要的要素。绩效目标的确立、绩效指标的设定,核心是必须与政府管理战略目标和政府或部门的职能使命、职责任务相联系;建立与绩效评估相配套的约束机制,建立有效的绩效信息采集和评估指标库等。③ 中国地方政府绩效评估实践的发展历程,有着多样化的评估模式,综合了政府绩效评估的理念,对我国政府管理体制改革和政府管理模式创新都具有积极意义。④

评估主体的推进体系,从实践和理论上,对第三方评估的应用与研究也逐渐增多。针对政府自身评估的局限性,不少地方政府实行了公民参与评估、第三方评估,或者一些研究机构开展了对政府绩效的评估式研究。有的学者指出,"公众参与有助于维护政府绩效评估的公平价值和责任导向,但是需要超越公众参与评估的一些限度,完善一系列相关的绩效评估制度设计,包括评估公开制度、评估回应制度、评估结果使用制度等"⑤。学术界比较普遍的观点是认为,制约中国地方政府绩效评估实践发展的主要因素,包括评估指标技术定位偏差、作为基础支撑的数据源障碍,其对构建科学、规

---

① 陈国权、李志伟:《从利益相关者的视角看政府绩效内涵与评估主体选择》,《理论与改革》2005年第3期。

② 周志忍:《政府绩效评估中的公民参与:我国的实践历程与前景》,《中国行政管理》2008年第1期。

③ 张定安:《关于全面推进政府绩效评估工作的思考》,《中国行政管理》2007年第10期。

④ 蓝志勇、胡税根:《中国政府绩效评估:理论与实践》,《政治学研究》2008年第3期。

⑤ 毛寿龙、陈小华:《政府绩效评估中公众参与的限度及超越》,《理论探讨》2011年第6期。

范的第三方政府绩效评估基本技术路线相当重要。① 这也是对评估主体多元化研究的具体而深入的推进。

第四节 公务员制度研究

公务员制度的建设是我国改革开放以来干部人事制度的重要改革,是政权建设、政治制度建设的重要领域。我国行政管理学界对此视为重要议题开展多层面研究,取得了丰硕的理论研究和政策研究成果。

一 人事行政管理的研究

我国一直重视人事行政和人事管理制度的研究与发展。20 世纪 80 年代,原劳动人事部的行政管理科学研究所召开了人事制度改革理论工作座谈会,对人事管理制度向科学化、系统化和法制化方向发展提出了积极建议。1982 年国家劳动人事部成立人才资源研究所和 1984 年成立行政管理科学研究所;在此基础上,1994 年国家人事部正式成立中国人事科学研究院,致力于人事制度改革、公务员管理、人才队伍建设、人才资源开发及公共行政等研究,推动了人事行政领域改革的发展。

20 世纪 80 年代,行政管理的基本研究架构中,人事行政已是一个组成部分,任何行政管理实践、具体政策执行都离不开具体的人。不过这一时期成果很少,主要是人事管理的基本概况,强调了人事行政管理的重要性。人事行政管理是现代国家行政管理的重要内容,也是国家行政管理的核心与关键。人事行政管理水

---

① 负杰:《中国地方政府绩效评估:研究与应用》,《政治学研究》2015 年第 6 期。

平和效率的高低，直接影响着社会主义建设事业的成败和中华民族的兴衰。① 该成果还提出了人事行政管理的基本指导原则，包括服务原则、选贤任能原则、依法管理和效率原则，并且介绍了人事行政管理的录用、任用、培训、交流、考核、监督、奖惩等一系列主要环节。

关于人事行政的研究，邓小平的《党和国家领导制度的改革》是具有标志性的讲话，成为人事行政管理实践和研究的重要指导思想。有研究提出了人事行政管理法制化，要建立健全人事行政管理法规体系。对人事行政改革与发展的研究，"作为政府行政实践领域之轴心的人事行政的革新，更是成为关键中的关键——因为任何公共行政决策的推行莫不依赖于一定的行政主体"②。较早系统研究人事行政理论和实践的成果是《人事行政学》，注重基础理论研究;③还有中外比较研究，对各国公共人事管理包括人事管理制度和原则、体制和政府职位体系等内容进行了比较分析。④

2000年以来，有些研究强调从人事行政管理向公共人力资源管理转变。这是人事管理改革的一种思路，顺应政府治道变革，强调公共人力资源管理，必须以人力资源开发作为人事工作中心环节。⑤ 公共人事行政的研究范式，"价值是公共人事行政的核心，需要在不同的具体制度设计中运行，而环境则是价值与制度产生与变迁的外生变量，因此要在这三个要素构成的范式中进行研究"⑥。

---

① 胡原、王端、程又中等编著：《人事行政管理》，四川人民出版社1988年版。
② 江美塘：《行政现代化与人事行政革新》，《行政人事管理》1998年第9期。
③ 李德志主编：《人事行政学》，吉林大学出版社1999年版。
④ 刘俊生：《公共人事管理比较分析》，人民出版社2001年版。
⑤ 徐晓丹：《从传统人事管理到公共人力资源管理》，《甘肃行政学院学报》1999年第3期。
⑥ 李和中：《公共人事行政的研究范式：环境—价值—制度》，《武汉大学学报》2008年第6期。

二　公务员管理改革和公务员制度建设

1993 年，国务院颁布了《国家公务员暂行条例》，公务员制度正式诞生，徘徊了多年的干部分类制度迈出了重大一步。从此人事制度改革步伐加快，进入一个全面、系统、深层次改革发展阶段。1995 年，国务院提出了人事制度改革的新思路以及建立健全公务员制度的要求。1997 年，中共十五大报告中提出，深化人事制度改革，引入竞争激励机制，完善公务员制度，建设一支高素质的专业化国家行政管理干部队伍。这都是促进人事行政与公务员制度研究的重要实践背景与社会需求。

（一）公务员制度和立法的宏观层面探讨

中共十三大报告明确指出："当前干部制度改革的重点，是建立国家公务员制度，即制定法律和规章，对政府中行使国家行政权力、执行国家公务的人员，依法进行科学管理。"建立国家公务员制度，成为政治体制改革的一项重要内容和崭新课题。学者们研究论证建立公务员制度和立法的重要性。"建立公务员制度是改革我国干部人事制度和分类管理的主要一环。公务员制度所借助的法律形式是公务员法。"[①] 建立公务员制度需要建立科学的分类管理体制，实行依法管理和公开监督。[②]

有一些成果探讨了国家公务员制度建设的一些具体内容，包括国家干部与公务员的关系、职位分类、考试录用、考核、晋升、职务任免、培训、交流、调动、奖惩、工资福利、监督管理等方面。[③] 在我国建立公务员制度的起步阶段，要从我国国情出发，不仅要总结和继承我国干部人事制度中的优良传统和优势，还要借鉴发达国

[①] 张树义：《公务员制度的法律问题探讨》，《法学》1987 年第 12 期。
[②] 徐颂陶：《重点是建立国家公务员制度》，《中国经济体制改革》1987 年第 12 期。
[③] 仝志敏主编：《国家公务员概论》，中国人民大学出版社 1989 年版。

家公务员制度中的一些有益成果，为我国的公务员制度建设服务。建立和实行国家公务员制度，必须坚持贯彻和体现鼓励竞争的原则、注重实绩的原则；然后从公务员管理的一系列环节上完善各项制度，并且加强公务员管理机构的建设。①

（二）公务员制度研究的扩展

1993年实施《国家公务员暂行条例》，此后一系列相关领域的公务员具体制度规范出台，1994年人事部颁布《国家公务员考核暂行规定》，1995年颁布《国家公务员奖励暂行规定》，1996年颁布《国家公务员职位轮换（轮岗）暂行办法》，《国家公务员任职回避和公务回避暂行办法》。到2005年，十届全国人大十五次会议通过《中华人民共和国公务员法》，2006年1月1日开始施行，这是中国第一部干部人事管理领域的综合性法律，是我国公务员制度化发展史上具有标志性的重大事件。

反映在学术研究成果中，除了一系列不同版本的教材与专著，②对公务员各项具体制度的研究不断增多。其中90年代的一项代表性成果，是从社会历史条件和社会经济结构中去寻找公务员制度产生与演变的原因及其发展规律，提出了公务员制度的一般性理论，公务员制度产生的共同条件是根源于市场经济的人才分流机制、适度的政府职能和健全的法制。③还有的介绍和比较了英国、美国、法国、德国、日本等发达国家的公务员制度以及其他发展中国家的公务员制度，④这对于中国的公务员制度建设和完善具有借鉴意义。

1. 公务员考评与激励制度研究

公务员制度在我国全面推行，随之而来的最大问题是如何考评。

---

① 傅西路主编：《国家公务员制度概论》，中国政法大学出版社1989年版。
② 代表性的有徐颂陶主编《国家公务员制度教程》，中国人事出版社1990年版；刘俊生主编《中国国家公务员制度概论》，中国政法大学出版社1995年版。
③ 田培炎：《公务员制度的理论与实践》，中国社会科学出版社1993年版。
④ 李和中：《比较公务员制度》，中共中央党校出版社2003年版。

考核培训工作是公务员制度的重要环节,而考核与激励密切相连,因此对考核与激励制度的研究比较多。比较早的观点认为,"由于考评结果将直接与公务员的职位利益挂钩,因此考评方法科学与否,对整个公务员制度改革的成败,将产生关键性的重要影响"[1]。也有提出"把考核结果直接与公务员的奖惩、升降、工资调整等效益挂钩来体现,只有考核反映和实现了它的经济价值与社会效用,才能起到激励的管理功用"[2]。不过,更多还是在讨论激励机制的要素或基本原则性问题。

关于公务员法律法规,有些建议是出台单项配套法规,包括公务员行政处分、转任调任、工资福利等。2005年《公务员法》出台前后,有一些对公务员法立法的重要性、指导思想和原则、中国特色和制度创新等的解读性文章,但理论深度欠缺。

2. 公务员职位分类改革研究

科学的职位分类是公务员管理的基础,是一个需要解决好的重要问题。在分类时应将专业技术类、行政执法类从综合管理类职位中区分出来;领导职务是所有类别职位的共有职务,各类别的专有职务分别在各类职位中设置。[3]《公务员法》对分类管理做了法律层面规定,但在实际的分类制度实施过程中还存在着问题,包括不同类别转任受限、职务与职级晋升制度不健全等,为此,建议应加强职位分析,尽快出台统一的《公务员职位分类实施细则》。还有些学者认为公务员分类制度的实施在现实中存在配套制度缺乏、跨职类交流受限、激励机制滞后等问题,提出了"细化公务员法中的分类条款、打通横向跨类交流的障碍、建立独立的专业技术类公务员薪

---

[1] 萧鸣政:《公务员考评中亟待解决的几个问题与对策》,《中国人民大学学报》1994年第3期。

[2] 申少君:《中国公务员考核制度的激励机制探究》,《内蒙古大学学报》1998年第1期。

[3] 宋世明:《走出公务员分类管理制度的十字路口》,《新视野》2003年第6期。

酬激励体制等",来进一步完善分类制度。①

职务职级并行改革,这是来自基层公务员制度改革的现实呼声,一方面推动了这一层面改革政策出台,另一方面推动了对这一领域的学术研究。2015年中央颁布了《关于县以下机关建立公务员职务与职级并行制度的意见》,为县域公务员拓宽了职级晋升通道。"但从实践来看,在县乡基层,职务晋升的制度安排往往会发生异化,出现法律之外的许多形式:职务层级细化,排位晋升,职务的明升暗降等。"② 作为新制度,县域公务员职级晋升正在全国范围内实施,许多理论与实践上的争议问题仍需要进一步探讨解决。包括进一步优化制度设计,并在基层公务员绩效考核机制、职级晋升监督机制、伦理道德建设、公共财政保障机制等方面不断优化和完善。③ 2019年中共中央办公厅印发《公务员职务与职级并行规定》,是职级晋升制度领域的进一步发展。

此外,还有对公务员管理加强改革的研究。中共十八大以来,公务员管理面临新的改革形势和要求,"系统谋划公务员队伍建设工作,科学编制党政人才队伍发展战略规划;在公务员职位分类管理方面进行精细管理和制定配套措施;进一步解放思想,创新公务员选拔机制;加强对公务员的考核与监督;创新公务员非经济性报酬激励方式"④。还有一些建议认为《公务员法》的修改中,要把公务员管理和制度实施中的经验与有效机制吸收进去,这些研究有利于推动我国公务员制度不断完善。

---

① 萧鸣政、唐秀锋、金志峰:《我国公务员职位分类与管理:30年的改革实践与分析》,《中国行政管理》2016年第9期。

② 余绪鹏:《县域公务员晋升:制度安排及其现实异化分析》,《理论导刊》2016年第12期。

③ 梁仲明、贾欣:《基层公务员职务与职级并行:政策逻辑与推进对策》,《重庆社会科学》2017年第11期。

④ 郝玉明:《新形势下公务员管理改革面临的重点任务》,《中国党政干部论坛》2017年第4期。

结　语

纵观70年来行政管理的整体研究以及主要议题的研究状况，取得的研究成果和研究的发展进步是显著的。行政管理学科不断完善，研究的主体与队伍不断壮大，研究议题不断向纵深发展，与国际的学术交流日益丰富。但同时，行政管理研究的创新性还不足，一些领域与实践发展对接不紧密因而影响了研究成果的应用性和社会效益，对国外相关实践、理论和流派的深入研究不够，研究方法上还有待进一步规范发展。进一步推动行政管理研究的发展方向，要在构建中国特色学科体系、学术体系、话语体系的目标指导下，推动行政管理研究的中国化与本土化，注重重大研究议题的理论建构。

我国现代行政管理学的研究，必须以马克思主义为指导，在改革开放和现代化建设的实践中不断发展。2016年5月17日，习近平总书记在哲学社会科学工作座谈会上的重要讲话，指出了加快构建中国特色哲学社会科学的重要性、目标、方向、原则、要求和措施，这也为加快构建中国特色的行政管理学指明了方向。

行政管理的研究必须坚持的主线不能脱离，这条主线就是政府改革的全面实践，更加突出理论与实践的紧密结合。行政管理研究以国家行政管理体制改革为主线，这也是几十年来行政管理研究取得重大进展的基本经验之一。20世纪80年代，行政管理研究一开始恢复发展的阶段，就强调了要加强现代行政管理的研究，为致力于建设现代化的有中国特色的行政管理体制提供理论指导。此后始终围绕着行政管理体制改革、政府职能转变、机构改革等基础性、重大现实问题开展研究，同时不断拓展与之相关的政府运行与政务公开、政府公共政策、绩效评估和人事行政、公务员制度等重大议题的研究。今后要把这个行政管理研究的主流继续坚持下去，把中国国情和政府全面改革发展的实践作为行政管理学研究的实践根基，也把深化研究的成果为政府改革发展服务、提供理论指导和参谋作用，把理论与实践的互动在研究中更加有机紧密结合。同时，要更加注重发挥发挥行政管理研究对实践的参谋咨询作用。这也是与加强中国特色智库建设与智库型研究要求相一致的。

不断推进行政管理研究的中国化与本土化，坚持完善中国特色的行政管理学体系。行政管理研究的本土化，就是行政管理研究的中国化。从一开始即20世纪80年代就提出要建立中国特色的行政管理学、强调了为中国实践服务，创立中国自己的行政管理研究。

黄达强等在1990年的行政学教材中提到："必须根据我国的国情，从实际出发，借鉴别人的经验，探索中国特色行政管理理论和方法，以期实现中国行政管理科学化。"可见，这里的本土化、中国特色，更多强调的是为实践服务。审视已有研究，有些学者指出当前公共行政的研究中还存在着本土化缺失问题，提出"要重视中国问题与中国理论的研究，重视方法论的运用与规范性的建立"[1]。还有学者讨论了"关于中国的"公共行政学和公共行政学的"中国性"问题，[2] 尤其是对中国制度的内在转型逻辑的研究，构建新的公共行政学底蕴，突出行政管理研究的公共性，促进学科发展的持续性。

与本土化相对的国际化，也是不能忽视的。要更加注重全面的国际交流，批判性借鉴国外的理论研究经验，扩展国际对话，在研究议题、研究方法等方面与国际接轨。这种国际视野，对实现行政管理研究的本土化是必不可少的。有些学者从世界行政管理研究发展的视野观察，提出中国行政学的本土化之路。[3] 这样，才有可能建

---

[1] 张桂琳：《当代中国公共行政学研究的本土化问题》，《新视野》2013年第3期。

[2] 何艳玲：《中国公共行政学的中国性与公共性》，《公共行政评论》2013年第2期。

[3] 颜昌武：《行政学的本土化：基于中美路径的比较分析》，《政治学研究》2019年第1期。

成拥有国际视野、中国国情核心的中国特色的行政学理论体系和话语体系。

要更加重视行政管理基础性理论的研究与深化发展,进一步丰富完善行政管理学的理论体系,促进行政管理的专业化、分支学科的发展,这也是行政管理研究的拓展性推进。

而行政学研究中的重大理论建构与行政学的学科定位有着密切关联。围绕这个问题曾经展开了对行政学的反思与讨论。这些反思的一个关键是,行政学的学科定位、身份问题,以及行政学研究的核心问题应该如何确定。比如,马骏等人首次提出"身份危机"的概念形容当时中国公共行政学面临的困境。[①] 还有一些学者提出了研究议题、研究方法、学科定位等方面的类似的观点。具体在研究方法方面,"对于定量研究方法的运用仍然偏少,全国范围的大型问卷调查以及全国范围的数据分析也比较少。这就使得经验研究在系统性和科学性方面都存在巨大的局限"[②]。这些问题的存在也是影响行政管理的研究和理论建构的重要因素。

为此,在解决上述问题的基础上,一些重大研究议题的创新性、突破性的研究成果还有待深化。"中国公共行政学的理论生发点以及核心命题在于拓展研究主题,回归中国土壤,有效贴近和回应全面深化改革的时代课题。"[③] 构建中国的行政学理论体系,形成中国观点和具有中国立场的学术表达。

在处理与其他学科的关系上,促进跨学科的交流与发展,加强跨学科或交叉学科的研究。因为政府管理、政府治理、政府全面深化改革是一个极其复杂和庞大的体系,单纯依靠行政管理学的研究是不够的,需要借鉴其他学科的理论或研究方法。而且,政府治理、

---

① 马骏、刘亚平:《中国公共行政学的"身份危机"》,《中国人民大学学报》2007 年第 4 期。
② 马骏:《中国公共行政学:回顾与展望》,《中国行政管理》2012 年第 4 期。
③ 娄成武、董鹏:《中国公共行政学本土化研究:现状与路径》,《公共管理学报》2017 年第 3 期。

政府管理、政府改革中的重大现实问题，既需要不同学科的不同视角来深入研究和参谋咨询，也需要跨学科的交流与合作。尤其是作为行政学基础的政治学、社会学、经济学、管理学，都需要在深化行政管理研究的过程中，把其中相关的理论与方法借鉴过来，加强交叉学科的研究，特别需要的是政治学与管理学的交叉研究基础。最终推进中国特色行政管理学理论的健全和完善。

第 七 章

比较政治研究

　　比较政治研究的概念是指主要由中国学者开展的具有鲜明比较思维和比较方法的政治问题研究，它包括一般意义上的比较政治学研究和带有比较方法论的地区与国别政治研究。最近几十年来，西方特别是美国的比较政治学（comparative politics）和地区研究（area studies），由于学科身份和方法论意识的差异造成了领域的分立，且后者常受到美国主流政治学界有意无意的贬低。不过，中国作为后起直追的发展中国家，也是具有全球影响力的政治经济文化大国，正在以前所未有的速度和能量接触世界各国各地区，因此地区与国别研究得到中国官方和学界的重视。本章并未受美国的比较政治学框架的限制，而是将地区和国别政治研究纳入比较政治研究的视野之中。

第一节　比较政治研究的逻辑线索

　　70年来，中国比较政治研究整体发展是沿着两个基本的逻辑线索展开的：一是中国学者习惯于以中国为本位，秉持促进中国社会主义建设的经世致用的目的，拓宽比较视野，开展比较政治研究。二是中国学者经常以世界各国的革命、建设和改革为参照系来开展具体的比较政治研究。

一 以中国为本位

在中华人民共和国成立后十年左右的时间内,由于中苏结盟和对苏联"一边倒"的外交战略,中国政府在经济计划、发展模式、意识形态、国际事务等方面全面学习苏联。因此,在1952年高校系统取消政治学科以后,中国除了国际共产主义运动文献整理和世界社会主义阵营交流之外,很少有政策资源和研究力量投入其他地区或国家的政治问题研究。但之后情况发生了变化。

(一)新中国外交工作对外国研究的需求

1960年以后,中苏交恶,中国开始在美苏两霸之间寻找独立自主的对外交往道路,为此亟须放宽视野认识世界,特别是要为国家外交工作提供资料支持和研究服务。1963年12月,周恩来总理在出访亚非十四国前夕亲自主持召集有关部门负责人座谈,要求加强研究外国的工作。这次座谈会产生的《关于加强研究外国工作的报告》报送中央,并得到毛泽东主席的充分重视和长文批示,作为中央文件(中发〔63〕866号)转发全国。[①] 同时,中央"国际研究指导小组"成立,由廖承志担任组长,开始组织各方面力量开展国际政治和外国问题研究。此后,外事机构、科研院所以及多个大学院系纷纷组建或加强研究力量开展国际与外国问题研究,新中国的地区与国别研究乃至整个国际与比较政治研究开始起步。

(二)"中国本位"的外国研究与比较研究

中国人做学问古来有经世致用的思想。《史记》专门用"列传"体裁记载匈奴、朝鲜、西南夷等中央王朝的外围政权的事迹,就是为中央王朝的统治服务的。后代史书对"天下"体系下外国政权的记载也是如此。近代以来,在救亡图存的民族精神激励下,从西方

---

① 赵宝煦:《关于加强外国问题研究的一点史料》,《国际政治研究》2004年第3期。

引进的法学、政治学、经济学等现代社会科学更是具有鲜明的中国本位的目的论，也就是主要从中国革命与建设的需要出发开展学术研究，研究成果主要为民族与国家建设服务。

中华人民共和国成立后，虽然在国内经济建设和政权建设上长期依赖苏联模式，但出于国家利益和意识形态斗争的高度敏感性，外交工作却必须要求有自主的、系统的外国与国际问题研究力量。这些研究力量及其研究成果一般具有浓厚的"资政"色彩，为外交决策服务，很少有纯学术理论的研究成果，更不用说像西方现代比较政治学那样以追求普遍性规律和形式逻辑为目的的学术研究。即便到今天，社会科学研究在中国发展繁荣并逐渐建立学术自主性和自治机制的年代，出于中国本位的"资政"需求仍然是相当大比例的社会科学研究得以推进的动力，比较政治研究领域更是如此。近年来，随着中国学者学术视野和胸怀的扩大，有的学者主张要通过跨学科、多视角开展前瞻性、战略性研究，成果最终要为国家的国内外战略发展服务，[1] 不过，也有的学者主张寻找新的理论分析框架，掌握前沿研究方法，做出更有普遍规律意义的比较政治研究。[2]

（三）中国本位思维的价值与局限

以中国为本位和目的论开展外国和比较政治研究，符合国情与社会需求，贡献于国家需要。这是合理的，也是必要的。国外很多国家的社会科学研究在发展早期也大抵如此。

另外，各国和各地区的发展都有自己独特的历史背景和政治经济逻辑，如果过于强调以中国为本位来评判外国政治，往往会扭曲对它们的独特背景和逻辑的理解。此外，一味提倡功利化的"资政"目的不利于在全球化时代培养中国学者的学术胸怀和志向。中国作

---

[1] 李慎明：《关于搞好比较政治学学科建设的几点思考》，《国际政治研究》2013年第1期。

[2] 李辉、熊易寒、唐世平：《中国的比较政治学研究：缺憾和可能的突破》，《经济社会体制比较》2013年第1期。

为大国走向世界舞台，中国的社会科学研究不能仅仅考虑自身的政策需求，还得要有前瞻性的学术理论视野和贡献于人类知识发展的高度。中国也要有自己的阿尔蒙德、亨廷顿等具有全球视野的比较政治研究大家，能够提炼出有效解释世界政治变迁的基础性理论。

二 以世界为参照

"周虽旧邦，其命维新。"作为一个曾经掉入历史低谷而后依靠革命战争建国的后发国家，70年来中国一直在寻找自己在世界政治经济体系中的定位和方向。为此参照系就显得十分重要。

（一）外部世界对中国的意义

中国的研究机构和学者在从中国本位看待外国和国际政治的时候，先后自觉或不自觉地以苏联、东亚和欧美作为参照系。以苏联为参照系是指20世纪50年代至80年代冷战期间身处社会主义阵营的中国，既学习苏联的政治经济制度又抵制苏联的意识形态变化，坚决捍卫自己的国家利益，不断调整自己在世界体系中的位置。以东亚为参照系是指80年代中后期到20、21世纪之交的中国，既从日韩和中国港台等东亚地区引进投资，也学习它们的发展主义导向和有指导的市场经济。以欧美为参照系则是指中国在2001年加入世界贸易组织、全面融入世界市场后，直接与欧美进行政治经济交锋，在交锋中不断调整自己的改革开放路径，包括推进"一带一路"建设和应对美国发起的贸易战等。

这些参照系并非严格区隔开的，有的时候是重叠的，但整体上看是有先后顺序的——先是苏联社会主义模式的影响，其后受到东亚发展型路径的影响，到现在主要是与欧美政治经济体系的竞争。它们在不同时期作为主要外部因素影响着中国面向世界时的自我定位和开放路径。

（二）外部参照系变化的影响

外部参照系的变化对中国比较政治研究的影响是深刻的，塑造了研究者的思想面貌。1950年以后30余年，中国的外国问题和比较政治研究侧重对社会主义阵营伙伴国的研究，在政治学学科被取消的情况下，国际共运史研究就包含了很多的外国政治研究。当然，在20世纪60年代以后的20多年，由于中国独立自主开展同第三世界国家的交往，对亚非拉民族独立运动和国别政治的研究也得到发展。同时，"文化大革命"破坏了很多研究机构和研究力量，当时外国研究和比较政治研究也都陷于停顿。80年代后期起，对东亚地区政治与经济发展路径的研究得到前所未有的重视，亚非拉国别与地区研究快速发展，同时西方的比较政治学经典著作被大量译介引入。到21世纪，欧美的比较政治学理论和方法深入影响中国的比较政治研究，中国也在与欧美的政治经济竞赛中寻找自己对世界各地区政治经济发展的关注点。

第二节 比较政治学的研究框架

本节回顾和综述中华人民共和国成立以后三十年（1949—1979年）比较政治研究的奠基和起步，包括研究动机、思想框架、焦点问题、组织机构、学术资料等，探讨这些基础的深远影响。

一 "三个世界"思想对比较政治研究的意义

（一）毛泽东"三个世界"战略思想与比较政治研究格局

1974年2月毛泽东提出关于"三个世界"划分的战略思想，指出美苏两霸是第一世界，欧洲、日本、加拿大等资本主义国家或地区是第二世界，中国和亚非拉发展中国家站在一起，构成第三世界；第三世界是反对霸权主义、帝国主义的主力，第二世界是可以争取和联合起来反霸的。同年4月，邓小平率团出席联合国大会第六届特别会议，阐述了毛泽东的"三个世界"战略思想，在此基础上说明我国的对外政策。1978年9月邓小平发表《高举毛泽东思想旗帜，坚持实事求是的原则》指出："毛泽东同志关于三个世界划分的战略思想,给我们开辟了道路。我们坚持反对帝国主义、霸权主义、殖民主义和种族主义,维护世界和平,在和平共处五项原则的基础上,积极发展同世界各国的关系和经济文化往来。"[1]

"三个世界"战略思想提出后,中国的外交工作走上联合广大第三世界国家共同反帝反霸的道路,并且改善同西方发达资本主义国家的关系。这就要求各有关机构、院校加强对亚非拉各国和西方资本主义国家的研究。原本在60年代组建但在"文化大革命"中备受摧残的外国问题研究力量得以解放。当时北京大学世界史专业以及后来的国际政治系主要承担亚非拉研究,中国人民大学主要承担国际共运史研究,复旦大学主要承担西方资本主义国家研究。外事机构、社会科学院系统和党校系统等也在外国研究和国际政治研究上各有分工,齐头并进。在60年代的基础上,80年代中国的比较政治和地区国别研究的科研格局基本形成,并影响到今天的学术发展。

(二)"三个世界"塑造比较政治研究的世界观

根据"三个世界"战略思想,毛泽东主席晚年认定苏联搞修正主义和霸权主义,对中国威胁最大,因此谋求建立一条经日本、亚洲、澳大利亚、新西兰再到欧洲,最后到美国的反对苏联霸权主义统一战线,这在当时叫"一条线、一大片"外交战略。[2] 在这个外交战略影响下,我国的亚非拉研究十分关注20世纪60—80年代各国的民族主义和民族独立运动,编辑了大量的各国民族独立运动资料,既作为外交工作参考资料,也起到奠定亚非拉地区研究学术基础的作用。同时,对欧洲、日本和美国的研究也得到推进,体现在社会科学院系统中的有关地区和国别研究所的建立,以及大学院系中对资本主义国家研究的开展。

---

[1] 《邓小平文选》(第2卷),人民出版社1994年版,第127页。
[2] 《毛泽东外交文选》,中央文献出版社、世界知识出版社1994年版,第160—162页。

二 对民族解放运动的比较研究

（一）民族解放运动研究

民族解放运动是指殖民地半殖民地人民争取民族独立和进行民族解放斗争的历史。主要包括北美独立战争、拉美独立革命、亚洲革命风暴、19世纪末20世纪初亚非拉民族民主运动、第一次世界大战后亚非的民族解放运动、20世纪30年代亚非人民反法西斯的斗争、第二次世界大战后初期亚非国家的民族独立运动和20世纪60—90年代亚非拉民族解放运动等。对民族解放运动的研究带动了20世纪80年代以后地区国别研究的进展，并为比较政治研究提供了素材。实际上，由于在20世纪50—80年代，中国的政治学研究不仅学科建制被取消，而且绝大部分研究者与国外的政治学研究前沿隔绝，因此既缺少比较政治学理论也缺少相关的研究方法。所以，80年代以前的亚非拉民族解放运动研究主要是历史学世界史专业的文献整理和史实研究，几乎没有比较政治学理论和方法的运用。1961年《历史研究》杂志曾集中发表过介绍马克思主义、国际主义对世界历史发展影响的文章，介绍国际工人运动和民族解放运动的研究，但是深入的专题研究仍然很少。[1]

（二）民族解放运动研究与中国革命论述

20世纪50—80年代的中国学者的民族解放运动研究，主要是围绕着马克思、列宁、斯大林的若干理论观点而展开的。中国学者的研究不仅丰富了马克思民族理论，也从史料出发提出了一些新的看法，例如陈郊、华岗对民族自决的研究和讨论。[2] 同时，受当时意识形态的影响，这些研究往往把民族解放运动和阶级斗争、反帝反霸

---

[1] 张子凡：《巴黎公社和国际主义》，《历史研究》1961年第2期；《苏联出版"国际工人运动和民族解放运动史"》，《历史研究》1961年第2期。

[2] 华岗：《答陈郊先生》，《新建设》1952年5月号；徐伯容：《关于"民族的产生"问题》，《新建设》1952年6月号。

联系起来，而对当时西方流行的民族主义理论如"想象的共同体"等缺少了解和借鉴。

对亚非拉民族解放运动的研究，反过来推动了中国革命论述的研究。某种意义上，中国的共产主义革命被放在亚非拉民族解放运动和反帝反霸论述的范围之中，从而构建起第三世界命运共同体的概念。

第三节　政治学"补课"与外来思想冲击

本节立足于改革开放以来我国国家发展与社会主义建设的进程，综述比较政治研究的进展，重点分析国内外政治经济形势如何在思想上、视野上、议题上等方面冲击既有的比较政治研究，并探讨改革开放年代我国比较政治研究的重要积累和主要成果。

一　改革开放时期比较政治研究的启动

1979 年 3 月，邓小平在理论务虚会上提出政治学等学科需要补课。此后，政治学科得以在学术和教育领域中恢复并快速发展。1980 年 12 月，中国政治学会在北京成立，1981 年委托复旦大学国际政治系举办第一届政治学讲习班。王邦佐先生指出，这个讲习班的举办对于中国政治学的恢复和发展起到了里程碑式的作用。[1] 当时虽然还有没有"比较政治学"的课程或专业名称，但是对政治思想史、政治理论、政治制度、西方政治等的教学和研究，本身就为比较政治研究奠定了学术基础。

80 年代初期，中国政治学会和中国社会科学院政治学研究所组织编印的《政治学参考资料》主要介绍国外社会主义国家和欧美的

---

[1]　王邦佐：《政治学的繁荣和发展需要理论创新》，《政治学研究》2001 年第 1 期。

经典政治学理论著作,很少有专门的比较政治学论著。以1987年上海译林出版社翻译出版加布里埃尔·A.阿尔蒙德的名著《比较政治学:体系、过程和政策》为标志,一批比较政治学理论著作和教科书开始被陆续引进国内。从20世纪40年代后期开始,西方的政治学研究开始了"行为主义"革命,从形式—法律研究转向政治行为研究,多元主义是基本的理论假设,以定量为主的实证研究方法开始广泛应用,只有少部分学者从历史—结构的角度依旧关注国家权力的重要作用。因此,80年代引进的这些比较政治学论著以反映60—80年代西方政治学行为主义革命后比较研究理论和方法为主,对当时中国政治学者的影响是深远的。不过,这一时期的比较政治研究,理论译介多,本土的实证研究少,严格来说没有由中国学者独立完成的有影响力的比较政治学术研究成果。

改革开放使得中国人重新开眼看世界,中国开始改善与周边国家的睦邻关系,同时各地区经济发展亟须引进外资。这些变化为开展外国研究提出了需求。同时,政治学教育和学术体系的重启,为开展比较政治研究提供了空间和资源。

整个20世纪80年代,虽然被"反右"扩大化和"文化大革命"耽误的一代学人积极"补课",但由于开展外国研究所需要的一手资料的欠缺,以及比较方法论训练不足,他们并没有做出有国际影响力的比较政治研究成果。不过,他们对政治学思想启蒙和引介现代政治学理论和方法的贡献是不可忽视的。

二 国外学术著作译介与思想冲击

从20世纪80年代初开始,阿尔蒙德、奇尔科特、迈耶、威亚尔达等西方比较政治学著名学者的作品被翻译成中文出版,为比较政治研究在中国的发展打下了理论和方法论的基础。其中影响力最大的有上海译文出版社的"当代学术思潮译丛"和北京大学出版社由宁骚主持出版的"比较政府与政治译丛"。这些被译介的作品,多数是欧美政治学系流行的比较政治学教科书,例如阿尔蒙德著《比较政治学:体系、过程和政策》《比较政治》《当代比较政治学:世界视野》,奇尔科特著《比较政治学理论》,迈耶著《比较政治学》,以及威亚尔达著《比较政治学导论:概念与过程》,扎哈里亚迪斯著《比较政治学:理论、案例与方法》等。有的是带有特定主题的理论著作或论文集,例如威亚尔达著《新兴国家的政治发展:第三世界还存在吗?》《非西方发展理论:全球趋势与地方规范》和《民主与民主化比较研究》,奥唐奈著《现代化与官僚威权主义:南美政治研究》等。还有一类是重要地区或国别的政治研究通论性著作,例如考克瑟等著《当代英国政治》,施密特、谢利等著《美国政府与政治》,芬斯顿著《东南亚政府与政治》,托多夫著《非洲政府与政治》等。

此外,华夏出版社的"二十世纪文库"出版了巴林顿·摩尔著《民主与专制的社会起源》、阿尔蒙德著《公民文化》、亨廷顿著《发展中国家的政治参与》、经合组织秘书处主编《危机中的福利国家》等重要作品。1988 年成立的东方编译所与上海人民出版社、上海译文出版社、中国社会科学出版社等合作编辑出版"东方编译所译丛",出版了《变化社会中的政治秩序》《国家与社会革命:对法国、俄国与中国的比较分析》《现代化的政治》《民主的模式》《国家与权力》《民主与再分配》《经济制度与民主改革:原苏联、东欧国家的转型比较分析》等一大批专题性的比较政治研究著作。

随着大量西方经典政治学家的作品被译介和解读,比较政治的学术热潮逐渐形成,带动了比较政治研究机构如雨后春笋般成立。2004 年宁骚主编的"比较政府与政治译丛"是以"比较政治"为主题的第一套学术辑刊。而 2010 年 12 月创刊、由华东政法大学政治学研究院办的《比较政治学研究》是国内第一本以"比较政治学"命名的学术辑刊。随着比较政治学进一步发展,一些重点大学增设了以"比较政治学"为名称的系别或研究机构,比较政治学被列为高等院校政治学、公共管理和国际政治等相关专业本科生和研究生的必修课程。以"比较政治学"为主题的学会会议在全国各地陆续召开。中国政治学界知名的学术期刊，如《国际政治研究》《国际观察》《社会科学》等也相继开辟了比较政治研究的板块。中国人民大学的《比较政治评论》、上海师范大学的《比较政治学研究》、华东政法大学的《比较政治学研究通讯》《国外政治学前沿摘编》《比较政治学前沿》《比较政治与全球治理》等集刊逐步创立，国内第一个比较政治研究数据库网站"比较政治研究网"及其电子期刊《比较政治与全球治理》已开通运营。

三 地区与国别研究再兴起

在美国，第二次世界大战及其后的战争和冷战催生了地区与国别研究，包括对欧洲、东亚、南亚、俄罗斯、中国、拉美和非洲的研究。地区与国别研究主要是为美国政府外交政策和对外军事行动服务的，具有综合性、跨学科和政策应用导向的特点。在中国，地区与国别研究最早是由于冷战时期对苏联"一边倒"外交战略所要求的对苏联和东欧社会主义国家的研究。同时，由于中国地处复杂的周边地缘政治环境，因此也需要开展周边研究，例如对日本、韩国、东南亚、南亚等的研究。早在20世纪60年代，日本、东南亚研究就有了专门的研究建制。改革开放以后，中国为了改善国内的发展环境，积极改善与周边国家的关系，因此亟须了解这些国家的情况。同时，由于当时冷战尚未结束，中国对处于东西方冷战前沿的东亚、东南亚地区也亟须了解政治经济综合信息。此外，按照三个世界划分的战略思想，中国乃是亚非拉第三世界的成员，也需要了解亚非拉地区的政治经济发展。因此，以中国社会科学院为中心，加上主要大学机构，中国在80年代初重建或新建了一些重点地区与国别的研究机构。

从20世纪60年代开始，配合国家外交战略的布局，亚非拉地区与国别研究得以开展。东南亚研究、日本研究、南亚研究、拉美研究、西亚非洲研究由于当时外交政策的需要而得到政府的重视，有关的研究机构建立起来了。1960年《东南亚研究资料》在暨南大学出版，1979 年复刊，1987 年改为《东南亚研究》，由暨南大学东南亚研究所主办。1964 年，东北师范大学日本问题研究室主办《日本情况》，1980 年，东北师范大学外国问题研究所成立，改为《外国问题研究》期刊。1977 年，天津市历史研究所主办《外国问题参考资料 日本问题》。1979 年，中国南亚学会、中国社会科学院亚太研究所主办《南亚研究》。1979 年，中国社会科学院拉美研究所主办《拉美研究》。1980 年，中国社会科学院西亚非洲研究所主办《西亚非洲》。

中美建交后，美国研究得到政策资源和学术资源的大量投入。1981 年北京师范大学政治经济学系、外国问题研究所出版《美国问题参考资料》。1987 年起，中华美国学会、中国社会科学院美国研究所主办《美国研究》《美国研究参考资料》。此外，对西欧、苏联的研究也加强了。1949 年上海外国语学院主办《苏联研究》，1982 年华东师范大学俄罗斯研究中心主办《今日苏联中亚》，后改名《俄罗斯研究》。1983 年，中国社会科学院欧洲研究所主办《西欧研究》《西欧研究参考资料》，后改名《欧洲研究》。2010 年，浙江师范大学非洲研究院主办《非洲研究》。

四　政治现代化研究兴起

（一）　国外现代化理论译介与思想冲击

"文化大革命"后期，周恩来总理代表党中央在第四届全国人民代表大会上提出了建设工业、农业、国防和科学技术现代化的宏伟目标，从此"四个现代化"成为一代中国人的信念。但直到改革开放开始，"四个现代化"在经济体制改革、对外开放的基础上才得以有效推进，"现代化"思潮也在中国学术界、思想界广泛传播。

在这个时候，西方社会科学在总结发达国家现代化进程的基础上已经提出了一系列现代化与经济社会变迁的理论和实证研究，其基本内涵是指世界近现代史上从农业社会向工业社会的转型过程，还包括经济层面的转型对社会多元化和政治民主化的促进作用。早在20世纪60年代，美国社会学家丹尼尔·勒纳（Daniel Lerner）提出相互对立的两种社会系统，即传统社会与现代社会，认为现代化即从传统社会向现代社会转变的过程。在此前后，许多研究第三世界发展的经济学家、政治学家、社会学家基本秉持这种"两分法"开展第三世界经济发展和经济援助研究，从而形成了"现代化理论"的基本理论假设：（1）"传统"社会和"现代"社会截然对立；（2）经济、政治和社会诸方面的变化是相互传递的；（3）发展的趋势是沿着趋同的道路向建立现代国家的方向演进；（4）发展中的社会的进步能够通过与发达国家的交往而显著加速；等等。

中国学者在恢复政治学、社会学等学科的基础上积极探索各国现代化的发展道路，希望为中国的现代化找出具体的路径，建设体现国情特点的中国现代化。这些学术努力集中体现在世界近现代史研究和比较政治研究的领域。1987年，北京大学罗荣渠组建北大世界现代化进程研究中心，主持"七五"国家社科重点项目"各国现代化比较研究"，推动了世界现代化、比较现代化和中国现代化问题的研究。他的代表著作《现代化新论》1995年获全国高等学校首届人文社会科学研究优秀成果一等奖，迄今已印刷八次，影响广泛。[1]此外，中国科学院、南开大学、复旦大学等院校也纷纷组建从事现代化研究的专门机构，使得现代化研究，特别是作为其中重要内容的政治现代化研究，为我国比较政治研究的发展做出了重要贡献。

80年代后期以来美国政治学家萨缪尔·亨廷顿的多部著作被译成中文出版，产生了重要的学术影响。亨廷顿的重要代表作《变革社会中的政治秩序》1988年由华夏出版社"二十世纪文库"出版，系统研究了第三世界国家走向现代化进程中的政治制度与政治秩序问题，其核心的学术概念和理论，例如政治发展、政治衰败、制度容纳、政治稳定等，具有较大的解释能力，在一定程度上奠定了中

---

[1] 罗荣渠：《现代化新论——世界与中国的现代化进程》，商务印书馆2004年版。

国比较政治研究学者的学术理论基础。并且,由于亨廷顿本人对"政治秩序"和"强国家"理念的重视,也使得他的著作经常成为论证中国国家建设与发展模式的理论来源。1987年,巴林顿·摩尔的代表作《民主与专制的社会起源》由华夏出版社"二十世纪文库"出版中译本。该著对比较政治研究的学术基础的奠基也发挥了重要作用,特别是在比较政治制度的方法论上,影响了几代政治学者。

1996年,西里尔·布莱克的名著《比较现代化》由上海译文出版社"当代学术思潮译丛"编译出版。这部中译著作把中国、日本、印度和欧洲国家的现代化进程纳入系统的比较研究的视野,探讨了现代化的前提、经济增长、社会政策和工业社会的趋同问题,其比较思维、历史视野和学术洞见在国际上享有盛誉,也引起了国内社会科学界的重视,激起了一股从国际比较的视野看待中国发展道路的热潮。[1]

在比较现代化概念与理论的影响下,中国社会科学界在20世纪八九十年代关于中国政治发展的研究基本上是沿着"传统—现代"的二分法推进,形成了以历史—结构变迁为主要方法论的小样本分析政治研究,与同时期美国以定量技术和大样本分析为主流的比较政治学迥然不同。例如,罗荣渠把近现代中国社会变革划分为四个进程:(1)自我衰败的过程;(2)半边缘化即半殖民地化的过程;(3)革命化过程;(4)现代化过程。[2]

(二) 东亚现代化研究崛起

在比较现代化理论流行的年代,东亚工业化和现代化进程刚好进入一个黄金年代,亚洲"四小龙"的经济增长奇迹、社会结构变迁以及亚太地区的此起彼伏的政治民主化浪潮,促使中国学者认真理解比较政治的现实情景,并获得了较为直接的研究资料,从而推动东亚现代化研究的兴起。

---

[1] [美]西里尔·布莱克:《比较现代化》,杨豫译,上海译文出版社1996年版。
[2] 罗荣渠:《现代化新论——世界与中国的现代化进程》,商务印书馆2004年版,第10—15页。

20 世纪 60—90 年代，先是日本，然后是韩国、中国台湾、中国香港和新加坡，走上了工业化道路，年均经济增长率达到 10%，在一代人左右的时间内实现了快速经济发展，成为全球经济发展的新动力。80 年代后期，韩国、中国台湾地区走上了政治民主化和经济自由化的转型道路，90 年代日本自民党一党独大的"五五年体制"松动，同时经济增长趋缓。地处东南亚的城市国家新加坡保持着执政党长期稳定执政和产业结构稳定升级，而中国香港则在回归中国后继续走行政主导和自由港并行的发展路线。今天看来，当年提出"权威主义"和"发展型国家"理论，既要区别于西方自由市场加民主政治的发展道路，也要区别于苏联、东欧"极权主义"加"计划经济"政经模式，实质上是要说明东亚地区形成了一种不同于传统资本主义和传统社会主义的发展形态。① 虽然 1990 年以来国际和东亚政经形势发生了巨大的变化，但是东亚的的确确根据本国家或本地区的传统和特点，崛起为世界经济新高地，并且保持了较好的社会福利和稳定局面。1993 年世界银行发布报告《东亚的奇迹：经济增长与公共政策》，将日本、韩国、中国香港/台湾、新加坡、马来西亚、印度尼西亚和泰国等几个国家和地区誉为"东亚模式"的奇迹，这也是东亚奇迹首次正式出现在了国际机构的官方文件之中。但是，1997 年亚洲金融危机促进研究者对东亚发展模式弊端的反思，植根于东亚发展经验的发展型国家理论热潮开始消退。此外，90 年代至今，全球化、民主化对"国家能力"（state capability）、公共政策以及新社会运动产生了重要影响，进一步挑战了发展型国家理论。

五 体制转型研究

（一）苏联、东欧剧变的思想冲击

20 世纪 80 年代末 90 年代初，苏联和东欧社会主义国家发生了

---

① 董正华、赵自勇、庄礼伟、牛可：《透视东亚"奇迹"》，学林出版社 1999 年版。

一系列政治经济制度剧变，纷纷转向资本主义经济制度和西方民主政治体制，堪称冷战以来范围最大、影响最深远的世界性政治经济变革。自 90 年代初起，中国官方智库和学术界就十分重视苏联解体、东欧剧变的研究，先是对剧变原因、过程和教训进行资料整理与反思。学者们反思苏联改革路线与战略错误、党政体制僵化、党政干部特权和腐败、党群关系紧张、社会基础萎缩等问题。后来随着研究的深入，开始形成比较的视野，特别是中外政治经济制度的比较思路。进而提出中共应坚持以经济建设为中心、厉行党内监督、遵守民主集中制发扬党内民主、巩固基层党组织以及全面加强党的执政能力建设等。① 并且结合中国社会主义建设和改革开放的实际思考中国的改革开放与发展实践，探索具有中国特色的社会主义道路。

从中外政治体制比较的视野对苏联、东欧剧变教训的研究主要体现在四个方面：（1）如何客观认识社会主义制度的优势和劣势，发展具有中国特色社会主义的道路；（2）如何准确认识共产党执政的方式、能力和效果，不断提升中国共产党的执政能力；（3）如何应对国际意识形态斗争，坚持中国的道路自信、理论自信、制度自信、文化自信；（4）如何处理好社会主义制度的经济改革与政治改革之间的关系，保障我国的体制改革不走邪路、稳步推进步。② 这四个方面都具有比较政治研究的内涵，包括制度变迁的比较、国家建设与发展的比较、执政党体制与能力的比较、政治意识形态的比较等。

（二）具有比较政治内涵的研究焦点

1. 执政党的执政能力

中国的政治学者以及从事马克思主义研究的学者重视苏联、东

---

① ［美］沈大伟：《中国共产党——收缩与调适》，吕增奎等译，中央编译出版社 2011 年版，第 89—118 页。
② 高放：《世界社会主义兴衰成败的轨迹和根源》，《广东社会科学》1996 年第 2 期；李景治：《苏东剧变以来中俄发展比较及其启示》，《科学社会主义》2011 年第 4 期；李瑞琴：《近年来苏东剧变研究中的前沿问题》，《科学社会主义》2016 年第 5 期。

欧地区共产党的执政能力问题。他们的研究指出在僵化的意识形态和政治制度以及低效的计划经济制度之下，苏联、东欧地区执政党的执政能力普遍弱化，既不能有序引领国家改革与发展，也不能有效地反映社会民意需求。因此，反思到中国共产党的执政能力本身，就提出加强党的执政能力建设的研究议程和对策建议。① 2004 年 9 月中共中央十六届四中全会通过了《关于加强党的执政能力建设的决定》，就吸收和反映了上述的一些研究成果和政策建议。中共作为执政党的能力建设也在随后的改革发展和保障稳定的治理实践中得到锻炼和提升。

2. 政治经济改革的关系

20 世纪 80 年代中后期戈尔巴乔夫的"新思维"和苏共领导层"鲁莽"的改革最终断送了苏共和苏联。这促使当时以邓小平为代表的中国党和国家领导人在中苏比较的基础上审慎思考经济和政治体制改革的顺序与进程问题。学术界也在思考经济发展与社会变迁基础上的政治体制改革问题。这些思考促使党的领导人在 2002 年认知"党的执政地位不是与生俱来，也不是一劳永逸"②，并且结合现实国情，推进基层民主选举，促进党内政治生活的正常化与制度化，推进协商民主，增强党领导下的执政能力建设。

第四节 21 世纪以来的比较政治研究

本节关注 2000 年以后 10 年左右的时间内，即中国深度参与经济全球化进程的阶段，我国比较政治研究的追赶型学术发展。主要

---

① 王长江：《中国政治文明视野下的党的执政能力建设》，上海人民出版社 2005 年版。
② 曾庆红：《加强党的执政能力建设的纲领性文献》，《党的十六届四中全会〈决定〉学习辅导百问》，学习出版社 2004 年版，第 36 页。

围绕国别研究、比较制度研究、交叉学科和议题研究的学术成果来分析这一阶段的成就和特色。

一 经济全球化的政治效应

(一) "冷战"后国际形势的影响

"冷战"结束后的第一个十年，美国作为世界霸主，成为亚洲—太平洋地区政治经济秩序的唯一主导者，而当时中国还在忙于吸取苏联解体、东欧剧变的教训，调整改革步伐，加强执政的合法性。2001年以后，加入WTO使中国的改革开放进入新的历史阶段，中国更加深入地成为经济全球化的参与者并逐渐成为自由贸易和经济全球化的推动者。与此同时，2001年"9·11"恐怖主义袭击事件以后，美国利用其占绝对优势的政治、军事资源打击恐怖主义，并先后在阿富汗、伊拉克发动两次战争。美国的对外战略重心转移到中东和伊斯兰世界。中国涉外智库和研究机构纷纷加强对周边国家、热点地区以及比较政治经济发展的研究。

(二) 地缘政治新形态的影响

美国政治学家塞缪尔·亨廷顿曾预言："中国这个亚洲最大国家的经济增长会不断扩大其在该地区的影响，以及恢复东亚传统霸权的可能性，迫使其他国家要么'搭车'适应这一发展，要么用均势来'平衡'中国的影响。"[1] 这个预言惊人命中了今天的现实。如今，大部分亚太国家相对于崛起的中国只是中小规模的国家，不得不在中美两强之间进行复杂的政治经济权衡，在制衡、接触和追随中国之间盘算自身的利益得失。[2] 即便是日本、澳大利亚这样发达的

---

[1] [美] 塞缪尔·亨廷顿：《文明的冲突与世界秩序的重建》，周琪等译，新华出版社2010年版，第242页。

[2] 王正绪、杨颖：《中国在东南亚国家民众心目中的形象——基于跨国问卷调查的分析》，《现代国际关系》2009年第5期；俞常森：《东盟国家对中国崛起的认知与政策反应》，《当代亚太》2013年第3期；刘江永：《国际格局演变与中国周边安全》，《世界经济与政治》2013年第6期。

美国盟友，也必须审慎考虑与中国发生冲突可能导致的重大代价。因此，地缘政治因素为中国官方机构和学者研究比较政治问题和区域国别研究注入了强劲的动力。

制衡中国的选择与国际政治的"安全困境"（Security Dilemma）密切相关。"安全困境"最早由赫兹（John Herz）提出，后由杰维斯（Robert Jervis）发展为防御性现实主义的核心概念，并给出详细的定义：植根于国际政治的无政府状态，是结构性的；对他国当前和未来意图的不确定和恐惧是重要来源；由防御性行为引起，是非故意的；通常招致自我挫败，因为一国的自身安全并未获得保障；是一种自我强化的"螺旋"，可能引起战争上升。中国学者参考了这些理论命题与概念，从国际安全与比较政治的角度探究东南亚国家对华政策的发展。不少学者认为，主张制衡的是与中国在南海问题上存在争端的国家，如菲律宾、越南，其逻辑是随着中国在南海的防御性的造岛行动和海军部署，它们感到安全受到威胁，不得不靠拢美国的"亚太再平衡"和"印太"战略进行回应。这些制衡回应又反过来刺激了中国的自我防御的加强，于是"安全困境"在中国与部分周边国家之间螺旋上升。[①] 同时，也有学者指出，即便如此，越南、菲律宾几乎不会选择以冲突的方式解决争端。首先，中国与这些国家间的安全困境是"不对称"的，中国的巨型规模和高速发展使双方的实力差距太大，这些国家无法承受诉诸武力的风险。其次，这些国家虽然在南海问题上与中国存在冲突，但在保持地区稳定和实现经济繁荣等方面又与中国存在更大的利益一致性，对抗的代价十分高昂。再次，虽然美国力图牵制中国崛起，但特朗普强调自私自利的"美国优先"，在亚太事务上存在很大的不确定性，因此这些

[①] 周方银：《周边环境走向与中国的周边战略选择》，《外交评论》2014 年第 1 期；王浩：《中国崛起与东亚安全困境：界定、解析及应对》，《太平洋学报》2015 年第 6 期。

国家也不敢把牌都押在口惠而实不至的"印太"战略上。①

二 21 世纪比较政治研究的议题与方法

（一）21 世纪以来比较政治研究主要议题

21 世纪以来，随着对外开放和国际学术交流日益频繁，西方比较政治学和地区国别研究的主要流派、经典作品乃至专业期刊的最新论文纷纷被译成中文，对新一代的比较政治研究者起到了学科规范和学术训练的作用。这段时间，中国学者基本上处于追赶型学术发展的阶段，有关的成果以西方比较政治理论前沿综述和地区国别政治发展评述为主，也有少数成果可以说得上是用规范的政治学方法论或严谨的实证分析方法开展了前沿性的专门研究。

这一时期的主要议题包括：政治转型与民主化、发展型国家/政权、国家—社会关系、亚洲价值观、福利国家与社会政策等。

政治转型与民主化研究方面，中国学者关注的主要是对中国有重要战略意义或地缘政治意义的国家/地区的民主化个案研究，例如韩国、中国台湾地区和一些东南亚国家。② 随着比较视野的扩大，一些具有代表性的非洲、拉美国家的民主化问题得到关注。③ 此外，对欧洲主要国家的民主政治发展史的研究主要是世界历史专业学者的工作。这些研究普遍长于国别政治史或政治变迁事件的分析，也有很多对西方比较政治学理论和概念的借用，但在普遍性、规律性的比较政治发展研究上则比较欠缺。只有少数作品尝试开展较多案例的比较并具有一定的理论抽象思维，在这方面，由孙冶方基金会支

---

① 刘丰、陈志瑞：《东亚国家应对中国崛起的战略选择：一种新古典现实主义的解释》，《当代亚太》2015 年第 4 期；Zhenqing Zheng, "Asians' Perceptions of China's Rise", in Jawad Sayd and Frank Yin, ets., *The Belt and Road Initiative in a Global Context*, London: Palgrave Macmillan, 2019。

② 陈尧：《新权威主义政权的民主转型》，上海人民出版社 2006 年版；陈尧：《新兴民主国家的民主巩固》，上海人民出版社 2011 年版。

③ 包刚升：《民主崩溃的政治学》，商务印书馆 2014 年版。

持的中国社会科学院"亚洲政治发展比较研究"研究团队做出了重要工作,这是近十年来,我国学术界在比较政治研究领域做出的最重要的努力之一,也是中国学者第一次在大规模实地调研基础上做出的比较政治研究。

"亚洲政治发展比较研究"研究团队吸收了国内一批优秀的中青年学者加盟,由从事国际政治及国别研究的专业人才和从事政治学理论研究的学者联合编队,对于韩国、日本、菲律宾、越南、新加坡、印度尼西亚、泰国、印度、伊朗以及中国台湾等具有典型性和代表性的国家及地区工业化进程中政治发展、政治变迁问题进行系统的实地考察、调研。该项目先后历时6年,初步再现了亚洲不同类型的国家与地区在工业化条件下政治发展的进程。通过再现政治进程和比较研究,对于亚洲工业化进程中政治发展的内在机制与规律性亦有所揭示。这一项目有两项主要成果,分别是《自由 威权 多元——东亚政治发展研究报告》[1] 和《民主与发展——亚洲工业化时代的民主政治研究》[2],该项目的主要理论性、方法论发现集中于五个方面:第一,关于政治体系的结构问题,提出了"宪政体制、权力结构、利益结构"的政治体系的三层次结构理论,取代以往单纯的"宪政体制"论,为政治体系的比较研究提供了新的方法论支撑。第二,关于工业化条件政治发展的动力问题,提出新型社会集团的政治参与是政治发展、政治转型的基本动力的论断。第三,关于后发展国家的发展路径与策略问题,总结出亚洲成功推进工业化、现代化的后发展国家采取的权力与权利的"对冲"策略,并对"对冲"在推进工业化进程和维持社会稳定之间的平衡机制做出了分析探讨。第四,关于亚洲部分国家工业化发展迟缓问题,提出部分亚

---

[1] 房宁等:《自由 威权 多元——东亚政治发展研究报告》,社会科学文献出版社2011年版。

[2] 房宁等:《民主与发展——亚洲工业化时代的民主政治研究》,社会科学文献出版社2015年版。

洲国家在独立后前工业化社会结构未经改造而造成了工业化的阻滞效应，并进行了实证性的分析与认知。第五，关于政治制度的核心价值问题，根据亚洲国家工业化时代政治发展的广泛实践梳理归纳出"统筹兼顾"即政治体系的整体利益与局部利益、长远利益与近期利益的矛盾以及平衡机制的政治体系存在与运行的核心价值。①

在发展型国家研究方面，学者们对发展型国家的主要命题进行分层归类：将国家自主、技术官僚、威权统治与"去政治化"、灵活的私营企业等归为发展型国家的"普遍性特征"；将经济企划机关、战略产业政策、压制社会福利需求、公私部门的发展共识等归为"阶段性特征"；将一党专政、精英团结、支配民间社会和控制劳工、管制金融、支配外资等归为可在适当环境下重复出现的"权变性因素"；将殖民主义遗产、"冷战"和全球化等国际政经条件归为不能重复的"历史性因素"。② 这种归类法区分可供借鉴的普遍性命题和不可复制的特殊性命题，有助于深化"东亚模式"的讨论。

比较政治视角关注国家与社会的关系，中国学者参考外国比较政治学理论用"强国家—弱社会""威权统合主义"等分析发展中国家和地区的国家社会关系特征，指出东亚的发展模式出现了国家/政权支配和压制社会的不对称二元关系结构，以保证"国家自主"和"国家能力"。时和兴著的《关系、限度、制度：政治发展过程中的国家与社会》在这方面做出了比较政治理论和国别案例相结合的研究成果。③

1997 年亚洲金融危机促进了研究者对东亚发展模式弊端的反

---

① 房宁：《亚洲政治发展比较研究的理论性发现》，《中国社会科学》2014 年第 2 期。
② 郑为元：《发展型国家或发展型国家理论的终结?》，《台湾社会研究》1999 年第 34 期；郑振清：《工会体系与国家发展——新加坡工业化的政治社会学》，社会科学文献出版社 2009 年版。
③ 时和兴：《关系、限度、制度：政治发展过程中的国家与社会》，北京大学出版社 1996 年版。

思，根植于东亚发展经验的发展型国家理论热潮开始消退。此外，20世纪90年代至今，全球化、民主化对"国家能力"（state capability）、公共政策以及新社会运动产生了重要影响，进一步挑战了发展型国家理论。近年来，有些发展研究者认为，"发展型国家"只是反映了特定地区（东亚）在特定阶段（主要是20世纪60—80年代）和特定国际背景（亚洲"冷战"）下的发展经验，这种发展模式和理论本身具有明显的时代局限性。2005年，巫永平在哈佛大学出版社出版的著作具体分析了国民党官僚政治在台湾产业结构形成中的作用，发现就中国台湾的发展经验而言，上述"发展型国家"的命题很多只具有"理想类型"（ideal type）色彩，由于缺乏对台湾官僚制度和产业政策的实际运作进行具体分析，常常夸大了这两者促进产业发展的作用。[1] 这是从比较政治经济发展的角度对中国台湾案例进行的深度挖掘，对于相关理论命题的重新认识具有重要价值。近年来，新一代研究者认为，站在后"民主化"和后"发展型国家"阶段，应该重新系统地审视"第三波"民主化后的治理绩效，给予实事求是的评估。[2]

中国学者对东亚发展经验的研究，还一度受到从新加坡、马来西亚流行起来的"亚洲价值观"的影响，不过在亚洲金融危机之后开始清醒地反思东亚模式的弊端。世界银行（The World Bank）被视为新古典自由主义经济学的本营，它在1993年和2000年（危机后的复苏期）两次公开发表书面报告，对"东亚奇迹"进行全面的探讨和反思，后一次报告即《东亚奇迹的反思》还对前一次报告《东亚奇迹：经济增长与公共政策》的许多论点进行了修正。在《东亚

---

[1] Wu Yongping, *A Political Explanation of Economic Growth: State Survival, Bureaucratic Politics, and Private Enterprises in the Making of Taiwan's Economy, 1950 - 1985*, Cambridge: Harvard University Press, 2005.

[2] 刘瑜：《民主化后国家能力的变化：对"第三波"民主化国家/地区的类型学分析（1974—2014）》，《学海》2016年第2期；包刚升：《第三波民主化国家的政体转型与治理绩效（1974—2013）》，《开放年代》2017年第1期。

奇迹的反思》这部论文集中，世界银行召集的经济学家们对东亚发展模式提出的反思，虽然没有直接涉及意识形态层面的"亚洲价值观"论争，但还是在不少方面冲击了"亚洲价值观"的地区特殊性。世界银行 2000 年发表的这份报告还从东亚经济发展的其他宏观和微观层面反思了"东亚奇迹"。中国学者对东亚、东南亚区域研究乃至比较政治和比较政治经济学的研究也开始赶上国际思潮的变化。原来对"亚洲价值观"中关于"政府强干预"、商业企业中的家族伦理、政府—资方—工会三角共生型的管制以及名为"政企合作"实为"政府引导"型的制度或者准制度都在"金融危机"后受到这份综合报告的质疑和纠偏，而近年来东亚发展的经验和教训也证明了这些质疑是正确的和必要的。① 如此，"亚洲价值观"引以为自豪的地区特殊性、民族自主性都在不同程度上受到了冲击。

（二）21 世纪以来比较政治研究的方法探索

中国学者对第三世界国家建设与发展的研究，比较流行的是案例比较的研究方法和历史—结构法。多案例比较的方法作为基础性的质性研究方法一直受到几代中国政治学人的欢迎。② 拉美学者卡多索（Fernando Henrique Cardoso）倡导的历史—结构法，与中国学者擅长的历史制度分析不谋而合，都反对对社会发展进行分割式的维度分析和局部理解，认为研究对象是一个相对稳定的总体结构的话，必须注意这种结构虽有自我维持的一面，也会由于不可避免的人类集体行动而产生运动和转型。③ 这种方法论在伊文斯（Peter Evans）研究巴西发展的"三方同盟"框架中得到体现：多国公司、国家政

---

① 郁建兴、石德金：《发展型国家：一种理论范式的批评性考察》，《文史哲》2008 年第 4 期；刘京萌：《寻找更高层次的发展——对发展型国家理论的再认识》，《山东大学学报》（哲学社会科学版）2011 年第 4 期。
② 高奇琦：《比较政治研究中的质性方法》，《比较政治学前沿》2014 年第 2 期。
③ 杨光斌：《中国的比较政治研究：路在何方》，《国际政治研究》2013 年第 1 期；李路曲、夏蒙：《比较政治学的学科发展、比较历史分析、政治发展与民主化研究评述》，《比较政治学研究》2016 年第 2 期。

权和本地资本家这三个集团在国际国内结构中互动，决定了巴西的依附道路，这项研究及其方法论获得中国学者的重视。中国学者已经注意到，虽然东亚新兴工业化不同于拉美国家，东亚强大和自主的国家政权主导了当地的"三方同盟"，走的是依附发展的道路，但是历史—结构法仍然适用于东亚发展研究。[1]

此外，欧美学界更注重严谨设计和定量实证的研究方法也得到引进和推广。自利普哈特在20世纪70年代系统提出比较方法的政治学研究方法论体系以来，具有鲜明实证特点的比较政治学研究得到巨大的发展。随着研究范围的扩展和政治变迁现象的复杂化，多种新的研究方法被引入比较政治学之中，包括社会统计法、实验法、定性比较分析（QCA）、定性定量混合方法等，目的都是实现所谓的"ceteris paribus"，即比较的对象在除自变量和因变量以外的其他干扰变量（confounding variable）上取值都相同。这是比较方法论的精髓。不同的方法论通过各自的特点和路径追求在满足这种比较法精髓的基础上探寻因果关系，辨析可靠的因果机制。

抽样社会调查与因果推论方法是定量研究的基础方法，也被引入中国的比较政治研究。"世界价值观调查"（World Values Survey）和"全球晴雨表调查"（Global Barometer Survey）这两大全球性跨国社会调查自20世纪80年代以来利用跨国的抽样社会调查数据对欧美、拉美、东亚、东欧的政治转型和社会变迁进行了大量的实证研究，发展出系列的比较实证研究的方法论。[2] 基于抽样社会调查数据的定量政治分析文献的因果推论方法，对于从社会结构变迁到政治变迁的"长因果"链条进行了分节分析，指出各种"短因果"链条的多样衔接策略及其价值，重点分析了东亚社会结构变迁对不同政

---

[1] 郑振清：《工会体系与国家发展——新加坡工业化的政治社会学》，社会科学文献出版社2009年版。

[2] 王正绪、杨颖：《中国在东南亚国家民众心目中的形象——基于跨国问卷调查的分析》，《现代国际关系》2009年第5期。

治发展路径的因果影响力,并结合调查数据分析其中的因果机制,进而比较东亚政治发展的不同动力逻辑。①

近年来,中国学者的比较政治研究方法论开始从社会变化中寻找政治态度变迁的根源,这其实是20世纪60—80年代美国多元主义政治学的遗产。伊斯顿、阿尔蒙德、维巴、亨廷顿、普特南等做出了杰出的学术贡献。以英格尔哈特为代表的现代化理论扬弃了多元主义范式,利用大规模的跨国社会调查,发展出新的现代化与价值观变迁的理论流派,启发了比较政治研究的新发展,并对政治态度变迁提出了系统的归因理论。可以概括出两种主要的归因路径:一是文化主义,强调社会化的价值观对政治态度的长期影响;二是制度主义,主要从政治制度的运行及其绩效来理解政治态度的变化节奏。近十多年来,不平等、再分配等社会分化因素被引入现代化理论与民主化研究,对政治态度变迁的归因分析/因果推论得以不断深化和细化。

案例比较是定性政治学研究的常规方法,这种方法在20世纪90年代以来的中国比较政治和地区与国别研究中占据主流。中国政治学者根据案例选择的步骤和原则,阐明比较政治研究中案例选择的合理性取决于研究中探讨的因果关系本质。② 在国家理论、政治经济、国家—社会关系三大领域,比较研究实例较为丰富。

此外,最新的"潜在结果架构",作为社会科学因果推论的核心思维也被引入中国的比较政治研究。在政治学方法论发展史上影响深远的"KKV"路径认为定量和定性方法有共同的逻辑基础,但该路径模糊了定量和定性的重要区别。高奇琦综述了近年来兴起的潜

---

① 郑振清、苏毓淞、张佑宗:《公众政治支持的社会来源及其变化——基于2015年"中国城乡社会治理调查"(CSGS)的实证研究》,《政治学研究》2018年第3期;郑振清、巫永平:《东亚贫富差距扩大的政治效应——全球金融危机以来东亚选举政治变迁研究》,《中国社会科学》2014年第11期。

② 高奇琦、吉磊:《中国比较政治学研究的议题、价值与方法》,《理论探讨》2016年第4期。

在结果架构，指出这一新方法论框架既能阐明定量和定性的共同方法论基础，又能在这一基础上演绎出二者的重要不同。①

三 地区与国别研究的启示

（一）对中国发展道路的启示

中国学者关于东亚地区比较政治经济发展的研究，从国家发展模式、政府管制方式、企业治理结构、产业政策作用及其限度等方面指出了东亚原有发展模式的经验和缺陷。② 1997 年以后东亚金融危机和复苏的经验、教训表明，社会价值层面的动力机制在作用过程中吸收了在这些分析中概括的模式和政策调整，才有比较明朗的发展前景。随着全球化的进一步扩展，东亚发展模式曾遭遇的旧问题和即将到来的新问题都会构成对社会发展的巨大挑战，这些成为中国学者比较政治研究的落脚点。

过去几十年，由于赶超动力与后发优势的存在，中国的发展道路中存在着类似东亚发展型国家和威权主义的某些要素，具有共同的"赶超"经验及"强国家"特征，而且技术官僚群体在党政精英的代际更迭中成长起来，日益完善的产业政策扮演着促进重点行业快速工业化和信息化的作用。具体来看，中国大陆同日本、韩国和中国台湾地区具有很多相同的发展机制：充分利用全球资本主义市场，推进出口导向型增长；国家具有强烈的发展意愿，国家干预社会、政府引导市场；具有一批训练有素的经济—技术官僚，组成主导经济发展的产业政策决策部门；具有鲜明、高效的产业政策体系，先后推行进口替代和适当的产业开放政策等。不过仔细分析中国的国情，还可以看到中国的发展经验有很多区别于东亚国家的地方。

---

① 高奇琦：《比较政治研究中的质性方法》，《比较政治学前沿》2014 年第 2 期。
② 时和兴：《关系、限度、制度：政治发展过程中的国家与社会》，北京大学出版社 1996 年版。

（1）中国转型发展的一个重大政治经济学意义在于，在社会主义意识形态和政治制度框架内，为资本主义生产方式和市场活力提供发展空间，反映了新兴大国追求政治意识形态和经济发展相平衡的"社会主义市场经济"的愿望。

（2）中国在改革前30年已经建立起比较完整的国民经济体系，产业体系完善，同时拥有比东亚中小经济体更加丰富的自备资源与能源，这些都是东亚国家所不能比拟的。

（3）国有企业对产业发展有重要的战略价值，并且在国家经济生活中扮演的角色的重要性超过了东亚国家和地区国有/公有企业的地位。

（4）中国拥有广袤的国土和巨大的人口规模，足以支撑起多波经济发展浪潮，同时拥有巨大的国内消费市场，足以满足生产内销和外来投资与销售的长期发展。

（5）中国的社会建设严重落后于经济建设，社会自我组织和治理的能力比东亚很多国家和地区都要弱小，因此从经济发展到社会发展，势必是一个相当长时期的历史过程。

如果说，前四个方面的区别还是在政府—市场关系范围内，那么第五个方面则超越政治经济体制，进入复杂的社会建设层面。过去十几年来，中央政府的宏观调控能力得到很多的磨炼和提高，但是在社会建设方面的经验却很不够。因此，超越发展型国家，在当下环境中不仅仅是在政府—市场关系上做文章，而且更重要的是在社会发展与治理上做文章。[①]

（二）"一带一路"研究对地区国别研究的拓展

2013年秋中国倡议的"一带一路"建设是区域经济合作、国际自由贸易、基础设施互联互通、国际安全互信等重要国际公共产品的集中体现，同样由中国倡导建立的亚洲基础设施投资银行（亚投

[①] 郁建兴、石德金：《超越发展型国家与中国的国家转型》，《学术月刊》2008年第4期。

行）也是促进基础设施融资建设的新的国际公共产品，这些公共产品的供给和推广，正在对亚太地区、亚欧大陆、亚非关系的地区发展、地缘政治产生深远的影响，激发了中国的比较政治研究在"一带一路"背景下得到迅速发展。

"一带一路"建设倡导各国发展战略的对接，推进基础设施建设、经贸合作园区建设、跨国货运联营与自由贸易，旨在建设大范围、高水平、深层次、高标准的区域经济合作与自由贸易网络。亚投行自 2015 年底在北京成立以来，以精简（Lean）、廉洁（Clean）、绿色（Green）为核心理念，不断完善作为多边国际金融机构的治理体制和运营机制，并且和世界银行、亚洲开发银行等国际金融机构合作，在多个亚洲发展中国家推进多个基础设施建设的贷款投资项目，得到世界各国和国际金融界的好评。亚投行迄今已获得世界六大洲 77 个国家的支持和参加，而且 2018 年以来国际两大信用评级机构穆迪公司和惠誉公司都给予亚投行最高信用等级的评级，表明世界对这一崭新的多边国际金融机构的信任，这也是对中国创建之功的认可。对以"一带一路"倡议、亚投行为代表的新的国际公共产品的供给，为新时期的比较政治研究注入活力。[①]

习近平主席 2017 年 1 月在达沃斯论坛演讲的主题即为"共担时代责任，共促全球发展"，接续了中国在 2016 年 G20 杭州峰会和亚太经合组织（APEC）利马峰会上的主张，呼吁共同努力让经济全球化进程更有活力、更加包容、更可持续，让全球化的正面效应更多释放出来，实现经济全球化进程再平衡，强调应讲求效率、注重公平，让不同国家、不同阶层、不同人群共享经济全球化的好处。提出中国持续的改革开放为开放型世界经济发展提供了重要动力；中

[①] 黄河：《公共产品视角下的"一带一路"》，《世界经济与政治》2015 年第 6 期；郑振清：《中国为世界提供更多国际公共产品》，《人民日报》2018 年 1 月 7 日第 5 版。

国人民诚恳欢迎各国人民搭乘中国发展的"快车"和"便车"。他多次强调,在"一带一路"建设和国际经贸合作上要讲求"共商、共建、共享"。习近平主席阐述的推进全球经济治理创新、联动、公平、包容发展的中国方案,为中国塑造出积极的国际公共产品(全球化、自由贸易、包容式发展与可持续发展)提供者的正面形象。中国学者的比较政治研究在此新的时代、新的历史性平台上继续发展。

四 当前比较政治研究的新议程、新方法

(一) 全球化、区域一体化对比较政治研究的影响

后"冷战"的第三个十年,亚太国家见证了东盟—中国自贸区的建立——这是世界上人口最多的自贸区,同时,中国大陆加强了对香港、澳门和台湾地区的经济整合,与韩国、澳大利亚签署自由贸易协定。而且,随着2013年秋天"一带一路"倡议的提出,中国对东南亚、南亚、中亚各国的贸易和投资额都大幅上升。在这一地区,虽然美国仍具有最大的政治和军事影响力,但是中国已跃然成为本地区贸易和经济的主导国。因此,中国学者对周边国家和地区,乃至欧洲、非洲、拉美的比较政治研究势必要反映中国的国际影响力和当地政治经济发展的关联。

这一时期主要的研究文献还是集中在亚太国家面对中国崛起的复杂政治经济反映,以及在此基础上的比较政治研究。文献分析表明,中国学者主要从比较政治与国际安全相结合的角度讨论安全困境、对冲策略,或者从国际政治经济学讨论各种FTA与经济整合的区域化。不过,以"一带一路"(BRI)和亚投行(AIIB)为标志,中国的崛起还具有建设跨国基础设施、推进自由贸易、促进通关便利化和发展国际电子商务等国际公共产品供给的内涵。这些新的内涵、新的项目,随着中国领导人睦邻友好话语的传播,开始影响到亚太地区公众对中国崛起的感受。这方面的研究虽然刚刚开始,但预示着广阔的学术前景。

（二）比较政治研究与因果推断的方法论

所有致力于因果推断的研究方法，本质上都是应对上述根本难题的不同方式。共同的难题，是不同研究方法整合和统一的基础；但应对共同难题的不同途径，则带来了各种研究方法的基本分野。在社会科学中，定性和定量方法，就是应对同样的因果推断根本难题的两种不同的基本研究取向。在比较政治研究视野，定性方法以案例内分析（within-case analysis）的思路，估计出个体因果效应（Individual Causal Effect，ICE），即具体到某个（或某类）案例内部，某一个（或一组）条件起到的因果效应；定量方法则凭借跨案例分析（cross-case analysis），估计出平均因果效应（Average Causal Effect，ACE），即对于案例总体平均而言某个自变量对因变量所具有的因果效应（也就是个体因果效应在总体层面的平均值）。

对方法论体系的需求，反映了当今比较政治学研究方法的繁荣。的确，只有多种研究方法和分析技术的涌现，才会将对不同方法的选择提上日程。研究者需要知道，应该在何时选用何种方法才算适当，而这需要方法论的指导。这种指导，在技术飞速发展的大数据和机器学习的时代，显得更为必要。然而我们也要注意，指导研究方法的选择，与方法论至少同等重要的，是我们想要检验的理论。毕竟方法终归是手段，其必须服务于我们想要构建并证明的理论。我们最终选择的应该是那些最适于检验我们理论的方法，而不是最流行或最复杂的分析途径或技术。于是，调和定量和定性两种取向，除了在方法论层次进行以外，还应在比较政治学科的理论层面展开。只有我们对理论的理解更为深刻，才可能澄清到底是何种取向更适合检验我们的理论。因此，研究方法的选择，取决于比较政治学科理论和方法论的共同作用。

（三）国际比较中的中国特色议程

比较政治研究发现，国家经济发展到一定程度后，有很多问题，不是光靠政府或者光靠市场就能解决的，也不是政府与市场合力就能处理一切问题。在政府和市场之外，还有无限的社会力，正在日益复杂的经济—社会—政治发展过程中扮演十分重要的角色。东亚发展型国家在经济发展与政治转型中不断出现的新问题，也促使比较政治研究者深入反思原有的"国家中心论"理论框架和重要命题。例如，伊文斯提出了"镶嵌的自主"（embedded autonomy）概念，意为发展型国家的自主其实"镶嵌"在国家与社会的紧密关系之中，在社会力量不断发展的时候，国家无法自外于社会，更无法保持原有的自主性之不变，这些思想被引进中国政治学界以后，影响了一代人的学术视野。

2008—2011年在国际金融危机和欧洲债务危机的影响下，全球市场不断萎缩，世界经济进入新一轮长期衰退进程之中，这对中国的经济社会发展构成很大的压力。一方面，世界经济危机势必严重冲击中国以出口贸易为主的经济结构，在经济增长趋缓的背景下，只有重视处理社会治理才能维持社会与政治的稳定发展。另一方面，近年来国内收入分配不均、贫富分化现象并没有缓解，收入再分配、各种社会民生政策等问题不断浮现，正在挑战过去以经济建设为中心的发展型国家政治经济体制。

比较政治学者逐渐落脚到中国的国情实际，开展新的研究议程。多数人认为，国家发展战略应该从以经济建设为中心转向以社会建设为中心，推进政府、市场与社会三方面的良性互动与合作治理，开展以改善社会民生为重点的社会建设，才有可能及时有效地处理国内外经济大变局的日益紧迫的社会问题，才有可能真正构建一个"和谐社会"。从国内现状看，可以说，我们超越发展型国家的进程不仅没有完成，还遭遇到全球经济大变局的挑战，使得这个超越过程更加紧迫。

以社会建设为中心超越发展型国家，要求构建完整的社会政策体系，使"社会主义"意识形态中的"社会"内涵得到夯实。如此，中国特色社会主义的正当性才能得到体现，价值高度才能树立起来。

当代中国国情下的学术自觉，还包括对国际比较视野下社会发展和福利建设的政治学研究。这方面涵盖以下几个方面的主要内容：（1）减小城乡差距、贫富差距和地区差距，优化社会阶层结构；（2）制定和完善社会民生政策，解决各类社会民生问题；（3）推进社会服务和创新社会管理；（4）促进社会组织发展，协调政府、市场与社会的关系及边界；等等。在过去40年里，我们的国家机器习惯于通过高度动员和任务导向的方式，集中各种政治经济资源发展经济，特别是地方政府更是如此，但是对新生的各种社会民生问题要么重视不够，要么茫然失措。当社会建设失序，社会问题得不到及时解决时，社会不稳定的问题自然衍生，反过来影响经济发展和政治秩序。

（四）国际参照系与本位思维的变化

中国崛起为世界强国以后，国际参照系也发生了变化，要求中国承担相应国际责任的论述在国内外学术界大量涌现，激发中国的比较政治研究走向新的领域。2017年初，约瑟夫·奈提出国际政治经济合作的"金德尔伯格陷阱"的假说（Kindleberger's Trap），指出中国崛起以后的动向可能不是"示强"，而是"示弱"，即不愿承担目前美国无力继续负责的重要国际公共产品的供给，从而使世界陷入领导力空缺、危机四起的险境。同时约瑟夫·奈也注意到近年来中国正在承担一些大国责任，并不寻求推翻其从中受益的世界秩序，而是想增加在该秩序内的影响力。"金德尔伯格陷阱"的核心是国际公共产品的供给问题。"金德尔伯格陷阱"实际上是在问中国崛起以后是否愿意承担重要国际公共产品供给的责任。有能力且愿意负责重要国际公共产品供给的大国，才会具备国际领导力。中国倡导的"一带一路"、亚投行等国际合作大项目，以及跨境电商产业标准、中欧班列通关一体化等具体的标准，明显具有国际公共产品的特点，正是中国增强自身在世界秩序中影响力的渠道。

中国学者的研究指出，"一带一路"建设和亚投行本身就是中国崛起以后为世界提供的新的一类国际公共产品，也具有地缘政治意义。中国目前推动"一带一路"和基础设施建设的重心固然在亚欧非三大洲,但是大洋洲和南北美洲的很多国家愿意积极参与。中国不断扩大"一带一路"的朋友圈,不断汇聚国际发展共识,使得中国倡导和创意的国际经贸合作与基处设施建设成为全球性和包容性的国际发展平台,为世界与区域经济发展及全球治理的改善做出积极贡献。这是中国版的崭新的国际公共产品供应方案。[①]

不过,从国际比较的角度,中国目前只是在部分领域,例如开放自由贸易、跨国基础设施建设、互联网产业经济、大规模减贫和公共卫生等具备国际领导力和号召力,距离全面承担国际领导责任,还有很长的道路要走。即便在这些中国擅长的领域,中国仍然需要遵守当年英美开创的很多国际经贸规则和标准化体系。只有在电子商务、互联网金融、人工智能、基因科技产业、大数据产业等新兴产业领域,中国才有机会主导制定行业规则、建立标准化以及确立话语权,而且这样的领域或行业领导力的维持需要经常与其他先进国家的同行协商才有可能。这些观点丰富了中国的比较政治研究和地区国别研究。

结　语

新时代的中国已经在全球化中扮演关键角色,是全球经济增长的主要引擎,在国际政治中的领导地位开始显现。因此,比较政治研究的中国本位思维也要吸纳更多的国际因素,探索中国的国际责任与领导力问题。其中关键的问题是国际公共产品的供给问题,这是对大国领导力的考验。今天我们讨论中国的国际领导力,实际上是评估中国承担国际公共产品供给的能力、条件与意愿。评估的基

[①] 高飞:《中国不断发挥负责任大国作用》,《人民日报》2018年1月7日第5版。

本标准是实事求是：根据国情与世情的"实事"，对国家能力与国际责任的规律"求是"。2018年1月7日，《人民日报》理论版组织专家学者对此进行笔谈，专家指出中国应该当仁不让在擅长领域有所作为，建立本领域的国际领导力，同时避免在实力未逮和时机不成熟时全面出击，以免造成战略透支，此则有所不为。

国际领导力的建设既需要强大的国家"硬实力"的支撑，也需要具备影响国际关系和全球治理话语权的"软实力"。对于后者，中国还比较欠缺。英国波特兰公司公布"2017年全球软实力排名"，中国的文化指数名列全球前茅，显示中国传统文化和文化遗产开发上的优势；"一带一路"建设大幅提高中国在国际事务参与指数的得分，亚投行建设也提升了中国多边外交和区域治理的能力。不过，从综合指标来看，中国的软实力总体排名仅名列全球第二十五，而法、英、美则名列前三。当然，这种排名受指标设定、分值偏好、评估方法的影响，未必真实客观地反映中国的实际影响力，仅供参考而已，但也从某些方面提醒我们应该加大力度支持中国在国际话语权上的学理研究、创新和传播。

过去30多年来，东亚国家和地区逐渐由带有威权主义色彩的发展型国家/政权向多元民主政体和经济自由化转型。日本、韩国、中国台湾地区等都经历了由"经济奇迹"向"政治民主"的过程。必须指出的是，在东亚由经济发展向政治民主的过渡中，包括自主性社会组织、社区治理在内的公民社会的发展是同时进行的。东亚国家和地区在经济发展起来以后，普遍进入社会建设时期，包括减少贫富差距与城乡差距，提供社会福利与社会保障，扶持发展社会中介组织和社会团体，劳工基准与劳资关系立法，社区治理与发展，处理医疗、住宅、养老、失业、教育等重要民生问题等。[1] 这些社会建设问题处理得比较好的国家和地区，其经

---

[1] 李新廷：《社会中心主义·国家中心主义·政党中心主义——西方比较政治学研究视角的演进与中国关照》，《国外理论动态》2016年第2期。

济持续发展能力和政治秩序的稳定程度都要比处理得不好的国家和地区强得多。这些东亚社会转型与政治转型的经验值得今天的中国认真借鉴。

在国际金融危机和欧洲债务危机的后续影响下,特别是2018年以来美国对华贸易战的冲击,全球市场走向动荡,世界经济进入新一轮不确定进程之中,这对中国的经济社会发展构成很大的压力,也启发比较政治学者研究动荡时期的中国与世界的政治经济关系。最近两年来,开始有比较政治的研究文献指出,世界经济危机势必严重冲击中国以出口贸易为主的经济结构,在经济增长趋缓的背景下,只有重视社会治理才能维持政治稳定发展。另外,近年来国内收入分配不均、贫富分化现象并没有缓解,收入再分配、各种社会民生政策等问题不断浮现,正在挑战过去以经济建设为中心的发展型体制。因此,中国必须吸取日本、韩国以及西欧国家的经验和教训,推动国家治理现代化,重视可持续发展、社会政策与公平分配。可以说,从比较政治的视野,我们超越发展型国家的进程不仅没有完成,还遭遇到全球经济大变局的挑战,使得这个超越过程更加紧迫。

比较政治学理论融合的关键在于如何把"既定的、从过去继承下来的"宏观结构因素和"人们创造历史"的主观能动作用置于统一的分析框架之中。林兹和斯蒂潘等西方学者为解决这一问题做出了努力。他们分析了不同的政治体制特征对民主转型模式的影响、政治行为者在不同领域内的互动对民主巩固的影响,指出政治精英的战略选择受到政体类型和活动领域的限制,导致了差异的民主化转型路径和民主巩固状况。[1] 学者们把这种方法称为"路径依赖",并指出路径依赖理论的本质是现在的选择由之前的选择构成,过去对现在的影响具有高度的连续性,并巧妙地塑造

---

[1] Juan J. Linz Alfred Stepan, *Problems of Democratic Transition and Consolidation*, The Johns Hopkins University Press, 1996, pp. 7–15.

着政治精英的选择和活动的范围。中国学者正在参考、借鉴这些思考,不断前进。

近来,有学者指出路径依赖理论相对于宏观的结构理论和微观的过程理论的确是个进步,它试图把两者融合以构造一种更加有效的理论。但是,路径依赖理论只是同时强调了宏观结构和政治选择的重要地位,并不能解释宏观结构怎么影响战略选择,也不能解释政治行动者如何应对宏观结构的限制。因此,路径依赖理论仍然没能实现宏观结构因素与微观过程变量的有机融合。这为中国政治学者追赶理论前沿并推动学术思想创新提出了新的方向。

第 八 章

政治思想史研究Ⅰ：中国部分

第一节 中国政治思想史学科的发展历程

一 中国政治思想史学科的兴起与早期研究特点

20世纪20年代初，随着近代大学教育在中国的发展，中国政治思想史教学开始出现于部分高校的政治学系。1922年春季和冬季，梁启超先后在北京法政专门学校和东南大学讲授《先秦政治思想史》。稍后，谢无量的《古代政治思想研究》和梁启超的《先秦政治思想史》相继推出，标志着中国政治思想史研究的正式起步，也意味着该学科在中国的正式创建。

由于中国现代大学是按照现代学科分类划分院系专业，以传播和讲授现代知识为主，当时政治学系的课程设置和教学内容，基本上也是照搬欧美大学的相关专业，故中国政治思想史受重视程度远不及西洋政治思想史。后者在主流大学中开设较早，且多设为必修课，[1] 前者最初多以讲座形式出现，在主流大学中多列为选修课。1928年，

---

[1] 如北京大学和清华大学在20世纪20年代初期，已经将"西洋政治思想史"列为必修课。参见《北京大学校史（1898—1949）》，北京大学出版社1988年版；《清华大学校史稿》，中华书局1981年版。

当萧公权受聘在南开大学开设西洋政治思想史和中国政治思想史时，他发现"'西洋政治思想史'的教材，准备起来比较容易"，而中国政治思想史却"没有现成的教材，必须全部收辑编排"①。

政治思想史教学重西洋而轻中国的情况，在这一时期始终存在。这固然与当时大学教师多是欧美留学归来，知识背景西化色彩浓重有关，也与中国政治思想史的研究方法、编撰体例、叙事风格过于传统，无法实现与现代概念的互释对接，难以纳入政治学知识体系有关。20世纪20—40年代，除了我们上面提到的梁启超和谢无量的作品外，虽陆续有十多部以"中国政治思想史"或"中国政治哲学史"冠名的著作出版，但大部分都是采用传统经学或史学方法，将相关资料整理归类，辨别真伪，考订含义，再略加解析。至于编撰体例和研究方法，梁启超早年提出的"问题研究法""时代研究法""宗派研究法"，②亦多为这些作者在实际书写中所遵循。其间虽有强调要研究政治思想产生背景者如杨幼炯，也有主张应采取社会史研究进路者如陶希圣，但总的说来，他们所提出和坚持的编撰体例——"编年体""列传体""学说体"，③仍大致可以对应梁启超上述三种研究法。

当时也有作者试图运用历史唯物主义，以社会矛盾和阶级分析为主要视角来完成中国政治思想史叙事，如吕振羽的《中国政治思想史》就是如此。吕振羽明确提出政治思想史的研究，"第一重要的，需要正确地掌握这一时代的经济情况和政治情况，正确地了解这一时代的生产方式，以及其矛盾之发展的根本形式"④。但在实际书写中，吕著与其他多数作品并无明显差别，仍是采取传统的列传体编写方式，运用训诂、考据等方法，以厘清概念和命题含义为重点，其间掺

---

① 萧公权：《南开东北燕京五年半》，载《南开大学校史资料选（1919—1949）》，南开大学出版社1989年版。

② 梁启超：《先秦政治思想史》，东方出版社1996年版，第12—14页。

③ 杨幼炯：《中国政治思想史》，上海书店1982年版，第3—4页。

④ 吕振羽：《中国政治思想史》上册，生活·读书·新知三联书店1949年版，第4页。

入少许分析和评论。故此，吕著与其他多数作品一样，都更像史学研究著作，其政治学色彩非常淡薄。

当此之时，现代学术在中国建立不久，多数学者传统知识功底明显好于西学基础，他们的作品呈现出上述特点，应该不难理解。其中萧公权是个例外。萧公权有扎实的政治学理论基础，同时讲授中西政治思想史课程，更有利于锤炼出其学贯中西的职业素养。他坚持"采政治学之观点，用历史之方法"① 的研究进路，写就了《中国政治思想史》这一民国时期的典范之作。

"采政治学之观点"的典范意义，首先表现为借助政治学的主要议题来框定中国政治思想史的研究内容，从而避免了上述多数作品普遍存在的研究对象选择过于宽泛、叙事主题难以集中等问题，凸显了政治思想史应有的特色，使之与一般思想史或哲学史区分开来，这为将中国政治思想史的相关知识纳入政治学学科体系提供了可能性。当然，它的典范意义，还表现在概念和命题的引入和处理上。萧著引入了许多政治学概念，借助这些概念形成了与上述作品颇为不同的中国政治思想史叙事风格。对某些很难以引入方法替代的传统概念或命题，萧著多以政治学概念加以对照，阐明两者之间的异同，使这些概念和命题的真实含义在比较中变得更为清晰。②

虽然萧著开启的上述研究进路，后来也遭到过某些学者的质疑，认为萧著以西方政治学议题选择研究内容，又以西方观念对照解读，

---

① 萧公权：《中国政治思想史》上，（台北）联经事业出版公司 2001 年版，"凡例"。

② 这一点，萧公权的《中国政治思想史》有多处"范例"，如在叙述孟子"民贵君轻"思想时，萧公权特别指出孟子此论与现代民主思想的区别，解释说："孟子贵民，不过以民享以达于民有，民治之原则与制度皆为其所未闻。故在孟子之思想中，民意只能做被动之表现，治权专操于'劳心'之阶级。"在讨论法家的"法治"问题时，他又在简要解说了现代法治的特点后，指出现代法治与《管子》等法家所主张的所谓法治，"实为两极之相背"。参见萧公权《中国政治思想史》上，（台北）联经事业出版公司 2001 年版，第 96—97、217 页。

未必能做到"使客观数据呈现于读者眼前",在研究中未免"失之主观"。类似的批评,当然可备一说,但萧著的影响经久不衰,却是不争的事实。其"采政治学之观点"的研究进路,不仅为1949年后中国台湾学者不同程度地遵循,① 20世纪80年代后,亦为大陆许多研究者所坚持。

二 改革开放与中国古代政治思想史学科的重建

1952年,政治学专业的部分课程被归并到法学等相关专业的教学中,政治学作为完整的学科和专业不复存在,中国政治思想史的研究也因此陷于沉寂。② 在此后的近30年中,除了前面提到的吕振羽等少数著作曾再版问世外,新推出的相关成果仅有石俊的《中国近代政治思想提纲》和侯外庐的《中国大同思想》等少量著作。因此,与中国许多事业一样,到了20世纪80年代,中国政治思想史学科也面临重建的任务。

1981年,徐大同等著《中国古代政治思想史》问世,宣告了中国政治思想史学科重建的开始。1984年,刘泽华的《先秦政治思想史》出版。1987年,刘泽华将70年代末以来发表的20多篇学术论文结集出版,这部名为《中国传统政治思想反思》的论集第一次印刷发行2万册,很快就被读者抢购一空,创造了中国政治思想史学术著作发行的奇迹。同年,邹永贤主编的《国家学说史》出版。1988年,朱日耀主编的《中国古代政治思想史》推出,与徐著和刘著都是由"文化大革命"前就业已从教的老一代学者完成不同,这

---

① 除了王云五自认为其作品"颇异于萧氏之作"外,其余作品"具体论述也多承继萧公权"。参见刘泽华总主编《中国政治思想通史·综论卷》,中国人民大学出版社2014年版,第708—709页。

② 1960年,北京大学、复旦大学、中国人民大学一度恢复政治学系,但不久更名为"国际政治系",主要开展科学社会主义和国际共产主义运动的本科教育,其教学和研究内容延展至欧美政治及政治制度,但都没有设置中国政治思想史的课程。参见《北京大学政治学与行政管理系史》,内部资料,第48页。

部著作的编撰,"文化大革命"后成长起来的年轻学者如孙晓春,承担了大部分工作。年轻一代学人在中国政治思想史学科重建过程中的成长与成熟,标志着该学科即将度过复兴阶段而走向繁荣。

20世纪90年代以后,中国古代政治思想史的研究领域不断拓展,各种成果大量涌现,出版的相关著作、教材、论集已超过100部,发表的学术论文数量虽无法做出确切的统计,但初步估算应该有数千篇之多。与80年代相比,这些研究成果涉及的范围更广,除了传统的政治思想、政治哲学研究外,还开辟了传统政治文化等新研究领域。比较有代表性的成果列举如下。

(1)刘泽华主编:《中国传统政治思维》,吉林教育出版社1991年版;(2)刘泽华、葛荃主编:《中国古代政治思想史》,南开大学出版社1992年版;(3)刘泽华主编:《中国政治思想史》(3卷本),浙江人民出版社1996年版;(4)曹德本主编:《中国政治思想史》,高等教育出版社1999年版;(5)刘泽华主编:《中国传统政治哲学与社会整合》,中国社会科学出版社2000年版;(6)刘泽华:《中国的王权主义》,上海人民出版社2000年版;(7)杨阳:《王权的图腾化——政教合一与中国社会》,浙江人民出版社2000年版;(8)葛荃:《立命与忠诚——士人政治人格的典型分析》,浙江人民出版社2000年版;(9)孙晓春:《中国传统政治哲学》(上、下),吉林人民出版社2003年版;(10)葛荃:《中国政治文化教程》,高等教育出版社2006年版;(11)杨阳:《文化秩序与政治秩序——儒教中国的政治文化解读》,中国政法大学出版社2007年版;(12)张分田:《中国古代统治思想研究》,人民出版社2013年版;(13)刘泽华总主编:《中国政治思想通史》(9卷本),中国人民大学出版社2014年版;(14)陈侃理:《儒学、数术与政治——灾异的政治文化史》,北京大学出版社2015年版;(15)张师伟:《中国传统政治哲学的逻辑演绎》(上、下),天津人民出版社2016年版;(16)张星久:《中国政治思想史》(古代部分),复旦大学出版社2017年版。

随着研究进入佳境,也产生了一些梳理和反思学术史的著述,如葛荃主编的《认识与沉思的积淀——中国政治思想史研究历程》等。

三 中国近现代政治思想史学科的兴起

与古代不同，中国近现代政治思想史的研究，从严格意义上说是改革开放后才真正起步。[①] 1983 年，邵德门的《中国近代政治思想史》出版之后，陆续有数十部著作、教材、资料汇编问世，较具代表性的成果列举如下。

（1）林茂生、王维礼、王桧林主编：《中国现代政治思想史（1919—1949）》，黑龙江人民出版社 1984 年版；（2）彭明：《中国现代政治思想史十讲》，河南人民出版社 1986 年版；（3）桑咸之、林翘翘编著：《中国近代政治思想史》，中国人民大学出版社 1986 年版；（4）高军、王桧林、杨树标主编：《中国现代政治思想评要》，华夏出版社 1990 年版；（5）许光枨、林浣芬：《中国近现代政治思想史》，南京大学出版社 1990 年版；（6）朱日耀主编：《中国近代政治思想史》，吉林大学出版社 1990 年版；（7）王金铻、李子文：《中国现代政治思想史》，吉林大学出版社 1991 年版；（8）刘健清、李振亚主编：《中国近现代政治思想史》，南开大学出版社 1993 年版；（9）朱义禄、张劲：《中国近现代政治思潮研究》，上海社会科学院出版社 1998 年版；（10）田海林主编：《中国近代政治思想史》，山东大学出版社 1999 年版。

众多研究成果的出版，意味着研究队伍的壮大。现在各大学政治学系大多将中国政治思想史列为必修课，有些还围绕该课程开设了"近现代政治思潮""政治文化传统与现代化"等选修课和研讨课等课程。20 世纪八九十年代，政治思想史或政治文化仅召开过数

[①] 萧公权《中国政治思想史》虽列有第五编"近代国家之政治思想——成熟时期"，但仅列一章"孙中山"，还没有具体内容。总的来说，20 世纪 80 年代之前，还不存在专门的中国近现代政治思想史的系统研究成果。

次全国性学术会议，但从 2012 年开始，中国政治思想史论坛已成为每年定期举办的全国性学术会议，与论坛同步发展的还有 2014 年成立的中国政治思想史研究会。尽管中国政治思想史研究在发展中还存在诸多问题，但经由改革开放 40 年的积累，业已渐入佳境，也是不争的事实。

第二节 中国古代政治思想史研究的发展与创新

一 对象与范围：视野的拓展与新领域的开辟

20 世纪 80 年代初，中国政治思想史学科处于复兴的初始阶段，其研究对象和方法很自然地成为学者关注的焦点问题。徐大同等认为政治思想史的研究对象应该是"历史上各个阶级和政治集团对社会政治制度、国家政权组织以及各阶级相互关系所形成的观点和理论体系；各种不同政治思想流派之间的斗争、演变和更替的具体历史过程；各种不同政治思想对现实社会政治发展的影响和作用"。对上述三项内容中的重点，徐著又强调说："政治思想最主要的就是各个阶级对待国家政权的态度和主张，即关于国家的产生、性质和作用，以及如何维持国家政权的理论观点和政治主张。"[①]

徐著写作和出版恰在改革开放伊始，对"文化大革命"的清理刚刚起步不久，其主张带有些许时代的局限在所难免。若抛开这些局限，我们仍能看出这一认识对萧公权所开创的学科传统的承续，只是在徐著这里，"政治学之观点"的前面被冠以"马克思主义"这一限定用语。当时在思想解放运动中颇为活跃的刘泽华，虽不反对运用阶级分析方法，但却从人与自然、阶级调和、社会规范的公共性等角度，提出许多思想现象具有"超阶级"特征，认为"不能

---

① 徐大同等编著：《中国古代政治思想史》，吉林人民出版社 1981 年版，第 2—3 页。

把每一种思想命题统统还原为阶级命题"。

更值得注意的是,刘泽华对研究对象的认识,实际上也包含着对"采政治学之观点"这一传统典范的质疑和修正。在刘泽华看来,以现代政治学议题裁定研究内容,会导致将中国"政治思想史的对象规定得过于狭窄,有碍于视线的展开",而中国政治思想史的研究应该"像广角镜那样,从多方面着眼,用多头并进的方式开展",应该将天人关系、历史观等政治哲学问题,社会模式理论,治国的方略与政策,伦理道德问题,以及政治实施理论和政治权术理论纳入中国政治思想史的研究范围。[①]在稍后一篇论文中,刘泽华对中国政治思想史的研究对象做出了明确的界定,指出就是要"研究历史上不同阶级、不同阶层、不同学派和不同人物关于国家和社会制度、社会改造,以及通过国家机关和强力处理人与自然的关系和人与人的关系的理想、理论、方针和政策;研究这些理想、理论、方针和政策提出的社会背景及其对实际政治的影响;研究它们之间的相互关系及其发展、演变的过程和规律"[②]。

正如前文所述,对萧公权以政治学议题框定中国政治思想史研究对象的做法,台湾学者王云五曾表达含蓄的质疑。虽然这种质疑的立足点也是基于中国政治思想的特殊性,但却未能形成系统的理论,也没有提出可行的纠偏方法,所做的只是尽量将"客观数据呈现于读者眼前"。刘泽华的质疑却是出于其对中国古代政治和政治思想整体特点的独特认知,带有明显的理论自觉性质。在刘泽华看来,中国古代社会,经济利益问题"主要是通过政治方式或强力方式来解决的",政治权力"在相当长时期内成为社会运动的主角"[③],相

[①] 以上刘泽华关于中国政治思想史研究对象和内容的讨论,均参见刘泽华《先秦政治思想史》,南开大学出版社1984年版,第2—7页。

[②] 刘泽华:《中国政治思想史研究对象和方法问题初探》,《天津社会科学》1985年第21期。

[③] 刘泽华:《王权主义:中国文化的历史定位》,《天津社会科学》1998年第3期。

应地，中国古代思想家也都是围绕政治问题展开思考，天与人、人与人的关系等这些看似与政治牵涉很少的论题，在他们特殊的思维模式下，都成为政治思想的核心问题。①

强调研究对象的选择应优先考虑中国思想的特殊性，也有一定的负面作用，特别是会降低对研究者政治学知识素养的要求，可能会造成研究作品政治学色彩相对淡薄的后果，引发学科归属上的困惑。某种理论框架的引入固然可以引生新的问题意识，拓展出新的研究领域，但决定这些问题意识"真伪"或研究价值的，不是理论分析框架，而是客观存在的事实。简单地按照政治学的议程选择研究对象，不仅有可能忽略历史上真实存在过的重大思想议题，还可能形成就政治谈政治的研究方式——这会使很多问题的研究滞留在浅表层面，难以深入作为其理论与逻辑基础的政治哲学和政治思维等领域。

正因为以本身固有问题来确定研究对象，逐渐成为大多数研究者的共识，才迎来了 20 世纪 90 年代以后中国政治思想史研究范围和选题视野的急剧拓展，这不仅表现为中国传统政治哲学成为经久不衰的研究热点，更表现为政治文化传统这一全新领域的开拓，而该领域研究从无到有的过程，也清楚地表明"采政治学之观点"与充分观照中国政治思想的特殊性，两者之间的矛盾并非不可调和。

政治文化原本是现代政治学开创的研究领域。阿尔蒙德的经典研究在 20 世纪 80 年代被译介到中国后，该领域的研究才在中国逐渐兴起。但是政治文化研究作为行为主义政治学的重要组成部分，要依据"刺激—反应"理论，采取抽样调查等实证方法，其研究必须以样本的现实存在为前提，难以在历史研究领域运用。20 世纪 80 年代末，刘泽华及其合作者开始尝试将政治文化重新定义为"政治

---

① 对这个问题的思考过程，多年后，刘泽华曾做出详细的回忆和说明，参见刘泽华《八十自述——走在思考的路上》，生活·读书·新知三联书店 2017 年版，第 269—271 页。

文化化"和"文化政治化",并发表长文呼吁开展中国传统政治文化的研究。[①]

所谓"文化政治化",一则指政治制度和体制形成的文化环境,二则指制度和政治主体行为动力中的文化因素;而"政治文化化",则是指政治制度和政治过程对文化的影响和形塑作用。显然,这两个概念灵活运用了马克思的社会存在与社会意识互动关系等理论,也借用了政治社会化等现代政治学理论,为将政治文化概念引入中国古代政治思想史研究开辟了通道,可以说是移植欧美学术概念、切实做到洋为中用的成功范例。

20世纪90年代以来,传统政治文化的研究,带来了新的问题意识和研究视角,以往政治思想史研究很少涉及的问题,如政治思维定式、圣王崇拜、君权合法性、权威类型、政权与教权关系、精英群体的政治人格、皇帝名号的政治文化含义、臣民文化、巫术文化与中国古代政治等,纷纷进入研究者的视野,甚至成为新的热点问题,涌现出许多有代表性的研究成果,除了前文已经列出的葛荃、杨阳、陈侃理等人的著作外,还有张分田的《中国帝王观念——社会普遍意识中的"尊君—罪君"文化范式》、张星久的《"圣王"的想象与实践——古代中国的君权合法性研究》等力作。

二 主角和议题的复位:体例创新与学科自觉

政治文化研究的深入,政治哲学研究的繁荣,都极大地丰富了中国政治思想史的研究内容,也改变了以往的编撰体例和叙事方式。如前文所揭,民国时,杨幼炯曾提出"编年体""列传体""学说体"三种体例,在此后数十年的实际编写中,大多数著作都是按照时间顺序,列出章节,再将重要思想家的思想评介列入。这种"列传体"通行或独大的情况,直到20世纪90年代之后才得以改变。

---

① 刘泽华、葛荃、刘刚:《中国传统政治文化导论》,《天津社会科学》1989年第2期。

1991年，刘泽华主编《中国传统政治思维》，将中国古代政治思想史的19个重要问题一一列出，作为各章题目，分别阐述，从此"问题体"或"思潮体"亦成为重要的编撰体例形式。

编撰方式的创新，还显著地表现在通史的编撰上。1996年，刘泽华主编《中国政治思想史》（3卷本）采取了"问题体"与"列传体"相结合的编撰方式。虽然该书各章节仍主要以评介思想家个人思想为中心，但在这之前或之后，多有概述性质的章节，对该时期政治思想的主要问题、特点及演进趋势做出纲领性的论述。如"秦汉魏晋南北朝卷"，以6章篇幅讲述西汉政治思想，首章将陆贾、贾谊、《礼记》、晁错、《淮南子》等西汉初期的政治思想家和政治思想统合于对西汉帝国的"政治设计"之中，次章则以"大一统"为主旨，从《春秋·公羊传》起，重点讲述董仲舒，最后以《盐铁论》收尾，不露声色地宣告了思想大一统进程的最终落幕。随后两章自然过渡到对思想大一统后果的讲述，分别用儒学政治观念的"经典化"和"社会意识化"，以及"君权合法性理论与君权调节论"予以展开。最后一章则谈西汉末年的政治调整理论及其最终结果"王莽改制"。

显然，这是一种将政治哲学和政治文化的研究视角、问题意识有机统合于政治思想史书写的大胆尝试，是中国政治思想史编撰体例的一次重要创新。类似的做法，更熟练地体现在后来出版的刘泽华总主编的《中国政治思想通史》（9卷本）中，有学者曾有专文论及。[①] 值得注意的是，近年来，新推出的中国政治思想史著作大多采取类似的编写方式，如前文列举的张星久《中国政治思想史》（古代部分）就是如此。

上述体例编排和叙事方式，不仅凸显了时代需求和思想家的问题意识，也使政治思想流变的线索跃然纸上，极大地增强了叙事的

---

① 杨阳：《中国政治思想史学科的百年典范——评刘泽华总主编〈中国政治思想通史〉》，《政治学研究》2018年第5期。

逻辑性。但更重要的是，这一编撰和书写方式的创新，与内容选定上的"主角复位"一道，都极大地增强了中国古代政治思想史研究的政治学学科特征。

如何与一般思想史或哲学史区别开来，从中国政治思想史学科创建开始，就一直是许多学者倍感困惑的问题。简单地说，这个问题的出现，一则是因为中国古代思想本身就具有泛政治化的倾向，二则是因为固有的经学和史学传统源远流长，现代政治学基础薄弱的学者在研究中难免会受其影响。20世纪80年代，这两者的影响又因学统一度中断而被放大。当时，因学科本身积累薄弱，学者们在研究对象的选择上，不得不参照思想史和哲学史的成果，故而导致中国古代政治思想史早期研究成果在对象选择上与一般思想史或哲学史高度重叠，很多在政治思想史上非常重要的思想家或著作被忽略掉了；即便是那些纳入研究视野的思想家，对他们思想的研究，也因缺乏政治学视角而难以与一般思想史或哲学史的研究区别开来。

上述这种"主角缺位"和"议题错位"的情况，到20世纪90年代逐步得到了纠正。前述刘泽华主编3卷本《中国政治思想史》许多部分——如前述西汉部分已经完成了主角和议题复位的工作，到2013年《中国政治思想通史》（9卷本）出版时，这个问题在大多数分卷中都得到了解决。

这套书改变了过去以思想家作为单一议题的做法，大幅度增加了讲述统治集团和政治家思想的篇幅。如《秦汉卷》《明清卷》开卷都用3章讲述统治集团的思想，《隋唐卷》则用3章篇幅集中讨论了隋文帝、唐太宗、武则天的政治思想，《明清卷》对朱元璋、朱棣、高拱、张居正也都设有专节论述。在思想家的选择上，很多分卷也为以往一般思想史或哲学史较少涉及的重要政治人物——如宋濂、方孝孺、邱濬、海瑞等辟出专节加以介绍。这种编写方式修正了主角和议题错位的问题，反映了经历数十年的复兴和发展，作为政治学的学科分支，中国政治思想史已萌发出了强烈的学科自觉意识。

三 超越史学方法：哲学史进路的引入与社会史进路的矫正

中国政治思想史学科创建之初，研究者多是史学背景出身，多采用传统史学的研究和叙事方式，一般先对思想家著作，以训诂、考订等方法确定其真伪，辨明章句本意，再分类归纳，得出结论。成果形式也多采"列传体"体例，按思想家生活年代依次排列。故这些作品很像资料汇编，少有理论分析，史学味道浓重，很难看出是政治思想的研究成果。直到萧公权的《中国政治思想史》的问世，这种情况才有所改变。

萧著虽声称是"用历史之方法"，但"采政治学之观点"，使其对史学方法的运用与以往大不相同。他不再注重思想家师承脉络的考订辨正，也不再执着于章句的训诂释义，而是将政治学的视角作为资料分类原则，按照政治学相关议题，对各种思想资料整理归类，再运用归纳逻辑推导出相应的结论。所以"采历史之方法"，在萧公权这里，除了表现为按照时间年代顺序的编撰体例外，更多的表现为对归纳法的运用。萧著的这一方法，一直为多数学者所沿用。20 世纪 80 年代出版的相关研究成果，大多是运用这一方法完成的。

归纳法是证成或证伪命题的唯一方法，是科学研究和现代学术普遍运用的基础性方法。对思想史来说，归纳法的运用，是确保研究成果的真实性和严谨性的前提，但它的局限性也是显而易见的。整理和归纳史料，固然可以告诉读者思想家说了什么或主张什么，但是却很难告诉读者他为什么这么说或为什么这样主张，更难以告诉读者思想家的主张 A、B 及 C 之间到底有着怎样的逻辑关系——思想史研究特有的魅力，因方法的局限而被消解。问题的关键是，思想史的研究对象汇集着人类的理性和情感，其内在的机理、逻辑、意蕴和精妙之处，单纯地运用归纳法往往不能使之完整呈现，需要引入相应的办法加以补充和完善。

20 世纪 80 年代后期，受刚刚传入的海外新儒学作品影响，有部分学者开始尝试以体认、联想等方法来解读儒学和传统文化。这种被称为"哲学史进路"的研究方法,① 在一定程度上影响了之后的中国政治思想史的研究和书写风格,使研究者更加注重发掘思想史中的逻辑关系,力图将思想生产的思维过程和逻辑线索清晰地呈现给读者。这一方法的引入,对改变以往中国政治思想史研究因为方法单一造成的叙述方式枯燥等问题发挥了一定的作用。至于其在某些"大陆新儒家"那里被过度滥用,甚至取代归纳法而成为最基本的思想史研究工具,则是另外的问题。

90年代,一些学者不约而同地开始关注思想与社会的互动关系,尝试从这一特殊视角切入思想史的研究,产生了一些有代表性的著作。② 在政治思想史领域,刘泽华较早著文呼吁开展思想与社会互动的研究,提出所谓"思想与社会互动",不是指在思想史研究中先做社会背景介绍,而是要研究"两者的互动和混成现象",具体地说,就是要研究"思想的社会化和社会的思想化过程",以及"思想(观念)的社会和社会的思想(观念)"③。在后来的一篇论文中,刘泽华又列举出六个相关问题领域,作为开展这一研究的重点。④

上述主张,有别于传统的社会史研究进路。以往的社会史研究方法,以社会存在与社会意识的关系为理论基础,在思想史的编写中,首先要陈述其社会背景,在最后的评论中也要述及思想的历史作用。这种研究方式的初衷,是希望以社会背景的陈述来解释思想产生的原因,进而评估其对社会的影响程度。但在实际书写中,却逐渐变成了令人生厌的"新八股"。关键是在背景与思想之间建立起

---

① 杨阳:《文化秩序与政治秩序——儒教中国的政治文化解读》,中国政法大学出版社2007年版,自序。

② 阎步克:《士大夫政治演生史稿》,北京大学出版社1996年版;陈明:《儒学的历史文化功能——士族:特殊形态的知识分子研究》,学林出版社1997年版;杨阳:《王权的图腾化——政教合一与中国社会》,浙江人民出版社2000年版。

③ 刘泽华:《开展思想与社会互动和整体研究》,《历史教学》2001年第8期。

④ 刘泽华、张分田:《开展统治思想与民间社会意识互动研究》,《天津社会科学》2004年第3期。

令人信服的因果关系原本就是困难的，至于对影响的评估，因全无数据支撑，更多的是流于形式主义的陈词滥调。刘泽华强调研究"两者的互动和混成现象"，就是希望克服上述流弊。

尽管在将政治文化概念引入中国政治思想史研究时，刘泽华等已经对其含义做出了一定的修正，但是作为行为科学概念，其特有的功能并未完全消解。"文化政治化""政治文化化"，都必须依托特定的行为科学理论才能得到完整的诠释。剔除历史研究中无法完成的抽样统计等具体研究方法后，政治文化概念的行为科学导向，在历史问题研究中，必定会促使研究者以探究和建构某种解释模式为目标，而这又必须以打通思想史、制度史和社会史的区隔为前提。应该看到，刘泽华晚年主持编撰的著作，都带有这一尝试的痕迹。前文提到的葛荃、张分田、杨阳、张星久、陈侃理等相关著作，也都是尝试运用上述方法的代表性作品。

第三节　中国近现代政治思想史研究的发展与创新

一　三个阶段：从起步到繁荣

20 世纪 80 年代，政治学学科的重建，为中国近现代政治思想史研究的独立发展提供了机遇。迄今为止，其发展大体可以划分为三个阶段。

20 世纪 80 年代，是中国近现代政治思想史研究的起步阶段。这一时期出现了两部影响很大的教材。邵德门的《中国近代政治思想史》虽仍认为近代政治思想史是历史学的一个分支学科，但它对研究重点、时间范围、线索梳理等关键问题的认识，对以后该领域的研究产生了重要的示范效应。姚凤莲、郑裕硕主编的《简明中国近代政治思想史》，桑咸之、林翘翘编著的《中国近代政治思想史》，鱼俊清、余子明主编的《中国近代政治思想史简编》等，都明显受其影响。

林茂生、王维礼、王桧林主编的《中国现代政治思想史（1919—1949）》，从列宁和毛泽东的"政治"概念入手，提出"中国现代政治思想史的研究对象，就是中国现代历史阶段中各阶级、党派、团体、个人关于国家活动方式、任务、内容的理论和主张，各阶级在国家生活中的地位、作用的理论和主张"[1]。该书确定的上述研究内容也为后来的同类著作所沿袭。

20世纪90年代，中国近现代政治思想史研究出现了三方面的变化。一是开始出现了将近代和现代政治思想史放在一起研究的著作，如许光桁、林浣芬的《中国近现代政治思想史》等。后来谭双泉编著的《中国近代政治思想史（1840—1949）》则直接将中国近代政治思想史的时段确定为1840—1949年。二是吸收思想解放运动的积极成果，以贴阶级标签代替理论分析的非学术化做法大为减少。如许光桁等就指出，对被淘汰或击败的政治思想，也不能"简单地加以全盘否定和抽象批判"[2]。宝成关等著的《中国近代政治思想史》则首次将中国近代政治思想史放置在现代化进程的宏大视野中，以是否促进中国的近代化作为评价的主要标准。三是将政治思想与社会思潮结合起来研究。朱义禄、张劲的《中国近现代政治思潮研究》引入"政治文化"概念，运用政治学、历史学和社会学等学科的理论与方法将中国近现代政治变革置于古今中西之争的进程中，以社会思潮与政治思想的互动诠释中国近现代政治思想的产生、发展及其演变规律。

进入21世纪后，中国近现代政治思想史研究出现了新变化。首先是不少著作改变过去的编写体例。刘强伦主编的《中国近代政治思想

---

[1] 林茂生、王维礼、王桧林主编：《中国现代政治思想史（1919—1949）》，黑龙江人民出版社1984年版，第2页。

[2] 许光桁、林浣芬：《中国近现代政治思想史》，南京大学出版社1990年版，第10页。

史（1840—1949）》将全书分为"变局与改革""维新与革命""新探索与新革命"等五编。刘刚、李冬君主编的《中国政治思想通史·近代卷》将全书分为"引论""通论"两大卷，"引论"提出以"近代性"区分近代史与晚清史，把中国近代史当作世界史的观点，"通论"则以"近代化"为线索研究中国近代政治思想在近代政治过程中的表现形态。其次是计量方法的引入和观念史研究的繁荣。金观涛、刘青峰的《观念史研究：中国现代重要政治术语的形成》通过对中西现代观念差异的比较研究，提出了划分中国近代、现代和当代的思想史的分期方案。值得注意的是，该书首次将计量方法引入政治思想史的研究，创生出以例句为中心的观念史研究方法，使研究结果变得可以验证。闫小波的《近代中国民主观念之生成与流变》，运用历史语境主义与文本解读相结合的分析方法，对1840—1949年民主观念在中国的生成与流变做出了全面的考察，也给人耳目一新的感觉。

二 体例与叙事：列传体+编年体与创新尝试

思想史的研究对象是一种时间性存在，其研究叙事必定会追求对政治思想的历时性呈现，其通史性的著作、思潮和观念的研究，都要客观描述并分析其生成、演化及实践影响等整个过程，故按照时间顺序展开叙述的"编年体"就成为所有思想史最基本的表达样式。然而，思想又以一定的人物或群体为载体，直接表现为某些人物或群体的思想。故在"编年体"的框架下，思想史最常见的叙述方式就是"数人头式的思想与学说的陈列"[1]。就是说，"列传式"+"编年体"是所有思想史最普遍的撰写体例。

虽然这些年来出版的中国近现代政治思想史的著作大多是采取上述编撰体例，但也有一些著述力图实现体例上的创新，如刘强伦

---

[1] 朱义禄、张劲：《中国近现代政治思潮研究》，上海社会科学院出版社1998年版，第1页。

主编的《中国近代政治思想史（1840—1949）》，就是先提炼出某一时段的思想主题，作为"编年"的核心提示，然后历时性阐述思想和思潮。再如朱义禄、张劲的《中国近现代政治思潮研究》，直接将政治思想或思潮的主要特征作为每章的主标题。

进入21世纪以来，不少学者受西方观念史研究范式的影响，开始通过阐释"封建""革命""共和""自由""民主"等概念在文本中的意义和在不同语境中所塑造的意涵，在揭示观念流变的多义性的同时，显现了人类的生活境遇、观念与社会之间关系的复杂多变性。但是正如闾小波所指出的那样，"观念的流变离不开观念人物"，观念史的考辨离不开对"风向标式的人物"的微观考察，[①] 这同样摆脱不了"列传式"的撰写样式。

三 对象与视角：国家观与现代化

关于中国近现代政治思想史的研究对象，虽有少数学者坚持从马列经典作家关于政治的定义出发，认为"保持和争得国家统治权力是政治的中心问题。环绕这个中心所形成的政治观点、主张和构想等，应该是政治思想史所要研究的对象和范围"[②]，但大部分学者还是认为"国家观构成政治思想最本质的核心的部分"[③]。当然，其中也有学者认为国家观虽然是研究的主要对象，但不能仅"对国家问题作静态研究"，而是要"就各个历史阶段的思想家、政治家，关于国家的各种学说、流派作动态考察"，进而提出政治思想史应该从"认识国家""组织国家""管理国家"三个层面来研究思想家或思

[①] 闾小波：《近代中国民主观念之生成与流变》，江苏人民出版社2012年版，第21、22页。

[②] 谭双泉：《中国近代政治思想史（1840—1949）》，湖南师范大学出版社1995年版，第2页。

[③] 刘健清、李振亚：《中国近现代政治思想史》，南开大学出版社1993年版，第1页。

想流派的国家观。①

与强调以国家观为研究中心不同，也有学者认为应该从中国近代社会发展的趋向来界定研究主题。宝成关等认为中国近代社会的基本发展线索"就是要实现近代化"，故而"中国近代政治思想史，就是中国近代社会的各个阶级、各个社会力量、各个政治派别……对如何实现中国近代化，提出理想、设计方案、寻找解决办法的历史"②。还有学者提出"爱国主义""革命""现代化""向外国学习"，构成中国近现代政治思想史的四条"相互依存、相互促进"的主线，其中"爱国主义是原动力，现代化是目标，革命是主要手段，向外国学习是主要途径"③。这一"四条主线说"，拓展了揭示中国近现代政治思想演进大势的维度。

综合来看，上述认为国家观是中国近现代政治思想史研究的主要内容的观点，强调的是要从政治内涵出发来关注政治思想本身的内容形态，而认为近代化是这一时代主题的主张，则更强调应该对中国近现代政治思想发展的现实逻辑有贯通一致的总体把握。两者的侧重点不同，但后一种主张明显吸收了思想解放运动的积极成果，对扭转以往以阶级斗争为线索阐述中国近现代政治思想史的做法有重要意义。

四　文本与语境分析：方法的多样化和研究视域的拓展

1983 年，邵德门在《中国近代政治思想史》中提出该领域的两个研究原则："一是不容许把前人现代化，随心所欲地加以附会和美化拔高；二是不容许脱离历史实际，用当代的标准去苛求前人。"④

---

① 刘健清、李振亚：《中国近现代政治思想史》，南开大学出版社 1993 年版，第 1 页。

② 宝成关等：《中国近代政治思想史》，吉林大学出版社 1990 年版，第 1—3 页。

③ 刘强伦：《中国近代政治思想史（1840—1949）》，现代教育出版社 2007 年版，第 7—9 页。

④ 邵德门：《中国近代政治思想史》，法律出版社 1983 年版，第 15—16 页。

这两项原则成为中国近现代政治思想史研究长期提倡和坚持的基本方法。2012 年，孙津主编的《中国近现代政治思想史》出版，仍强调在研究中要坚持"历史的真实性与含义的针对性相结合"[①]。

因为政治思想史的研究要"以'政治思想家'的文字记述，以比较系统的政治理论和学说为'政治思想'的主要材料依据"，所以对精英思想家和政治家的相关著述，以及他们参与的相关事件的历史记录做出分析，也成为中国近现代政治思想史研究的常用方法。但是中国近现代社会处于思想与信息层出不穷、不断碰撞的时期，新名词、概念、观念在这一时期不断涌现，各阶层交往的公共空间已然形成并日益发挥影响力，仅从文本入手，已经难以揭示其丰富多变的内涵。早在 20 世纪 80 年代，熊月之的《中国近代民主思想史》就明确注意到这个问题，且开始尝试解决。闾小波在民主等观念的清理中，使用将历史语境主义与文本解读结合起来的研究进路，也是非常有益的尝试。

观念史的梳理更贴近政治文化研究。20 世纪 80 年代后期传入的政治文化概念及其方法，也同样影响着中国近现代政治思想史的研究，前述的金观涛、刘青峰的《观念史研究：中国现代重要政治术语的形成》，将政治文化的计量方法引入观念史的考察，开启了观念史研究的另类进路。

值得注意的是，政治文化和历史社会学等概念和方法的引入，也促使部分新一代学者将研究的重点锁定于一般社会群体和大众传播媒介，产生了章清的《"胡适派学人群"与现代中国自由主义》、郭双林的《"甲寅派"与现代中国社会文化思潮》、潘艳慧的《〈新青年〉翻译与现代中国知识分子的身份认同》，以及沈毅的《论证与启蒙：近代同人报刊研究——以〈努力周报〉为例》等代表性著作。上述的问题意识和研究重心的转向，拓展了中国近现代政治思

---

① 孙津主编：《中国近现代政治思想史》，高等教育出版社 2012 年版，第 20—21 页。

想史的研究视域，也在一定程度上改变了中国近现代政治思想史单纯以精英思想家或政治家为叙事中心的研究传统。

结　语

改革开放以来，中国政治思想史领域涌现出众多的高质量研究成果，其中最具代表性的是刘泽华总主编的 9 卷本《中国政治思想通史》。这部长达 535.6 万字的皇皇巨著，是在刘泽华及其团队数十年研究积累的基础上编撰而成，在研究视野、对象选择、编撰体例、研究方法和叙事风格等方面，都体现了本学科最新的研究成果。

因刘泽华及其团队在中国政治思想史领域的特殊贡献，进入 21 世纪后，学界逐渐产生了"刘泽华学派"或"南开学派"的说法，2013 年之后，还出现了多篇研究该学派的专论。[①]

中国近现代政治思想史领域虽尚无扛鼎之作问世，但其作为独立学科在短短的 40 年间，就已经迎来了百花齐放的繁荣局面，也足以令人振奋。今天的中国政治思想史研究，不论是古代，还是近现

[①] 2005 年，"大陆新儒学"代表人物陈明最先提出"南开学派""刘泽华学派"等概念。随后，方克立《甲申之年的文化反思——评大陆新儒学"浮出水面"和保守主义"儒化"论》（《中山大学学报》2005 年第 6 期）、《关于当前大陆新儒学问题的三封信》（《学术探索》2006 年第 2 期），李冬君《真理之辩——读毕来德〈驳于连〉》（《中国图书评论》2008 年第 5 期），秦进才《形式主义史料与政治文化的存在方式》（《中国图书评论》2008 年第 9 期），李振宏《中国思想史研究中的学派、话语与话域》（《学术月刊》2010 年第 11 期）等都曾使用"刘泽华学派"等概念。2013 年，李振宏在《文史哲》第 4 期发表近 4 万字长文《中国政治思想史研究中的王权主义学派》，对"刘泽华学派""王权主义学派"等概念做出了学理论证。2015 年，方克立在《天津社会科学》第 2 期发表《学派与学术——关于"王权主义学派"及其思想的争鸣——为"刘泽华学派"赞一个》，第三次提到并评论了"刘泽华学派"的学理特征。王学典等将刘泽华所代表的史学流派称为"新启蒙史学"（参见王学典、郭震旦《新启蒙仍是当下中国思想界的一支劲旅》，《天津社会科学》2015 年第 2 期）。

代，其对象都更明确，视野和范围更开阔，编撰体例和书写方式更多样化，方法论上也多有创新之处。但是在肯定这些成绩的同时，也必须指出它们的进一步发展还面临许多挑战：研究队伍虽不断壮大，但仍存在学科背景庞杂、专业训练不足等弱点，新一代研究者大多存在古汉语或历史学基础相对薄弱等问题；研究成果总量上虽不断增加，但大多是重复前人的选题或观点，真正有创新价值的高质量成果还总量不足。

作为交叉学科，中国政治思想史从创建之日起，就一直存在着学科身份辨识的问题。萧公权通过"采政治学之观点"的方式强化了其政治学学科属性，却无法消除其以中国固有知识为研究对象的特征，因而也就无法彻底消解中国传统知识与现代政治学这两个不同的知识系统之间的固有张力。过分强调以政治学议题裁定研究对象，固然会扭曲中国政治思想的本来面貌，但单纯地以中国思想特殊性为由拒斥政治学概念、命题和理论的引入，又可能将研究封闭在传统经学的狭小空间内，使之丧失政治学学科属性，进而丧失其成功转换为现代知识的可能性。如何缓解两种截然不同的知识系统之间的张力，如何通过概念和命题的互释，实现这两个话语系统的衔接与融通，一直都是中国政治思想史研究的重要使命之一。

从萧公权"采政治学之观点"开始，到刘泽华等开辟传统政治文化领域，再到近现代观念史研究的开启，历代学人在研究中引入了众多的政治学概念，这些概念今天已成为中国政治思想史叙事不可或缺的组成部分。对某些很难用引入方法替代的概念和命题，研究者多以政治学概念加以对照，阐明两者的异同。当然，最值得称道的还是参照政治学概念，在中国固有概念基础上创造新概念的努力。比如刘泽华借鉴专制主义概念，结合中国历史上"权力支配社会"的现象，创造出"王权主义"概念。这些努力当然会在一定程度上缓解两种知识间的张力，但要想彻底消除这种张力，还需要做出更多的探索和努力。

近年来，随着学术研究本土化呼声的高涨，有人试图用固有概念、命题来重写中国政治思想史。由于这些固有概念，大多存在着分类随意、内涵模糊、边界难辨等问题，运用它们进行研究，用现代学术标准衡量，很难做到逻辑自洽。运用它们书写出的政治思想史，不仅难以纳入政治学知识体系，也会为今天的读者制造不必要的阅读障碍。政治学的概念和命题，不单是话语表达形式，它还体现着当下的政治实践所衍生的问题意识。缺乏政治学的理解和分析视角，在研究中有可能陷入无意义的思考而不自知。这种倾向，虽不是当下中国政治思想史研究的主流，但需要引起足够的重视。

第 九 章

政治思想史研究Ⅱ：西方部分

中华人民共和国成立70年来，我国政治学界对西方政治思想的教学与研究，推动了这个学科的发展。尤其是改革开放40年来，西方政治思想学科的研究越来越规范。从政治思想学科的结构与要素的角度来看，政治思想学科在学科体系、学术体系等方面都取得了长足的进步，师资水平和人才培养质量不断提高，科学研究成果蔚为大观，对政治学研究产生了重要影响。在中国特色社会主义新时代的大背景下，西方政治思想的教学与研究旗帜鲜明地坚持以马克思主义为指导，研究对象逐步拓展，研究方法越来越科学。

第一节　西方政治思想研究的发展概况

中华人民共和国成立70年来，西方政治思想史研究经历了从边缘化到不断走向繁荣的历程。经过几代学人辛勤耕耘，西方政治思想学科已经形成了较为完整的学科发展体系、学术研究体系、人才培养体系、学术交流机制和学科话语体系。中华人民共和国成立以来西方政治思想的研究取得了很多成就，同时面临着一些新的问题。以改革开放之后政治学恢复重建为节点，结合学科发展的基本情况，我们将中华人民共和国成立70年来西方政治思想的研究大致区分为两个阶段，即奠基与萌芽阶段、创立与发展阶段。

一 奠基与萌芽阶段

伴随着中华人民共和国成立和马克思主义指导思想在全社会的确立，西方政治思想的研究形成了新的特点，但并没有形成明显的体系性影响。1952年院系调整后，政治学不再作为一门独立的学科而存在。通过学习苏联模式，政治学的部分内容在"国家与法的理论"下得以延续，政治思想史也以"政治学说史"的名义置于"国家与法的理论与历史"的范畴归属于法学门类。1953年，苏联专家开始在中国人民大学法律系开设"西方政治学说史"课程，为我国培养了第一批按照马克思主义观点研究西方政治思想史的专门人才。20世纪50年代中期，中国学者开始按照马克思主义的观点讲授"西方政治思想史"课程，吴恩裕和徐大同是其中的重要代表。① 到1961年，北京大学、复旦大学和中国人民大学创建了国际政治系，虽然此时政治学学科仍未恢复，但西方政治思想史恢复了其作为政治学理论发展史的本来地位，结束了长期依附于法学的状况。

虽然政治学的取消给西方政治思想史学科的发展带来了极大困难，但西方政治思想的教学和研究工作并未完全中断。这一时期西方政治思想学科也有一些明显的发展。一是译介了一批苏联有代表性的政治学说史教材。比如，《政治学说史提纲》②、《政治学说史

---

① 吴恩裕先生在《西方政治思想史论集》一书前言中提到："我在北京大学一直教西方政治思想史这门课，1952年院系调整到北京政法学院后又教过两次课。从那以后，我就没有再教这门课的机会了。"（参见吴恩裕《西方政治思想史论集》，天津人民出版社1981年版）徐大同先生则在《中国传统政治文化讲录》一书中指出："1955年秋季，我第一次为中国人民大学法律系第一届本科毕业生讲授西方政治思想史课程。"（参见徐大同《中国传统政治文化讲录》，江苏人民出版社2015年版，第2页）

② [苏]凯契克扬、费奇金编著：《政治学说史提纲》，冯憬远译，中国人民大学出版社1955年版。

（简明教程）》①、《政治学说史》②（法律出版社 1959—1961 年版）、《政治学说史》（法律出版社 1962 年版）③ 等在中国的翻译出版对早期中国政治思想的研究有着非常重要的意义。同时，一些西方政治思想的名著先后在中国翻译出版，为西方政治思想史研究提供了基本的素材。如亚里士多德的《政治学》、洛克的《政府论（下篇）》、孟德斯鸠的《论法的精神》、卢梭的《社会契约论》、密尔的《论自由》，等等。

应该看到，早期西方政治思想的研究，主要受苏联专家的影响，他们确立了马克思主义的指导思想，讲授内容为"国家与法的理论"。他们讲授的政治学说史，包括了马克思主义政治学说、西方政治学说和俄国政治学说三个组成部分，同时，他们非常重视中国的实际。④ 这实际上为后来政治思想进一步区分为西方政治思想、中国政治思想和马克思主义政治思想有着重要的影响。

二 创立与发展阶段

中共十一届三中全会以后，政治学开始了恢复重建工作。中国政治学开始恢复重建，也为西方政治思想的教学与研究奠定了基础。1979 年，徐大同在天津师范大学招收了第一届西方政治思想的研究生，1980 年由徐大同和朱一涛合作撰写的《西方政治思想教学大纲》在《天津师院学报》上分三期连载发表，标志着改革开放后西方政治思想学科的正式恢复。

西方政治思想学科在人才培养和教材体系等方面的建设为学科

---

① ［苏］莫基切夫主编：《政治学说史（简明教程）》，李嘉恩译，中国人民大学出版社 1956 年版。

② ［苏］苏联科学院法学研究所、国立莫斯科大学编著：《政治学说史》（上、中、下），冯憬远等译，法律出版社 1959、1960、1961 年版。

③ ［苏］凯切江、费季金主编：《政治学说史》（上、中、下），冯憬远等译，法律出版社 1962 年版。

④ 徐大同：《文踪史迹》，天津人民出版社 2007 年版，第 383 页。

发展提供了支撑。1982年受教育部委托,天津师范大学举办了"西方政治思想"教师进修班。徐大同、岳麟章、杜汝楫、刘绍贤、何汝壁等一批学者开始大量培养学生,使学科队伍不断壮大。1985年2月,由徐大同主持,中国人民大学、复旦大学、华中师范大学、天津师范大学等院校参与的教育部统编教材《西方政治思想史》出版,[①] 这是中华人民共和国成立以来由我国学者独立编写的第一部西方政治思想专业教材。2011年,由徐大同、高建、张桂琳担任首席专家的"马工程"《西方政治思想史》教材出版。[②] 在这期间,有大量非常有特色的教材先后出版,丰富了西方政治思想史的教学。1992年以后,一批以研究西方政治思想为主的硕士点、博士点得以建立。1996年天津师范大学获批设立中外政治学说博士点,成为国内唯一以研究西方政治思想为主的博士点。其他大学也分别设立了专门的学科点,或者是在政治学理论的学科点也设置西方政治思想的研究方向。

  学科创立和发展的标志是大批高质量研究成果的问世。这些成就大多集中于两大方面。一个是译作的出版。在这个时期成为一个高峰。西方主要的政治思想家的著作开始成批量地被翻译过来,很多著名的政治思想家,如亚里士多德、柏拉图、马基雅维里、杜威等人,都有全集翻译过来,这极大地推进了西方政治思想研究。另一个是研究作品的出版。这主要包括三个方面,一是以人物为中心,对西方政治思想史和当代西方政治思潮中的思想家进行深入的研究;二是对政治观念、政治理论等专题进行研究;三是对政治思潮进行研究。同时,一些重点反映学术研究特点和成果的系列成果逐渐丰富起来,《中国大百科全书》政治学卷专门设立了西方政治思想部

---

  ① 徐大同主编:《西方政治思想史》,天津人民出版社1985年版。
  ② 《西方政治思想史》编写组:《西方政治思想史》,高等教育出版社、人民出版社2011年版。

分，由徐大同担任主编的《西方政治思想史辞典》[①]出版。西方政治思想的学术交流进一步深化。值得一提的是，从2003年9月开始，中国政法大学与天津师范大学一直联合举办西方政治思想的讲习班和研讨会，至今已经举行了16届，对于学术交流和人才培养起到了重要作用。在这一时期，政治思想研究"中、西、马"三大主题都得以确立，尤其是在西方政治思想史的研究当中，马克思主义的指导地位得以确立，这是西方政治思想研究走向成熟的重要标志，保障了西方政治思想史研究的不断发展。

在学科平台建设方面，专业刊物、学术辑刊以及个别刊物的学术专栏为西方政治思想学术交流开辟了园地。除了《政治学研究》继续刊发一些高质量的西方政治思想论文外，各种学术辑刊逐渐成为刊发西方政治思想论文的重要载体。比如，复旦大学思想史研究中心主办的《思想史研究辑刊》，复旦大学国际关系与公共事务学院主办的《复旦政治哲学评论》。一些学术刊物，如2002年《浙江学刊》开辟了西方政治思想专栏，主要刊发与西方政治思想研究有关的论文。在主办"中西政治文化论丛"的基础上，天津师范大学政治文化与政治文明建设研究院于2010年创办《政治思想史》杂志，并在2017年进入CSSCI来源扩展期刊，成为政治思想研究的主要阵地。

中共十八大以来，西方政治思想的研究继续发展，并进一步加强了马克思主义的指导地位。就学科发展来看，形成了一批高质量的研究成果，极大地推动了政治思想学科的进步。在新时代背景下，西方政治思想学科发展呈现出许多新的特点。一是，在教学和科研当中，马克思主义的指导地位进一步确立。由徐大同主持的《西方政治思想史》"马工程"重点教材的修订完成是一个标志性成果。二是，研究队伍不断壮大，形成了多个西方政治思想的研究中心。一些高校聚集了一批专注于西方政治思想研究的骨干力量，很好地

[①] 徐大同主编：《西方政治思想史辞典》，天津人民出版社1997年版。

推动了西方政治思想的研究。三是,学科知识积累不断完善,形成了一批富有价值的研究成果。一大批高质量的学术丛书和著作出版发行。四是,通过举办学术会议、研讨班、访学、讲学等多种交流形式,提升了学术交流的层次和水平。

三 政治思想研究的基本类型

西方政治思想史的研究内容极为丰富,方法也比较多样。我们可以从很多角度来分析政治思想研究的类型。比如,从方法的角度,就可以分为历史研究、哲学研究等基本类型。从政治思想研究的内容来界定政治思想研究的基本类型,大略可以分为两类:一类是政治思想史的研究,以人物、时间为线索,研究政治思想家的思想,是政治思想研究的基础部分;另一类是政治主题的研究,不再受人物和时间线索的限制,专注于具体的问题和观念。就第二类主题研究来看,又分为两个基本的主题:一个是政治观念的研究,一个是意识形态的研究。政治观念是政治思想的基本元素,也是政治思想的基本维度,其内涵非常广泛。意识形态则是政治观念的系统化组合,并在理论体系的基础上形成了政治主张和政策主张。

相比来讲,政治思想的研究大多是从人物和时间入手,此类研究已经汗牛充栋,积累了大量的成果。比如,在知网数据库中,仅标题当中含有"亚里士多德"的政治、法律类文章(社会科学Ⅰ辑)就有583条结果。[①] 研究"柏拉图"的有625篇,研究"霍布斯"的有672篇,研究"洛克"的有874篇,研究"卢梭"的有743篇,研究"孟德斯鸠"的有442篇,研究"康德"的有527篇,研究"黑格尔"的有825篇,研究"密尔"的有402篇。这表明,政治思想史的研究,主要是以思想家为单位进行的。

在政治思想史的研究当中,人物研究与主题研究的结合表现为

[①] 本文与研究篇数相关的类似数据均以中国知网数据库(www.cnki.net)检索为准,数据库选用社会科学Ⅰ辑,检索方式为标题检索,检索时间为2019年10月1日。

一个思想家单元内的结合。很少有单篇论文会全面地介绍某个人的全部思想，一般都会选一些主题。比如，对亚里士多德政治思想的研究，就集中在以下主题：法治思想（109条）、国家形式（102条）、贤人政治（38条）、政治制度（26条）、政治学（25条）、中产阶级（34条）、正义观（24条）、政治哲学（12条）、古代希腊（22条）、共和政体（11条）等。还有一些比较政治思想的内容，比如与孔子（13条）、柏拉图（49条）、马克思（12条）等人进行比较。同时还有一些相关著作的研究，如《政治学》（78条）、《尼各马可伦理学》（9条）等。

在当代西方政治思潮的研究过程当中，出现了以意识形态为主、以思想家为辅的情况。最热门的政治思想家还是罗尔斯，以"罗尔斯"为名发表的社会科学Ⅰ辑的文章有1351篇，不愧是"罗尔斯产业"；哈耶克的相关研究也不少，有564篇；另外值得一提的是哈贝马斯，有892篇。但是，除了这些大名鼎鼎的思想家外，其他像诺契克这样的政治思想家就非常少。当代政治思潮主要还是以各种意识形态为主进行研究。一些传统的政治思潮，研究成果相对较多，比如，民族主义6274条、自由主义4290条、保守主义1028条、民主社会主义1055条、女性主义（女权主义）3226条。但一些新兴的思潮，相关的研究也并不少，比如，民粹主义1172条、多元文化主义750条。

另外还有基本观念的研究。基本观念的研究与人物研究、意识形态研究是联系在一起的，但又会表现出一定程度的分离。比如，在政治思想的研究当中，研究正义观念，肯定会研究罗尔斯，而研究自由观念，一般会研究哈耶克，也常常会和自由主义的研究联系在一起。因此，提炼西方政治思想史上的观念研究一般都会从政治思想家和政治思潮当中提炼。从西方主流的教科书、著作以及中国政治思想研究学者的论文和专著的研究当中，我们可以发现，中国西方政治观念的研究，主要集中在自由、平等、民主、法治、公平、正义等主题上。比如，自由24278条、平等9886条、民主66685条、法治55444条、公平11247条、正义29591条。尽管这并不能反映出西方政治思想的相关研究，甚至不一定与其相应的政治观念相吻合，但是从大数据的角度，我们可以做一个不太严谨的一般判断，像自由、平等、民主、法治这样一些从西方引入的观念，在中国表现出了非常强的生命力与现实意义，不仅为中国政治学的研究贡献了重要的知识元素，也对中国人观念的变化产生了重要影响，构成了社会主义核心价值观的重要组织部分。

第二节　西方政治观念研究

中华人民共和国成立以来，西方政治思想研究取得了较大的进步，围绕着政体思想、民主思想、法治思想、正义思想、自由主义等议题开展了深入研究，形成了一批高质量的研究成果，构成了西方政治思想研究的基本主题。

对于自由观念的研究，不仅仅是政治思想研究的内容，同时包括了经济、法律、社会、哲学等多个学科门类学者的关心。从总体上看，自由观念的研究主要是一种思想体系、政治观念的研究。

一般来讲，自由观念主要是围绕着自由主义和新自由主义展开的。在关于自由观念的探讨中，自由主义明显具有议题设置效应，是自由观念研究的核心。值得注意的是，在自由观的研究中，马克思主义自由观的主题占据了与自由主义自由观差不多相同的比例。在具体的研究当中，自由主义自由观也常常与马克思主义自由观对照，而对马克思主义自由观的研究在很大程度上与自由主义自由观的研究有着关联。就国家来看，也形成了两个非常有意思的细分主题，主要的关注点集中于美国，但是，中国的主题也比较引人注目，这实际上说明了西方政治思想关于自由观念的研究具有较好的平衡性。

自由观念的研究在法学领域，主要表现为自由裁量权。在政治学领域里，表现出了对一些经典主题的格外关注。比如，言论自由、表述自由、行政机关、新闻自由、个人自由、表达自由、宗教信仰自由、信仰自由、隐私权、资本主义等细分主题。在这些研究成果当中，形成了一些有着广泛影响的理论。比如，政府要保障言论自由、表达自由、宗教信仰自由，尊重个人隐私权等。实际上，相关的争论更多不是一般性的结论而是在比如个人自由的限度、自由与法治、自由与权利、自由与对权力的限制等一些重要主题上。相对来讲，国内西方政治思想研究更注意到自由观念的平衡性，更为理性、务实，很少抽象地论证自由、权利和权力的主题。

在平等的问题上，虽然涉及柯亨、科恩等人的平等的思想，但主要还是集中在罗尔斯、德沃金平等思想的研究上。总的来讲，平等的研究主要集中在思想和观念层面，其中平等原则、平等协商、平行原则等主题表现出更大的吸引力。从权利主体的角度，更多关注劳动者和农民工在权利和平等方面处于弱势地位的群体。实际上，男女平等、民族平等也在一定程度上与弱势群体的保护关联在一起。从权利主体的角度深入平等保护、平等权等主题是平等研究一个非常重要的内容。事实上，尽管法律面前人人平等这样的观念并不存在更多争论，但是，在机会平等与实质平等等观念上，平等理论的研究还是存在着很多争论。

对西方民主观念的研究是西方政治思想的一个重要方面。民主既是一种政体，也是一种思想，从思想和观念的角度研究民主为民主研究提供了一种多元向度。早期对西方民主的研究主要集中在对民主思想的一般研究，比如，西方民主思想史，托克维尔、达尔等民主思想的民主理论。成果最集中，也最丰富的是对于民主模式的研究。比如，资产阶级民主、自由民主、代议制民主、选举民主、宪政民主，也包括从意识形态的角度研究资本主义民主、社会主义民主等。从国家的角度来看，西方国家，尤其是古代雅典的民主、美国的民主等是研究的重点。随着研究的深入，民主观念的研究越来越注重为中国所用，比如，对西方协商民主的研究尽管是研究西方,但其潜在的中国关怀表明了民主理论研究者的中国关怀。

相关的研究得出了很丰富的结论。比如,对西方民主思想的发展演变规律的认识,有陈炳辉的《西方民主理论:古典与现代》、佟德志的《民主的否定之否定》、应克复等人的《西方民主史》、包刚升的《民主的逻辑》等。近年来,对西方民主思想和制度进行深入分析的作品比较丰富。比如,何包钢的《民主理论:困境和出路》、佟德志的《现代西方民主的困境与趋势》都聚焦于当代民主困境的深入分析,在民主模式方面的研究也越来越丰富。比如对西方结盟民主、共识民主、协商民主等的研究,有寇鸿顺的《当代西方共识民主理论研究》、韩冬梅的《西方协商民主理论研究》、谈火生的《民主审议与政治合法性》、谭安奎的《公共理性与民主理想》、陈华文的《政治审慎与民主治理》等。

法治思想既是法学研究的内容,也是政治学研究的内容,西方政治思想的研究当中,有很大一部分涉及西方法治观念的研究。主要集中在西方法治思想、法治理念、法治理论、法治传统、法治观念、法律至上,尤其是其中的自然法等理论。对法治思想源流的考察是法治思想的重要内容。亚里士多德提出的普遍守法、良法之治这两个法治概念要素代表了对古希腊法治观念研究,[1] 在法治内涵的形成中,罗马人和诺曼人的法律传统和自由主义的思想传统起到了决定性的作用。[2] 现代西方法治思想,取决于政治与法律这两种力量的动态平衡。[3] 在法治观念和制度形成的过程中,民主的作用重大,民主与法治是现代西方政治文明的主体框架,民主与法治的冲突及

---

[1] 石茂生:《论法治概念的实质要素:评亚里士多德的法治思想》,《法学杂志》2008年第1期。

[2] 夏勇:《法治源流:东方与西方》,社会科学文献出版社2004年版,第1—54页。

[3] 唐士其:《现代社会的法治:法律与政治的平衡》,《国际政治研究》2007年第1期。

其均衡不但划清了西方政治发展的轨迹,而且界定了思想的主题。[①]对于法治与政治关系的探讨形成了非常丰富而扎实的研究,马长山的《国家、市民社会与法治》、程燎原和江山的《法治与政治权威》等著作就是代表。

正义是古代希腊政治思想研究的重要主题,之后围绕着正义的思想史进程一直不断发展,在古代罗马的法学理论当中,正义又与权利等观念联系在一起,对西方政治观念形成了重要影响。虽然这一主题在现代之后没有得到更多重视,但罗尔斯《正义论》的出版标志了西方正义观念的新一轮复兴。中国西方政治思想研究学者对正义的研究主要集中一些经典的主题上。比如,正义思想体系、正义观、正义论、正义性、正义理论等。涉及具体主题的,则更多集中在正义原则、程序正义、社会正义、分配正义、实质正义、实体正义、公平正义等之上。在意识形态上既有资本主义的关键词,也有社会主义的关键词,对马克思、罗尔斯等思想家的研究占据了非常重要的位置。就正义思想的发展脉络而言,则有古希腊的德性正义观、中世纪的神学正义观、近代以来的契约正义观与功利正义观以及当代以分配与平等为核心的正义观等,[②] 而当代政治哲学语境下的正义则与自由主义、社群主义等意识形态联系在一起。[③] 就思想家的研究来看,毫无疑义,对罗尔斯正义思想的研究是最为引人注目的主题。何怀宏的《正义理论导引:以罗尔斯为中心》、龚群的《罗尔斯政治哲学》就是这方面的代表。

[①] 佟德志:《在民主与法治之间:西方政治文明的二元结构及其内在矛盾》,人民出版社 2006 年版;张贤明、张喜红:《试论法治与民主的基本关系》,《吉林大学社会科学学报》2002 年第 5 期;麻宝斌:《论民主的法治前提》,《吉林大学社会科学学报》2001 年第 5 期;秦前红、叶海波:《论民主与法治的分离与契合》,《法制与社会发展》2005 年第 1 期。

[②] 文长春:《正义:政治哲学的视界》,黑龙江大学出版社 2010 年版。

[③] 姚大志:《何谓正义:当代西方政治哲学研究》,人民出版社 2007 年版。

第三节　西方政治思潮研究

当代西方政治思潮的研究是西方政治思想研究最重要，也最有现实意义的部分。尤其是在改革开放以后，各种西方政治思潮著作被介绍到中国，不仅在中国学术界造成较大的影响，而且对中国思想界产生了一定的影响。主流的三大政治思潮包括自由主义、保守主义、民主社会主义。同时，还有一系列新兴的政治思潮，如民族主义、女权主义、绿色主义、西方马克思主义、后现代主义、多元文化主义。当代西方社会，政治思潮逐渐呈现出多元化的发展趋向，新自由主义、新保守主义形成，民粹主义等思潮也以新的形式保持着对西方社会思想界的影响。对这些政治思潮的研究，既涉及理论体系、价值观念，也涉及政治和政策主张，有着非常强的理论与实践意义，也是政治思想研究的重点。

一　西方传统政治思潮

自由主义是当代西方社会最主要的政治思潮，也当然地成为西方政治思想研究的重点。自由主义在西方演化为许多流派，从早期霍布斯、洛克、卢梭、康德等人开始，就有所谓的英美自由主义和欧洲大陆自由主义的说法。到后来密尔、格林、杜威等人时又出现了新自由主义。当代自由主义更是流派众多，蔚为大观，既有以罗尔斯为代表的自由左派，也有以哈耶克为代表的自由右派，加上自由主义与其他思潮融合形成的自由女权主义、自由多元主义、自由民族主义等，构成了非常复杂的理论体系和发展进程。国内学术界的相关研究主要集中在两个方面：一是对自由主义的源流与演变进行考证，以历史为背景，对人物、流派进行思想史的研究；二是对自由主义的理论体系和政策主张进行深层挖掘。学术界一般认为，自由主义的基本原则包括人权原则、有限政府原则、法治原则、代议原则、分权原则、政教分离原则、人民同意原则和少数服从多数原则等内容;其基本理念包括个人主义、普遍主义、形式平等主义和价值多元主义。① 对自由主义的研究出现了一大批研究成果,在一段时间内是西方政治思想研究的最主流,比较有代表性的有李强的《自由主义》、丛日云的《在上帝与恺撒之间》、顾肃的《自由主义基本理念》、吴春华的《当代西方自由主义》、马德普的《普遍主义的贫困》、徐向东的《自由主义、社会契约与政治辩护》等。

自由主义在发展的过程中形成了很多流派。从发展脉络上来看,格林时代的新自由主义(new liberalism)主要受黑格尔主义的影响,强调国家应该在经济和社会生活中扮演更加积极的角色。凯恩斯主义与以格林为代表的新自由主义是一脉相承的。第二次世界大战后伴随着经济自由主义复兴出现的新自由主义(neoliberalism),批判的矛头直指凯恩斯主义,其强调的是对古典经济学的复兴。② 在当代西方,新自由主义越来越超过西方世界,以激进的市场化、私有化和去国家化,对发展中国家的政治发展形成了重要影响。相关的研究认为,新自由主义不仅对拉美、东亚以及其他发展中国家造成了危害,也给欧美发达国家带来严重恶果,学术界对此进行了全面而深入的批评。认为新自由主义实质上是适应国家垄断资本向国际垄断资本转变要求的理论思潮、思想体系和政策主张。③ 在政策目标上,则旨在建立以发达国家为主导的全球新秩序和资本的世界积累制度。④

在如何对待自由主义的问题上,学术界基本上形成了正确的认识,尤其是自由主义与社会主义的区别。中国传统文化有拒绝自由

---

① 马德普:《如何看待自由主义》,《政治学研究》2013 年第 5 期。
② 《历史地、全面地研究新自由主义(一)——专访北京大学政府管理学院李强教授》,《当代世界与社会主义》2004 年第 2 期。
③ 中国社会科学院课题组:《新自由主义研究》,《经济学家》2004 年第 2 期。
④ 李其庆:《全球化背景下的新自由主义》,《马克思主义与现实》2003 年第 5 期;程恩富:《新自由主义的起源、发展及其影响》,《求是》2005 年第 3 期。

主义的基因，自由主义与社会主义无法和解。① 就思想来源上讲，自由主义与社会主义都是因应工业社会的变革而产生的，是在相关的政治、经济、社会等问题上的对立、对话和互动过程。② 虽然两者有着内在的对立，但从起源与形成的思想资源看，它们还有着许多同源和相互补充的关系。③ 自由主义的一些观念不是自由主义的专利，社会主义没有理由不学习，④ 我们在现代化建设中应该积极汲取和借鉴其中的合理因素。⑤

从一般的意义上来讲，保守主义是一种主张维持现状、反对激烈变革的思想倾向。对保守主义的思潮流变研究发现，西方的保守主义存在着四次重要的浪潮，第一次浪潮是对法国大革命及其后果的反动；第二次浪潮是对下层民众要求分享统治权的反应；第三次浪潮是第二次世界大战后对福利国家政策的批评；第四次浪潮是对多元文化主义的批判。⑥ 尽管保守主义在历次浪潮中的侧重点不同，但是保守主义仍然有一些共同的价值主张，如尊重历史和传统，尊重权威与分权，强调宗教与道德的社会作用，关注变革的细节，关注个人的财产，社会应有合适的等级等，其核心价值是对个体的人的尊重。⑦

民主社会主义是第二次世界大战后西方社会中最重要的政治思潮

---

① 徐大同：《中国人民拒绝自由主义，接受共产主义的文化基因》，《政治学研究》2012 年第 3 期；亓光、杨海蛟：《无法和解的政治价值：20 世纪自由主义和社会主义关于政治价值争论的实质》，《毛泽东邓小平理论研究》2010 年第 11 期。

② 朱高正：《自由主义与社会主义的对立与互动》，《中国社会科学》1999 年第 6 期。

③ 王力：《思想史视域中的社会主义与自由主义关系论纲》，《学术界》2016 年第 8 期。

④ 童世骏：《对社会主义与自由主义之争的新考察》，《毛泽东邓小平理论研究》2004 年第 1 期。

⑤ 马德普：《当代中国政治思潮（改革开放以来）》，天津人民出版社 2016 年版。

⑥ 刘训练：《保守什么？为何保守？保守主义的四次浪潮与三个命题》，《学海》2011 年第 4 期。

⑦ 陈晓律：《英国式保守主义的内涵及其现代解释》，《南京大学学报》（哲学·人文科学·社会科学版）2001 年第 3 期。

之一,是西方发达资本主义国家社会民主党思想理论体系的总称,也是影响世界社会主义运动的一股重要力量。民主社会主义起源于欧洲19世纪早期工人运动中社会主义政治思潮的一个流派,由初始的资本主义的反叛者演变为资本主义的改良者,再变为资本主义的共生者。[1] 就民主社会主义的价值主张来看,民主社会主义以"自由、公正和互助"为其基本价值观,形成了由指导思想、价值目标、评价标准、实现途径等要素构成的完整价值体系。[2] 事实上,民主社会主义的价值主张在第二次世界大战后也发生了变化,由第二次世界大战前的制度社会主义逐渐转向价值社会主义,在社会发展目标上实现了从制度改良到伦理价值追求的转变,在国家观上实现了从超阶级国家论到超民族国家论的发展,奉行民主社会主义的政党也从工人阶级政党转向选票政党。[3] 民主社会主义在资本主义社会中推动人们物质生活的改善和公民权利与经济、社会权利的提高,发展共同的参与民主以补充议会民主,发展社会保障和社会福利等方面发挥了积极作用,取得了一定的成果。但这种改良主义路线并不能把资本主义社会改变成社会主义社会。[4] 为了摆脱现实困境,西欧各国社会民主党先后实行了战略调整,纷纷放弃了"民主社会主义"的原则,改打"社会民主主义"或"第三条道路"的旗帜。[5] 就社会民主党主张变化的实质来看,从伯恩施坦到布莱尔的"第三条道路",欧洲社会民主党在经历了三次自由主义化之后,日益与自由主义政党趋同,并最

---

[1] 季正矩:《如何看待民主社会主义》,《理论视野》2009年第8期。

[2] 谢松明:《民主社会主义基本价值观的分析与思考》,《科学社会主义》2008年第1期。

[3] 郑柏琼:《从制度社会主义到价值社会主义——民主社会主义在当代的发展》,《社会主义研究》2006年第5期。

[4] 徐崇温:《如何认识民主社会主义》,《毛泽东邓小平理论研究》2010年第4期。

[5] 刘玉安:《从民主社会主义到社会民主主义——苏东剧变后西欧社会民主党的战略调整》,《当代世界社会主义问题》2008年第4期。

终放弃了用社会主义取代资本主义制度的目标。① 社会党和民主社会主义自19世纪以来经历了一个曲折发展的过程，影响越来越大。但是民主社会主义有其固有的局限性，它只限于局部改良，修补罅漏，采取一些有社会主义因素的措施，未能从根本上改变资本主义。②

二 西方诸多新兴政治思潮

当代西方政治思潮逐渐呈现出多元化的趋势，比较有影响的新兴政治思潮包括基督教民主主义、女权主义、生态主义、共和主义、社群主义等，但其中的大部分政治思潮对政治实践并没有构成重要的影响。值得注意的是，近年来新自由主义、民族主义、民粹主义以及多元文化主义等新兴政治思潮对当今世界产生了重大的影响，因而引发了学界的激烈讨论。

与自由主义等传统思潮相比，民族主义的历史并不短，相关的研究也不少。对民族主义的研究主要是从政治思潮、意识形态的角度进行的，除了传统的民族国家、狭隘民族主义、地方民族主义等研究主题外，还有网络民族主义、新民族主义等重要主题。其中很多民族主义的研究都与中国联系在一起，比如中华民族、大汉族主义、社会主义，其他对象国主要是美国、俄罗斯的民族主义等。民族主义对整个世界的影响力依然有增无减，对中国亦有着重要的影响，是寻求民族复兴的新意识形态，也是中国寻找进一步发展壮大动力的结果。③ 从这个意义上，准确认识世界范围内的民族主义有着重要意义。比如，要走出西方民族主义"一国一族"的误区。④ 因而，"当今世界的许多民族国家，都面临着民族国家建设的历史重

---

① 张世鹏：《社会民主主义与自由主义的相互渗透——欧洲社会民主党的历史演变》，《欧洲研究》2006年第2期。

② 高放：《如何看待民主社会主义的发展》，《科学社会主义》2003年第2期。

③ 房宁、王炳权：《民族主义何以可能》，《科学社会主义》2007年第2期。

④ 朱伦：《走出西方民族主义古典理论的误区》，《世界民族》2000年第2期。

任"①。再比如，破除民族主义和民主主义互相撕裂的恶性循环。②一般来讲，民主化早期容易激发族际冲突，但是随着民主的深入，民主逐渐会较正向地缓和冲突。③

作为一种新兴的政治思潮，民粹主义的历史并不短，但在西方世界兴起的民粹主义则是一种新鲜事物，也正是因为如此，民粹主义成为一个世界范围内广受关注的热点问题。民粹主义是西方国家的民主制度难以对社会变革做出有效回应的必然选择，④同时，民粹主义的兴起有政治、经济、文化心理与社会等诸多方面的原因。⑤事实上在多种因素作用下，西方民主制度也日趋走向了民粹化。⑥同时，西方国家民主的民粹化又通过政党政治进一步强化，从而出现了政治极化和政治衰败。民粹主义信仰人民，主张人民主权，号召以人民的名义改造精英统治，在民族主义、全球化、多元文化等主题上站在右翼的保守立场，在实践当中强调淡化族群身份，反对多元文化，甚至反对全球化；在人民观上，民粹主义强调敌视与排斥，在实践中主张反对精英主义；在程序安排上，民粹主义主张人民多数的直接行动，强调改革现政权，形成了反建制、反代议制等实践诉求。

三 围绕政治思潮的主要论争

围绕着当代西方政治思潮的基本理论和政治主张，结合中国的

---

① 周平：《对民族国家的再认识》，《政治学研究》2009年第4期。
② 杨光斌、杨洪晓：《民主主义、民族主义与现代国家建设》，《行政科学论坛》2014年第4期。
③ 佟德志：《民主化进程中的族际冲突研究》，《民族研究》2015年第4期。
④ 房宁、涂锋：《当前西方民粹主义辨析：兴起、影响与实质》，《探索》2018年第6期。
⑤ 佟德志、朱炳坤：《当代西方民粹主义的兴起及原因分析》，《天津社会科学》2017年第2期。
⑥ 丛日云：《从精英民主、大众民主到民粹化民主——论西方民主的民粹化趋向》，《探索与争鸣》2017年第9期；郭中军：《民粹主义与现代民主的纠缠——与丛日云教授商榷》，《探索与争鸣》2017年第12期；等等。

现实问题，中国的学术界也形成了一些争论。影响比较大的有自由派与新"左"派的争论、宪政主义的争论、民主社会主义的争论等。

自由派与新左派的争论主要围绕着自由主义的基本论题展开，其中涉及国家与社会、经济与政治、自由与平等、民主等多种问题。随着中国改革开放的深入，新左派以反自由主义的姿态登上思想舞台，不但从理论上对自由主义的核心理念进行了批驳，而且对现实社会问题也给出了不同于自由主义的诊断。[1] 新左派以西方左翼理论为基础，关注底层，主张弘扬平等与公平，提倡民主，并希望将民主扩张到经济领域，"把民主的政治诉求扩大到经济和其他社会领域，寻求更为公平的、民主的和人道的变革道路"[2]。自由派则以自由主义为基础，关注经济效率与社会活力，弘扬自由，主张经济自由政策，对限制权力、保障权利的法治体系更加重视。20世纪90年代末，两者的争论渐趋激烈，并且一直持续下来，但影响越来越小。

宪政主义（或称宪政）是西方意识形态当中偏重制度的一种思潮，在理论体系当中更偏自由主义，是一种强调限制权力、保障权利的学说或主张。关于宪政的争论与自由主义在中国的传播有着紧密的联系。在宪政的争论当中，有一些内容属于学术研究的层次。比如，对宪政的起源，有人认为中国自古以来就有宪政，有人则认为宪政是欧洲现代化的产物。陈明认为宪政精神与儒家礼治思想有着相通之处，[3] 姚中秋进一步指出儒家是宪政主义的、民生主义的。[4] 许纪霖对此则持怀疑态度，在他看来儒家宪政是残缺的礼治型

---

[1] 马德普：《当代中国政治思潮（改革开放以来）》，天津人民出版社2016年版，第112页。

[2] 汪晖：《去政治化的政治：20世纪的终结与90年代》，生活·读书·新知三联书店2007年版。

[3] 陈明：《儒家思想与宪政主义试说》，《湖南大学学报》（社会科学版）2008年第6期。

[4] 姚中秋：《儒家宪政民生主义》，《开放时代》2011年第6期。

宪政，具有自身不可克服的内在限制。① 张颐、林存光则认为，秋风式"儒家论述"的最大问题就是，采取无视中西差异而又反"历史主义"的恣意操作和混用概念的方式，以西方历史文化语境中的权利、义务、自由、平等、契约以及宪政、启蒙等概念为准则，来论述和诠释儒家的伦理政治观念与思想传统。② 还有一些争论则超出了一般的学术意义。比如，认为宪政是西方资产阶级的话语，维护资产阶级私有制，实行多党制、议会民主与三权分立等制度，构成了西方宪政特有的内涵。③ 因此，坚持依法治国首先要坚持依宪治国，但"依宪治国"与"宪政"有本质的区别，"宪政"鼓吹者的真实诉求是废除人民民主专政，取消中国共产党领导和社会主义制度。④ 反对者则认为，宪政并不具有社会性质上的差别，社会主义国家也能运用，淡化宪政，只会导致宪法虚无主义，使执政党长期执政丧失合法根基。⑤ 中国在法治建设中可以吸纳宪政观念中的合理因素，宪政是社会主义的遗产，甚至提出了社会主义宪政的理念。

关于民主社会主义的争论也有着一定的影响。2007年，时任中国人民大学副校长的谢韬在《炎黄春秋》第2期上发表了《民主社会主义模式与中国前途》一文，一石激起千层浪，该文在社会上引发了极大反响。谢韬在文中指出，民主社会主义"使马克思主义由空想变成了现实"，"坚持马克思主义就是坚持民主社会主义"，"只有民主社会主义才能救中国"等言论，引起了系列相关争论。高放

---

① 许纪霖：《儒家宪政的现实与历史》，《开放时代》2012年第1期。
② 张颐、林存光：《重新发现儒家——秋风式"儒家论述"评析》，《学术界》2014年第7期。
③ 汪亭友：《资本主义宪政的实质、内涵及其与社会主义民主的区别》，《思想理论教育导刊》2010年第8期；汪亭友：《依宪治国、依宪执政绝不是西方所谓"宪政"》，《红旗文稿》2015年第1期。
④ 王一程：《正确理解依法治国，警惕曲解和误导》，《思想理论教育导刊》2015年第1期。
⑤ 张千帆：《捍卫社会主义宪法的生命与权威：驳"宪政姓资"论》，《人民论坛·学术前沿》2013年第15期。

有针对性地提出"只有社会主义民主才能救中国"的主张。[1] 汪亭友则认为,在社会主义国家,不能搞民主社会主义。[2] 此后,国内学界围绕民主社会主义与科学社会主义、中国特色社会主义的区别问题展开了激烈讨论。这一争论涉及民主社会主义与科学社会主义的区别、与中国特色社会主义的区别等主题,也在争论的过程中厘清了这些理论体系与政治主张之间的差异。从具体内容来看,民主社会主义与科学社会主义不仅在含义、历程以及基本观点等方面迥异,而且有着本质的区别,具体表现在哲学基础、指导思想、最终目标及其实现手段、政治体制的主张、经济制度的主张、党的性质和作用等方面。[3] 民主社会主义与中国特色社会主义的区别表现在三个方面:第一,是否坚持马克思主义的指导地位;第二,是否坚持生产资料公有制的主体地位;第三,是否坚持工人阶级政党的领导。[4] 与此同时,争论还明确了借鉴民主社会主义成果的主张,要借鉴民主社会主义、发展社会主义民主,坚持科学社会主义不动摇。[5]

结　语

中华人民共和国成立70年来西方政治思想的研究,既取得了巨

---

[1] 高放:《百年来科学社会主义与民主社会主义关系的演变——兼谈"只有社会主义民主才能救中国"》,《理论学刊》2007年第6期。

[2] 汪亭友:《中国为什么不能搞民主社会主义——对主张民主社会主义的几个重要观点的分析》,《思想理论教育导刊》2009年第10期。

[3] 董石桂:《论科学社会主义与民主社会主义的本质区别》,《湖南社会科学》2006年第5期;王学东:《论民主社会主义与科学社会主义的区别》,《当代世界与社会主义》2007年第3期。

[4] 程恩富、张飞岸:《民主社会主义及其与中国特色社会主义的区别》,《学习月刊》2007年第11期。

[5] 高放:《百年来科学社会主义与民主社会主义关系的演变——兼谈"只有社会主义民主才能救中国"》,《理论学刊》2007年第6期。

大的成就，也存在着一些问题。我们应该在总结经验与教训的基础上坚持马克思主义指导，在进一步夯实学科发展的基础上，提高学科研究的水平。

一 主要成就

政治学学科的恢复重建，为西方政治思想的研究奠定了基础。经过70年，尤其是改革开放40年的发展，西方政治思想的研究取得了重要的成就，也为政治学学科的发展提供了巨大的知识贡献。通史类研究呈现出不断深化的趋势、专题研究逐步深化、研究方法更加多元，这些都使得政治思想研究水平有了较大提升，无论是在研究的广度上还是在深度上都有了很大的进步。

首先，确立了马克思主义在西方政治思想学科发展中的指导地位。从历史上看，中华人民共和国成立以来中国的西方政治思想教学与研究是从苏联专家的基础上起步的，并且在发展的过程中始终坚持以马克思主义为指导进行西方政治思想的研究与教学。在西方政治思想学科发展的过程中，曾经经历了自由派与新左派的争论、宪政主义的争论、自由主义与社会主义的争论、民主社会主义的争论等，但最终都以马克思主义指导地位进一步坚定为结果，确立了马克思主义对西方政治思想研究的指导地位。在教学方面，更是形成了"马克思主义理论研究和建设工程"重点教材《西方政治思想史》的写作与修订等一系列标志性的成果。

其次，西方政治思想的通史研究不断深入。就西方政治思想史的研究而言，通史研究是基础性的工作，同时也是学科研究成熟的标志。通史研究实际上是对学科研究力量、研究成果的检验，同时有助于从宏观上把握政治思想发展演变的整体脉络，形成对政治思想学科的全局观念。改革开放以来，政治思想通史著作有数十种之多，各有特色。其中，徐大同带领的团队历时七年完成的五卷本《西方政治思想史》,① 代表了中华人民共和国成立以来西方政治思想通史研究的努力成果,把我国西方政治思想史的教学与研究升华到一个更高更广的层次。② 除此而外,在西方政治思想的通史研究方面,国内学者还引进了大量的翻译著作,对于我们认识西方政治思想通史有很好的帮助。

再次,西方政治思想的专题研究不断深化。政治思想的专题研究突出了对国别、时代、流派、人物的专题研究,从而对政治思想发展的规律、特点、内容和价值有更深刻的认识和理解。改革开放以来,政治思想的专题研究逐步深化,具体表现在以下几个方面:一是,深化了对不同时代重要思想家的个案研究,加强了政治思想中人物研究的深度。比如近年来有大量的学者开展了对马基雅维里的研究,使马基雅维里政治思想的研究更加精细化。二是,更加强调对特定政治思想主题的研究,形成了诸多很有价值的研究成果,比如对民主思想的研究进一步深化,为中国特色社会主义民主政治建设提供了重要参考。三是,更加注重对政治思想流派和政治思潮的专题研究,对思想流派和政治思潮的研究越来越深入。比如民粹主义长期以来都是学界讨论的热点问题,近年来则有了更为系统的讨论。就此而言,政治思想专题研究的不断深化进一步拓展了学科的深度。

最后,政治思想研究的方法取得一定的进步。近年来随着政治思想学科教学研究的不断深入,对研究方法越来越重视,研究方法的运用更加多样化。2010 年由中国政法大学与天津师范大学共同举办的"西方政治思想史暑期高级研讨班"重点探讨了政治思想的研究方法问题,并出版了论文结集。③ 比较突出的是借鉴了文化学的方

---

① 徐大同主编:《西方政治思想史》(五卷本),天津人民出版社 2005 年版。
② 马啸原:《鸿篇巨帙呕心力作——评徐大同先生主编的〈西方政治思想史〉五卷本》,《政治学研究》2005 年第 2 期。
③ 丛日云、庞金友主编:《西方政治思想史方法论研究》,社会科学文献出版社 2011 年版。

法、心理学的方法、意识形态的方法，取得了一些成绩。金观涛和刘青峰两人在建构数据库的基础上，使用词频分析等方法研究观念史，张凤阳等人在政治哲学关键词当中使用的话语分析方法等，都有一定的新意。另外，观念史的方法、剑桥学派的方法、施特劳斯学派的方法以及新社会文化史学的方法也逐渐得到运用。[①] 但总的来讲，西方政治思想的研究方法基本上没有太多新意，多数学者的研究还是在重复使用历史学、哲学的方法切入政治思想的研究，这一点需要引起重视。

二　主要问题

学科基础有待进一步加强。在学科研究队伍方面，专业研究人员偏少。西方政治思想属于基础研究，对研究者的要求高，但获得的认可却比较低。一些高校随着老一代西方政治思想学者退休，存在后继无人的尴尬境地。同时，西方政治思想学科在人才培养方面不尽如人意，很多高校不再招收西方政治思想方向的研究生，这也使得学科发展后继乏力。再加上西方政治思想学科受到政治科学、公共管理、中国政治、比较政治等的冲击比较大，部分学者转到这些研究领域，进一步削弱了西方政治思想学科的研究队伍。同时，西方政治思想研究的专业刊物比较少，很难满足学术论文发表的需要。在各类研究项目资助方面，西方政治思想学科的研究项目不太容易获得各类课题的资助。以上多个方面的原因影响了西方政治思想学科的发展基础，影响了西方政治思想学科的发展壮大。同时，西方政治思想的话语体系还不够完善，影响了西方政治思想学科的进步。

研究水平有待进一步提高。总体来看，西方政治思想的研究还是存在着研究不够规范、研究水平不高的问题。首先，研究成果缺乏创新性，存在着低水平重复的问题。其次，研究视野有待进一步

---

① 李宏图：《西方思想史研究方法的演进》，《浙江学刊》2004年第1期。

拓宽，在关注主流政治思想家政治思想、主流政治思潮的同时，进一步拓展西方政治思想研究关注的范围。再次，研究方法陈旧，更新不及时，对现代学术研究的一些最新方法运用较少。最后，缺乏健康的学术批评，一方面是缺少学术争鸣，另一方面是涉及意识形态的学术争鸣常常存在误区，甚至是相互攻讦。对中国有重大现实意义的理论问题关注不够是西方政治思想研究的一个严重问题。西方政治思想的研究对国家发展提出的重大问题回应不够，使得很多研究成为纯粹的学术研究，也必然会导致研究缺乏活力和吸引力。

三 未来展望

首先，要始终坚持马克思主义指导。中华人民共和国成立70年来，西方政治思想研究取得的成绩是在马克思主义的指导下完成的。从早期苏联专家的影响，到后来马克思主义指导地位的确立，及至"马工程"的实施，西方政治思想的研究都是在马克思主义的指导下完成的。马克思主义的世界观、方法论，尤其是辩证唯物主义和历史唯物主义，在西方政治思想的研究当中得到了充分的运用，也起到了指导作用。马克思主义关于社会存在与社会意识，政治思想的阶级性、民族性、多样性等重大理论，包括马克思主义的政治观、国家观、阶级观、权力观、民主观对西方政治思想的研究都有着重要的指导意义，也是西方政治思想研究健康发展的重要保障。这里，尤其重要的是，运用当代中国的马克思主义，尤其是马克思主义中国化的最新理论成果指导政治思想研究。

其次，进一步夯实学科基础。在政治学一级学科的总体规划当中，充实相关专业研究人员队伍，加强人才培养，充实学科研究的后备力量。加强学科基础研究，对相关领域的研究给予更为充足的资助，建立相关学术成果的发表园地，繁荣学科研究。形成研究西方政治思想的学科体系、学术体系、话语体系。西方政治思想的研究有着自身的一套概念、命题、理论、理论体系、思想流派，这是西方政治思想学科建设的基础。未来的研究应该把重点放在基本的概念体系，形成明确的命题，能够表达明确的思想，并且能够对基于概念、命题的理论、理论体系和思想流派进行整体把握。

最后，进一步提高研究水平。拓展西方政治思想的研究范围，加强关注那些对中国有重大现实意义的理论问题，为政治学研究提供知识基础。加强学术交流，形成健康的学术共同体，形成学术研究团队。进一步创新西方政治思想的研究方法，通过方法创新带动学术创新。现代社会科学的很多研究方法，比如大数据的研究方法、文本分析方法、内容分析方法等在其他领域被证明是有效的，能否将这些研究方法引入西方政治思想的研究当中，仍然有待全体学人共同努力。另外，最重要的还是加强学术规范和学术创新。

第十章

方法论研究

中国政治学科 70 年的发展也反映在学科方法的进步和完善方面。中国政治学在研究方法上的发展趋势，总的来说可以概括为：方法论层面的多元化，对方法论主动和原创性的反思多；研究方法和技术层面的科学化，主要以介绍和学习国外研究方法和技术为主。在研究方法的运用上，从单纯的规范研究走向规范研究和经验研究并用，并且伴随着研究主题的细化，实证研究方法逐渐多元。[①]

梳理中国政治学在研究方法方面的发展，首先需要明晰什么是研究方法。与自然科学研究方法一样，社会科学的研究方法也包括不同的层次。《中国大百科全书·政治学》中的"政治学研究方法"条目，将政治学研究方法划分为三个层次：方法论、程序性方法和技术性方法。《社会研究方法教程》将社会研究方法分为三个层级：方法论、研究方式或研究法、具体方法与技术。方法论是关于研究方法的理论，探讨的主要问题包括："（1）社会科学能否像自然科学那样客观地认识社会现象？（2）是否存在客观的社会规律？（3）应采用何种方法来研究社会现象？（4）如何判断社会科学知识的真理性？（5）人的主观因素（如价值观、伦理观）对社会研究有什么

---

① 林尚立：《政治学与政治发展：中国政治学发展 20 年》，《政治学研究》1998 年第 2 期。

影响?"不同的理论学派和不同学科各有不同的方法论。① 研究方法既涉及抽象化程度较高的方法论,也包括比较具体的资料收集和分析技巧。本章关于研究方法的回顾和总结,会涉及研究方法的这些不同层次,同时包括研究设计中的不同环节,包括问题的提出、概念化以及研究方法的选择与应用等。

第一节 中国政治学研究方法发展回顾

70年来,中国政治学研究方法的发展大致可以分成两个阶段:第一阶段,从中华人民共和国成立到20世纪80年代,政治学方法主要以阶级分析方法和规范性研究为主;第二阶段,自改革开放以后,政治学恢复进程中逐渐转变为规范性研究和经验性研究并重,研究方法从单一的阶级分析法转为多种实证方法的并存。

一 阶级分析方法的运用与发展

自中华人民共和国成立到20世纪80年代政治学的恢复初期,政治学研究方法主要以历史唯物主义的阶级分析、经济分析和历史分析法为主。比如中国政治制度史研究多以历史唯物主义为指导,取得了令人瞩目的研究成果,比较有代表性的著作包括《清代捐纳制度》《九品中正制度试释》《中国国家起源问题》《太平天国制度

---

① 比如,实证主义学派主张采用自然科学的实证方法解释客观的"社会事实",并用精确的数量分析来发现社会现象之间的因果规律,而人文主义学派否认社会规律的存在,主张用阐释或理解等主观方法来说明具体的社会历史事件;经济学的方法论中的核心假设是认为人的行为由其经济动机决定,是理性的,而社会学的基本假设之一则是人的行为是受社会结构或社会环境制约的。具体参见袁方主编《社会研究方法教程》,北京大学出版社2013年版,第19页。

初探》《明代粮长制度》《明代黄册制度》等。① 到了 20 世纪 80 年代政治学恢复初期,"我国的政治学很大程度上是以传统的马克思主义政治教育学科体系和科学社会主义的学科体系为基础恢复起来的,所以,中国政治学在其发展早期,在学科范式和研究范式上都带有这些传统学科的色彩"②。政治学研究方法的发展建立在对政治的含义以及政治学研究对象的认识发展基础之上。阶级分析法以马克思关于"政治是什么"这一本体论为基础。③ 中国政治学科全面恢复以来,随着学科范式的转化以及学科研究领域的拓展,同时由于阶级分析的"历史负担"④,传统的单一政治研究范式和研究方法逐渐被方法论多元主义和研究方法的科学化所取代。

二 政治学研究方法的科学化和多元化

政治学恢复之后,政治学研究方法日益科学化和多元化。这种趋势一方面源自"行为主义"革命以来西方政治学研究方法日益科学化和多样化的影响,另一方面是国内政治发展的内在需要。这一趋势首先体现为规范方法和经验方法的日趋平衡与综合,政治学研究中"出现了一些以经验研究为基础的规范研究成果(如王沪宁撰著的《中国村落家族文化》)和一些主要以经验研究为主的研究成果"⑤。

1997 年房宁在《政治学研究》上撰文,比较系统地介绍和区分了规范方法和经验方法在政治学研究对象的理解、政治学的目

---

① 赵秀玲:《50 年中国政治制度史研究及其展望》,《政治学研究》1999 年第 4 期。
② 张友渔:《中国政治学的兴起——代发刊词》,《政治学研究》1985 年第 1 期。
③ 马克思和恩格斯对政治本质的认识和论述包括六个方面:(1)政治是历史范畴;(2)政治是上层建筑;(3)政治与阶级相联系;(4)经济决定政治;(5)政治有反作用;(6)国家权力在现实生活中具有巨大的作用。参见陈荷夫《试论政治及政治学范畴与体系》,《政治学研究》2001 年第 1 期。
④ 刘剑:《阶级分析在中国的式微与回归》,《开放时代》2012 年第 9 期。
⑤ 林尚立:《政治学与政治发展:中国政治学发展 20 年》,《政治学研究》1998 年第 2 期。

的与功能、论证方式、对定性分析与定量分析的侧重点,以及静态分析与动态分析的主次位置上的区别。① 任剑涛分析了行为主义政治学为什么能够颠覆在 19 世纪 80 年代以前一直主导西方政治学的规范政治理论而取得主导地位,为什么当代政治学在方法论上主张规范分析与实证研究并举的取向。规范的政治理论看重从价值的层面来看待政治问题和理解政治生活,也就是解释什么是好的、什么是应当的。而实证主义的政治理论着重研究的事实层面,是以价值中立甚至是价值祛除来谈论政治问题。对政治生活的理解离不开对价值的讨论,实证主义、行为主义政治科学家无法说明其理论和数据背后的价值蕴涵,而规范研究的最大弊病是理解的主观性、不可靠性和不确定性高,要解开这种可爱与可信的死结就是要促使支持两者之一的方法立场的研究者,意识到这两种方法的良性互动之必要,像罗尔斯一样将规范方法和实证方法进行比较好的融合。②

除了规范方法和经验方法的平衡与综合,政治学研究也开始运用各种实证研究方法。政治学恢复后,通过引入以美国政治学家阿尔蒙德为代表的比较政治学,突破了以往对政治含义和研究对象的狭隘认识,学科研究领域不断细化,研究主题不断丰富,政治学学科内部根据不同政治议题和研究对象形成了不少新兴子

---

① 房宁:《规范性与经验性之争——试析政治学研究的基本方法》,《政治学研究》1997 年第 1 期。
② 任剑涛:《方法引导下的政治理论——对政治哲学、政治生活与研究方法关联性的一个宏观勾画》,载郭正林、肖滨主编《规范与实证的政治学方法》,广东人民出版社 2003 年版,第 87—117 页。经验研究和规范研究可以有多种联结方式,比如政治学中概念的引入过程,包括在价值基础上确定概念的内涵,然后借助经验观察,对概念进行操作化,扩展为可以经验研究的变量及指标这些环节,则是勾连了政治价值同政治行为过程,勾连了政治科学与政治哲学,具体讨论参考肖滨《政治科学的概念阐释与引入过程》,载郭正林、肖滨主编《规范与实证的政治学方法》,广东人民出版社 2003 年版,第 161—175 页。

学科，同时借鉴吸收其他学科理论方法形成了一些交叉学科。①研究议题的丰富是研究方法多样化发展的内在动力。结构功能主义、理性选择、新制度主义、历史制度主义、法团主义等不同理论流派及其相关的研究方法和视角都被介绍到国内，案例研究法、社会调查法、历史研究法等定性研究方法和定量统计分析方法都被运用到实际研究当中。

学者从核心期刊发表的文章、教材、博士生论文等方面统计和梳理了研究方法的运用现状。② 学者的统计数据表明，经验研究的比例较政治学恢复之前有大幅度的上升，但实证研究方法的运用仍有较大的发展空间。20 世纪 90 年代末，在意识到经验研究相较于规范研究的局限性以及后行为主义流派在西方兴起这一事实的基础上，学者认为中国政治学的实证主义和科学化程度仍然不够，需要加强经验研究或实证分析方法及技术的研究与引进，把定量分析方法及技术放在突出的位置。"我国的政治学研究仍然遵循着哲学思辨、经典解释、规范性定性研究、制度和机构描述以及历史探索的方法，因此，政治学研究方法的更新任务尤其艰巨。"③ 经过近 20 年的发展，规范研究和经验研究已经基本平衡，肖唐镖等人对 1995 年到

---

① 比如，林尚立总结了中国政治学研究的 12 个主题，参见林尚立《政治学与政治发展：中国政治学发展 20 年》，《政治学研究》1998 年第 2 期；陈荷夫总结了政治学体系中的 4 类 21 对范畴，参见陈荷夫《试论政治及政治学范畴与体系》，《政治学研究》2001 年第 1 期。关于中国政治学科的发展，可参考王中原、郭苏建《中国政治学学科发展 40 年：历程、挑战与前景》，《学术月刊》2018 年第 12 期。

② 对政治学研究方法教材的梳理，可参考冯志峰《政治学方法论 30 年：现状、问题与发展——一项对 86 本有关政治学方法论教材的研究报告》，《政治学研究》2008 年第 4 期；冯志峰《提高政治学研究科学化水平的路径探析——一项对 79 本政治学基础类教材的研究报告》，《探索》2010 年第 2 期。

③ 金太军：《规范研究方法在西方政治学研究中的复兴及其启示——兼论当代中国政治学的发展》，《政治学研究》1998 年第 3 期；王浦劬：《我国政治学的建设应该着力于三个方面的发展与突破》，《政治学研究》1998 年第 1 期。

2002 年国内学者公开发表的政治学研究方面的论文非随机选取近 300 篇，其中规范研究占 2/3、经验研究占 1/3；对 1994 年至 2002 年由中国人民大学复印报刊资料《政治学》转载的 768 篇文章进行统计分析，发现经验研究的比例占 41.3%；李艳霞通过对 1985—2010 年刊载在《政治学研究》上的 1031 篇文献进行分析发现，经验研究的比例为 34.2%，规范研究和应用研究各占 28%。[①] 政治学专业的博士学位论文中采用经验实证研究方法的比例也在上升，通过对 2011—2015 年排名前十的高校的政治学博士论文研究方法进行梳理，学者发现规范研究与实证研究趋于平衡。[②]

从教材对研究方法的介绍以及研究方法的具体运用来看，中国政治学研究方法均呈现出了多元化的趋势，不再单一介绍或仅仅运用以阶级分析和政治经济学方法为主的马克思主义研究方法，而是拓展到多种经验研究方法。在经验研究中，文献型的定性研究是运用得最多的研究方法，在不同的统计样本中，该比例高达 40%—80%。[③] 案例研究、统计分析以及基于实地调查数据展开分析的研究比例比较低。定量研究仍然比较少，比如有学者统计，2000—2015 年《政治学研究》发表的文章中运用定量方法的比例不到 7%，但自 2015 年后比例有较大幅度上升，占到了近 15%，并且部分量化研究的论文已不再限于提供简单的描述统计或相关性分析；尤其在青

[①] 肖唐镖、陈洪生：《经验研究方法在我国政治学研究中应用的现状分析》，《政治学研究》2003 年第 1 期；李艳霞：《当代中国政治学研究类型与领域的实证分析》，《文史哲》2012 年第 6 期。

[②] 朱光磊：《中国政治学发展中的两大尴尬与两大转变》，《中华读书报》2004 年 8 月 11 日；桑玉成、周光俊：《从政治学博士论文看我国政治学研究之取向》，《政治学研究》2016 年第 4 期。

[③] 李艳霞：《当代中国政治学研究类型与领域的实证分析》，《文史哲》2012 年第 6 期；张平、丁超凡：《中国政治学研究的发展态势与评价——基于〈政治学研究〉（2000—2015 年）的文献计量分析》，《北京行政学院学报》2017 年第 6 期。

年政治学者中，重视量化研究和经验研究的比例越来越高。① 有学者认为定量方法总体来说发展缓慢主要是由于"中国政治学发展较为滞后、学生国际视野狭窄，也与中国政治学在选举、财政、腐败等主要定量方法运用比较普遍的研究领域比较薄弱有关。同时，在政治学恢复初期，从事政治学研究与教学的多半是原来从事科学社会主义、国际共产主义运动史和中共党史的学者，他们的研究方法、分析框架和概念术语，基本上都是原来他们所熟悉的哲学社会科学通用的方法……中国政治学恢复和发展的特殊历史背景和知识背景，决定了定性研究和规范研究的压倒性地位"②。

研究方法的科学化与多元化趋势也反映在国内期刊对方法的讨论上。《政治学研究》上最早关于研究方法的文章出现在1985年，主要介绍政治学实证方法的特征及其与规范方法的区别。③ 政治学恢复初期关于方法的讨论多集中在规范研究与经验研究的区别与联系、对行为主义政治学方法论以及政治学研究中定量分析方法的简单介绍。最近十几年，国内期刊对单个研究方法的介绍更加细致深入。④ 比如《公共行政评论》2008年第3期曾开辟研究方法的专栏，讨论

---

① 张平、丁超凡：《中国政治学研究的发展态势与评价——基于〈政治学研究〉（2000—2015年）的文献计量分析》，《北京行政学院学报》2017年第6期；钟扬、韩舒立：《当代中国政治学学科发展状况评估》，《政治学研究》2017年第2期；俞可平：《中国政治学的进程——一个评论性的观察》，《学术月刊》2007年第11期。

② 俞可平：《中国政治学的进程——一个评论性的观察》，《学术月刊》2007年第11期。

③ 卢林：《政治学实证方法粗探》，《政治学研究》1985年第3期。

④ 比如，孙嘉明《政治学研究中的定量分析方法》，《政治学研究》1986年6期；韩冬雪《行为主义政治学方法论剖析》，《政治学研究》1987年第1期。关于规范研究与经验研究关系的探讨，参见房宁《规范性与经验性之争——试析政治学研究的基本方法》，《政治学研究》1997年第1期；任剑涛《试论政治学的规范研究与实证研究的关系》，《政治学研究》2008年第3期；关于定性方法与定量方法的分野与运用的讨论，参见唐世平《超越定性与定量之争》，《公共行政评论》2015年第4期；盛智明《超越定量与定性研究法之争——KKV对定性研究设计的启发》，《公共行政评论》2015年第4期。

扎根理论研究、个案研究、历史比较分析和公共行政学研究方法，2015年第4期开设关于定性方法、定量方法与社会科学的研究设计的专栏。

三 方法论范式转换

回顾与观察中国政治学长时段的方法论发展与转换，房宁提出中国政治学经历了一个研究范式转换的方法论变革，这种研究范式转换已经并将继续对中国政治学发展产生重大影响。

2016年，房宁在《政治学研究》上撰文指出："从方法论的角度回顾中国百年政治学术发展史，可以发现，20世纪上半叶中国政治学第一个学术高峰得益于采用和吸纳西方新兴社会科学研究方法，通过研究方法上的范式转换开创了中国早期的政治学术。中国早期政治学术的理论体系是以梁启超为代表的学者开创的以宪法、法律和机构为框架描述和概括政治现象的'宪政体制论'。'范式转换法'是包括政治学在内的早期中国社会科学领域广泛运用的研究方法，而'宪政体制论'则促成和标志着中国近现代政治学的诞生。它们在20世纪中国社会科学发展史上发挥了不可磨灭的历史作用。但随着时间的推移和时代的发展，无论'范式转换法'抑或'宪政体制论'都逐渐失去了它们往日的作用与价值，已经不能适应新时代的需要。"[①] 他提出，发展中国政治学，创新方法论，必然要反思近现代中国社会科学学术大背景下的政治学方法论，并从中获得启示，以利于寻找新的发展方向。

房宁进一步提出，"不同时代有不同的学问，不同时代有不同的研究方法"的观点。他认为，进入中国工业化、现代化新的历史进程，即改革开放以来，大量引入西方包括政治学在内的哲学社会科学理论与方法并未产生20世纪二三十年代那样因"范式转换"而产生的学术"红利"，这是中国发展和时代变迁的必然，而中国也因为

---

① 房宁：《谈谈当代中国政治学方法论问题》，《政治学研究》2016年第1期。

进入现代化进程中而需要根据自身的国情、发展阶段和现实需求，在借鉴的基础上，摸索和创新适应中国现代化需要的新的研究方法和学术体系。他进而提出，当代中国的政治学要贴近中国实践和中国经验，对于中外政治运行与治理实践进行直接的观察与概括，更多地采取还原法而不是演绎法去建构中国当代政治学的方法论体系。他认为，中国政治学应从以研究"知识"为主转变为以研究"问题"为主，更多地采用实证性与经验性的研究方法，在研究和解决具体问题中发现规律、归纳与提炼理论。他进而提出，政治学研究应更多地采取现场观察法、比较研究法和典型调查的三大方法，对中国以及国外政治实践、政治进程进行观察与研究。①

第二节　关于方法论的主要争论

本体论方面的差异，往往是方法论争论的根源。如彼特·霍尔（Peter Hall）指出，比较政治学领域存在着本体论与方法论不匹配的现象：第二次世界大战后当建立在概率统计基础上的定量方法在比较政治学领域逐渐获得广泛运用时，其关于因果关系的本体论经历了三次转变：第一次是 20 世纪五六十年代将因果关系理解为一种普通经验定律（covering laws）或是常规关联（constant conjunction），以及一种功能主义的因果观，即一种现象的存在可以用这种现象的影响和后果来解释；第二次是在 20 世纪六七十年代，比较政治学家认为导致结果的原因最终是个人行为；第三次是在 20 世纪 80 年代末，有学者提出"多个同时存在的原因"以及复杂的因果关系结构，这种因果关系的本体论与定量回归必须满足的一系列假设不一致。尤其是将政治现象理解为不同主体策略性互动结果的博弈论理论以

---

① 房宁：《谈谈当代中国政治学方法论问题》，《政治学研究》2016 年第 1 期。

及路径依赖理论的发展,其实是对因果关系和因果结构的重新认识。① 在霍尔看来,要与这种因果关系的本体论保持一致,比较政治学研究需要使用小样本的系统过程分析。国外在因果关系本质方面的这些讨论并没有引起国内政治学界的足够关注。

与方法的其他维度相比,国内对方法论的反思和争论更加积极主动,对方法论的关注先于具体方法和技术等层面。政治学恢复初期对方法的讨论主要围绕对不同方法论的介绍、比较和评价方面,包括传统方法论、行为主义方法论、后行为主义方法论等。方法论层面的争论源自本体论和认识论方面的分歧。"方法问题从属于范式问题,我们把范式定义为基本信仰系统或世界观,它不仅在方法的选择方面,而且在本体论和认识论的基本方面为研究者提供指导。"② 应采用何种方法来研究社会现象,取决于研究的目标是什么、什么是研究的效度(validity)等,而这些方面归根结底,取决于与社会现象本质以及应该怎样认识这种本质相关的一系列假设。房宁提出:"规范性的研究方法是一种'本质主义'的认识方法,它主张要透过现象看本质必须首先进行假定,然后进行逻辑论证;而经验性研究方法是一种'功能主义'的认识方法,它不相信假设和推理,只相信可观察到的事实,通过观察对象活动的表象,找出事物之间的因果联系。"③ 景跃进从现象、价值与文化这三个维度剖析了社会科学(尤其是政治学)方法论之争,他认为"相比于自然科学,社会科学研究必须处置更为复杂的变量及变量关系,它被内在的三重张

---

① Peter Hall, "Aligning Ontology and Methodology in Comparative Research", in James Mahoney and Dietrich Rueschemeyer, eds., *Comparative Historical Analysis in the Social Sciences*, Cambridge University Press, 2003, pp. 373 – 404.

② [美]克里福德·克里斯琴斯:《定性研究中的伦理与政治》,载诺曼·邓津、伊冯娜·林肯主编《定性研究:方法论基础》,风笑天等译,重庆大学出版社 2007 年版,第 163 页。

③ 房宁:《规范性与经验性之争——试析政治学研究的基本方法》,《政治学研究》1997 年第 1 期。

力所牵制，如果不是撕裂的话：（1）因果解释与意义阐释；（2）科学性与价值性；（3）普遍性与特殊性"①。

具体到政治学研究，应该用什么样的方法来研究政治现象，与什么是政治，政治现象的本质是什么，是否存在客观可观察的现象以及规律性，社会科学研究的出发点与目的是什么等本体论和认识论问题息息相关。这些层面的分歧体现在了以下关于本土化、经验性与学术性等方面的争论中。

一 科学化还是"本土化"

近年来，尤其是从 2014 年开始，关于中国政治学是否应该"本土化"以及如何"本土化"的文章发表增多。② 部分学者反对简单套用西方政治学的概念、理论和方法来研究中国的问题和政治现象，中国的学者应该在进一步拓宽与国外学者交流的同时，树立和加强自己的问题意识和理论自觉，"中国不应该成为西方理论的检验场，而应成为本土理论的策源地"③。王绍光从政治学是否有必要"本土化"，政治学是否可能"本土化"，以及政治学应该怎样"本土化"三方面为政治学"本土化"提供了一些理论和实证的证据，并给出了具体建议："首先在选择研究课题时，要辨别什么是真问题、什么是假问题……不唯书，不随波逐流，从现实中发现真正值得研究的问题；第二，解释西方理论背后的种种基本预设，思考它们，质疑它们，有所取舍；第三，梳理政治分析的关键概念及其定义；第四，就研究方法而言，切忌就方法而方法。"④ 在方法的层面，倡导本土

---

① 景跃进：《中国政治学的方法论反思——问题意识与本土关怀》，《浙江社会科学》2017 年第 7 期。

② 王中原、郭苏建：《中国政治学学科发展 40 年：历程、挑战与前景》，《学术月刊》2018 年第 12 期。

③ 同上。

④ 王绍光：《"接轨"还是"拿来"：政治学本土化的思考》，载郭苏建主编《政治学与中国政治研究：学科发展现状评析》，上海人民出版社 2016 年版，第 261—289 页。

化的学者强调方法论的多元主义,"中国政治研究在方法论上要保持自主性、特殊性和多样性……不能追求纯粹的实证主义方法,造成方法论上的'全能主义'、狭隘或缺乏社会相关性和政策相关性"①。而质疑中国政治学"本土化"的学者认为政治学研究在于探讨和解释政治现象发生的原因,找出政治现象和行为中的一般规律(general patterns),提倡方法论的实证主义。比如,钟杨从比较政治学的逻辑出发,认为中国政治学应该也已经有学者在比较政治学的理论框架下,用科学的方法研究中国政治现象和政治行为中的因果关系,然后再将研究成果上升到理论的高度;每个国家和地区的独特性应该被视为具有普遍性的变量在不同国家或地区的度上的区别,而不是独一无二的;比如,"关系"在世界所有国家和地区都存在,但在中国比较突出,那中国的学者就应该将各种关系分类,探讨关系产生的条件有多少、关系的作用根据什么条件会有大有小,建立起一个"关系学",对政治学理论做出贡献。②

二 追求规律还是观照现实

关于上述"本土化"的这些争论与围绕政治学研究的出发点和目的的争论紧密相连。认为政治学研究主要是追求政治现象中的因果关系,总结出具有普遍意义的理论或一般规律更倾向于质疑本土化的观点,而认为政治学研究主要是为存在的社会问题提供解决方案的学者则更有可能支持中国政治学本土化。

21世纪初,美国的政治学家也在反思政治学研究究竟是由问题驱动(problem-driven)、理论驱动(theory-driven)、方法驱动

---

① 郭苏建:《中国政治学科向何处去——政治学与中国政治研究现状评析》,《探索与争鸣》2018年第5期。
② 钟杨:《从比较政治学的逻辑看政治学在中国的发展》,载郭苏建主编《政治学与中国政治研究:学科发展现状评析》,上海人民出版社2016年版,第139—151页。

（method-driven），还是数据驱动（data-driven）的。[1] 在否定方法驱动和数据驱动型研究路径的合理性方面学者达成了共识，但在政治学研究究竟应该主要受问题驱动还是理论驱动，研究的问题到底应该是现实中存在的问题还是一个理论问题方面，学者之间仍存在分歧。关于现有政治学研究的现实相关性（relevance）的质疑也常常出现。[2]

部分学者认为政治学研究与政治现实过分紧密连接不利于学科的发展，中国政治研究缺乏科学性是因为政府导向的研究占据主导地位，政治学研究变成了"对主流政治意识形态和官方政策的阐释和评析"[3]，"把政治学的政治性片面理解为对现实政治特别是现行法律、政策的单纯注释和论证"[4]，"政治学研究服务于经济发展和政治需要，使得学者依赖于政府并失去了独立研究的能力，学者们更愿意为政府提供咨询服务而非进行独立的学术研究"[5]。赵宝煦先生认为，"政治学研究要达到本身科学性的要求，不能使科学性的要求屈从于一时的政治宣传需要。政治学只能靠坚持自身的科学性为现实服务……（否则）不仅于事无补，而且会大帮倒忙"[6]。学者在这方面的分歧难以调和，体现了政治现象的复杂本质，既有社会科学追求一般规律的可能，但又无法完全摒弃其中的价值内涵以及对现实问题的关怀，由于政治学的这种学科特殊性和"政治性"，学者

---

[1] Ian Shapiro, "Problems, Methods, and Theories in the Study of Politics, or What's Wrong with Political Science and What to Do About It", in Ian Shapiro, Rogers Smith, and Tarek Masoud, eds., *Problems and Methods in the Study of Politics*, Cambridge University Press, 2004.

[2] Michael Desch, *Cult of the Irrelevant: The Waning Influence of Social Science on National Security*, Princeton University Press, 2019.

[3] 俞可平：《中国政治学的进程》，《学术月刊》2007年第11期。

[4] 金太军：《规范研究方法在西方政治学研究中的复兴及其启示》，《政治学研究》1998年第3期。

[5] 转引自郭苏建《中国政治学科向何处去——政治学与中国政治研究现状评析》，《探索与争鸣》2018年第5期。

[6] 赵宝煦：《中国政治学百年进程》，《东南学术》2000年第2期。

呼吁当代中国政治学必须把政治性与学术性有机结合起来，在学术性与服务现实之间找到一个均衡点。①

三 政治学方法论向何处去

有学者曾将当代中国政治学研究的典型特征归纳为以文献为主的"静态研究"多，理论引介多，学术批判少；概念阐释多，理论构建少；现象描述多，现象解释少；就事论事多，理论升华少。② 在中国政治学未来发展的方向上，学者多认为需要在理论构建上基于中国的经验做出更多的原创贡献。作为研究的起点，在概念方面做出一些不同于西方情境的定义和内涵要素，往往是进行理论创新的有效路径之一。比如，学者指出在中国"中产阶级"不能完全等同于"资产阶级"，中国民众对"民主"的理解也与西方对"民主"的定义有较大的区别。③ 在研究方法上，混合方法的运用是主要趋势。自1994年加里·金（Gary King）、罗伯特·基欧汉（Robert Keohane）和西德尼·维巴（Sidney Verba）发表《社会科学的研究设计》（Designing Social Inquiry）这本书后，美国的政治学家们展开了一场关于定性方法与定量方法的大争论。2000年，一群以"改革先生"（Mr. Perestroika）为笔名的政治学者发起了一场抗议美国主流政治学量化研究霸权地位的运动，强调政治学研究要重拾理论性、思想性、规范性、历史性的政治研究。④《社会研究再思考：不同的

---

① 金太军：《规范研究方法在西方政治学研究中的复兴及其启示》，《政治学研究》1998年第3期。

② 李艳霞：《当代中国政治学研究类型与领域的实证分析》，《文史哲》2012年第6期。

③ Peng Hu, "Popular Understanding of Democracy in Contemporary China", Democratization, Vol. 25, No. 8, 2018, pp. 1441–1459.

④ 转引自王中原、郭苏建《中国政治学学科发展40年：历程、挑战与前景》，《学术月刊》2018年第12期。对定量方法的批评可参考葛传红《西方政治学界对于"定量霸权"的反思与批评》，《国际政治研究》2019年第1期。

方法，共享的准则》（*Rethinking Social Inquiry: Diverse Tools, Shared Standard*）的发表将这场定性与定量之争推向高潮。这场争论推动了在研究中应将定量、定性研究方法和工具混合使用以及互证（triangulation）这一共识的形成，并在评价研究的标准上开始逐步采用一些共享的准则。定性方法在挖掘复杂的因果关系、形成厚的理论和概念（thick concept）等方面的独特优势，以及定量方法在外推性和普遍化方面的优势使得在研究当中往往需要将两者结合。虽然在具体怎么综合的策略上学界仍存在争论，① 但是只重视或运用其中任何一种方法都被认为是不适宜的。国内学者将这场争论中涉及的主要观点和倾向做了详细的介绍，并且肯定了要超越定量与定性之争，运用混合方法开展研究的观点。②

第三节　国外政治学科学方法的学习、运用与反思

一　介绍国外政治学研究方法的努力

自政治学恢复以来，国内对西方政治科学研究方法的介绍逐渐深化和成熟。几乎对每个研究方法以及研究设计中的重要环节都有

---

① 比如是先用小样本案例分析还是先用大样本统计分析的争论，可参考下面两位学者的文章，Lieberman Evan, "Nested Analysis as a Mixed-Method Strategy for Comparative Research", *The American Political Science Review*, Vol. 99, No. 3, 2005, pp. 435 – 453；Rohlfing Ingo, "What You See and What You Get: Pitfalls and Principles of Nested Analysis in Comparative Research", *Comparative Political Studies*, Vol. 41, No. 11, 2008, pp. 1492 – 1514。

② 参见唐世平《超越定性与定量之争》，《公共行政评论》2015 年第 4 期；盛智明《超越定量与定性研究法之争——KKV 对定性研究设计的启发》，《公共行政评论》2015 年第 4 期；祁玲玲《定量与定性之辩：美国政治学研究方法的融合趋势》，《国外社会科学》2016 年第 4 期。

详细的介绍和讨论。① 在比较政治研究方法、案例分析法、概念构建、因果机制和过程追踪法、社会调查法、政治实验法等方面都有专门的深入讨论。有代表性的方法译著系列包括重庆大学出版社的"万卷方法系列"以及由上海人民出版社出版由香港科技大学社会科学部吴晓刚教授主编的"格致方法·定量研究系列"丛书。国外出版的专门讨论中国政治学研究方法的著作也被翻译成中文。②

在政治科学研究方法的培训上，与国外的合作逐渐增多。比如，复旦大学国际关系与公共事务学院已经连续八年举办中国政治科学研究与方法工作坊，促进海内外学者在研究方法方面的交流以及研究的完善。从 2006 年开始，中国人民大学政治学系与美国杜克大学政治学系联合举办了首届政治学研究方法讲习班，以推进对青年政治学教师研究方法的培训，迄今已经连续举办了十届"中国公共管理与政治学研究方法暑期培训班"，并于 2010 年得到了美国密歇根大学"校际政治及社会研究联盟"（ICPSR）的全力支持，平均每届有上百名青年教师和学生参与其中。北京大学—密歇根大学学院自 2006 年起举办了多次关于社会科学研究方法的暑期课程培训班。其余的政治学方法培训班主要包括杜克大学—中山大学政治学博弈论方法暑期研讨会以及上海交通大学国务学院举办的暑期社会科学方法论培训班。

---

① 国内出版的专门讨论政治学方法的著作，有郭正林、肖滨主编《规范与实证的政治学方法》，广东人民出版社 2003 年版；冯志峰《政治学方法论：理论、模型与实践》，中国社会科学出版社 2015 年版；臧雷振《政治学研究方法》，中国社会科学出版社 2016 年版。

② ［丹麦］玛利亚·海默、曹诗弟主编：《在中国做田野调查》，于忠江、赵晗译，重庆大学出版社 2012 年版；［美］寇艾伦、高敏、李侃如、墨宁主编：《当代中国政治研究：新材料、新方法和实地调查的新途径》，段若石、胡国成、赵梅译，中国社会科学出版社 2014 年版。关于中国政治研究的认识论和方法论，参见郭苏建主编《政治学与中国政治研究：学科发展现状评析》，上海人民出版社 2016 年版。

二 质性研究方法的运用现状

在中国政治学研究中，质性研究方法，包括案例分析、历史分析和参与式观察，运用得比较普遍，尤其在基层治理方面。随着基层自治实践的发展，对村民自治的实证研究有了重大发展，以华中师范大学中国农村研究院为代表的"华中乡土派"推动了这一领域的研究，《华中师范大学学报》1998 年第 2 期"村民自治研究"专栏以及 1999 年第 2 期关于村民自治的文章集中展示了这方面案例研究的成果。单案例研究与案例比较被广泛运用到了基层治理与政治发展的研究当中。①

从方法的具体运用来看，案例研究中对案例选择的讨论往往比较少。案例分析是针对一个或少数几个案例开展的旨在加深对案例母体理解的精细（intensive）研究。与人类学不同，政治科学基于一个或少数几个案例的研究或多或少都要追求一定程度的外推性，因此对案例属性的说明是案例分析中不可缺少的。同时，在开展比较时，比较政治学常见的案例比较策略的运用在中国政治学还有较大的空间。② 蔡晓莉（Lily Tsai）关于中国农村公共物品提供的案例研究被认为是科学严谨地选择案例开展比较研究的典范。她综合运用了"最相似案例"比较和"最大差异案例"比较方法，在福建、河北、江西三省各选择了一对最相似的村。每个省这一对村在除了关键解释变量"团结群体"（solidary groups）之外都比较相似，但在被解释变量"政府公共产品提供"上存在差异。从这三对"最相似

---

① 比如，乡村政治研究中的个案研究有于建嵘《岳村政治——转型期中国乡村社会政治结构的变迁》，商务印书馆 2001 年版；比较案例研究可参考于建嵘《乡村选举：利益结构和习惯演进——岳村与南村的比较》，《华中师范大学学报》2000 年第 5 期。

② 关于案例的定义、案例的属性以及案例选择策略，可参考［美］约翰·吉尔林《案例研究：原理与实践》，张睿壮、黄海涛、孙芳露译，重庆大学出版社 2017 年版。

案例"比较中可以得出政府公共产品提供的差异主要源自有无"团结群体"①的差异。根据既有理论,研究中的主要竞争性假设为正式的民主制度,比如村委会选举质量,是影响政府公共服务的主要因素。通过选择在"村委会选举质量"上类似但在政府公共服务有差异的村,研究者有力地反驳了这一观点。除了"最相似案例"比较,研究者还比较了"最大差异案例",这些村除了都有"团结群体"这一共同点之外,在其他变量上差异都较大,但在结果变量,即政府公共服务质量上,都比较好,这进一步支持了"团结群体"与政府公共服务之间的联系。这种巧妙的设计大大提高了研究结果的可信度及其构建理论的说服力。

三 定量及前沿政治学方法的运用现状

中国政治学研究运用的定量及前沿方法主要包括基于社会调查数据的统计分析法、实验法以及大数据方法。1980 年政治学学科恢复后,第一个关于中国民众政治参与的概率抽样调查于 1988 年、1989 年在北京展开。② 第一次全国性的关于公民政治态度的抽样调查"人的现代化",于 1990—1991 年在 24 个省、市、自治区进行。后来这一调查逐步发展为全球性的政治态度调查。第一个研究中国农村政治的概率抽样调查"中国地方政府和政治经济的四县研究"则在 1990 年由美国密歇根大学政治学系与北京大学政治学系合作完成,研究主题包括地方干部和群众对中国政治、经济体制改革的态度,以及影响他们态度的原因。③ 在国内期刊《政治学研究》上第

---

① "团结群体"指涵盖村里不同族群并且与政府结构重叠或者啮合的群众团体。
② Tianjian Shi, *Political Participation in Beijing*, Cambridge University Press, 1997.
③ 严洁:《中国政治学概率抽样调查的实践与特点》,《江汉论坛》2006 年第 3 期;[丹麦]玛利亚·海默、曹诗弟主编:《在中国做田野调查》,于忠江、赵晗译,重庆大学出版社 2012 年版;[美]寇艾伦、高敏、李侃如、墨宁主编:《当代中国政治研究:新材料、新方法和实地调查的新途径》,段若石、胡国成、赵梅译,中国社会科学出版社 2014 年版。

一篇基于社会调查的研究成果发表于 1986 年。① 依据成立的先后顺序（见后附括号），国内主要的学术调查研究机构包括但不局限于：中国人民大学舆论研究所（1986 年）、北京大学中国国情研究中心（1988 年）、中国人民大学社会调查中心（1990 年）、北京大学中国社会科学调查中心（2006 年）、中国人民大学中国调查与数据中心（2009 年）。

在过去三十年间，海内外政治学领域学者与国内学术调查机构合作在农村选举、政治态度、政治参与、国家与社会关系等领域开展和积累了大量的社会调查和丰硕的研究成果。② 其中大部分是单时（one-shot）调查和以面访形式收集数据，也有部分调查是跟踪研究（panel studies）、历时调查（longitudinal survey）以及以电话访谈、自填问卷、计算机辅助调查等形式采集收据。比如，在底特律地区调查（DAS）和 NORC 的综合社会调查（GSS）标杆影响下由北京大学中国国情研究中心开展的北京地区社会经济发展调查（Beijing Area Study，BAS）就是高质量的历时调查。自 2003 年起，中国人民大学中国调查与数据中心与香港科技大学调查研究中心合作开展的中国综合社会调查（Chinese General Social Survey，CGSS）每年对全国 10000 多户家庭进行一次横截面调查。跟踪调查方面有代表性的为北京大学中国社会科学调查中心开展的中国家庭动态跟踪调查，这次调查也是国内首次将计算机辅助面访技术应用于全国性调查。中山大学社会科学调查中心开展的中国劳动力动态调查（Chinese Labor-Force Dynamic Survey，CLDS）于 2012 年完成了第一次全国性调查，并在 2014 年和 2016 年完成了两轮追踪调查。在访问对象上，除了普通大众，在民营企业家和地方干部的调查上也积累了一定数

---

① 严显生：《我国公民宪法意识调查》，《政治学研究》1986 年第 1 期。始于 20 世纪 80 年代末，《政治学研究》还发表了关于党政分开、大学生民主意识、县（区）人大代表直接选举的调查报告。

② 具体总结可参考左才《政治学研究方法中的权衡与发展》，复旦大学出版社 2017 年版，第 153—160 页。

量的研究。

从 20 世纪 80 年代后期至今，研究中国政治的概率抽样调查不仅在数量上有较大积累，更重要的是，为中国政治学理论研究和社会调查方法做出了许多贡献，立足于中国现实进行了一系列探索。由于流动人口的激增，社会调查传统使用的基于户口信息的抽样框会带来较大的覆盖误差，因此激发了抽样框从户口信息向地理信息框的过渡，并有效降低了覆盖误差和由于"人户分离"带来的单元无应答率，这种技术上的进步同时推动了理论的发展。比如，基于地理信息框的调查在流动人口的收入、社交网络以及纠纷处理行为方面有新的发现，并且，使用地理信息框也为研究制度创新中的扩散机制提供了便利。基于国内调查数据，研究人员开展了一系列与社会调查质量相关的研究，包括项目无应答发生的原因、分布、影响和处理方法、访员臆答行为以及并行数据的作用等。关于中国社会调查选项无应答原因的研究发现，认知、兴趣和担忧是选项无应答的三大诱因。教育水平、城乡、年龄、地域属性等个人特征以及主观因素，包括政治兴趣、政治信息的获取是影响无应答水平的关键因素；但是对于"担忧"是否是导致一些敏感问题无应答的原因，研究者得出的结论不尽一致。[1] 在调查数据公开和共享方面的进步主要包括建立中国人民大学中国调查与数据中心的数据收集和分享平台，以及中山大学社会科学调查中心与中山大学城市社会研究中心联合开展的"学术研究数据库共享计划"等。

实验方法在政治学中的运用可以追溯到 20 世纪 20 年代对美国选举的研究。由于实验方法在因果推断中的独特优势，实验方法被

---

[1] 严洁：《项目无回答的成因与降低其水平的途径》，《华中师范大学学报》（人文社会科学版）2006 年第 6 期；Ren Liying, *Surveying Public Opinion in Transitional China: An Examination of Survey Response*, Ph. D. dissertation, University of Pittsburgh, 2009；Jianhua Zhu, "'I don't know' in Public Opinion Surveys in China: Individual and Contextual Causes of Item Non-response", *Journal of Contemporary China*, 1996, Vol. 5, pp. 223 – 244。

越来越多地运用到政治学的经验研究中。① 在中国政治学领域,过去十年,海内外学者开始运用实验方法在政府和官员的回应性、政治参与、政治支持、对具体政策的态度以及政商关系等领域开展因果推断,英文的研究成果多发表于美国顶级政治学期刊。国内期刊上刊发的政治实验研究成果还比较少,最近几年调查实验的研究开始涌现。② 对于一些存在社会期望偏差的敏感问题,实验方法的运用有助于提高测量的准确性。基于在因果推断内部效度方面的优势,实验研究推动了理论的发展,尤其在政府以及个人行为和态度这些议题上。但是实验方法可以运用的领域是有限的,比如历史是无法人为干预的,并且真正随机的分配也是非常有限的,因此自然实验设计当中干预的类随机分配往往需要较多质性数据的支持也较易引起争议。同时,在对具体政策提供指导建议方面,政治学领域开展的实验研究还有待进一步发展。③

随着科技的发展,尤其是互联网和机器学习技术的发展,大数据成为新兴研究方法被广泛应用到多个学科。大数据方法在描述性尤其是相关性研究中具有优势,有助于更全面、精准和实时地了解社会现象"是什么",并且伴随着大数据方法与其他方法,比如统计方法、实验研究和定性方法的结合,大数据方法在因果推论方面也

---

① 关于不同类型的因果关系以及实验方法在因果推断中的独特优势,可参考左才《政治学研究方法中的权衡与发展》,复旦大学出版社2017年版,第14—30页。

② 比如,孟天广、季程远《重访数字民主:互联网介入与网络政治参与——基于列举实验的发现》,《清华大学学报》(哲学社会科学版)2016年第4期;郭凤林、严洁《网络议程设置与政治参与:基于一项调查实验》,《清华大学学报》(哲学社会科学版)2016年第4期;苏毓淞、孟天广《社会组织参与国际气候变化谈判——基于北京市的调查实验》,《清华大学学报》(哲学社会科学版)2016年第4期。

③ 为现实政策提供建议是实验研究的贡献也是许多实验开展的目的,在中国开展的与现实政策关联紧密的实验研究,可参见 Herbert Smith, "Introducing New Contraceptives in Rural China: A Field Experiment", *The Annals of the American Academy of Political and Social Science*, 2005, Vol. 599, pp. 246 – 271。

能做出独特贡献。① 最近若干年，国内学者开始介绍并应用大数据方法开展研究，比如李莉和孟天广以全国网络问政平台的大数据为例分析民众网络反腐败投诉的议题分布和腐败类型、投诉主体的特征及偏好等。②

结　语

回顾中国政治学方法70年来的发展，不难看出在方法论以及具体方法和技术运用方面都有较大的转变和发展。经验研究和规范研究并存，方法多元化的趋势明显。对国外方法以及围绕方法的讨论介绍也日趋全面和细致。由于在方法论方面一直存在不同的观点，并不存在如美国政治学中的科学主义和随之而来的定量方法的霸权，中国的政治学研究方法，从方法论到具体方法和技术的运用都更加多元。

随着社会科学研究方法讨论的积累以及海外留学回国研究人员的增多，在2016年爆发了对社会研究方法的大量讨论甚至激烈论辩。③ 在肯定社会科学研究方法发展的基础上，对科学主义方法产生了更多的反思。比如，渠敬东指出在社会科学研究中要警惕以下三方面：第一，小心社会科学的美国化，照抄照搬美国社会科学表面上的那套制度，而不关心这样的社会科学是基于怎样的人心和文明基础、怎样的社会历史变迁以及怎样的逻辑预设而形成和变化的，不关心我们自己的社会科学从哪里来、到哪里去的问题。第二，小

---

① 孟天广：《政治科学视角下的大数据方法与因果推论》，《政治学研究》2018年第3期。
② 李莉、孟天广：《公众网络反腐败参与研究——以全国网络问政平台的大数据分析为例》，《中国行政管理》2019年第1期。
③ 仇立平：《社会研究方法论辩背后的中国研究反思》，《新视野》2016年第6期。

心方法主义的迷信，似乎越能够寻得一种精巧的方法，就越有信心把握住我们全部的生活经验。第三，警惕在没有对西方概念真正理解的情况下使用西方概念可能产生的误区，今天社会科学家学术思维中首要的和必需的工作是不断赋予概念以新的含义和拓展对于西方文明之基本理念及其演变机制的理解，这样有助于我们找到理解中国文明的概念和价值。① 在方法论方面，这种谨慎和反思无疑显示了中国社会科学研究的发展。同时，学者倡导的"一种观念、方法和实践上的学术包容"也是中国社会科学领域继续发展和成熟的助推剂。②

当然，在研究方法的运用方面还存在较大的发展空间，比如混合方法的运用仍然比较有限，少部分学者开始在中国政治学和比较政治学领域综合运用定量与定性方法。③ 比如，唐世平、熊易寒与李辉合作的关于石油的族群地理分布与族群冲突的发生和升级关系的研究综合运用了过程追踪和定量统计分析方法。④ 研究团队首先运用已有的关于族群冲突和油气分布的跨时间和地域的大型数据库，利用统计回归分析，建立起了石油的族群地理分布与族群冲突发生概率之间的相关性，发现石油分布在少数族群聚居区与族群冲突的发生概率显著正相关。然后，基于七个原则，研究团队选择了五个案

---

① 渠敬东：《破除"方法主义"迷信——中国学术自立的出路》，《文化纵横》2016 年第 2 期。

② 陈云松：《走出费孝通悖论：论社会学的方法之争》，发表于微信公众号"定量群学"，2016 年。

③ 肖唐镖：《人际网络如何影响社会抗争动员——基于混合方法的研究》，《理论探索》2017 年第 2 期；祁玲玲：《制度设计与民主发展——基于 91 个第三波民主国家的定量定性混合分析》，中国社会科学出版社 2017 年版。

④ Hui Li and Shiping Tang, "Location, Location, Location: The Ethno-Geography of Oil and the Onset of Ethnic War", *Chinese Political Science Review*, 2017, Vol. 2, pp. 135 – 158; Shiping Tang, Yihan Xiong and Hui Li, "Does Oil Cause Ethnic War? Comparing Evidence from Process-tracing with Quantitative Results", *Security Studies*, 2017, Vol. 26, No. 3, pp. 359 – 390.

例，包括能够佐证研究者提出因果机制的路径案例（pathway cases），即石油分布在少数族群聚居区导致或加剧族群冲突的案例，石油未分布在少数族群聚居区时，石油资源丰富的多民族国家没有族群冲突的案例，以及与石油资源无关的族群冲突案例，包括虽然石油资源分布不均衡但是由主要族群控制的案例。通过深入分析这些案例和过程追踪来展现和检验石油的族群地理分布影响族群冲突发生的具体机制。

一方面，未来中国政治学研究在研究方法上应该注意中国政治中的特殊性，在引入或运用基于西方情境和经验形成的概念时，防止简单套用萨托利提到的概念延伸问题。另一方面，对不同方法保持开放的心态，在加强学习的基础上，依据研究问题选择合适的研究方法。尤其在对因果机制的挖掘上，中国政治学还有很大的发展空间。最后，在有一定积累的前提下，未来中国政治学研究应该突破纯粹学习和介绍国外研究方法的方式，对研究方法有更多原创的思考与贡献。[①]

[①] 原创贡献比如周亦奇、唐世平《"半负面案例比较法"与机制辨别——北约与华约的命运为何不同》，《世界经济与政治》2018年第12期。

第十一章

新兴学科研究

中国政治学在 70 年的发展历程中，尤其是改革开放以来，不断借鉴、吸收和融合其他学科的知识、理论和方法，与其他学科相互融合、相互影响，在政治学领域产生了一批新兴学科，比如政治心理学、农村政治学、民族政治学、空间政治学、环境政治学等。新兴学科的出现为政治学领域带来了新的学科理论和新的研究方法，成为政治学发展的重要方向，同时反映了中国处于工业化、城镇化和现代化时期对各个学科领域的深刻影响。政治新兴学科的蓬勃发展既是对政治现实的观照，也从一个侧面反映了理论创新的迫切性。

第一节 政治心理学研究

中国学术界对政治心理学的关注较早。20 世纪二三十年代，就有学者翻译出版了群体心理学的创始人勒庞的部分作品。[1] 但此后中国的政治心理学研究长期沉寂。直到 20 世纪 80 年代，对政治心理

---

[1] 民国时期多次翻译出版了法国学者勒庞（G. Le Bon）的经典著作，主要有《革命心理》（1918 年版、1927 年版），《政治心理》（1921 年版、1927 年版），及《群众心理》（1925 年版、1927 年版、1933 年版），这一时期对其译名为黎朋和勒朋。

学才有所关注，到现在只有30多年的历史。

为探讨国内政治心理学的研究现状，对研究热点有清晰直观的了解，我们以中文核心期刊的相关发文为量化分析的主要依据，并结合著作的发表情况，对我国30余年来政治心理学的研究历程及重要议题进行综合述评。

一 国内政治心理学的发展阶段

通过对检索得到的文献数据进行统计分析，绘制出国内核心期刊上政治心理学研究发文量的年份分布图（见图11—1）以及其中采用实证研究方法的文章数量年份分布图（见图11—2）。2000年之前是初始阶段，发文数量很少，2001—2018年发文数量和采用实证研究方法的文章数量均逐渐增长，2014年达到最高值。据此以2000年为界分为两个阶段：第一个阶段发文数量相对较少；第二个阶段发文数量相对较多。从研究方法来说，第二个阶段实证性的研究方法才逐渐出现。从发表情况来看，基本与期刊文章的发表趋势是相符的。基于此，我们将政治心理学在中国的发展划分为两个时期：

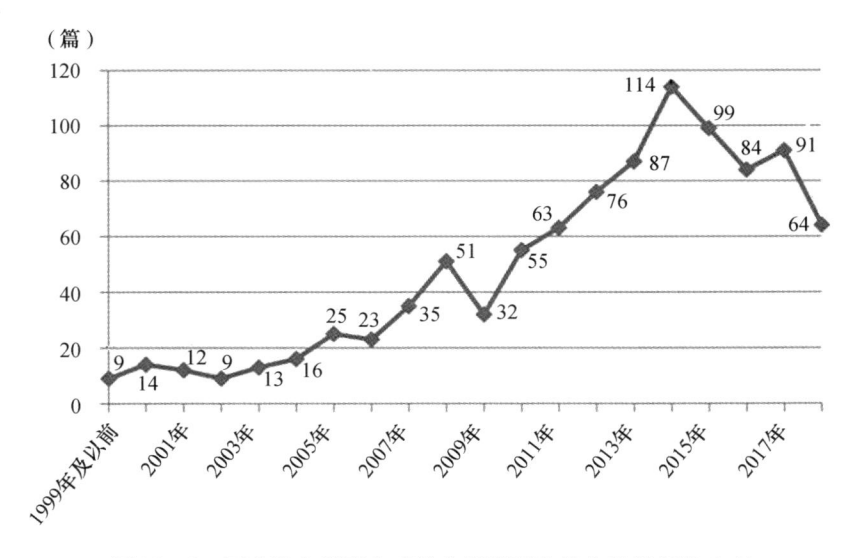

图11—1　国内核心期刊上政治心理学研究发文量的年份分布

形成阶段（2000年以前）；初步发展阶段（2001年至今）。

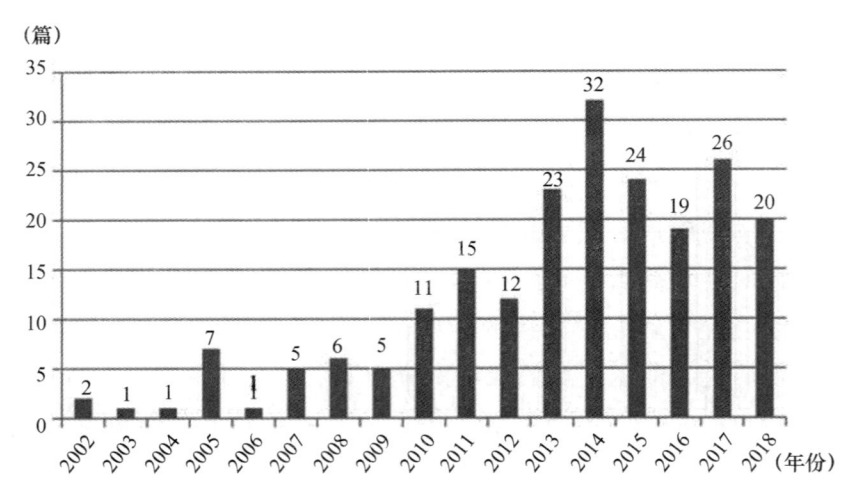

图11—2　国内核心期刊上政治心理学研究中实证性文章的数量

（一）形成阶段（2000年以前）

这一阶段是政治心理学形成阶段，学者们做了如下的工作：翻译国外相关的论著；编写教材。除此之外，也有部分学者进行了实证性的研究。通过学者们的努力，我们对这门学科有了基本的认识。

1984年，《现代外国哲学社会科学文摘》连续发表了三篇翻译文章，[①] 首次全面地向国内学术界介绍了政治心理学这门学科。之后，中国学者超出了单纯的翻译阶段，根据西方的成果结合自己的理解介绍政治心理学，探讨了政治心理学与心理政治学概念的区别，以及研究政治心理学的意义，并断言政治心理学是"一门有待开拓的新学科"[②]。也有学者专门研究政治心理学的某个领域，譬如辨析

---

① ［美］多伊奇：《什么是政治心理学》，夏伯铭译；［美］多伊奇：《政治心理学的若干例证性研究》，夏伯铭译；［美］巴埃叶—卡特：《政治心理学的研究对象及其发展》，周琪译，以上三篇文章均发表在《现代外国哲学社会科学文摘》1984年第6期。

② 蒋云根：《一门有待开拓的新学科——政治心理学》，《学术月刊》1986年第4期；袁振国、朱永新：《政治心理学和心理政治学》，《政治学研究》1988年第5期。

政治人格、政治认知等概念。①

在诸多翻译的论著中，美国学者斯通（W. F. Stone）的《政治心理学》②对中国政治心理学的影响巨大。此书写作于 1974 年，系统介绍了 20 世纪 70 年代以前的政治心理学成果，介绍了威权主义人格、马基雅维里主义人格、自尊动机等。随后国内相继出版的三本教材，③从总体上介绍了政治心理学研究的层次、主题和基本概念，为其后国内学者在政治心理学领域的研究奠定了初步的基础。三本教材受斯通一书的影响较多，甚至许多内容直接来自斯通的《政治心理学》。

政治心理学对中国的政治研究有什么用？在对这门学科有所了解之后，有学者开始尝试将政治心理学与中国的政治研究结合起来。譬如有学者提出应该研究国民的政治认同感，以及中国的政治社会化中社会、家庭和学校三种教育的作用；④更有学者抛出了中国政治心理学研究的几大主题：政府形象心理背景，政府与公众间心理关系特征及发展规律；政治家个性心理特征；滥用权力的心理根源；公民参政心理特点与发展规律；现代化过程中政治不服从现象的社会心理基础。⑤

总体来看，这一阶段介绍性的文章居多，真正进行实证研究的

---

① 王树茂：《领导心理学与政治心理学的交叉》，《领导科学》1994 年第 2 期；董敏志：《政治心理学视野：政治行为与人格》，《上海社会科学院学术季刊》1995 年第 1 期。

② ［美］威廉·F. 斯通：《政治心理学》，胡杰译，黑龙江人民出版社 1987 年版。

③ 王科编著：《政治心理学》，四川人民出版社 1988 年版；袁振国、朱永新：《政治心理学》，知识出版社 1990 年版；刘松阳、刘锋编著：《政治心理学》，河南人民出版社 1991 年版。

④ 邱柏生：《浅析我国政治心理学的发展现状与趋势》，《理论纵横》1995 年第 3 期。

⑤ 蒋云根：《我国政治心理学在当前应该着重研究的若干主题》，《政治学研究》1999 年第 1 期。

不多；定性的文章较多，定量的文章相对较少。但也有少数著作进行了实证性的研究。这些研究对公民的心理、政治素质、青年的政治心理等做了大量问卷调查。① 此类研究多采用问卷调查的方法，但缺少理论性的观照，尤其是对西方政治心理学的理论关注不多；调查问卷以单纯的描述为主，很少探讨各个影响因素之间的关系。

（二）初步发展阶段（2001年至今）

与前一个时期相比，文章的发表和著作的出版均有了大幅增长，主要有如下表现：对国外著作的出版和翻译的种类增多；对政治心理学的理论和概念的探讨已不仅仅局限于泛泛的介绍，而是着眼于前沿性理论的介绍和概念的辨析；针对中国的实证性研究稳步增长，学者们围绕着政治认同和政治信任做了大量研究；对国外的政治心理研究逐渐增多。但总体来说，对政治心理学的研究仅限于几个领域，对于西方主流的政治认知研究几乎很少涉猎；从研究方法来讲，仅限于文献分析方法和问卷调查，几乎不用实验的方法。因此，与西方的政治心理学研究相比，仍然处于初步发展阶段。

这一时期，对国外著作的翻译大致可以分类三类：其一，教材的翻译，国外最流行的政治心理学教材②相继被翻译过来。其二，经典的翻译。政治心理学的重要代表人物拉斯韦尔、埃里克森、勒庞、杰维斯、乔治夫妇、贾尼斯等的著作均翻译出版。其三，前沿著作的翻译。有些著作在国外刚刚出版，国内就有学者对之进行翻译，包括了政治领导的心理分析、政治情感、选民的心理以及专家的政治判断等方面。

这一时期出版了一批政治心理学教材，既有对政治心理学的总

---

① 如张大钧、张庆林《改革的社会心理研究》，四川大学出版社1991年版；张明澍《中国"政治人"——中国公民政治素质调查报告》，中国社会科学出版社1994年版；张国清《青年政治心理探索》，同济大学出版社1994年版。

② ［美］马莎·L. 科塔姆等：《政治心理学》，胡勇、陈刚译，中国人民大学出版社2013年版；［美］戴维·P. 霍顿：《政治心理学——情境、个人与案例》，尹继武、林民旺译，中央编译出版社2013年版。

体概括，也有专门对政治领导心理的分析。① 国内学者对政治心理学的理论和概念的研究已经不仅仅局限于泛泛的介绍，而是着眼于对各个具体理论和概念的介绍和分析，包括对政治人格的分析、政治态度的结构与测量，民意的概念与测量等。在著作方面，除了译著的种类增多，国内专著也逐渐增多。既有对政治心理学的总体考察，② 也有对西方学者的理论的总体介绍。③

值得注意的是，一些主题得到了学者们的共同关注，包括政治参与、政治认同、政治态度、政治信任和政治效能感。这些主题较为集中地出现在 21 世纪第一个十年间，并且在具体研究内容上紧跟时代变化，凸显了时代发展的特征。学者对共同问题的关注，在著作的出版中也得到了印证，其中政治认同、政治信任的研究占据了大部分，也有少量有关政治认知的研究。从研究对象来看，多数学者在探讨阶层的政治心理学，有对各个社会阶层做整体考察的著作，但更多的是对各个阶层的政治心理学的研究，既有商人的政治心理、中产阶层的政治心理、网民心理的研究，也有大学生心理的研究。关注农民政治心理的研究尤其多，由于村民实行自治，有关他们参与政治的心理，包括政治参与、政治效能、政治认知等都成为学者们争相研究的对象。国内学者有关国际政治心理的研究也初有成果，他们对欧盟的集体认同、英国国民的心理、战略心理等进行了研究。但总体来说，这些学者的研究多跟随国际政治的研究热点和主题，尚不具有共同研究某个问题的意识。

二 重点议题的研究

在对所发表的文章进行政治心理学语词的频次分析时，我们发

---

① 季乃礼：《政治心理学导论》，中国人民大学出版社 2010 年版；尹继武、刘训练主编：《政治心理学》，高等教育出版社 2011 年版；季乃礼：《领导心理学》，南开大学出版社 2015 年版。

② 蒋云根：《政治人的心理世界》，学林出版社 2002 年版。

③ 季乃礼：《西方政治心理学史》，天津人民出版社 2016 年版。

现，政治认同（245）与政治信任（193）的数量最多，政治参与（82）、政治态度（46）、政治效能（41）、政治冷漠（23）出现的频次也较高，后四者我们均可以归类在政治态度维度下。基于我们的分析结构，将重点议题设定在三方面：政治认同、政治信任和政治态度。

（一）政治认同

何为政治认同？尽管学者们对政治认同探讨较多，但是对政治认同的内涵并没有形成一致意见，大体上可以归纳为两种意见：一是对政治系统的情感归属。多数学者持此意见，认为政治认同是人们对其所在政治系统的情感上的归属或依附，是一种建立在情感基础上的政治身份的归属。① 二是对政治权威的支持。有学者将政治认同看作对政治权威的认同，是对政治权力的承认和赞同。②

学者们在对政治认同的研究中，将其作为自变量，探讨政治认同对政治合法性的影响。目前学术界已经基本达成共识，认为政治认同是政治合法性的前提与基础，合法性取得的核心即是获得社会公众对政治系统的认同。③ 也有学者将政治认同作为因变量，探讨影响政治认同的因素。史卫民在两本著作中描述了六种危机压力，根据民众的感受，从最强到最弱依次为生态危机压力、国际压力、社会危机压力、文化危机压力、政治危机压力和经济危机压力，而影响压力感强弱的因素主要有权利、利益、政治沟通、政治参与和公民满意度。④

---

① 孔德永：《农民政治认同的逻辑——以社会主义为对象分析》，《齐鲁学刊》2006年第5期；桑玉成、梁海森：《政治认同是如何形成的?》，《复旦学报》（社会科学版）2017年第4期。

② 邱柏生：《浅析我国政治心理学研究的现状》，《复旦学报》（社会科学版）1996年第4期；李素华：《政治认同的辨析》，《当代亚太》2005年第12期。

③ 唐玉环：《论构建促进农民政治认同的信息传播机制》，《湖南师范大学社会科学学报》2006年第6期；房正宏：《政治认同的合法性价值：分析与建构》，《社会主义研究》2010年第4期。

④ 史卫民等：《政治认同与危机压力》，中国社会科学出版社2014年版；史卫民等：《中国不同公民群体的政治认同与危机压力》，中国社会科学出版社2014年版。

对于政治认同的建构,从宏观角度来说可以归为两大类:文化层面及现实体制层面。文化层面又可以分为历史传统与现代政治文化。历史传统多归于传统的政治文化,譬如"贵和"精神对政治认同的影响。现代政治文化多强调了现代公民文化体系的建立对政治认同的作用。现实体制层面主要是加强制度建设,在区分公权力、私权力的基础上,打开公民参与公共事务的政策通道。① 从微观的角度来说,主要是通过教育等途径提高认同主体的身份意识和综合素质。②

在对政治认同的主体研究中,对农民的政治认同颇为关注,主要是从生存性即利益认同为起点的政治认同视角和政治心理因素(包括政治态度、政治信任等)的视角来展开论述,对我国农民政治认同中存在的特点、问题及增进措施做出论述,其中也有少量专门对农民政治认同现状做调查分析的成果。多数考察农民政治认同情况的实证研究通常与政治信任的测量研究相关联。③

近年来在政治认同的研究中出现了一些新变化和新成果。从2008年开始,国内对社会转型下的政治现象研究迅速增多,其中与政治认同的研究相关性较大,并且有学者将社会转型看作政治认同影响因素中最基本、最核心的原因,④ 网络环境也成为影响政治认同

---

① 如常士䦹《贵和精神与当代中国政治认同建构》,《晋阳学刊》2011年第6期;张蕾蕾《政治认同建构的空间逻辑——权利与权力的"非零和"博弈》,《求索》2012年第9期。

② 唐慧玲、王锁明:《公民义务感激发与政治认同的生成》,《南京社会科学》2016年第12期;任勇:《现代国家建构与边疆少数民族认同序列重构——基于政治社会化的角度》,《学习与探索》2016年第7期。

③ 如彭正德《新中国成立以来农民政治认同的研究述评》,《政治学研究》2010年第1期;季丽新、刘庆东《新时期农民对党政治认同的特点分析》,《中共中央党校学报》2011年第1期。

④ 孔德永:《当代中国公民政治认同变化的原因初探》,《理论与改革》2009年第4期。

的重要因素。① 可以看出，国内学界对政治认同的研究从理论到现实有着广泛的关注，并且紧随时代发展，在研究内容上，出现了以农民工、新生代农民工为主体的研究；② 另外，以青年为对象的研究较多，有学者在以青年为样本的调查中发现了政治认同对国家稳定具有显著的正向预测作用。③

总体来说，国内学界对政治认同的研究还是以规范性研究为主，实证研究虽然近年来有所增长，但专门对政治认同进行考察的实证成果占比仍低，这反映出在实际操作上存在难度，对国内政治认同的测量欠缺统一规范的标准。

（二）政治信任

对于政治信任的概念界定，国内学界大多沿用西方学者的研究成果，认为政治信任是"公民对政府或政治系统将运作产生出与他们的期待相一致的结果的信念或信心"。国内有学者在研究中做了进一步界定，大体可以分为两类：一类观点是将政治信任界定为公民对政府的信任，基本等同于政府信任，这一类的界定中有学者表述为公民与政府之间的一种互动，也有学者将公民对政府的政策及主要部门的信任归为认同和支持；④ 另一类观点是认为政治信任不局限于政府信任，还包括对政治体制的信任及公民相互间的信任。⑤ 与政治认同的研究相比，学者们普遍对政治信任的定义、内涵以及如何测量基本无异议。

---

① 徐家林：《网络政治舆论的极端情绪化与民众的政治认同》，《马克思主义与现实》2011 年第 3 期。

② 如韩晓燕《新生代农民工政治认同的困境》，《探索与争鸣》2013 年第 9 期。

③ 参见郑建君《青年政治认同与国家稳定的关系：政治参与和政治沟通的作用——基于 3323 份有效数据的实证分析》，《华中师范大学学报》（人文社会科学版）2017 年第 5 期。

④ 胡荣：《农民上访与政治信任的流失》，《社会学研究》2007 年第 5 期；孟天广、杨明：《转型期中国县级政府的客观治理绩效与政治信任——从"经济增长合法性"到"公共产品合法性"》，《经济社会体制比较》2012 年第 4 期。

⑤ 宋少鹏、麻宝斌：《政治信任的结构》，《行政与法》2008 年第 8 期。

难能可贵的是，在将西方的政治信任理论运用到中国政治现象的分析时，实现了"本土化"，逐渐形成且被普遍接受的"层级差异"观点，为国际政治信任的研究贡献了中国元素。最早的研究成果出自2004年，李连江在发表的文章中讨论了农民对五级党委的信任程度，并于2012年将各级政府信任的差异明确概括为"差序政府信任"[①]。

影响政治信任的因素有哪些？可以大致归纳为政治文化、结构主义两种视角。有学者肯定了道德标准和价值观所具有的持久影响。[②] 有学者以农村为例，肯定了传统政治文化对政治信任的正向推动作用，认为农民政治信任度的提高，会推动村民参与村内基层选举的积极和热情，使他们倾向于选择体制内方式表达自己的意见。[③]

学者们普遍采用结构主义视角。这种视角多强调政府行为差异、民众的特质差异，以及政府与民众的互动。从政府的角度来说，政府能否持公正的立场，以及能否积极回应民众的诉求；或者能否满足民众所需要的公共福利产品等都可能影响民众的政治信任差异。民众的特质不同，也会影响政治信任的差异。譬如，年龄的因素，公众政治信任水平呈现"代际递减"的特征。对信息尤其是政治信息接触的差异，也会对政治信任产生影响，直接的公共服务体验与政府信任呈正相关关系，而消息是来自正规渠道还是非正规渠道则与政府信任呈负相关关系。[④]

---

① 李连江：《差序政府信任》，《（香港）二十一世纪》2012年6月刊。

② 王正绪等：《公民与民主：史天健对中国研究及政治学方面的贡献》，《开放时代》2011年第9期。

③ 肖唐镖、王欣：《中国农民政治信任的变迁——对五省份60个村的跟踪研究（1999—2008）》，《管理世界》2010年第9期。

④ 孟天广、李锋：《政府质量与政治信任：绩效合法性与制度合法性的假说》，《江苏行政学院学报》2017年第6期；李艳霞：《"后物质主义"价值观与当代中国公众的政治信任——以代际差异为视角的比较分析》，《公共管理学报》2017年第3期；吕书鹏：《差序政府信任：概念、现状及成因——基于三次全国调查数据的实证研究》，《学海》2015年第4期。

在影响政治信任的诸多因素中，有学者引入了社会资本的概念，总体而言两者并非简单直接的关系。譬如，关系资本对政治信任有副作用，社会资本中的不同维度对政治信任有不同的影响。譬如，熟人社会的信任在解决乡村纠纷中有重要作用。① 在影响社会资本的因素中，学者们注意到了互联网的作用。有学者认为互联网新媒体的使用对公众政治信任水平有一定的消极影响，一定程度上弱化了政治信任。②

总体来说，国内的政治信任研究较为成熟，在内涵界定及测量方式上受外国学者理论的影响较多，并在此基础上研究国内现象，形成了"层级差异"的创见性观点，对基层政治信任的实证研究逐渐成为研究热点。

（三）政治态度

政治态度的研究多以群体为对象。在对群体的研究中，中产阶层是国内学者关注的一个焦点，多围绕其政治态度是保守还是激进，是否益于增进政治稳定而展开。多数研究者认为我国中产阶层的政治态度具有一定复杂性，但总体来看是保守的，不会对政治稳定造成直接冲击。③ 也有研究者认为我国中产阶层比较激进，社会批判意识逐渐显现。④ 还有学者认为，中产阶级对我国政治体系表示出很高程度的认可，其中，在体制内的比在体制外的表现出更为积极的态度。⑤ 农民也是受关注较多的群体，得出的结论基本是不乐观的，表

---

① 陈云松、边燕杰：《饮食社交对政治信任的侵蚀及差异分析：关系资本的"副作用"》，《社会》2015年第1期；邱国良：《宗族认同、政治信任与公共参与——宗族政治视阈下的农民政治信任》，《国家行政学院学报》2011年第1期。

② 如苏振华、黄外斌《互联网使用对政治信任与价值观的影响：基于CGSS数据的实证研究》，《经济社会体制比较》2015年第5期。

③ 齐杏发：《当前中国中产阶层政治态度的实证研究》，《社会科学》2010年第8期；胡建国：《中国中产阶层社会政治态度研究》，社会科学文献出版社2006年版，第152页。

④ 张翼：《当前中国中产阶层的政治态度》，《中国社会科学》2008年第2期。

⑤ 卢春龙：《中国新兴中产阶级的政治态度与行为倾向》，知识产权出版社2011年版，第199页。

现为对村民自治实际效果的总体评价不高。① 另外一个受关注群体是青年，探讨互联网对青年的影响，认为互联网对青年的政治态度有削弱的作用。②

政治冷漠现象是国内学界关注较早且研究较多的话题。有学者指出政治冷漠是对政治参与的疏远和逃避，应通过改革并完善经济政治体制等途径来克服；但也有学者认为政治冷漠并非坏事，政治冷漠更有利于政治制度的运作，是一种再生的希望、发展的正道。为何会形成政治冷漠？一种观点将之归为体制，是压制下的无奈；另一种观点将之归为个体，归于以狭隘的个人利益为主导的价值取向。③

政治效能感是研究公民政治态度的重要变量，也是评估政治参与是否有效的指标之一。政治效能是公民对于自身在政治生活中影响力的心理感知，包括内在政治效能感和外在政治效能感两个维度。有关政治参与和政治效能感的关系中，有学者将政治效能感作为因变量，普遍的观点是政治参与的有序扩展有助于提升公民的政治效能感；但是也有学者认为两者并非简单的因果关系。④ 有学者将其作为自变量，研究表明内在政治效能感比外在

---

① 郭正林：《当代中国农民政治态度的定量研究》，《学术研究》2005 年第 5 期；李婷玉：《上海农民的政治态度与基层社区治理——基于金山区吕巷镇问卷调查的思考》，《上海行政学院学报》2013 年第 2 期。

② 卢家银、段莉：《互联网对中国青年政治态度的影响研究》，《中国青年研究》2015 年第 3 期。

③ 赵海月：《政治冷漠现象探析》，《社会科学战线》1995 年第 6 期；燕继荣：《政治冷漠是不是坏事？》，《读书》1995 年第 10 期；于建嵘：《沉默抑或暴力：警惕民众政治心态的两极化》，《探索与争鸣》2015 年第 11 期；郭倩倩、秦龙：《政治冷漠与积极公民重塑》，《探索与争鸣》2016 年第 3 期。

④ 如刘伟《城市居民政治效能感影响因素研究——基于 CGSS2010 数据的分析》，《中共福建省委党校学报》2016 年第 8 期；李蓉蓉等《论政治效能感》，《国外理论动态》2015 年第 5 期。

效能感对民众的政治参与影响更为显著。① 也有研究比较了城乡居民政治效能感的差异，表明居住在城市的居民及城市户口居民的政治效能感相对较高。②

三 存在的问题与展望

如何判断我们的发展状况？我们将西方政治心理学的发展作为参照，比较当中就会发现我们所存在的问题。西方的政治心理学自20世纪20年代兴起之后，大致经历了40年代和50年代的"人格与文化"时期，60年代和70年代的"态度和选举行为"时期，80年代的"政治认知"时期，一直到现在的"政治情感"研究时期。与此相比，中国的政治心理学研究基本停留在西方的第一、第二个阶段，第三个阶段政治认知的研究和第四个阶段政治情感的研究在中国非常少。具体来说，中国政治心理学的初级阶段有如下的表现。

第一，运用的理论和概念过于狭隘。在西方，形成了许多理论中心，譬如，威权主义理论、整合复杂性理论、象征政治理论、情智理论、社会支配理论、社会认同理论等，涉及政治人格、政治情感、政治认知等诸多领域。中国政治心理学的研究多集中于政治认同、政治信任和政治态度等少数几个概念上，对政治认知和政治情感很少涉猎。与此相应的是，对这些概念的应用多来自西方，理论也是基本来自西方，没能很好地与本土情境进行融合，未能形成自发生长的理论建构模式。

第二，研究方法相对单一。西方政治心理学以文献分析、问卷调查和实验为主。分析以定量为主，特别是对数据的处理上，当前

---

① 如李蓉蓉《农民政治效能感对政治参与影响的实证研究》，《深圳大学学报》（人文社会科学版）2013年第4期；胡荣《中国人的政治效能感、政治参与和警察信任》，《社会学研究》2015年第1期。

② 裴志军：《农村和城市居民政治效能感的比较研究》，《政治学研究》2014年第4期。

越来越集中于定量统计的手段。即使是文献分析方法，也已经突破了传统的质性研究方法，多采取内容分析法对样本进行量化分析。近年来，引入了大数据的分析方法，以及医学的研究方法，譬如"眼动实验"和"脑电实验"的应用。我国的研究虽然涌现出了大量的实证性研究论文，但基本以问卷调查为主。在文献分析中，基本限于历史和哲学思辨方法，很少运用内容分析法对样本进行量化分析。

第三，研究议题缺少核心。西方政治心理学研究的议题非常广泛。从研究内容来看，包括人格、认知、政治态度、群体心理、领导心理、政治文化、宽容、服从、信任、认同等诸多方面。西方政治心理学的研究议题辐射面虽然比较广，但始终围绕着选民心理、领导心理来进行研究。通过对比会发现，我国政治心理学的议题相对较窄，理论和概念的运用要么比较死板、要么比较泛化。同时，我们探讨的这些议题又与政治学的核心议题存在着距离，导致了这门学科的边缘化。

因此，未来政治心理学的研究应该从以下几方面入手：其一，扩展研究领域，尤其是吸收政治认知、政治情感的相关理论，对中国的政治现象进行解读；其二，研究方法上，应该引入实验的方法，作为未来政治心理学研究的主流方法之一，同时借鉴医学、大数据的研究方法；其三，紧跟中国政治的核心命题，围绕着权力的运作设计研究议题；其四，政治心理学的本土化，包括对西方政治心理学的理论和概念的改造，以及根据中国的政治现象发展出符合中国的独有的理论解释。

第二节 农村政治学研究

农村政治学，也称乡村政治学，是研究农村政治关系及其发展规律的政治学分支学科。中华人民共和国成立以来尤其是改革开放以来兴起的农村政治学,是从政治学的维度,从国家与基层社会、国家与农民关系的结构视角,从农村与城市相对的空间范畴,围绕农村基层政权变迁和农村社会变革,以集体化、村民自治和乡村治理等为主线,主要运用田野调查、实证分析、结构主义和历史分析研究方法,对农村、农业、农民问题进行研究的一门政治科学。农村政治学研究,总体上以问题为导向。对1949年至改革开放前的研究,主要围绕农村集体化等展开;1978年以后,农村成为改革的重点和突破口,开始对农村基层政权建设进行研究;20世纪90年代至21世纪初,"三农"问题成为党和国家工作的重中之重,逐步转向农村村民自治和乡村治理研究,成为政治学界一个新的学术热点,并形成了若干农村研究"学派"或"风格"。从学科意义上讲,即为农村政治学研究。

一 农村政治学发展历程

20世纪80年代末90年代初,村民自治制度得到了国家的认可并在全国开始推广实施,给国家基层治理带来新的问题,也给中国政治学研究者带来学术增长点和新议题。在这种情况下,一些学者开始突破长期以来政治学研究的局限,转变研究路数,走出书本,走向社会,转向村民自治与基层民主的研究。农村政治研究意外地成为政治学研究分支领域的新学术增长点和学者成名的高地。但直接对农村政治学概念或学科进行的研究并不多。目前以"农村政治学"或"乡村政治学"为关键词进行检索,有7篇论文,分别为李敬、萧楼、贺东航、樊红敏、徐晓波等的研究。

我们结合中华人民共和国成立后的农村发展过程演变,大致总结出农村政治学研究的历程。

(一)改革开放前初探受挫

1949年中华人民共和国成立之初,就面临农村基层政权建设尤其是土地改革的研究问题,[1] 如 1951 年出版的《土地改革后的中南农村》和《土改后的农村》等。1952 年院系调整,随着政治学被取消及后来的"文化大革命"十年,农村政治学研究几乎空白。对这一时期农村政治研究,基本是在 20 世纪 80 年代后开始的。这一时期除了杨庆堃 1959 年所著《共产主义过渡初期的一个中国农村》、1963 年杨懋春关于集镇和乡村[2]等的研究外,本土的农村政治学研究成果不多。

(二) 改革开放至 21 世纪初的兴起

第一阶段是萌芽兴起。一是农村改革催生农村政治研究。1978 年改革开放后随着家庭联产承包责任制等农村体制的变革,农村政治开始受到关注。尽管最初从事政治学研究的多半是原来从事马列·科社、党史·党建的学者,采用规范和文本等的定性研究和上层研究,[3] 但已开始萌芽农村政治的基层研究,如杜润生侧重农村政策及其经济改革,黄道霞、陈锡文、陆学艺等侧重农村基层组织建设研究。从 1987 年到 1995 年,谢庆奎教授作为中方的负责人之一,主持北京大学与美国密歇根大学的中国基层政权研究项目,建立了数据库,并发表多篇论文。二是家庭联产承包责任制后,生产成为一家一户的事,促进了家族制度的研究。1986 年复旦大学成立了乡村家族文化研究中心,政治学系王沪宁教授负责的课题组"当代中国村落家族文化"对中国村落进行了历时三年的调研,研究了中国政治、农村政治、家族政治,[4] 其研究特点是远超同时代学人的学术规范、扎实的调查风格和社科学术团队的合作精神,章节整齐,逻

---

[1] 陈荷夫:《土地与农民——中国土地革命的法律与政治》,辽宁人民出版社 1988 年版,第 1—10 页。

[2] 杨懋春:《中国的集镇制度与乡村生活》,《社会学刊》1963 年第 1 期。

[3] 俞可平、张禹、王俊:《中国政治学向何处去》,《北大政治学评论》2018 年第 5 辑。

[4] 王沪宁:《当代中国村落家族文化——对中国社会现代化的一项探索》,上海人民出版社 1991 年版。

辑性强。三是村治法规促发村民自治研究。1980 年广西合寨村开始探索村民自治，1982 年《宪法》中正式确立了村民自治的基本原则，1987 年制定通过《中华人民共和国村民委员会组织法（试行)》，这些都推动了村民自治研究的兴起。四是农研机构推动基层政权研究。20 世纪 80 年代初，张厚安等较早将研究视野投向农村，提出"三个面向，理论务农"，由此迈出了"四大步"。这一阶段农村研究译著有韩丁的《翻身：一个中国村庄的革命纪实》、柯鲁克的《十里店：中国一个村庄的群众运动》、费孝通的《江村经济》等。

第二阶段是快速发展。当 20 世纪 90 年代中国政治学者带着理想来到农村研究领域进行试探性耕耘时，他们发现这里早有其他学科的学者在努力。此时进入农村研究领域的人类学、社会学和地方史的学者已做了相当出色的工作。他们中的大多数研究者均以乡村社会为对象，从微观的、历时的、过程的视角讨论国家与民间社会关系。他们的学术成果共同推动了农村政治学的发展，使 20 世纪 90 年代至 21 世纪初的 15 年（1990—2005 年），成为农村政治学研究的黄金 15 年。90 年代后期，村民自治研究成为"显学"。1995 年，张厚安、徐勇在原有机构的基础上成立了华中师范大学农村问题研究中心。刁田丁、郑邦兴、张厚安、徐勇等获得了农村政权建设研究项目，包括"六五""七五""八五"课题。这一阶段农村政治研究的成果增多。就著作而言，有张厚安的《中国农村基层政权》和《中国特色的农村："乡政村治"的模式》，徐勇的《非均衡的中国政治》和《中国农村村民自治》，金雁等的《农村公社、改革与革命》，曹幸穗的《旧中国苏南农家经济研究》，孙达人的《中国农民变迁论》，秦晖等的《田园诗与狂想曲》，张鸣的《乡土心路八十年》，周晓虹的《传统与变迁——江浙农民的社会心理及其近代以来的嬗变》，胡荣的《理性选择与制度实施：中国农村村民委员会选举的个案》，张厚安等的《中国农村村级治理》，张明亮的《村民自治论丛：第一辑》，项继权的《集体经济背景下的乡村治理》，于建嵘、贺雪峰、徐勇的《乡村治理与中国政治》，陆学艺的《三农论》和《改革中的农村与农民》。这一时期，还重新校订出版了费孝通的《乡土中国 生育制度》等。

这一时期，海外学者如李连江、牛铭实、史天健、何包钢等海外华人学者进入中国开展实地观察和问卷调查，研究议题进一步拓展，不仅包括村民选举及其政治经济效应分析，还包括农民抗争行动、基层政府角色等新议题，研究趋于规范。还有欧博文①、李淑珊②等人的研究。

（三）农业免税后的深入研究

2006年，在中国沿袭两千年之久的农业税终结。作为政府解决"三农"问题的重要举措，停止征收农业税不仅减轻了农民的负担，增加了农民的公民权利，体现了现代税收中的"公平"原则，同时还符合"工业反哺农业"的趋势，标志中国进入改革开放转型新时期。学界对村民自治和乡村治理等进行总结、比较和反思，研究成果进一步增多。就著作而言，有贺雪峰的《乡村的前途》《中国村治模式：若干案例研究》《村治的逻辑》《乡村社会的关键词》《地权的逻辑》，朱冬亮、贺东航的《新集体林权制度改革与农民利益表达：福建将乐县调查》，吴毅的《小镇喧嚣——一个乡镇政治运作的演绎与阐释》。特别是吴毅提出了"乡域政治"概念，这较"村治"更为宏观，较"县政"更可操作，从而实现了在田野研究中打通宏观与微观、国家与地方、过程与结构、体制与非体制及政治与经济和文化诸变量关系的目的。③

此外，从县域层面研究农村政治学的著作也多起来，如贺东航的《地方社会、政府与经济发展——闽南晋江模式的生成与演变》、周庆智的《中国县级行政结构及其运行——对W县的社会学考察》

---

① [美] 欧博文：《中国村民委员会组织法的贯彻执行情况探讨》，《社会主义研究》1994年第5—6期。

② [美] 李淑珊：《村民代表会议——中国式的民主》，《乡镇论坛》1995年第4期。

③ 吴毅：《小镇喧嚣——一个乡镇政治运作的演绎与阐释》，生活·读书·新知三联书店2007年版，第600—602页。

等，此类著述展现县级政治的运作以及在县这个层次上国家与农村社会的互动关系，通过以县级为中观分析单位，将宏观理论与微观乡村个案调查结合起来，寻找宏观理论的中国农村样本。① 总的来说，农村政治学者通过区域空间的展开为乡村政治结构及其变迁的研究提供了一个相对完整的政治运作时空，并使得历时性的变迁研究所需要考虑的行动者能够悉数进场。这里的国家已经不再是乡村关系中单一形态的国家，而是由县、乡不同利益机构组成的利益和需求都不完全一致的国家。农村政治学研究者能够较好地表达乡村政治的生态结构，清晰地认识到政治变迁的地方性逻辑。农村政治学者在"村治"微观研究的扩展，很自然地可将"地方政府""地方性权威""变通""地域化治理""地方共同体""地方意识""地方性知识"等概念作为乡村政治研究的关键词，对乡村进行较为深度的政治学解释，重建政治学科本位的自信。

除了本土研究外，这一阶段有大量西方学者的相关研究成果引介和翻译进来。萧凤霞、李连江、白思鼎、戴慕珍、柯丹青、史天健、墨宁、罗伦丝、邱越伦、郑永年、何包钢等人对中国农村政治的研究也产生了较大影响。

进入21世纪后，随着乡村振兴和健全三治相结合的乡村治理体系的提出，以及中国特色一流政治学科建设的要求，出于学科自觉，农村政治学初步确立，农村政治学研究进一步拓展，出现了向下、向内的拓展，如2014年以后华中师范大学中国农村研究院徐勇团队关于村民自治有效实现形式的研究和基本单元设置研究。② 如郝亚光、徐勇的《让自治落地：厘清农村基层组织单元的划分标准》，白

---

① 贺东航：《当前中国政治学研究的困境与新视野》，《探索》2004年第6期。
② 徐勇、赵德健：《找回自治：对村民自治有效实现形式的探索》，《华中师范大学学报》（人文社会科学版）2014年第4期；徐勇：《实践创设并转换范式：村民自治研究回顾与反思——写在第一个村委会诞生35周年之际》，《中国社会科学评价》2015年第3期。

雪娇的《规则自觉：探索村民自治基本单元的制度基础》，李松有的《群众参与视角下中国农村村民自治基本单元的选择》。此外，关于解释中国农村基层治理的理论有了突破，中山大学的肖滨教授以近年来广东村民自治的实践创新为研究案例，提出了村民自治的新框架——"五权"结构平衡论，以此作为分析广东等地探索村民自治新形式的理论基础。[①] 不过，在现实层面，"国家退出""乡派村治"并未在中国的农村基层出现，随着农村改革发展和形势任务的变化，中央决定对1999年版《中国共产党农村基层组织工作条例》予以修订，更加突出强调加强"党对农村基层治理的全面领导"。围绕农村基层治理的这一重大变化，有学者认为，农村民主实践离不开基层党组织的领导，这方面的成果有肖唐镖和涂曼冰的《村民自治会影响党的领导吗？——乡村居民与地方干部意见的分析》、桂华的《竞争性选举、党的领导与农村基层民主实践——对我国东部沿海两地经验的比较分析》、景跃进的《中国农村基层治理的逻辑转换——国家与乡村社会关系的再思考》[②] 以及贺东航的《中国公共政策的政治势能——基于对近20年农村林改政策的分析》，他们认为新时期国家以项目、下派第一书记、加强农村基层党建、财政支付村干部报酬等方式全面进入乡村社会，出现了"党组织的复兴""村干部行政化""主动性行政化"等现象。

二　农村政治学的核心议题

农村政治学研究以"农村政治"作为焦点研究领域。2019年初，在中国知网（CNKI）上以篇名"农村政治"检索，共有论文301篇，其中核心期刊论文98篇、CSSCI论文67篇。以篇名"乡村

[①] 肖滨、方木欢：《寻求村民自治中的"三元统一"——基于广东省村民自治新形式的分析》，《政治学研究》2016年第3期。

[②] 景跃进：《中国农村基层治理的逻辑转换——国家与乡村社会关系的再思考》，《治理研究》2018年第1期。

政治"检索,共有论文 205 篇,其中核心期刊论文 77 篇、CSSCI 论文 52 篇。也就是说,二者相加,篇名含"农村政治"或"乡村政治"的论文共 506 篇,其中,核心期刊论文 175 篇,CSSCI 论文 119 篇。由此可见,直接研究农村政治或乡村政治的成果并不多,按时序,有代表性的学者有徐勇[1]、金太军和董磊明[2]、吴毅[3]、仝志辉[4]、贺东航[5]、刘金志和申端锋[6]、廖林燕[7]、李德瑞[8]、邓大才[9]等对农村政治的缘起延展、回顾前瞻、研究主题、分析框架、实证方法等的总结研究。这些成果总体上关注以下核心议题。

(一)以政权为起点的农村政治管理研究

农村政治学研究的早期是将政治管理作为政治行为的一部分,着重研究农村基层政权建设。无论是对中华人民共和国成立之初的土地改革和集体化时期的农村基层政治,还是对改革开放之初的农村基层组织的研究,都是围绕农村基层政权建设进行的,这是农村政治学研究的起点。

1986 年,民政部的王振耀等组织课题组对四省县的农村基层政权和基层组织进行了调查。1988 年前后,张厚安带领的团队也展开

---

[1] 徐勇:《农村政治稳定的总体评估与发展趋势》,《文史哲》1996 年第 1 期。
[2] 金太军、董磊明:《近年来的中国农村政治研究》,《政治学研究》1999 年第 4 期。
[3] 吴毅:《农村政治研究:缘自何方,前路何在》,《开放时代》2005 年第 2 期;吴毅、李德瑞:《二十年农村政治研究的演进与转向》,《开放时代》2007 年第 2 期。
[4] 仝志辉:《乡村政治研究诸问题——对应星批评的回应和进一步思考》,《社会学研究》2005 年第 3 期。
[5] 贺东航:《农村政治学研究方法诸问题》,《中国书评》2006 年第 1 期。
[6] 刘金志、申端锋:《乡村政治研究评述:回顾与前瞻》,《开放时代》2009 年第 10 期。
[7] 廖林燕:《近十年的国内农村政治研究》,《云南行政学院学报》2010 年第 1 期。
[8] 李德瑞:《"乡村政治研究"何以成为可能》,《甘肃行政学院学报》2011 年第 2 期。
[9] 邓大才:《近 30 年来中国农村政治研究的实证方法运用》,《中国农村观察》2011 年第 6 期。

了广泛调查，1989 年 5 月其组织的中国农村基层政权课题组与国务院农研中心发展所共同主办了中国农村基层政权建设理论和实践研讨会。1989 年 7 月，王振耀则推动民政部基层政权建设司召开了全国农村基层政权建设理论研讨会，成立了中国基层政权建设研究会。1989—1992 年，该研究会组织汇编《实践与思考》，收录了乡村政治调查的众多论文。这一时期，李慷主持了"中国农村基层社区组织（乡村）建设"课题，基于宁夏农村调查与研究，完成了《社会变迁中的中国农村社区乡级组织》，对当时乡级政权的运行现状、结构现状、效能现状、机能现状等进行了案例剖析。这一时期，就著作而言，按时序代表性的有：张厚安的《中国农村基层政权》，张厚安的《中国农村基层政权建设问题研究》，[1] 李学举等编著的《中国乡镇政权的现状与改革》，李学举的《中国城乡基层政权建设工作研究》，白益华主编的《中国基层政权的改革与探索》（上、下），彭向刚的《中国农村基层政权研究》，王振耀和白益华主编的《乡镇政权与村委会建设》。另有邱乘光[2]等的研究。进入 21 世纪以后，在延续的基础上拓展到更加学理性的基层政权制度和整体治理研究等。如张静 2000 年出版了《基层政权：乡村制度诸问题》，2007 年、2019 年再版；又如赵树凯 2010 年出版了《乡镇治理与政府制度化》。值得一提的是，徐勇对中华人民共和国成立以来国家如何整合乡村的政权建设进行了研究，他用国家建构理论来解释中国乡村政治和社会的变迁，形成了政党下乡、行政下乡、政权下乡、政策下乡、法律下乡、服务下乡、宣传下乡等系列研究成果。

（二）以利益为纽带的农村政治关系研究

农村政治学研究早期除了关注基层政权建设外，还由之引申出

---

[1] 张厚安：《中国农村基层政权建设问题研究》，《社会主义研究》1988 年第 6 期。

[2] 邱乘光：《农村基层政权建设的现状与对策》，《社会学研究》1991 年第 3 期。

因为权力介入而导致的国家与农民彼此型构、塑造和互构等政治关系问题。

在国家与农民的互构中研究权力利益关系，重点是探讨国家权力下乡与农民权利回应问题。主要有：一是干群关系研究。如王建军从农村干群关系角度研究了乡村建设的困境和出路。① 二是权力结构研究。如唐忠新从村落组织构成和权力结构角度对乡村的权力利益关系进行了研究。② 还如于建嵘以岳村为例研究了转型期中国乡村政治结构的变迁。三是政治稳定研究。张厚安、徐勇等人从政治稳定的角度主编了《中国农村政治稳定与发展》，指出虽然政治压力使农村形成了某种稳定状态，但也影响了农民民主和法治秩序。四是维权抗争研究。如应星从抗争政治的视角分析了当代中国乡村社会的和谐问题。五是利益博弈研究。如郑欣以华北村民上访为例研究了乡村政治中的博弈生存问题。赵树凯则直接将长期关注的农民与政治研究成果汇集成《农民的政治》一书在2011年出版，后于2018年再版，其认为在当下语境中，农民并不是讨论政治体制的主要考量，农民本身作为政治力量未有效进入国家的政治过程，但人们又无法忽视其在政治中的分量和作用。周雪光也认为，国家对社会的渗透在中华人民共和国成立后是成功的但也是不彻底的，宗族组织等仍然发挥着较大作用。③ 舒秀文指出，中国农村的蜂窝式结构为村庄各自为政、抵制国家干预提供了有力的保护。弗里德曼发现，即使在农村集体化的高峰时期，农民社会中的宗法组织也在暗中发挥着作用，维护其成员的利益。在新时代和乡村振兴背景下，学者们也开始研究新型的国家与农民关系，例如，贺雪峰从农村土地利用的角度比较了沿海地区三种国家与农民关系的模式；④ 赵晓峰、付

---

① 王建军：《农村干群关系：困境及出路》，《社会主义研究》1990年第5期。
② 唐忠新：《村落社区的权力结构透析》，《天津社会科学》1995年第5期。
③ 周雪光：《无组织的利益与集体行动》，《社会发展研究》2015年第1期。
④ 贺雪峰：《沿海发达地区农村国家与农民关系》，《社会科学战线》2017年第9期。

少平认为,农村地方政府、企业、农村能人及边缘势力之间形成闭合性结构,垄断了农村的惠农政策,是当前国家与农民关系面临的新挑战。[1] 张大维提出在乡村振兴中需要形成政府主导和农民主体有机衔接和有效组合的优势治理格局。[2]

  国家与农民的互动往往体现在一些关键领域,从而形成了一些特定关系的政治研究。一是土地政治研究。国家与农民的互动首先是围绕土地和税收关系而展开的。邓大才的《土地政治》、贺雪峰的《农村的土地政治学》,[3] 直接论及了土地政治学。二是产权政治研究。与土地政治相关的是产权关系,由此引发了政府经济学或政治经济学视角下国家与农民互动的研究。早期的研究如邓大才的《湖村经济》《城乡经济》《平原经济》和刘金海的《山村经济》等,为提出产权政治打下了基础,并逐步提出了产权政治学,如唐贤兴[4]、董江爱[5]、邓大才[6]的研究。还有学者研究特定阶段的国家与农村基层关系的演变,如周飞舟的《乡镇政府"空壳化"与政权"悬浮"》[7] 认为农村税费改革后出现了以乡镇政府为中心的基层政府行

---

[1] 赵晓峰、付少平:《社会结构分化、关系网络闭合与农村政策扭曲——当前国家与农民关系面临的新挑战》,《学习与实践》2015 年第 1 期。

[2] 张大维:《优势治理:政府主导、农民主体与乡村振兴路径》,《山东社会科学》2018 年第 11 期。

[3] 贺雪峰:《农村的土地政治学》,《学习与探索》2010 年第 2 期。

[4] 唐贤兴:《产权与民主的演进:当代中国农村政治调控的变化》,《政治学研究》1997 年第 3 期。

[5] 董江爱、王铁梅:《煤矿产权与农村政治》,《政治学研究》2011 年第 6 期。

[6] 邓大才:《产权单位与治理单位的关联性研究》,《中国社会科学》2015 年第 7 期;邓大才:《中国农村产权变迁与经验》,《中国社会科学》2017 年第 1 期;邓大才:《通向权利的阶梯:产权过程与国家治理——中西方比较视角下的中国经验》,《中国社会科学》2018 年第 4 期。

[7] 周飞舟:《乡镇政府"空壳化"与政权"悬浮"》,《中国改革》2007 年第 4 期。

为的"迷失"。李祖佩的《"新代理人":项目进村中的村治主体研究》①一文研究后税费时代项目制下乡对村庄权力结构的改造——"新代理人"兴起。

(三) 以自治为主题的农村政治民主研究

农村政治学研究在 20 世纪 80 年代末以来最重要的主题是村民自治,这是由农村经济体制改革和国家民主化进程决定的,其间研究产生了大量成果。

有学者在产权视角下分析中国村民自治,提出了产权与治权相统一、产权单元与治理单元一致等观点。②有的则从多主体、治理手段和工具角度进行研究。如悬浮型治理③、内卷化(过密化)治理④、选择性治理⑤、优势治理等研究。还有的是从治理有效的视角,对治理单元⑥、组织单元⑦、社区自治⑧、村治转型⑨、协商治理等进行研究。⑩ 再如徐勇关于培育自治、找回自治、重达自治、自治

---

① 李祖佩:《"新代理人":项目进村中的村治主体研究》,《社会》2016 年第 3 期。
② 邓大才:《产权单位与治理单位的关联性研究——基于中国农村治理的逻辑》,《中国社会科学》2015 年第 7 期。
③ 周飞舟:《从汲取型政权到"悬浮型"政权——税费改革对国家和农民关系之影响》,《社会学研究》2006 年第 3 期。
④ 李祖佩:《乡村治理领域中的"内卷化"问题省思》,《中国农村观察》2017 年第 6 期。
⑤ 吴理财:《以民众参与破解选择性治理》,《探索与争鸣》2009 年第 4 期。
⑥ 邓大才:《中国农村村民自治基本单元的选择:历史经验与理论建构》,《学习与探索》2016 年第 4 期。
⑦ 徐勇、郝亚光:《让自治落地:厘清农村基层组织单元的划分标准》,《探索与争鸣》2015 年第 9 期。
⑧ 袁方成:《民主治理如何可能——从村民自治到社区自治的考察》,《武汉大学学报》(社会科学版)2016 年第 4 期。
⑨ 李勇华:《乡村治理与村民自治的双重转型》,《浙江社会科学》2015 年第 12 期。
⑩ 慕良泽:《村民自治研究 40 年:理论视角与发展趋向》,《中国农村观察》2018 年第 6 期。

落地，邓大才关于自治单元、自治条件等的研究，刘娅等的管理方式论，吴理财等的国家政权重建方式论，以及村治格局重塑论、治理机制论等。① 唐兴霖、张紧跟的社会基础说，② 徐勇等的形式训练说、特色民主说，③ 王振海的现实选择说，④ 以及黄百炼的示范效应说等。⑤

当村民自治研究延伸到乡村治理的研究，善治理论也就顺理成章地援借到其中。例如，徐勇、赖海荣等将新兴的治理与善治理论和国际比较的方法引入农村政治学研究。有效治理是善治理论中讨论较多的话题。乡村有效治理包括单元对应论、条件—形式论、权力关系论。如程同顺等的研究⑥、徐勇等的突破制度框架多形式说，⑦ 唐鸣等的不同情况有效实现形式说，⑧ 还有肖滨等对"三元制衡"和"上下联治""自治下移"等的探讨。

在国家治理体系和治理能力现代化、脱贫攻坚和乡村振兴背景下，关注村庄善治更为重要，如黄雪芬提出了农村公共品供给方式与基层善治的问题；辛棋以广东顺德为例，进行了新形势下党建引

---

① 廖林燕：《近十年的国内农村政治研究》，《云南行政学院学报》2010年第1期。

② 唐兴霖、张紧跟：《村民自治：中国民主政治的微观社会基础》，《社会主义研究》2000年第5期。

③ 徐勇：《中国民主之路：从形式到实体——对村民自治价值的再发掘》，《开放时代》2000年第11期。

④ 王振海：《农村基层民主政治建设道路的现实选择》，《政治学研究》1997年第4期。

⑤ 黄百炼：《对开展村民自治示范活动的思考》，《社会主义研究》1991年第6期。

⑥ 程同顺、赵一玮：《村民自治体系中的村民小组研究》，《晋阳学刊》2010年第2期。

⑦ 徐勇、赵德建：《找回自治：对村民自治有效实现形式的探索》，《华中师范大学学报》（人文社会科学版）2014年第4期。

⑧ 唐鸣、陈荣卓：《论探索不同情况下村民自治的有效实现形式》，《当代世界社会主义问题》2014年第2期。

领农村善治研究；有学者还讨论了善治视域下农村乡贤组织的开发与运用问题，以及善治视角下农村基层民主选举的发展和自治到善治的治理路径。还有学者从"三治融合"、协作治理等多个角度对乡村善治问题开展了大量研究。

三 农村政治学研究的主要方法

（一）历史分析方法

早期农村政治学者对农村研究比较缺少纵向性关注，常将与历史相联系的因素从研究中分离出来而进行非历时性分析。进入21世纪后，一批关注"转型时期的乡村政治结构"的农村政治学者采用历史的研究方法，通过这种方法的运用，将乡村的历史画面展示出来，构成了一个乡村的社会结构变迁史，回应了学界对农村政治研究缺少纵向性关怀的批评，以图借助历史分析法将乡村研究学术视野拓宽。在这方面，2003年出版的于建嵘的《岳村政治——转型期中国乡村政治结构的变迁》，2004年出版的吴毅的《村治视野中的权威与秩序——20世纪川东双村的表达》等著作，将乡村政治结构变迁的研究放在百年政治转型的过程中予以考察，运用历时的、动态的分析来研究村庄一个世纪以来的政治关系、权力体系等方面的变迁。特别是后者的书与其他乡村政治学著作相比，更增加了历史维度感和厚重感。[①] 张翼之等的《中国农村基层建制的历史演变》、李康的《西村十五年：从革命走向革命（1938—1952）——冀东村庄基层组织机制变迁》[②]、朱冬亮的《社会变迁中的村级土地制度——闽西北将乐县安仁乡个案研究》则聚焦某项农村政治制度的变迁史，借此透视农村社会变迁的政治社会效应。

---

① 吴毅：《村治变迁中的权威与秩序》，华中师范大学，博士学位论文，2002年。
② 李康：《西村十五年：从革命走向革命（1938—1952）——冀东村庄基层组织机制变迁》，北京大学，博士学位论文，1999年。

(二)制度分析范式

制度一直是政治科学关注的话题,新制度主义成为政治学研究和农村政治研究的主要分析框架之一。[①] 帕特南将新制度主义总结为三个基本解释范式:一是制度建构政治;二是制度为历史所构建;三是制度受社会背景所制约。在农村政治学研究中,其关注制度结构、博弈理论、集体行动、理性选择等,强调制度对政治和人的行为影响,因此迎合了对村民自治、村民选举等制度建构过程及其社会效应的解释。史天健、墨宁、帕斯特、王海等国外学者,张厚安、徐勇、白钢、张静、辛秋水、郭正林、白益华、王振耀、詹成付等国内学者,都采用了这一分析框架对中国农村政治学进行了研究。[②] 在这一框架下,形成了两种主要的分析范式:一是"价值—制度"分析范式,以徐勇为代表,其从民主价值入手,分析了村民自治制度的运行逻辑,形成了《中国农村村民自治》,上篇的副标题就是制度与运作。二是"结构—制度"分析范式。以张静为代表,其从分析基层政权的角色、功能入手,提出基层社会与基层政权的利益分离是基层社会低度稳定的根源,形成了《基层政权——乡村制度诸问题》《村庄自治与国家政权建设——华北西村案例分析》等成果。

(三)"过程—事件"分析范式

"过程—事件"分析范式也是在与结构—制度分析范式争论的过程中产生的。孙立平试图摆脱制度分析和结构分析,批判"结构—制度"分析把社会现实当作一种静态的结构看待,提出了"过程—事件"分析范式,在结构、组织和制度框架之外,从人们的社会行动所

[①] 唐兴霖、马骏:《中国农村政治民主发展的前景及困难:制度角度的分析》,《政治学研究》1999年第1期。

[②] 樊红敏、贺东航:《农村政治学研究范式的检视与拓展》,《学术月刊》2007年第6期。

形成的事件与过程之中去把握现实的社会结构与社会过程，落脚点就是要将研究对象由静态结构转向若干事件构成的动态过程。其在《"过程—事件"分析与当代中国农村国家农民关系的实践形态》和《"软硬兼施"：正式权力非正式运作的过程分析》等文中阐述了"过程—事件"分析的基本观点，探讨了国家与农民、镇干部、村干部与农民之间的关系。应星的《大河移民上访的故事》一书为"过程—事件"分析框架的典范之作，呈现出一种"实践着的农民与国家的关系"。在此基础上，谢立中组织讨论了《"结构—制度"分析，还是"过程—事件"分析?》，并提出了走向多元话语分析范式。

（四）政治经济学分析范式

"政治—经济"分析范式是新政治经济学在农村政治学研究中的运用，主要是借用新政治经济学的经济基础、资源配置、产权制度、政府市场、个人选择、集体行动等概念和方法，从经济制度和政治制度的相互关系角度研究农村政治问题。黄宗智、戴慕珍、周晓、卢迈、金山爱等国际学者用此分析范式做了研究。例如，黄宗智从经济史的角度解释了村庄与国家、农村与城市的张力。戴慕珍从粮食征购制度这一关键因素解释了集体化时期农民对国家的依附关系。本土学者项继权、党国英等也有相关研究。例如，项继权通过研究发现，乡村治理的每次变革都与农村基本经济制度特别是产权结构和经营方式的变革高度相关。

（五）实证调研方法

农村政治学实证调研法的第一个来源是中国共产党创立的以问题为导向的传统调查方法。中国共产党历来重视调查研究。20世纪80年代以来，第一代中国农村政治学研究学者借鉴中国共产党的调查传统，以问题为导向，以国家需要为目标，以基层政权和村民自治为突破口，兴起了通过调查来研究农村基层政治。1980年，张厚安提出以"三个面向，理论务农"为调查研究指导，率先深入基层，在全国从事农村田野调查。

农村政治学研究方法的第二个来源是从社会学和人类学中吸取

调查研究的方法。90年代以后，王沪宁、张乐天、曹锦清、王铭铭是较早运用人类学等研究方法进行农村政治和文化研究的。如张乐天在《告别理想：人民公社制度研究》中考察了人民公社在联民村的发生、发展历程。王铭铭不仅翻译了大量的西方人类学著作，而且用西方人类学的方法从事个案实证研究，产生了《社区历程》《村落视野中的文化与权力》《乡土社会的秩序、公正与权威》等成果，其研究对象虽然主要是乡村社会和文化，但也涉及乡村政治制度和村庄权力等政治现实和问题。

农村政治学研究方法的第三个来源是从政治学及行为主义政治学中寻找建构理论的微观基础。一是政治人类学的方法和传统；二是政治计量方法和传统；三是政治学个案研究方法；四是行为主义政治学。还有一些学者直接到中国从事田野调查，如斯科特、弗里曼、华尔德、卢迈、金山爱等。另外，史天健、墨宁、柯博文、何包钢、谭青山、帕斯特、李连江等还对村民自治进行了实证研究。这也使得直接参与或者协助他们从事农村调查研究的中国学者受到了较好的实证方法训练。

总的来说，进入21世纪以来，学者们对农村政治学研究方法进行了总结、反思和进一步深化。如2002年徐勇、吴毅、贺雪峰、仝志辉、董磊明的《村治研究的共识与策略》，2004年应星的《评村民自治研究的新取向——以〈选举事件与村庄政治〉为例》，2005年吴毅、贺雪峰、罗兴佐、董磊明、吴理财的《村治研究的路径与主体——兼答应星先生的批评》，2006年贺东航的《农村政治学研究方法诸问题——对〈岳村政治〉的学术反思》，2007年吴毅、李德瑞的《二十年农村政治研究的演进与转向——兼论一段公共学术运动的兴起与终结》，2009年徐勇、慕良泽的《田野与政治：实证方法的引入与研究范式的创新》，2017年徐勇的《政治学视域中的实证研究》[1]，2018年

---

[1] 徐勇：《政治学视域中的实证研究》，《华东师范大学学报》（教育科学版）2017年第3期。

韩冬临的《田野实验：概念、方法与政治学研究》①，2018年徐勇的《政治学"田野派"的崛起》等。在这些学术反思中，吴毅、李德瑞将农村政治研究视为一个特定的学术事件与过程，认为农村政治学研究者在追求转型中表现出急于求成及过于强调田野经验之于理论原创的决定性作用的心态。这种心态可以使农村政治的研究者较易忽略学术的积累、传承和对话。作为学理取向的农村政治研究必须在日益专业化的社会科学领域内寻找生存与发展的空间，并摆脱学科"草根"环境。②而近年来徐勇等人又力图将农村问题置于历史深处，从时空背景下发现其独特性，寻找乡村治理的中国根基，这些为农村政治学在新时期的研究方法转向和提升奠定了基础。

第三节　民族政治学研究

民族政治学是政治学与民族学的新兴交叉学科，在学科属性上归属于政治学。这一新兴交叉学科，是政治学者"将学科的基点建立在政治学中"③，用政治学研究的视角、思维和方法等审视民族的政治属性，反思民族问题，探寻国家治理中民族问题的解决之道以及民族事务治理问题而形成和发展起来的。20世纪90年代初，中国民族学界和政治学界一些最早关注民族政治现象的学者开始将目光聚焦到民族政治研究领域，发表了一系列标志性的研究成果，最终推动了民族政治学的创立。

---

① 韩冬临：《田野实验：概念、方法与政治学研究》，《国外社会科学》2018年第1期。

② 吴毅、李德瑞：《二十年农村政治研究的演进与转向——兼论一段公共学术运动的兴起与终结》，《开放时代》2007年第2期。

③ 周平：《民族政治学研究对象、性质、特点及发展》，《政治学研究》2003年第2期。

一 民族政治学的形成

(一) 民族学者的探索

中国的民族政治学最初是作为"政治民族学"被提出来的。① 1987年5月，周星应邀参加了中国民族理论研究会召开的第二次青年民族理论工作者座谈会，并做了题为"民族理论的'危机'与'政治民族学'的对策"的发言。周星在发言中提出："我国民族学在'民族理论'的标题下所从事的大部分研究，都可以规范到政治民族学之中，就学科发展而言，建立政治民族学已是民族学领域面临的当务之急。"② 1989年4月27日，周星的博士学位论文《政治民族学要论》顺利通过中国社会科学院民族研究所组织的论文答辩并获得了较高的评价。③ 在长达45万字博士学位论文的基础上进行修改订正后，周星将其中约1/2篇幅交由中国社会科学出版社，并于1993年9月出版了《民族政治学》一书。周星的《民族政治学》一书，"填补了我国民族科学界与政治科学界的一大空白，使民族政治学学科的体系建设第一次在中国学术研究中得到了拓展"④。

中国早期的民族政治学实际上是政治民族学，它是民族学界的学者在20世纪80年代对中国民族学发展进行反思和探索的结果。在学科属性上，政治民族学被定位为"政治科学与民族科学之间相

---

① 周星教授在1988年与其导师杨堃先生就博士学位论文进行讨论时曾谈到，尽管"在汉语文献中很早就有了许多相关或相似的概念，诸如'民族政治学'、'种族政治学'等等，但我还是觉得用'政治民族学'来统一规范所有这些概念更为准确"。详情可见杨堃、周星《关于博士论文的一次师生对话》，《中国社会科学院研究生院学报》1988年第5期。

② 杨堃、周星：《关于博士论文的一次师生对话》，《中国社会科学院研究生院学报》1988年第5期。

③ 杨堃：《推荐〈民族政治学〉》，载周星《民族政治学》，中国社会科学出版社1993年版，第1页。

④ 同上书，第2页。

互渗透而形成的一门新兴学科"①。换言之,"既是民族学的一部分,又是政治学的一部分;但它又既不能绝对和无条件地归属于民族学,因为它的一些命题是由政治学所包含或赋予的,同样,它也不能绝对地归属于政治学"②。实际上,从周星的博士学位论文选题论证到《民族政治学》的出版,其导师杨堃教授都是将政治民族学作为民族学的分支学科来看待的。③

周星的《民族政治学》,可谓"我国学者撰写的第一部全面论及民族政治学的概论性著作",正如杨堃所言"其开创之功是应予充分肯定的"④。然而,作为民族学与政治学的新兴交叉学科,民族政治学的发展还需多学科的学者来共同关注和共同推动。管彦波就指出:"我们在肯定作者对民族政治学的学科理论体系、丰富内涵、具体的运用性进行了大胆而有益的尝试和探索的同时,还必须顺便提及的是,一些有关民族政治学的概念、范畴、命题、原理和法则的科学性和普遍性尚有待进一步的论证和检验,尚需要不同学科的学

---

① 周星:《谈谈政治民族学》,《内蒙古社会科学》1989 年第 1 期。
② 周星:《试论政治民族学》,《天府新论》1988 年第 5 期。
③ 在《民族学概论》一书中,杨堃教授认为:"民族学中,现在还有一个分支学科,叫做政治民族学,或叫做政治社会学,或叫做政治人类学。"在周星进行博士学位论文选题论证时,杨堃教授指出:"政治民族学应该属于民族学学科中特殊民族学的范畴,这在西方也有,如法国叫作政治社会学,英美叫作政治人类学。在中国叫政治民族学是对的,因为我们要搞的是马克思主义的民族学,在意识形态上不同于西方。……我认为,政治民族学作为一门民族学的分支学科如果能够成立,那将有利于民族学学科内部结构的合理化。"在为周星《民族政治学》写的推荐序言中,杨堃教授指出:"我们的目标是建设中国马克思主义民族学的科学体系。我认为,民族政治学应该成为这个体系中最为重要的有机构成之一。"详见杨堃《民族学概论》,中国社会科学出版社 1984 年版,第 20 页;杨堃、周星《关于博士论文的一次师生对话》,《中国社会科学院研究生院学报》1988 年第 5 期;杨堃《推荐〈民族政治学〉》,载周星《民族政治学》,中国社会科学出版社 1993 年版,第 2 页。
④ 杨堃:《推荐〈民族政治学〉》,载周星《民族政治学》,中国社会科学出版社 1993 年版,第 2 页。

者从各个不同的侧面作深入细致的探讨。"①

（二）政治学者的推动

在民族学者关注民族政治问题的同时，中国的政治学者也几乎同时开始从政治学的视角关注民族的政治属性和政治生活中的民族因素。20世纪90年代，中国政治学界有影响的民族政治学研究成果相继问世。这些成果，直接"推动了民族政治学的构建过程"②。如宁骚的《民族与国家：民族关系与民族政策的国际比较》一书"有效地拓展了民族政治学的视野，极大地促进了我国民族政治学的形成"③。周平则从政治文化的视角出发，运用政治文化的研究范式，系统研究了云南少数民族的政治文化和云南少数民族地区政治发展的历史和现实，这一研究无疑是中国政治学者对少数民族政治研究所进行的一次有益探索。④

21世纪伊始，随着中国民族政治学的发展，越来越多的中国政治学者意识到"研究民族政治是政治学的任务"，但"政治学对民族形态的政治的研究没有给予足够的重视"⑤。云南大学的政治学者先后出版了一批民族政治学研究成果。如马啸原主编的《边疆少数民族地区的政治发展与政治稳定》⑥，吴松主编的"民族政治研究丛书"等。该丛书的出版，"对民族政治学研究的发展和学科影响的扩大，都起了十分重要的作用"⑦。周平的《中国少数民族政治分析》，聚焦中国少数民族的政治生活和政治现象，可谓开创了认识和分析

---

① 管彦波：《一部独创性的民族政治学著作——〈民族政治学〉一书评介》，《民族研究动态》1994年第3期。
② 周平：《民族政治学》（第二版），高等教育出版社2007年版，第12页。
③ 同上。
④ 周平：《云南少数民族政治文化论》，云南大学出版社1995年版。
⑤ 吴松主编：《民族政治学论文集》，云南大学出版社2000年版，总序第3页。
⑥ 该书为国家社会科学"九五"规划重点研究项目最终成果，由云南大学出版社2000年出版。
⑦ 周平：《民族政治学》（第二版），高等教育出版社2007年版，第12页。

民族政治的基本框架。

(三) 教学教材与专业人才培养体系的建立

在中国民族政治学的形成发展进程中,周平的民族政治学研究直接推动了民族政治学的发展。2001年11月,中国社会科学出版社出版了周平的《民族政治学导论》一书。该书虽为民族政治学"导论",但实属"民族政治学研究的一部创新性力作。它是我国第一部从政治学的角度研究民族政治生活和民族问题,全面阐述民族政治学基本理论,构建完善的民族政治学理论体系的重要著作"①。

2003年10月,周平的《民族政治学》一书在高等教育出版社出版。该书被教育部高教司定为"普通高等教育'十五'国家级规划教材",并被许多高校采用。2005年,《民族政治学》被教育部学位管理与研究生教育司评定为"研究生教学用书"。2007年2月,高等教育出版社再次出版了《民族政治学》(第二版)。

随着民族政治学学科的建立,越来越多的学者开始加入民族政治学研究中来。"在民族政治学的研究、学科建设和人才培养中,南开大学以高永久教授为代表的学术团队的贡献是明显的。"② 高永久等从政治学的视角,全面深入地研究了"城市化进程中的民族问题及其对策"③,并于2008年9月出版了《民族政治学概论》一书。④该著作的出版,"不仅为高校教育提供了一部重要的教科书,而且对推进我国民族政治学的研究和学科建设提供了一个新的台阶"⑤。

随着教材体系的完善,20世纪90年代北京大学、云南大学、南

---

① 王惠岩:《民族政治学研究的创新性力作》,《政治学研究》2002年第2期。
② 高永久等:《民族政治学概论》,南开大学出版社2008年版,序二第3页。
③ 同上。
④ 该著作为高永久团队承担的2006年哲学社会科学研究重大课题攻关项目"城市化进程中的民族问题及其对策研究"的成果。诚如高永久教授所言,该书是其2004年以来在南开大学讲授民族政治学课程的总结,同时也是对城镇化进程中民族政治问题研究的拓展。参见高永久等《民族政治学概论》,南开大学出版社2008年版,后记。
⑤ 高永久等:《民族政治学概论》,南开大学出版社2008年版,序一第3页。

开大学、兰州大学和中国政法大学等高校相继在本科生、硕士研究生或博士研究生教学中开设了民族政治学课程,[①] 有代表性的高水平课程建设和教学成果不断显现。如云南大学的"民族政治学"获批2007年度国家精品课程,"民族政治学学科与人才培养体系的创建及实践"获2009年国家级教学成果二等奖。

21世纪初,民族政治学专业的学位点建设也开始起步。2001年,云南大学开始在"马克思主义民族理论与民族政策"二级学科博士点设立民族政治学方向,开始招收民族政治学博士研究生。2003年,中央民族大学获民族政治学专业博士学位授权。[②] 同年,云南大学自主设立"民族政治与公共行政"博士点。2011年,云南大学获批政治学一级学科博士学位授权,民族政治学高层次专业人才培养再次迈上新台阶。

二 民族政治学的研究

经过20多年的发展,中国的民族政治学聚焦民族的政治属性,着眼民族与国家的关系,致力于探寻民族问题的政治解决之道,凝聚了民族政治学新兴交叉学科的研究特色,形成了稳定的研究团队。

(一)民族政治学的研究对象

民族政治学的研究,就是要从民族的政治属性出发,运用政治学的基本知识和基础理论,遵循政治学的学科规范,"对民族政治现象的生成、特征、演变规律及应对的理论与方式等做出的解释"[③]。通过研究去认识纷繁复杂的民族政治现象,分析这些现象背后的复

---

① 据严庆等的考证,20世纪90年代,北京大学率先在相关专业的本科生、硕士生和博士生教育中开设了民族政治学课程。参见严庆、姜术容《当代中国民族政治学发展述评》,《民族研究》2015年第5期。

② 有学者认为,"2003年是民族政治学学科真正确立的一年"。参见严庆、姜术容《当代中国民族政治学发展述评》,《民族研究》2015年第5期。

③ 周平:《民族政治学知识体系的构建、特点及取向》,《政治学研究》2019年第1期。

杂政治关系，揭示其中的本质和规律，并在此基础上构建民族政治学自身的知识和理论体系，一方面为认识和分析人类社会的民族政治现象提供理论工具，另一方面则为丰富拓展政治学的研究寻求新的理论和知识增长点。具体来说，就是要对民族政治主体、民族政治行为、民族政治关系、民族政治体系、民族政治文化以及民族政治发展等进行系统研究。民族政治学"在很大程度上就是为了解决现实的民族政治问题而构建的……民族政治学本质上是实践性的学科。而民族政治学解决问题的能力是通过具体的政治设计实现的。通过解决现实民族政治问题方案的设计而达致对现实的改良，构成了民族政治学的一项基本功能"①。

（二）近年来民族政治学研究的主要议题

近年来，随着中国民族政治实践的发展变迁，民族政治学研究中出现了一些备受学界关注且值得进一步研究的重要议题。

1. 民族与国家

民族与国家的关系，既涉及国家如何看待民族，又涉及民族如何看待国家的问题，以及如何实现民族—国家的良性互动问题。"当今世界，约有3000个民族，分布在200多个国家和地区，绝大多数国家由多民族组成。"② 对多民族国家来说，民族与国家的关系及其走向，事关国家前途和民族命运。民族政治学研究中如何看待二者之间的关系，以及究竟是取向于民族还是取向于国家，分别形成了两种不同的价值取向："一种是以国家及国族为价值取向，另一种是以国内的各个民族或族群为价值取向。"③

在民族政治学研究中，我们应充分估计两种取向的差异可能带

---

① 周平：《民族政治学知识体系的构建、特点及取向》，《政治学研究》2019年第1期。
② 《中央民族工作会议精神学习辅导读本》，民族出版社2015年版，第53页。
③ 周平：《民族政治学知识体系的构建、特点及取向》，《政治学研究》2019年第1期。

来的潜在影响。其一，是价值取向偏移。民族政治学作为政治学的新兴交叉学科，其研究乃"基于政治学的学科立场，秉持政治学学科的价值取向"①。若偏移甚至偏离了这一取向，则势必不利于民族政治学的长足发展。其二，是对中国民族理论与政策可能带来的消极影响。民族理论政策是党和国家为调节民族关系，处理民族问题的理论主张和政策举措。民族政治学的研究，究竟是站在何种立场来看待民族关系和处理民族问题，将会对我国的民族理论政策产生直接或间接的影响，而这种影响将直接决定着民族政治学的学科地位和价值。

2. 族际（群）政治

20世纪90年代，随着族际政治理论在国外的日渐凸显，西方的族际政治理论如多元文化主义、差异政治等纷纷被引入和推介到国内，一些学者进一步提出了族际政治的观点或主张，如王建娥提出的"族际政治民主化"②、朱伦提出的"民族共治"③等。在中国的族际关系及其治理上，学界亦提出了不同的主张。如马戎主张"少数族群问题的'去政治化'"④，胡鞍钢、胡联合提出"第二代民族政策"说，⑤周平则指出"中国应做出理性而审慎的选择"，改进和完善我国的族际政治整合模式。⑥

---

① 周平：《民族政治学知识体系的构建、特点及取向》，《政治学研究》2019年第1期。

② 王建娥：《族际政治民主化：多民族国家建设和谐社会的重要课题》，《民族研究》2006年第5期；王建娥：《族际政治：20世纪的理论与实践》，社会科学文献出版社2011年版。

③ 朱伦：《民族共治：民族政治学的新命题》，中国社会科学出版社2012年版。

④ 马戎：《理解民族关系的新思路——少数族群问题的"去政治化"》，《北京大学学报》（哲学社会科学版）2004年第6期。

⑤ 胡鞍钢、胡联合：《第二代民族政策：促进民族交融一体和繁荣一体》，《新疆师范大学学报》（哲学社会科学版）2011年第5期。

⑥ 参见周平《多民族国家的族际政治整合》，中央编译出版社2012年版；周平《中国族际政治整合模式研究》，《政治学研究》2005年第2期；周平《族际政治：中国该如何选择？》，《政治学研究》2018年第2期。

3. 比较民族政治

在民族政治学的研究中，比较民族政治首先是一种研究方法，这种方法主张"在研究过程中，可以将不同的民族政治现象和政治过程加以比较，通过比较来发现各种民族政治结构的优点和不足，发现其共同的本质和规律"①。比较民族政治还是一个研究领域，其比较和研究的对象几乎涵盖了民族政治生活的方方面面，代表性论著有：一是民族政策的国际比较。如宁骚的《民族与国家：民族关系与民族政策的国际比较》。② 值得注意的是，近年来国外学者的民族政策比较论著亦开始被译介到国内来。如特伦斯·E. 库克主编的《分离、同化或融合：少数民族政策比较》。③ 二是民族问题及其治理的国别比较。如朱伦、刘泓主编的民族政治学（国别）族裔问题及其治理研究丛书，④ 王剑峰的《族群冲突与治理：基于冷战后国际政治的视角》。⑤

4. 中国的民族问题及其治理

对中国民族问题的研究主要聚焦于以下几点：一是中国民族问题的历史与现实。如王希恩就把20世纪中国的民族问题和民族政策置于中国历史发展的背景中进行考察，进而对中国民族问题的现状和发展趋势进行了分析预测。⑥ 二是边疆与民族问题。中国少数民

---

① 周平：《民族政治学》（第二版），高等教育出版社2007年版，第18页。

② 参见宁骚《民族与国家：民族关系与民族政策的国际比较》，北京大学出版社1995年版。

③ ［美］特伦斯·E. 库克主编：《分离、同化或融合：少数民族政策比较》，张红梅译，东方出版社2015年版。

④ 该丛书入选"十三五"国家重点出版物出版规划项目。分别为王树英《民族政治学：印度的族裔问题及其治理研究》，中国社会科学出版社2017年版；刘泓《民族政治学：英国的族裔问题及其治理研究》，中国社会科学出版社2017年版；周少青《民族政治学：加拿大的族裔问题及其治理研究》，中国社会科学出版社2017年版。

⑤ 参见王剑峰《族群冲突与治理：基于冷战后国际政治的视角》，社会科学文献出版社2014年版。

⑥ 参见王希恩主编《20世纪的中国民族问题》，中国社会科学出版社2012年版。

主要分布在西部和边疆地区的特点，使得边疆问题与民族问题始终紧密关联。学界对边疆民族问题的研究，则直接推动了民族政治研究向边疆政治、边疆治理研究的拓展。[1] 如"边疆治理"这一概念，就是周平率先提出来的。[2] 三是民族问题的解决之道。多民族国家的民族问题具有长期性和复杂性，探寻多民族国家民族问题的有效治理之道是不可回避的现实问题。有学者就提出，"所有的民族问题，归根结底都是民族群体的利益争夺"，主张"从国家治理角度看待民族问题"，运用国家权力来调整控制族际矛盾和冲突。[3] 有学者则指出，协商与共治是当前中国民族问题的治理路径，[4] 而有学者则指出要运用"治理"的思维和工具改善应对民族问题的机制，这种机制就是民族问题治理能力。[5]

5. 中华民族研究

长期以来，学界对中华民族的研究一直都存在着较大分歧，其争论的焦点在于中华民族究竟是多元还是一体，进而形成了截然不同的观点。早在20世纪30年代末，顾颉刚就提出了"中华民族是一个"的著名论断，主张"凡是中国人都是中华民族——在中华民族之内我们绝不该再析出什么民族"[6]。20世纪80年代末，费孝通又提出了著名的"中华民族多元一体格局"理论。然而，在认识和对待"多元"

---

[1] 如张植荣《中国边疆与民族问题：当代中国的挑战及其历史由来》，北京大学出版社2005年版；吴楚克《中国边疆政治学》，中央民族大学出版社2005年版；周平《中国边疆政治学》，中央编译出版社2015年版；周平《中国边疆治理研究》，经济科学出版社2011年版。

[2] 参见马大正《当代中国边疆研究》，中国社会科学出版社2016年版，第484页。

[3] 周平：《论多民族国家民族问题的治理》，《晋阳学刊》2013年第3期。

[4] 青觉：《现代性视野下的中国民族问题与治理》，《中央民族大学学报》（哲学社会科学版）2018年第5期。

[5] 高永久、刘海兵：《中国民族问题治理能力：内涵、现状与困境》，《新疆社会科学》2016年第2期。

[6] 顾颉刚：《中华民族是一个》，《益世报·边疆周刊》1939年第9期。

与"一体"问题上却存在较大分歧。如"复合体论"就认为,中华民族乃民族复合体,主张强化"少数人"的权利,且称中华民族为"中华各民族"。而"实体建构论"则认为,中华民族是一个民族实体,是凝聚和建构的产物,并主张中华民族乃政治学意义上的国族,呼吁通过建设中华民族推动中华民族的一体化。有学者则主张应将"中华民族"概念写入《宪法》,在《宪法》中明确中华民族的政治和法律地位。[①] 在参观"复兴之路"展览时,习近平总书记提出了中华民族伟大复兴的中国梦。[②] 2014年的中央民族工作会议,再次厘清了中华民族多元一体格局中"多"和"一"的辩证统一关系。总的来说,中共十八大后,中华民族的研究再次受到关注,中华民族建设、中华民族共同体意识、中华民族概念史研究[③]等都不断增多,以往中华民族研究中"分"的取向开始朝着"合"的取向转变。

(三) 民族政治学研究的价值取向

民族政治学研究的价值取向,就是民族政治学研究中所秉持或体现出来的价值准则和基本立场。以国家或国族为价值取向,归根结底是站在人民和国家的立场来看待民族,审视民族问题和民族关系,看待民族与国家二者间的关系。在看待民族时,这一取向主张既要看到民族的文化属性,又要看到民族的政治属性,因此把民族划分为文化民族与政治民族两种基本类型,民族政策涉及的是文化民族,而中华民族则属于典型的政治民族。[④] 在少数民族被政治化的倾向下,要警惕中华民族被虚置或虚拟化。[⑤] 在看待民族问题与民族

---

① 李占荣:《论"中华民族"入宪》,《社会科学战线》2008年第10期。
② 参见习近平《习近平谈治国理政》,外文出版社2014年版,第35—36页。
③ 如黄兴涛《重塑中华:近代中国"中华民族"观念研究》,北京师范大学出版社2017年版。
④ 参见周平《论民族的两种基本类型》,《云南行政学院学报》2010年第1期。
⑤ 参见周平《中华民族:中华现代国家的基石》,《政治学研究》2015年第4期;周平《中华民族研究的国家视角》,《思想战线》2019年第1期;周平《历史紧要关头的中华民族》,《思想战线》2018年第2期等。

关系上，主张"要从有利于国家治理的角度来看待这一问题"，加强中华民族建设进而提升中华民族的凝聚力。[1] 在民族与国家的关系上，以国家或国族的价值取向鲜明地指出，"民族国家是组成国家的各个民族的政治屋顶"[2]，"中华民族就是中国的国族"[3]，"中华人民共和国即中华民族的民族国家"[4]，因此"中华民族建设即中国的国族建设"。

以国内各民族（族群）为价值同以国家或国族为价值取向截然不同。这类取向，多强调民族的文化属性而忽视民族的政治属性，因此往往在强调各民族尤其是少数民族权利的同时忽视了民族对国家的政治义务。在民族问题上，这一取向则极力反对将少数族群问题"去政治化"。关于民族问题能否"去政治化"和应不应"去政治化"的争论，可谓继20世纪30年代末"中华民族是一个"以来最具争议的学术辩论。论辩双方在理论观点上的分野，无疑折射了学界在民族及民族问题上的认知分歧，也体现了民族问题本身的复杂性。2014年中央民族工作会议后，中华民族被前所未有地凸显了出来，中华民族共同体建设受到了越来越多学者的重视。

事实上，民族政治研究从来都不是一个单纯的理论问题，民族政治的研究往往还会对党和国家的民族理论和民族政策产生直接或间接的影响。中国的民族政治学研究需秉持正确的价值取向，具体来说就是要站在人民和国家的立场，从国家治理和国家建设的现实需要来看待民族和民族问题，着眼于中华民族共同体的建设展开研究。这既是民族政治学得以健康长足发展的基础和前提，也是民族政治学知识体系、话语体系和学科体系建设中需处理好的重要问题。

---

[1] 周平：《政治学视野下的中国民族和民族问题》，《思想战线》2009年第6期。
[2] 周平：《民族国家与国族建设》，《政治学研究》2010年第3期。
[3] 周平：《中华民族：中华现代国家的基石》，《政治学研究》2015年第4期。
[4] 周平：《论中华民族建设》，《思想战线》2011年第5期。

三 着力构建民族政治学知识体系、话语体系和学科体系

中国的民族政治学学科自创立以来，虽然取得了长足的进步，但"民族政治学的发展任务仍然突出而艰巨"①。有学者也指出，中国的民族政治学"在新兴学科建设、中国学派理论建设、研究方法规范和理论联系实际等方面仍存在较为明显的不足"②。总体来说，民族政治学仍面临着建设知识体系、话语体系和学科体系的问题。

（一）现有的民族政治学理论需要发展完善

在民族政策理论研究中，我们应充分评估盲目推崇西方民族政策理论可能带来的潜在风险，发展和完善民族政治学理论是应对西方民族政策理论挑战的需要。近年来，一些西方国家的民族政策理论再度受到学界关注。我国一些从事民族政策理论及相关研究的学者，开始将这些理论引入中国并大力推介，这无疑对我们进行民族政策理论的研究具有重要的意义。然而，对西方国家的民族政策理论，看不清其理论本质，不顾其产生的时代历史背景和中国国情的盲目推崇，从另一侧面说明中国的民族政治理论在理论自信、理论话语等方面仍需加强。

不可否认，西方国家的一些民族政策理论的确不乏可取之处。但也应当看到，解决民族问题没有包治百病的灵丹妙药。对不少西方国家来说，其民族理论政策都有着特定的时代背景和社会环境，体现着相应的价值准则，且一些经过实践证明的理论政策，其暴露的弊端也是有目共睹的。甚至西方国家的一些被盲目大力推介的民族理论政策，已经对我国的民族政策理论及其实践构成了不容忽视的挑战，如加剧了我国民族政策理论研究领域的混乱，可能威胁我国民族政策理论领域的理论安全。甚至一些西方国家对我国民族政

---

① 周平：《民族政治学知识体系的构建、特点及取向》，《政治学研究》2019 年第 1 期。
② 青觉：《中国民族政治学的发展与话语体系构建》，《探索》2018 年第 1 期。

策道貌岸然的无端指责和粗暴干涉，在国际舆论场中极有可能挤压我国民族政策理论的道义空间。

民族政策理论研究是直接服务于国家民族政策和民族问题治理的学术活动，在研究中毫无疑问需坚持正确的政治立场和学术价值取向。中国是一个统一的多民族国家，民族政策理论是人民和国家处理民族关系、治理民族问题的重要政策和主张。在民族政策理论研究中，我们应充分评估盲目推崇西方民族政策理论可能带来的潜在风险，走自己的路，增强理论自信，牢牢把握理论话语权，抢占理论制高点以避免陷于被动。同时要看到，近20多年来，世界的民族问题出现了许多变化和新的动向，一些国家甚至还出现了一些始料未及的民族问题，这些问题及其背后的经验和教训同样值得我们关注研究。从这一意义上说，民族政治学理论的发展和完善可谓任重道远。

中华人民共和国成立70年来，尤其是改革开放40年来，中国的民族关系发生了深刻变迁，民族政治理论中一些原有的理论认知，如民族国家理论、族际政治理论、国族理论等也发生了显著变化。在民族政治学的研究中，尽管在不少问题上仍存在着不同程度的观点或理论分歧，甚至在一些重要问题上的理论认识误区仍需进一步厘清，但共识亦在不断增多，这就需要民族政治理论在发展中完善、在完善中发展。

（二）中国的民族政治实践需要民族政治学做出科学阐释

中国特色解决民族问题的正确道路需要中国的民族政治学提供理论支撑。中国共产党自成立之日起就高度重视民族问题和民族工作。不论是在革命、建设和改革的各个历史时期，中国共产党都始终坚持把马克思主义基本原理同中国的民族问题具体实际相结合，领导和团结各民族开创了具有中国特色解决民族问题的正确道路。然而，民族在发展，民族问题也在变化，只有持续推进理论探索和创新，才能不断推动解决民族问题的新实践，从而更好地坚持和拓宽中国特色解决民族问题的正确道路。

不断发展的实践需要发展的理论。不论是民族理论，还是解决民族问题的政策设计和制度安排，都不是一成不变的，都需要而且也会随实践的发展而发展。中华人民共和国成立后的70年间，中国的民族政策、民族理论乃至民族区域自治制度的时代背景、理论（制度）环境实际上都在发生了变迁或变化。其中的诸多变迁或变化，都需要适时反映并吸收到民族政治学的研究中来。而对中国这样一个统一的多民族国家的国家治理来说，民族问题的治理也给民族政治学的研究提出了许多新的时代课题，回应民族工作和民族问题治理中出现的新问题、新情况，推动民族理论政策的发展，更好地发挥民族区域自治制度的制度功能等重大现实问题，都需要我们在理论上做出科学阐释。

（三）加强民族政治学"三大体系"建设

首先，要加强中国民族政治学知识体系建设。中国民族政治学的知识体系建设，在本质上是一个建构知识体系并不断产生新知识、形成新理论，并在此过程中不断推动民族政治学自身发展的问题。有学者指出："民族政治学学科的形成是一个质的飞跃，也是作为知识生产过程的民族政治研究发展的必然结果。民族政治学取得了学科地位，它也就超越了民族政治研究的范畴，不仅具有了更为丰富的内涵，而且必须依据学科规范来梳理既有的知识，构建完整的知识体系。更为重要的是，还必须按照学科规范和发展规律来构建知识生产机制，并通过持续的知识生产而实现自我发展。"[1]

就中国民族政治学的学科发展历程和当前面临的发展问题来看，民族政治学知识体系的建设仍面临着不容忽视的问题：一是民族政治学知识体系对学科发展的支撑性问题。完备的知识体系是构成学科的基本要素之一，体现着学科自身的价值，对学科的存续发展起着基础性的支撑作用。二是民族政治学知识体系的知识阐释力问题。

---

[1] 周平：《民族政治学知识体系的构建、特点及取向》，《政治学研究》2019年第1期。

即中国的民族政治学知识的创造和生产，应置于人类民族政治生活的宏大视野中来展开，打破学术视野的局限，立足中国但不局限于中国的民族政治实践来揭示民族政治的基本规律，科学阐释民族政治生活中的重大理论和实现问题。三是民族政治学知识体系的概念供给问题。概念是知识的基础性载体和基本传播媒介，概念的供给直接关系到民族政治学知识体系的建设。在中国民族政治学知识体系的建设中，一方面是需要让概念供给跟上知识增长的步伐，对一些传统的概念（如民族融合）则需要在体现继承性、民族性的基础上进行时代性的重释，而民族政治生活中的一些新实践、新现象和新问题，则需要新的"标识性"概念进行科学有力的原创性阐释。四是概念的传播力问题。单有概念的创造和供给，还不足以对民族政治学知识体系形成有力支撑。西方一些不切合中国民族政治实际的理论或概念之所以在国内大行之道，除我们的概念供给不足外，概念的传播力即"说了传不开"[1]的问题同样值得深思。正如青觉提出的那样，我们"不要只做西方理论的'消费者'，要成为理论的'生产者'"[2]。

其次，要加强民族政治学话语体系建设。中国的民族政治学自创立20多年来，民族政治实践已发生了较大变化。其中的一些实践和变化，除需在理论上予以回应并及时吸纳进民族政治知识体系外，还需反映到民族政治学话语体系中来，并进一步增强对这些实践和变化的阐释力。如在中国特色解决民族问题的正确道路上，仍需进一步阐释好解决民族问题的"中国智慧""中国道路"和"中国方案"。

民族政治学话语体系的建设不是闭门造车，而应加强国际学术交流。青觉指出，国际学术交流的欠缺是中国民族政治学发展存在的问题之一，"随着全球化的推进和中国的崛起，中国民族问题越来

---

[1] 习近平：《在哲学社会科学工作座谈会上的讲话》，人民出版社2016年版，第24页。

[2] 青觉：《中国民族政治学的发展与话语体系构建》，《探索》2018年第1期。

越受国际社会关注。国际性主流媒体和一些国外学者对中国民族问题关注较多,但目前民族政治学者与国际的学术交流较少"。因此青觉呼吁"要立足中国的历史、传统与现实,构建本土化的民族政治学话语体系"①。

最后,是要加强民族政治学学科体系建设。从目前的研究方法来看,民族政治学的基本研究方法主要移植自政治学、民族学和社会学等学科。周平指出,民族政治学要在发展中实现自我完善,在方法上就需要"引进和采用新的研究方法,促进学科认知方式的革新",从社会科学乃至自然科学中引入新方法,并主张"在民族政治学的知识生产中恰当而有效地运用这样的新方法"②。就民族政治学的发展需要来看,除开放性的母体学科或相邻学科的新方法外,民族政治学还应致力于解决民族政治研究中的若干现实问题,面向学科建设的现实需要来创新研究方法,为民族政治学学科建设提供方法论的支撑。

习近平总书记指出,"现在,我国哲学社会科学体系已基本确立,但还存在一些亟待解决的问题,主要是一些学科设置同社会发展联系不够紧密,学科体系不够健全,新兴学科、交叉学科建设比较薄弱"③。作为政治学的新兴交叉学科,民族政治学的兴起和发展拓展了中国政治学的知识增长点和研究领域,为中国政治学的繁荣发展做出了应有的贡献,但就政治学学科乃至中国哲学社会科学来看,其支撑作用仍值得进一步挖掘。要提升对政治学乃至中国哲学社会科学的支撑作用,一方面需加强民族政治学教材体系建设,特别是应更新一些原有但已经发展变化并经实践检验的理论观点,以及将当前民族政治学研究中的新知识、新理论及时吸纳到现行教材

---

① 周平:《民族政治学知识体系的构建、特点及取向》,《政治学研究》2019 年第 1 期。

② 同上。

③ 习近平:《在哲学社会科学工作座谈会上的讲话》,人民出版社 2016 年版,第 22 页。

中来。另一方面,要挖掘中国民族政治实践的丰富历史,同时立足中国自身的实际,借鉴国外主要多民族国家民族问题治理的成功经验,构建有国际影响力的民族政治理论。

学科建设不能也无法脱离生动而具体的社会实践。"民族政治学本质上是实践性的学科。"[1] 民族政治学的学科建设既要紧扣当前中国的实际,更要面向未来中国的民族政治实践,"把解决民族问题的方案设计作为自己的职责和使命"[2]。这是中国多民族国家建设对民族政治学学科提出的时代课题,也是民族政治学适应时代发展和国家治理需要,并同其他新兴交叉学科共同推动中国政治学学科发展的必然要求。

通过面向中国未来的民族政治实践来加强中国政治学学科体系建设,具体来说,就是要聚焦中华民族伟大复兴的历史和时代课题,为维护巩固民族团结和多民族国家的统一稳定做出更大贡献。同时我们也要看到,对任何一个新兴交叉学科来说,知识体系、话语体系和学科体系是一个有机联系的整体,也是一个庞杂的学术系统工程,需要形成一个稳定而壮大的学术共同体,通过一代又一代学人长期不懈和艰苦卓绝的努力,薪火相传,为推动民族政治学学科发展贡献更多力量和智慧。

第四节　空间政治学研究

一　空间政治学的兴起和发展

在空间转向（spatial turn）背景下,作为新兴交叉学科的空间政治学,不仅在国际学术研究领域兴起,而且被引介到中国并得到重

---

[1] 周平:《民族政治学知识体系的构建、特点及取向》,《政治学研究》2019年第1期。

[2] 同上。

视和发展。在学术交流日益频繁的情况下，空间政治学也在 21 世纪初被引介到中国，在学界日益得到重视并取得良好发展。空间政治学作为新兴学科在中国的兴起和发展，不仅实现了政治研究和空间研究的结合，而且对中国的政治现象和空间现象做出了具有自身视角的解析，具有重要的理论意义和学术意义。

（一）空间转向：空间政治学产生的背景

从一定意义上讲，20 世纪中叶之前，时间思维或历史思维在学术研究领域占据主导位置，空间思维处于缺位状态。空间思维缺席现象，不仅体现于政治学研究领域，而且缺席于哲学社会科学的绝大多数研究领域。[①]

20 世纪中叶人们对"时空压缩"实践的思考，使哲学社会科学领域发生空间转向现象。在学术研究领域，空间转向在本体论和方法论上表现为：空间思维日益被哲学社会科学领域的学者重视并采用，空间思维日益成为一种与时间思维同等重要的人类认识和研究世界的重要方式。

国际学术界发生的空间转向与中国本土城镇化实践相结合，直接导致了中国空间政治学的产生。2011 年中国城镇化率首次超过50%，达到51.27%，空间尤其是城市空间急速扩展，以及急速城镇化过程中的空间增长、空间区隔和空间治理现象，引起了政治学者的关注，这从根本上改变了中国学术界仅从国际学术界引进空间理论的局面，空间政治学作为空间研究和政治学研究的交叉学科，开始发生从仅引进国际理论到对中国现实实践的关注和研究的转型。随着中国城镇化率的飞速提升，学术界开始借助从国际引进的空间理论，日益注重研究中国的城镇化空间实践及其他空间实践，并且逐渐从中国的实践出发，建构具有理论解释力和一般化适用性的中国本土化的空间政治学。中国的空间政治学领域发生了从"被动空

---

① 崔继新：《如何理解"空间转向"概念？——以阿尔都塞理论为视角》，《黑龙江社会科学》2014 年第 4 期。

间转向化"到以我为主的"主动空间转向化"的重要转型。① 从此，空间政治学在中国开始萌芽并逐步发展壮大。

（二）空间政治学的发展历程

从空间政治学被引介到中国至今，它在中国的产生与发展也不过 20 年左右的时间。一般来讲，空间政治学最初被引介到中国是在 21 世纪初，其发展历程远远短于政治学领域其他新兴交叉学科的发展。空间政治学在中国的产生发展和逐步壮大，是国际空间转向思潮影响和中国城镇化实践双重作用的共同结果。概而言之，空间政治学作为新兴交叉学科在中国的发展，与其他新兴交叉学科的发展类似，即经历了一个从译介引入到理论研究再逐步到实证研究的渐进过程。

中国大陆对于国外空间政治学理论和著作的译介工作起步于 21 世纪初。直到 2001 年，包亚明编译了《后现代性与地理学的政治》与《现代性与空间的生产》。② 前者辟出专题译介福柯的空间与权力，翻译了福氏的《不同空间的正文与上下文》和雷比诺的《权力的空间化》《空间、知识、权力——福柯访谈录》。与中国台湾学者夏铸九做的工作相同，只不过其对福柯的权力空间化及其研究作品的译介，比夏氏晚了十几年之久。包氏辟出专题译介列斐伏尔的空间的生产，对列氏的《空间：社会产物与使用价值》《空间政治学的反思》《论都市形式》等进行了翻译。这是大陆学界较早地对于空间政治学理论和学者的译介之作。

大陆学界对空间政治学译介和研究虽然起步比较晚，但是取得了较显著的成就。在包氏之后，陆续有学者对涉及空间政治学的理论和著作进行了译介工作。李春于 2008 年对列斐伏尔的《空间与政

---

① 胡大平：《哲学与"空间转向"：通往地方生产的知识》，《哲学研究》2018 年第 10 期。

② 包亚明主编：《后现代性与地理学的政治》，上海教育出版社 2001 年版；包亚明主编：《现代性与空间的生产》，上海教育出版社 2003 年版。

治》进行了完整译介并出版,后于 2015 年再版。大卫·哈维的《资本的空间》《新自由主义化的空间》《希望的空间》《环宇主义与自由地理》,苏贾(Edward W. Soja)的空间研究"四部曲":《第三空间》《后现代地理学》《后现代大都市》《寻求空间正义》,多琳马西的《保卫空间》,戈特迪纳的《城市空间的社会生产》,以及《消费空间》《工作空间》等都被陆续译介到华文学术界,使广大学者能够较容易地了解和研究空间政治学的重要理论。

在对国外空间政治学的理论和著作进行译介的稍后时期,也就是从 21 世纪第二个十年开始,中国学界展开了对空间政治学理论和著作的再研究。这方面的研究主要集中在空间政治学的理论理解、阐释和研究方面,尤其注重对列斐伏尔、大卫·哈维、苏贾等的空间政治学理论的研究。例如付清松的《空间生产、空间批判、空间权利:析列斐弗尔空间政治学的基本架构》,吴宁的《列斐伏尔对空间的政治学反思》,张笑夷的《列菲伏尔空间批判理论研究》,孙全胜的《列斐伏尔"空间生产"的理论形态研究》,刘丽的《大卫·哈维的思想原像:空间批判与地理学想象》,以及中国台湾学者邹崇铭的《流动、掠夺与抗争:大卫·哈维对资本主义的蒂利批判》等。

空间政治学在不断推进译介工作和规范性理论研究的过程中,以质性研究为主的基于本土的实证研究也逐渐兴起并逐步壮大。陈映芳的《都市大开发:空间生产的政治社会学》、郭奇正的《泡沫化了的新国族召唤:大上海计划与 1927—1937 年间上海的都市政治》、魏枢的《"大上海计划"启示录:近代上海市中心区域的规划变迁与空间演进》、杨宇振的《资本空间化:资本积累、城镇化与空间生产》等,都是该领域研究成果的重要代表。

二 空间政治学的研究议题

空间政治学在中国发展的近 20 年来,它关注的研究议题大概分为以下六个方面。

（一）空间与权力研究

空间与权力，是空间政治学的最直接的研究议题。空间政治学认为空间与权力相互交织，空间不仅充满权力，而且也是权力关系的产物，这决定了空间天然就是政治的。一方面，空间的政治性是因为它是权力的容器；空间不仅是身体的延伸与自我认同的象征，同时，空间充满了权力和利益关系，并且空间生产涉及复杂的权力关系运作，从这个意义上讲，空间就是权力，具备了天然的政治性。[①] 另一方面，权力反过来作用于空间，使其具有政治性；权力可以根据自身的意志，对空间进行改造、隔离和规划，这使空间从一般的物质空间变成特定的有边界的空间。[②]

从福柯的角度，空间与权力的关系是空间政治学比较重要的关注点。研究者一般认为福柯较早地涉及对空间问题的政治学研究，并提出空间思维先于时间思维的论点，认为空间的纪元已经来临。对空间进行分割的"高墙"及其形成的禁闭性空间，已经成为权力要素渗透空间的重要性形式。在现代社会，空间在任何权力运作中都极其重要，权力以各种形式对空间进行隔离、划分和分配，我们以日常经验所能触及的规训机构便是最为典型的体现，圆形监狱是空间与权力的极致范例，权力是影响空间型构的"幕后主使"。[③]

进而言之，空间内嵌于政治过程。空间是利益相关者围绕权力开展斗争的场域，而且这些利益相关者及其构成的权力关系决定了空间的生产和再生产，反过来，这种特定空间，不仅承载、见证而且进一步对政治安排发挥作用。利益相关者在一定空间中，采取权力斗争争取自身利益最大化并形成既定制度安排，同时，这种嵌入

---

① 毕恒达：《空间就是权力》，心灵工坊出版社 2001 年版。
② 陈映芳、伊沙白：《城市空间结构与社会融合》，《读书》2019 年第 2 期。
③ 周和军：《空间与权力——福柯空间观解析》，《江西社会科学》2007 年第 4 期。

了制度安排的具有政治性的空间，维系了利益相关者及其权力关系的稳定性和统治性。最终无论是作为秩序的空间还是作为主体的空间，都深陷于复杂的政治过程，从而空间必然会进入政治领域具备权力性。

（二）空间与参与研究

空间政治学者在研究过程中，不仅认为空间的政治性是其重要研究议题，同时也对空间中的社会参与进行了比较大的关注，例如市民社会的空间结构化、社会生活的空间性、① 空间中的劳动分工等。② 有学者通过研究多琳·马西的理论提出，苏贾和大卫·哈维的空间政治学理论主要是围绕资本和权力展开的，看似具有批判性，但是，空间是一个包含多种要素的复杂体系，在很多情况下它体现为区域和地方。③ 空间政治学仅关注权力空间和统治空间，而不对作为参与力量的社会（尤其是劳工和女性）在空间中是如何行动的，④ 尤其是如何抵抗的，或者说是参与空间，做出较强关注和深刻研究，空间政治学理论体系便是不完善的。⑤

空间不仅是政治嵌入制度安排的手段，也是社会表达参与诉求、抗议行动和发表意见的机会和平台，空间的社会属性和公平属性也不容忽视。⑥ 空间正义是空间与参与议题研究的重要面向，从一定程

---

① ［英］德雷克·格利高里、约翰·厄里编：《社会关系与空间结构》，谢礼圣等译，北京师范大学出版社 2011 年版。
② 石崧：《从劳动空间分工到大都市区空间组织》，博士学位论文，华东师范大学，2005 年。
③ 丁乙、袁久红：《对大卫·哈维空间政治理论局限性的批判反思：来自马克思主义女性主义者多琳·马西的视角》，《马克思主义与现实》2017 年第 1 期。
④ ［美］多琳·马西：《劳动的空间分工：社会结构与生产地理学》，梁光严译，北京师范大学出版社 2010 年版。
⑤ 袁久红：《劳动的空间分工：政治、权力与地方：马克思主义的女性主义者多琳·马西的空间政治哲学》，《哲学动态》2014 年第 11 期。
⑥ 张鸿雁：《空间正义：空间剩余价值与房地产市场理论重构——新城市社会学的视角》，《社会科学》2017 年第 1 期。

度上来讲，实现空间正义是社会革命的基本内容和关键要素。[1] 空间政治学认为参与主体同样可以在空间中建构空间和自身，它是通过开辟新的开放性辩论话语空间，将作为统治的空间转变为参与的空间，创造异于统治性的可以寻求性别平等[2]和表达正义诉求的空间，[3] 它集中表现为以减少空间贫困、空间异化、空间同质化和空间隔离为主题的空间正义。[4] 社会利益冲突在空间中展开，空间成为治理和抗争的场域，[5] 邻避运动就是社会主体以空间参与和抗争的方式，以空间过程正义表达空间正义诉求，并试图达成空间分配正义的重要参与行动。[6]

20世纪八九十年代发生的资本空间化，以及21世纪以来的空间资本化实践和现象，虽然推动了城镇化进程，但是，也对社会参与、人与自然、空间多样性产生压制，空间正义成为重要关注点，[7] 社区赋权成为关键路径，[8] 空间正义制度体系的建构成为空间政治学的重要研究议题。[9] 对于邻避现象产生的城市空间的模糊地带而言，"对抗式"互动是政府和社会之间的惯常形式，但基于多元主体互动的

---

[1] 薛稷：《空间批判与正义发掘：大卫·哈维空间正义思想的生成逻辑》，《马克思主义与现实》2018年第4期。

[2] 毕恒达：《空间就是性别》，心灵工坊出版社2004年版。

[3] 张也：《空间、性别和正义：对话多琳·马西》，《国外理论动态》2015年第3期。

[4] 王红阳：《空间正义：我国城市空间生产的基本价值取向》，《青海社会科学》2017年第4期。

[5] 王志弘等：《文化治理与空间政治》，群学出版社2011年版。

[6] 刘晶晶：《空间正义视角下的邻避设施选址困境与出路》，《领导科学》2013年第2期。

[7] 张荣军：《当代中国城市空间生产与空间正义》，《学术探索》2015年第8期。

[8] 邓智团：《空间正义、社区赋权与城市更新范式的社会形塑》，《城市发展研究》2018年第8期。

[9] 陈建华：《中国城市空间生产与空间正义问题的资本逻辑》，《学术月刊》2018年第7期。

包容性治理才是真正的治理之道。① 由此，空间政治学以空间的权力关系和空间正义为分析进路，在关注空间与权力议题的同时，展开对空间与参与议题的研究，在空间生产的基础上关注空间分配和再分配，它才能对现实的中国空间实践产生强有力的理论解释力。②

（三）空间与治理研究

空间政治学对空间与治理议题的规范性研究，主要集中于对空间正义视角下的空间治理的关注。空间一旦与治理相结合，那么，它就不仅是空间重组的过程，而且还叠加了社会转型和政治重构的过程，③并且空间造型在符号层面展示着意识形态，④空间资本化、空间政治化、空间技术化等会使现实实践中的空间治理面临着三类空间正义风险，即政治建构的科层制逻辑下的空间正义性风险、市场建构的资本逻辑下的空间正义性风险，以及社会建构的日常生活逻辑下的空间正义性风险，⑤要实现空间正义主导的空间治理的价值追求，必须在治理、生产和分配过程中，将空间的多元性和差异性摆在突出位置，考虑空间治理决策、空间利益资源和空间分配机制的合理性和公正性，⑥使空间与正义、权利相结合，致力于重建社会空间和区域性正义供给，⑦以期在空间价值正义、空间生产正义和空

---

① 王佃利、王玉龙：《"空间生产"视角下邻避现象的包容性治理》，《行政论坛》2018年第4期；王佃利、邢玉立：《空间正义与邻避冲突的化解——基于空间生产理论的视角》，《理论探讨》2016年第5期。

② 曹海军、孙允铖：《空间、权力与正义：新马克思主义城市政治理论评述》，《国外社会科学》2014年第1期。

③ 任政：《空间生产的正义逻辑——一种正义重构与空间生产批判的视域》，博士学位论文，苏州大学，2014年。

④ 钱振明：《走向空间正义：让城市化的增益惠及所有人》，《江海学刊》2007年第2期。

⑤ 潘泽泉、杨金月：《寻求城市空间正义：中国城市治理中的空间正义性风险及应对》，《山东社会科学》2018年第6期。

⑥ 陈晓勤：《空间正义视角下的城市治理》，《中共福建省委党校学报》2017年第1期。

⑦ 姚尚建：《城市治理：空间、正义与权利》，《学术界》2012年第4期。

间分配正义三个层面实现空间治理的价值追求。①

空间政治学不仅关注空间治理的价值层面，而且关注空间治理的实践层面，这集中表现在空间治理的尺度上。政治学视野便加入了空间要素。空间政治学在政治学关注的最传统的议题——国家治理领域，提出国家既是一种政治形式和政治共同体，从空间尺度上来讲国家又是一个政治地理空间单位。② 空间规划是国家尺度的空间治理的重要基础，空间规划体系是提升国土空间治理能力和效率的重要政策工具。③ 对高于民族国家空间尺度的区域空间治理来讲，流动社会为其带来巨大治理挑战，流动性与地域性成为地域空间理论的重要关注点，流动性治理成为崭新的地域空间治理范式。④ 中国的空间治理结构包括地方空间治理的多个层次，各层次的行为能力和权力空间有所不同，⑤ 这类空间尺度的亚空间治理，例如地方空间治理、都市群空间治理等也是空间政治学关注的议题。⑥ 地方自治空间中的纵向府际关系及其分权变革，⑦ 制度变迁过程中的省级空间的治理，⑧ 这是仅次于民族国家空间尺度的较大尺度的空间治理形式；中

---

① 庄立峰、江德兴：《城市治理的空间正义维度探究》，《东南大学学报》（哲学社会科学版）2015 年第 4 期。

② 周平：《国家治理须有政治地理空间思维》，《探索与争鸣》2013 年第 8 期。

③ 许景权：《基于空间规划体系构建对我国空间治理变革的认识与思考》，《城乡规划》2018 年第 5 期。

④ 吴越菲：《迈向流动性治理：新地域空间的理论重构及其行动策略》，《学术月刊》2019 年第 2 期。

⑤ 高波阳、刘卫东：《政府空间治理与地方产业发展响应》，《人文地理》2016 年第 3 期。

⑥ 夏铸九：《都市中国的经济发展、网络都市化以及区域空间结构：都会区域形构、新都市问题及都会治理》，《中国地理学会会议论文集》，2016 年。

⑦ 房亚明：《超大空间的有效治理：地方自治导向的分权？——论我国纵向府际关系的制度变革》，《国家行政学院学报》2009 年第 3 期。

⑧ 陈小卉、何常清：《制度变迁背景下的省级空间治理思考——以江苏省为例》，《城乡规划》2018 年第 5 期。

层尺度的"省管县"实践中的空间治理、政府层级和权力监督,[①]城镇化进程中的城市空间治理,[②] 是位于中层尺度的空间治理形式。

(四) 城市空间研究

空间政治学对于城市空间的关注,并非与中国的迅速城镇化实践同步。有学者早已从空间政治学的角度,对中国共产党建立政权初期的重要的空间性工程进行了独具空间特色与政治特色的双重研究,洪长泰对北京重要建筑空间的政治学分析指出空间政治并非地理变革,或单纯探讨建筑物的坐向,而是对政治的地域布局,及广义的政治与地理之间的互动、冲突和影响的研究。[③] 中国共产党对于以天安门广场为中心的整个北京城的空间塑造,虽然使其远离了传统城市空间与传统政治的关联,[④] 发生了从传统到社会主义的彻底转型,其目标是"变消费城市为生产城市"[⑤],但却离不开空间政治学的核心——空间与政治,最终是为了利用城市空间和建筑物的设计来树立其政治威信,赢得大众对新政权的认同。[⑥]

随着中国城镇化进程突飞猛进的发展,中国城镇化率已经达到57%,城市空间自然而然成为空间政治学的重要研究议题。[⑦] 城市空间的研究呈现多种形态,根据对国外空间政治学家理论的分析,有

[①] 房亚明:《治理空间、权力监控与政府层级的制度选择——对"省直管县"的冷思考》,《湖北社会科学》2010 年第 7 期。

[②] 陈晓彤、杨雪冬:《空间、城镇化与治理变革》,《探索与争鸣》2013 年第 11 期。

[③] 洪长泰:《地标:北京的空间政治》,(香港)牛津大学出版社 2011 年版。

[④] [美] 司徒安:《身体与笔:18 世纪中国作为文本/表演的大祀》,李晋译,北京大学出版社 2014 年版。

[⑤] 王军:《城记》,生活·读书·新知三联书店 2003 年版。

[⑥] 洪长泰:《空间与政治:扩建天安门广场》,《冷战国际史研究(辑刊)》2007 年。

[⑦] 白少飞:《城市政治:国家治理现代化研究新视角》,《中国社会科学报》2015 年 5 月 29 日第 744 期。

学者认为城市空间分为全球地理连接的空间、本土博弈的混合空间和表征身份认同的第三空间。① 对于超大城市来讲，城市空间结构是影响其治理的重要机制。② 在城镇化过程中居住空间分异、职住空间分离、商业空间高端化、交通空间通达性差和公共空间私有化等现象，③ 导致的城市空间治理风险主要指向"普惠型城市空间权益体系尚未构建成熟所引发的社会结构性问题"，此时的城市空间治理不仅仅是治理城市，④ 而是旨在建构包含权力、市场、社会和市民在内的多元主体，在空间生产和空间分配层面的"空间利益共同体"的城市治理。⑤

城市空间中围绕"灰色空间"的界定、抗争和治理，也是空间政治学的研究领域。"非正式性"是城市空间中灰色地带的典型特征，多元主体赋予此类空间除物质之外的政治、社会和价值规范等属性，⑥ 它的出现是地权分割和基层治理能力弱化带来的制度空间和行为空间相结合的产物。⑦ 拆迁安置社区是此类城市空间的重要代表，这种空间兼具政治性、社会性和经济性，其具体表现为"差序

---

① 谢震：《多琳·马西城市政治学中城市地理空间的三重维度》，《北华大学学报》（社会科学版）2019 年第 1 期。

② 杨上广、王春兰：《大城市空间结构演变与治理研究——对上海的调查与思考》，《公共管理学报》2008 年第 2 期。

③ 陈鹏：《城市治理困境的生成与消解——基于城市空间的视角》，《安徽师范大学学报》（人文社会科学版）2018 年第 4 期。

④ 闫帅：《从治理城市到城市治理：城市空间正义的政治学分析》，《华中科技大学学报》（社会科学版）2017 年第 4 期；黄徐强：《从统治城市到治理城市：城市政治学研究综述》，《华中科技大学学报》（社会科学版）2015 年第 29 期。

⑤ Chen Jinhua, Gong Huayuan, "Urban Risk Generalization in China: Space and Governance", *Social Sciences in China*, Vol. 39, No. 4, 2018, pp. 79–95.

⑥ 陈映芳：《"违规"的空间》，《社会学研究》2013 年第 3 期。

⑦ 杨磊、李云新：《谋利空间、分利秩序与违建现象的制度逻辑：基于中部地区 M 县的个案研究》，《公共行政评论》2017 年第 2 期。

空间""离散空间"和"差异空间",[1] 在这其中由于政治权力与社会权利的共同作用,产生了公共空间违法侵占现象,为空间治理带来难题;[2] 城中村空间是城市空间治理的特殊样态,这种类型的空间生产是制度变迁和社会行动者互动博弈的产物,[3] 不论对于本土居民,还是对于那些进入城市的移民来讲,空间政治更能够分析他们在空间上处于的不利地位,以及他们的空间化生存策略,[4] 产权界定、规划优化、利益调整和市民身份转换,是实现空间正义的重要治理手段。[5] 然而现实却向我们展示,面对这种城市贫困空间转换,改造过程的市民,[6] 往往只能以城市权利和城市革命为诉求,以道德主义消解意识形态规训和法律至上主义,为自身的抗议行为寻找合法性。[7]

(五) 网络空间研究

根据对中国期刊数据总库的检索,我们发现从 2012 年开始,学术界对网络空间的研究发生了比较大的跃升,学者发表的学术成果呈现逐年增长的态势。概而言之,空间政治学对网络空间的研究,比较集中在三个方面,即网络空间主权、网络空间治理和网络空间政治研究。

---

[1] 孙其昂、杜培培:《城市空间社会学视域下拆迁安置社区的实地研究》,《河海大学学报》(哲学社会科学版) 2017 年第 2 期。

[2] 孙其昂等:《"规训—反规训"空间的生产——NJ 市 H 社区公共空间违法侵占的实证研究》,《城市发展研究》2015 年第 3 期。

[3] 马学广:《城中村空间的社会生产与治理机制研究——以广州市海珠区为例》,《城市发展研究》2010 年第 2 期。

[4] 周如南:《都市冒险主义下的社会空间生产》,《开放时代》2013 年第 4 期。

[5] 罗筠:《"庇护关系"与转型时期农村移民的治理:W 市农村移民生存策略的空间政治》,《贵州社会科学》2013 年第 8 期。

[6] 林顺利、张岭泉:《社会政策的空间之维:以城市贫困的空间剥夺为例》,《河北大学学报》(哲学社会科学版) 2010 年第 4 期。

[7] 吴宁:《列斐伏尔的城市空间社会学理论及其中国意义》,《社会》2018 年第 2 期。

网络空间主权自从被提出以来，很快就成为学术界的研究对象。① 网络空间主权作为"互联网+"时代比较新颖的范畴和重要学术研究议题，是"中国参与和推动网络空间治理进程的核心理念之一"②，它涉及的网络安全、互联网自由与治理被世界政治化，成为全球公共议题。③ 网络空间与现实空间交互融合的特征，使国家主权既要适应其空间特性，又要保证自身不被消解。④ 概而言之，"主权国家正面临由网络空间的无界性特征而导致的网络空间安全治理的危机，与主权国家因主权国别性的特征而决定的主权国家治理有界性的危机"⑤，这集中表现为网络空间的虚拟主权与威斯特伐利亚体系下地理国家的现实主权之间的冲突，从这个意义上讲网络主权可能更多地表现为一种"有限主权"，⑥ 在这种情形之下，建基于基础责任、有限责任和领导责任之上的大国责任更需重视。⑦ 由此，学者将研究目光转向中美在网络空间中的竞争、冲突和合作，他们认为"网络事务管理的主权性与网络空间运行的开放性之间的矛盾构成中美关系网络冲突的根源"，中美在网络空间关键资源、关键技术和规则制定三方面，⑧ 对网络空间监管和网络空间主权的认同、建立

---

① 方滨兴：《论网络空间主权》，科学出版社2017年版。
② 刘杨钺、张旭：《政治秩序与网络空间国家主权的缘起》，《外交评论》2019年第1期。
③ 刘建伟、余冬平：《试论网络空间的世界政治化》，《国际关系研究》2013年第6期。
④ 张新宝、许可：《网络空间主权的治理模式及其制度建构》，《中国社会科学》2016年第8期。
⑤ 杨嵘均：《论网络虚拟空间对国家安全治理界限的虚拟化延伸》，《江苏社会科学》2014年第8期。
⑥ 许志华：《网络空间的全球治理：信息主权的模式建构》，《学术交流》2017年第12期。
⑦ 蔡翠红：《网络空间治理的大国责任刍议》，《当代世界与社会主义》2015年第1期。
⑧ 何晓跃：《网络空间规则制定的中美博弈：竞争、合作与制度均衡》，《太平洋学报》2018年第2期。

中美网络空间的战略互信是实践的重要方面。[1]

网络空间的无政府状态、主权超越性和技术影响不确定性,及其中犯罪和侵权现象的频发等,将网络治理议题推上学者的研究日程。[2] 对这方面的研究不仅有学者的参与,而且有组织化的研究机构参与,比如复旦大学网络空间治理研究中心。[3] 作为第五空间的网络空间,同时是国内私域和全球公域的全球混合场域,这更增加了网络空间治理的复杂性和难度。[4] 有学者认为这亟须国家主权介入网络空间进行干预,[5] 由此在全球网络空间治理规则制定方面,便出现了"多利益相关方"和"多边主义"之争。[6] 为解决这种争议,有学者认为,除在国际上推进以第三方责任为核心的网络空间威慑外,[7] 还需转向国家内部,在网络基础设施、网民群体、数字经济企业、政府数字治理方面提升网络空间权利,实现网络空间善治。[8] 就中国来讲,其在互联网产业基础等方面虽存在有利条件,但是与美国相比仍存在较大差距,[9] 中国需要继续在科研规划、产业发展和国际合作

---

[1] 蔡翠红:《网络空间的中美关系:竞争、冲突与合作》,《美国研究》2012年第3期。

[2] 蔡翠红:《国际关系中的网络政治及其治理困境》,《世界政治与经济》2011年第5期。

[3] 《复旦大学网络空间治理研究中心》,《复旦学报》(社会科学版)2017年第4期。

[4] 张晓君:《网络空间国际治理的困境与出路:基于全球混合场域治理机制之构建》,《法学评论》2015年第4期。

[5] 李传军、李怀阳:《基于网络空间主权的互联网全球治理》,《电子政务》2018年第5期。

[6] 沈逸:《全球网络空间治理原则之争与中国的战略选择》,《外交评论》2015年第2期。

[7] 董青岭:《网络空间威慑:如何推进第三方责任》,《世界政治与经济》2013年第9期。

[8] 张晓:《网络空间权力分析》,《电子政务》2018年第5期。

[9] 张樊、王绪慧:《美国网络空间治理立法的历程与理念》,《社会主义研究》2015年第3期。

等方面提升网络空间治理的话语权的同时,[1] 注重信任、规模和网民心理等影响网络空间治理有效性的重要因素,[2] 发挥政府、社会、市场和个人等多元主体间的合作治理作用。[3]

无论是网络空间主权还是网络空间治理,都是较为宏观的大尺度空间类型,学者对于网络空间政治的研究则更多集中于小尺度的中观和微观空间范畴。网络空间政治是一种新的政治形式,网络空间的扩张对后发展国家的政治秩序和国家能力带来极大挑战。[4] 网络空间的"去中心化"属性对政策问题建构产生影响,与传统相比,它使社会诉求可以以较低成本进入政策问题建构过程,并不断产生扩散效应。[5] 社会成员往往通过"在线信任"机制,[6] 利用网络空间的集聚和分散功能发挥政治动员作用,[7] 取得他们现实社会中依靠传统动员方式所不具有的抗争力量。与之相比,政府利用网络空间所发挥的动员能力远远弱于他们。[8] 网络空间草根政治运动是其典型体

---

[1] 方芳、杨剑:《网络空间国际规则:问题、态势与中国角色》,《厦门大学学报》(哲学社会科学版) 2018 年第 1 期。

[2] 周义程:《网络空间治理:组织、形式与有效性》,《江苏社会科学》2012 年第 2 期。

[3] 华涛:《网络空间合作治理:政府治理的拓展与重构》,《江苏行政学院学报》2016 年第 6 期。

[4] 李永刚:《网络扩张对后发展国家政治生活的潜在影响》,《战略与管理》1999 年第 5 期。

[5] 张康之、向玉琼:《网络空间中的政策问题建构》,《中国社会科学》2015 年第 2 期。

[6] 王芳:《在线信任与网络空间的秩序重构:基于复杂性理论视角的社会学考察》,《江海学刊》2017 年第 6 期。

[7] 周蜀秦:《现实空间与网络空间的政治生活与国家治理》,《南京师大学报》(社会科学版) 2015 年第 6 期。

[8] 娄成武、刘力锐:《论网络政治动员:一种非对称态势》,《政治学研究》2010 年第 2 期;谢金林:《网络空间政府舆论危机及其治理原则》,《社会科学》2018 年第 11 期。

现形式,① 有时候这也会演化为非理性的网络空间政治亚文化,② 这在给既有国家治理带来优化的同时,也为政治秩序带来挑战。针对这种挑战,政府针对网络空间政治动员,应用了被动、互动和联动三种治理机制,③ 以期达到善治的目的。网络空间政治在大数据时代体现为大数据政治学形态,其在数据采集、分析和定量定性结合等方面具有优势,能够在利用大数据计算方面为网络空间中的政府行为、政治传播等议题做出研究。④

(六) 公共空间研究

国内空间政治学对公共空间的研究基本上集中于以下三大方面:第一,对公共空间及其理论的研究。第二,乡村公共空间研究。第三,城市公共空间研究。

公共空间的界定及其理论研究,是一项老生常谈式课题。理论意义上的空间转向和实践意义上的城镇化,为公共空间的研究带来了更大的关注。⑤ 学者对公共空间的界定更加明晰,⑥ 虽然公共空间"具有人之行动之'空间'的指意,但此'空间'并不代表疆域、领土的意涵。作为一份判断的准矩来说,公共领域意指人的行动出现、彰显(disclosure)与表现(presentation)的场域,行动因这样

---

① 谢金林:《网络空间草根政治运动及其公共治理》,《公共管理学报》2011年第1期;孟天广:《网络空间的政治互动:公民诉求与政府回应性》,《清华大学学报》(哲学社会科学版)2015年第3期。

② 张翔:《网络空间中政治亚文化的结构转型与治理逻辑》,《探索》2017年第2期。

③ 阙天舒:《网络空间中的政府规制与善治:逻辑、机制与路径选择》,《当代世界与社会主义》2018年第4期。

④ 孟天广、郭凤林:《大数据政治学:新信息时代的政治现象及其探析路径》,《国外理论动态》2015年第1期。

⑤ 董慧:《公共空间:基于空间正义的一种尝试性思考》,《华中科技大学学报》(社会科学版)2017年第4期。

⑥ 陈竹、叶珉:《什么是真正的公共空间?——西方城市公共空间理论与空间公共性的判定》,《国际城市规划》2009年第3期。

的性质而具有'公共的'意涵。彰显与表现的反面即是'遮掩'与'隐藏',换言之,即'私领域'。相对于这些本质上应该被'隐藏的'而'无公共性'或'世界性'的行为、情感或人际关系,则是人的'公共之生活与行动'的方式,也就是公共空间"①。从理论上讲,空间政治学的理论视角一旦与公共空间相连接,其理论形态便呈现多元复杂的状况。当多民族国家围绕公共空间进行政策设计时,便会通过文化民族主义路径或整合主义路径产生公共空间政治。② 有学者认为作为国家政治权力领域与市民私人领域中间地带的公共空间为国家政治认同提供合法性的功能日渐衰落,③ 随着网络日益成为社会表达诉求的重要场域,它已经形成事实上的网络公共空间,比现实社会的公共空间更具表达性。④ 从实践上讲,公共空间向来是政府与社会民众的重要角力场,公园、茶楼既是民众活动的公共空间,也是政府意识形态和公权力渗透的空间,⑤ 以下层民众在"街头"这一公共空间中的活动为例,他们在不同时期表现出不同的行为模式,例如自由、束缚和反抗,⑥ 政府对这些公共空间的控制和干预并非易事。这种现象不仅发生在中国,在欧洲穆斯林与本土社群之间

---

① 谢复生、盛杏湲:《政治学的范围与方法》,五南图书出版公司2000年版,第53—54页。

② 张友国:《多民族国家统一构设视域中的公共空间政治》,《北京师范大学学报》(社会科学版)2014年第6期。

③ 刘云虹:《在建构公共空间中寻求政治认同——鲍曼公共空间理论的视角》,《学海》2013年第5期。

④ 马云驰:《网络与公共空间》,《学海》2008年第1期。

⑤ 熊月之:《晚清上海私园开放与公共空间的拓展》,《学术月刊》1998年第8期;陈蕴茜:《空间重组与孙中山崇拜——以民国时期中山公园为中心的考察》,《史林》2006年第1期;黄柏莉:《近代广州的公共空间与公共生活(1900—1938)——以公园、茶楼为中心的考察》,《开放时代》2014年第6期。

⑥ 王笛:《街头文化:成都公共空间、下层民众与地方政治,1870—1930》,中国人民大学出版社2006年版。

的冲突，实质上是对公共空间归属的一场争夺战。[①]

从空间政治学角度来讲，乡村公共空间研究大多集中于对乡村政治、乡村治理与乡村公共空间之间的关系的研究。[②] 乡村公共空间对乡村秩序的重构、乡村政治发展具有重要作用，[③] 它在一定程度上奠定了村民自治的社会基础和文化网络，[④] 这已经被学者的研究个案所证明。[⑤] 但是，市场化以及政府缺位等原因在一定程度上导致了以公共场所、公共权威、公共活动与事件和公共资源为组成要素的乡村公共空间的衰落。[⑥] 在重振乡村公共空间方面，学者发现以大学生村官为代表的乡村社会工作者的介入，[⑦] 社会组织对于乡村治理的参与，[⑧] 以及农村合作社的发展，[⑨] 在一定程度上不仅有利于乡村良性

[①] 郑碧娴：《公共空间的争夺——欧洲穆斯林社群与当地主流社群冲突的再解读》，《欧洲研究》2011年第5期。

[②] 庞娟：《农村公共空间研究的多学科视角回顾与展望》，《江西社会科学》2013年第9期。

[③] 曹海林：《村落公共空间演变及其对村庄秩序重构的意义——兼论社会变迁中村庄秩序的生成逻辑》，《天津社会科学》2005年第6期。

[④] 李小云、孙丽：《公共空间对农民社会资本的影响：以江西省黄溪村为例》，《中国农业大学学报》（社会科学版）2007年第1期；王春光等：《村民自治的社会基础和文化网络：对贵州省安顺市J村农村公共空间的社会学研究》，《浙江学刊》2014年第1期。

[⑤] 陈默：《西藏村落公共空间与村民阶序：以曲水县茶巴朗村为例》，《中国藏学》2010年第2期；徐赣丽：《侗寨的公共空间与村民的公共生活》，《中央民族大学学报》（哲学社会科学版）2013年第6期。

[⑥] 董磊明：《村庄公共空间的萎缩与拓展》，《江苏行政学院学报》2010年第5期；许家伟、何长涛：《村落公共空间的农户认知与支付意愿：以河南省双沟村为例的经验研究》，《经济地理》2012年第3期。

[⑦] 逄索、程毅：《乡村公共空间：农村社会工作者介入农村社区服务的意外后果：以SH市JS区大学生村官为例》，《学习与实践》2015年第10期。

[⑧] 任怀玉：《农村社区公共空间研究——基于NGO参与农村社区建设的个案研究》，《中国行政管理》2011年第10期。

[⑨] 张纯刚等：《乡村公共空间：作为合作社发展的意外后果》，《南京农业大学学报》（社会科学版）2014年第2期；徐晓鹏：《农民专业合作社对农村公共空间拓展的影响因素：以四川省X村Y水稻种植专业合作社为例》，《华中农业大学学报》（社会科学版）2015年第1期。

公共空间的建构，而且还形成了一种新型公共空间，对乡村公共生活的发展和乡村治理发挥了重大作用。

相比于乡村公共空间研究，空间政治学对这方面的研究已经超越了对城市公共空间重要性和兴衰的关注，而是研究城市公共空间的中国特性、影响要素和空间生产等微观和中观层面更加细致的领域。德国学者哈森普鲁格认为公共空间的产生与中产阶级紧密相连，从这个意义上讲，在中国的城市中并不存在公共空间与私域空间的分别，相反，中国人将其更多地视为开放空间与封闭空间之分。[①] 中国城市公共空间的形成受到多方面要素的影响，居民结构、建筑结构和组织结构是后单位时代城市公共空间形成的重要因素，[②] 权力、资本和社会也对城市公共空间产生重要影响。[③] 对于城市公共空间生产来讲，公众参与，尤其是社区自组织和社会组织的参与，较有利于社区公共空间的生产；[④] 日渐为各级政府所强调的社区社会组织的参与、[⑤] 联席会议和听证会制度等，[⑥] 也在城市公共空间生产中扮演重要角色。然而，要想克服集体行动困境，实现城市公共空间的善治，还需要建构明确规则，规定权利和义务，实施有效监督。[⑦]

---

① ［德］迪特·哈森普鲁格：《中国城市密码》，清华大学出版社 2018 年版，第 39—43 页。

② 胡位钧：《社区：新的公共空间及其可能：一个街道社区的共同体生活再造》，《上海大学学报》（社会科学版）2005 年第 5 期。

③ 陈水生：《中国城市公共空间生产的三重逻辑及其平衡》，《学术月刊》2018 年第 5 期。

④ ［加］阿兰纳·伯兰德、朱健刚：《公众参与与社区公共空间的生产：对绿色社区建设的个案研究》，《社会学研究》2007 年第 4 期。

⑤ 李雪萍、曹朝龙：《社区社会组织与社区公共空间的生产》，《城市问题》2013 年第 6 期。

⑥ 周健：《人际互动与城市社区公共空间冲突的消解：上海市 24 个社区调研的启示》，《河南大学学报》（社会科学版）2011 年第 2 期。

⑦ 张景平：《社区公共空间治理中居民集体行动的困境与出路》，《城市问题》2015 年第 9 期。

三 空间政治学的未来议程

（一）空间政治学的研究现状

概而言之，空间政治学的研究现状可以分为以下四个方面：第一，空间政治学领域的研究尚停留在对西方理论译介方面，这是任何新兴学科所无法避免的。第二，空间政治学直接脱胎于西方批判理论家对空间的强调和重视，由此，批判性是其立身之本，也是其需要发生转型的重要基点。第三，空间政治学对规范性研究情有独钟，理论性和哲学性思辨在其研究中占据重要地位。第四，空间政治学与对空间的哲学关注存在重要区别，这种区别在中国更加明显，后者重视的是理论性哲学思辨，前者重视的是对实践现象的理论透视，尤其是对中国迅速城镇化过程中的空间现象的阐释，在这方面中国港台地区的空间政治学研究比中国大陆更具理论和实践结合的优势。即使我们说空间政治学的研究重点在于空间是政治的，但是在比较短的时间内，它的研究进展并没有一以贯之地围绕中心点进行，其较多地借鉴空间批判、人文地理和城市政治领域的理论，反而与地缘政治相对疏远，研究领域和范畴相对比较繁杂。从一定意义上讲，空间政治学对批判理论的热衷，与其对空间理论的执着相比，前者占据了学者更多的经历和时间，这两者之间的关系比较松散，甚至是极为不平衡，这才是空间政治学在中国的最为普遍的研究现状。

（二）空间政治学的研究展望

随着中国城镇化程度的日益深化，未来的空间政治学研究是大有可为的。空间政治学者没必要因为当下城市空间政治学的弱小现状而感到沮丧，同理，也没有必要对此交叉领域的独特优势而过度夸大，相反，应该为该领域所能提供的理论和实践结合的研究点奋发努力。空间政治学相比传统政治学对政府、制度和政策过程的关注，更具有容易进入和资料可获得性的优势，由此，我们对空间政治学的研究展望会更加乐观。我们相信，在未来的研究议程中，空间政治学会实现以下几点：第一，不断在对西方理论的译介过程中，加强本土原创性研究，尽力实现空间政治学的本土化和国际化相结合；第二，不断实现在理论批判中达成理论建设的目标，提升理论建构能力；第三，不断加强理论研究和实证研究的结合；第四，在加强对空间理论关注的同时，也对空间治理提出实践思考。总而言之，空间政治学的未来发展，及其本土化和国际化的结合，必须依靠中国人文社会科学领域学者的基础性理论研究和应用性实证研究的综合、全面发展。

第五节　环境政治学研究

一　环境政治学的兴起与发展

环境政治学是对公众、地区、国家、全球等不同层次行为者或者体制机制与环境问题互动关系的理论与实践研究，研究内容除环境政治理论、环境政党、环境运动、环境政策、全球环境治理等经典内容外，也涌现出环境的社会文化传统、环境参与角色等新兴议题。

20世纪60年代以来，环境问题开始引起人们关注，并逐渐进入全球视野。1962年，蕾切尔·卡森（Rachel Carson）出版《寂静的春天》（*Silent Spring*）一书，以生态学的视角分析有毒化学品对整个生态系统及人类社会产生的破坏作用，标志着人们逐渐关注环境问题。[1] 1972年，全球环保组织的先驱者罗马俱乐部发表报告《增长的极限》，基于大量数据和模型，对人类发展与地球命运做出分析与预测，指出地球因子的有限性和相互关联性导致经济和人口的增长必然会在某一时点达到极限，进而出现不可阻挡的衰退。书中以严谨规范的科学研究对地球环境进行分析，在出版之时便引起轰动并畅销至今。

---

[1] 郑石明：《国外环境政治学研究述论》，《政治学研究》2018年第5期。

20世纪90年代以来，环境问题研究的主要议题为环境变化、稀缺性和安全性的关联。环境政治学的兴起与托马斯·荷马·狄克逊（Thomas F. Homer-Dixon）[①]的研究密切相关。他认为环境的稀缺性具有深刻的社会意义，会助长叛乱，引发种族冲突、城市骚乱以及其他形式的民间暴力，尤其是在发展中国家，这种现象更加明显。他的观点得到了广泛的关注。理查德·马修（Richard A. Matthew）和泰德·高林（Ted Gaulin）考察了三个太平洋岛屿上因自然资源稀缺而引发的社会和政治后果，通过案例分析发现资源的稀缺性并不必然导致暴力冲突。[②] 在过去的几十年中还有很多学者并未找到环境恶化与暴力冲突存在显著相关性。因此，有一些学者对托马斯·荷马·狄克逊的研究进行了反驳，如丹·德德尼（Dan Deudney）对环境恶化与国家安全之间的关联产生了质疑。但有的学者如因陀罗·德索伊萨（Indra de Soysa）[③]发现，资源的多样性与暴力冲突存在显著的相关性，她发现暴力冲突最可能被资源丰度的"蜜罐"效应而驱动，因为暴力冲突的产生需要付出高昂的代价并且需要有效的组织。

自2000年开始，环境问题的研究逐渐关注从国家、地区政治经济以及国家安全利益出发如何构建全球环境治理框架，以及共同体、公民社会和行业参与者如何促进环境有效治理并发挥重要作用等方

[①] Thomas F. Homer-Dixon, "Environmental Scarcities and Violent Conflict: Evidence from Cases", *International Security*, Vol. 19, No. 10, 1994. Thomas F. Homer-Dixon, *Environment, Scarcity and Violence*, Princeton, NJ: Princeton University Press, 1999, pp. 3 – 11.

[②] Richard A. Matthew and Ted Gaulin, "Conflict or Cooperation? The Social and Political Impacts of Resource Scarcity on Small Island States", *Global Environmental Politics*, Vol. 1, No. 2, 2001.

[③] Indra de Soysa, "Filthy Rich, Not Dirt Poor! How Nature Nurtures Civil Violence", in Peter Dauvergne, ed., *Handbook of Global Environmental Politics*, Cheltenham: Edward Elgar Publishing, 2005, pp. 149 – 169.

面。斯坦伯格（Steinberg）和范迪威尔（Van Deveer）[1]研究发现，环境政治的文献集中于对特定国家和政策的描述性的案例研究，以及对国际不同的环境制度体系的研究。曹峋（Xun Cao）等人对国际比较环境政治的研究前沿进行梳理，认为环境政治的研究集中于各种重要研究问题以及潜在的因果机制和模型假设，在理论建构和技术模型的应用方面还有所欠缺。[2]

总的来说，21世纪以来的环境政治学呈现以下两个方面的特点：一是研究层次的丰富化以及研究内容的广泛化。随着环境政治学的深入发展，研究层次涵盖从全球到地区、从宏观到微观等各个视域，体现出丰富化的特征。研究内容包括环境与国家稳定的关系、非政府组织在环境政治中的角色等，呈现出广泛化的特征。在《气候变化与国家安全：行动议程》报告中，乔舒亚·巴斯（Joshua Busby）从气候变化对美国内外部安全的影响、相关的政策选择、机构改革等各个角度分析了气候变化与国家安全的关系。[3]李侃如对中华人民共和国成立以来的环境政策进行了梳理，认为中国环境治理能力的进一步提升需要加强公众教育，放松对环境运动的管治以及加强对地方政府层面的环保压力等。[4]杰西卡·蒂兹（Jessica Teets）通过考察中国的民间社会组织（CSOs），来研究这些组织如何在政府官员之间创建政策网络以改变环境政策。[5]安妮·特蕾沙·古尔伯格（Anne Therese Gullberg）和伯恩特·奥达尔（Bernt Aardal）对挪

---

[1] P. F. Steinberg, S. D. VanDeveer, *Bridging Archipelagos: Connections, Comparative Politics and Environmental Politics*, Cambridge, M. A. : MIT Press, 2012, pp. 29 – 60.

[2] Xun Cao, Helen V. Milner, Aseem Prakash, and Hugh Ward, "Research Frontiers in Comparative and International Environmental Politics: An Introduction", *Comparative Political Studies*, Vol. 47, No. 3, 2014.

[3] Joshua W. Busby, *Climate Change and National Security: An Agenda for Action*, New York: Council on Foreign Relations Press, 2007, pp. 1 – 3.

[4] ［美］李侃如:《治理中国：从革命到改革》，中国社会科学出版社2010年版。

[5] Jessica Teets, "The Power of Policy Networks in Authoritarian Regimes: Changing Environmental Policy in China", *Governance*, Vol. 31, No. 2, 2018.

威在气候变化减缓和环境保护方面公众舆论的兼容性进行了研究①。瓦法·本·法拉古（Wafa Ben Fraj）、穆罕默德·艾洛米（Mohamed Elloumi）和弗朗西萨·莫勒（François Molle）对突尼斯的流域转让政治进行了研究，分析其社会经济影响和参与者战略。② 二是研究方法和研究模型的多样化和科学化。随着自然科学在社会科学领域的进一步渗透，环境政治学的研究方法越来越倾向于采用计量模型进行分析，研究方法的科学化和研究模型的精准化逐渐提高。迈尔斯（Miles）等人基于过程追踪、案例小样本对比和数据的统计分析，使用多元分析方法，对环境制度的有效性进行研究。③ 廷格利（Tingley）和托姆兹（Tomz）构建国际合作的博弈理论模型，认为对大多数国家而言，有特定的问题可用来分析在重要问题上不同观点的变化。④ Paterson等人运用社会网络分析方法研究美国和欧盟碳排放交易的产生。⑤

二 环境政治学引入和主要议题

环境问题与人类的生存息息相关，从其产生之日起就是一个全球性的问题，而非某个国家或地区单独存在的问题。环境问题具有综合

---

① Anne Therese Gullberg, Bernt Aardal, "Is Climate Change Mitigation Compatible with Environmental Protection? Exploring Voter Attitudes as Expressed Through 'Old' and 'New' Politics in Norway", *Environmental Policy and Governance*, Vol. 29, No. 1, 2019.

② Wafa Ben Fraj, Mohamed Elloumi, François Molle, "The Politics of Interbasin Transfers: Socio-environmental Impacts and Actor Strategies in Tunisia", *Natural Resources Forum*, Vol. 43, No. 1, 2019.

③ E. L. Miles, S. Andresen, E. M. Carlin, J. B. Skjærseth, A. Underdal, J. Wettestad, *Environmental Regime Effectiveness: Confronting Theory with Evidence*, Cambridge, M. A.: MIT Press, 2001.

④ D. Tingley, M. Tomz, "Conditional Cooperation and Climate Change", *Comparative Political Studies*, 2013.

⑤ M. Paterson, M. Hoffman, M. Betsill, S. Bernstein, "The Micro Foundations of Policy Diffusion Toward Complex Global Governance: An Analysis of the transnational Carbon Emission Trading Network", *Comparative Political Studies*, 2013.

性强、分支学科多的特点。中国环境政治问题面临着巨大压力和现实挑战，国内的环境问题很难在一种单向度的领域或单一政治视角下得到解决。国外环境政治学的研究历程对于我国环境政治学的发展具有重要的借鉴和启示意义，因此被引入国内。一是，运用比较政治学和跨学科方法研究生态环境问题，并对世界各国或地区环境政治学理论与实践加以比较。二是，广泛交流和分享环境政治学研究的最新成果，学习研究国外环境政治学领域的经典著作和文献，把国外环境政治学理论、方法与中国的实际问题结合起来，创建具有中国特色的环境政治学，增强研究的现实指导性和科学性。三是，环境政治学者需要提升政治敏感度，捕捉和发现问题，并充分利用跨学科优势，开展环境政治的创新研究，促进学科交流和融合。

（一）国内的研究历程

1. 萌芽与兴起阶段：20世纪八九十年代中期

随着改革开放的逐步加大，我国与世界的联系逐渐加强，环境问题作为在国际上已产生一定影响的政治问题吸引了国内学者的关注。该阶段的学者主要关注国外环境政治学的理论和实践成果，开始意识到环境问题不仅是经济问题和公民意识的问题，也是一个政治问题。研究成果以翻译评介为主，1988年由石音译、东方出版社出版的弗里乔夫·卡普拉（Fritjof Capra）和查伦·斯普雷纳克（Charlene Spretnak）的《绿色政治：全球的希望》，应是国内最早翻译出版的环境政治方面的欧美学者著作。[1] 鱼小辉对国内环境与治理现状进行了深切反思，认为实现政治的民主化才能促进环境问题的有效治理。[2]

2. 快速发展阶段：20世纪90年代中期至今

受1987年联合国环境与发展委员会通过的《我们共同的未来》

---

[1] 郇庆治：《环境政治学研究在中国：回顾与展望》，《鄱阳湖学刊》2010年第2期。

[2] 鱼小辉：《环境保护与民主政治》，《社会》1989年第6期。

的报告、1992年召开的里约联合国环境与发展大会,以及国内严峻的环境形势的影响,20世纪90年代中期以后,环境政治学关注的议题领域进一步扩大,研究成果呈现多样化发展趋势。按照关注的议题不同可大致将研究成果分为五个方面。

(二) 环境政治学主要议题

1. 环境政治理论

环境政治理论包括政治观念以及理论体系的研究,在理论体系研究方面呈现实践导向和理论导向两种态势。

肖显静、肖建华、卢洪友、陈学明、刘仁胜等学者的研究偏重于实践导向,更加关注理论体系对于实践进展的指导和推动意义。肖显静以国内外环境问题为议题,分别从实践选择与理念革新两个方面对主权国家在应对环境问题时的策略加以探讨。实践层面包括有利于环境保护的社会发展道路、政治发展方向、发展中国家的经济发展模式及政府行为在环境保护问题上的重要作用等;理念层面包括在应对环境问题时主权国家应秉持的国家环境安全观、国家发展观和国家利益观等。[①] 肖建华分析了生态环境多中心合作治理的动因、理论基础以及全球环境多中心合作治理的困境与创新,并在对西方政府—市场—社会的多中心环境治理模式进行研究的基础上,提出中国应构建以政府为主导,市场和社会力量共同参与的多中心合作治理机制。[②] 卢洪友等对美国、日本、英国、法国、俄罗斯和印度的环境公共治理理论、制度与治理模式进行了深入细致的个案考察,为中国的环境治理提供借鉴和启示意义。[③] 冉冉研究了环境民主与环境威权主义两种政体类型对环境治理绩效的影响,在深入分析

---

① 肖显静:《生态政治:面对环境问题的国家抉择》,山西科学技术出版社2003年版。

② 肖建华:《走向多中心合作的生态环境治理研究》,湖南人民出版社2010年版。

③ 卢洪友等:《外国环境公共治理:理论、制度与模式》,中国社会科学出版社2014年版。

国外各学者对于环境民主与威权主义论述的基础上，认为民主的政治体制更有利于环境治理。①

另外，在生态社会主义和生态马克思主义研究方面，郇庆治、徐重温、王振亚、张晓等对生态社会主义和生态马克思主义的发展历史及发展的最新成果进行了梳理，并探究其在中国发展背景下的现实意义。郇庆治分别对西方和我国国内生态社会主义的发展进行了述评。② 张剑对 20 世纪 80 年代末尤其是 2008 年以来生态社会主义研究与运动的新进展进行梳理与分析，对其理论观点、本质和作用以及对中国的启示等进行概括与总结。③ 张晓对 21 世纪以来西方生态马克思主义的发展格局、理论形态以及存在的不足之处等进行分析，并对中国在马克思主义指导下的生态文明建设进行展望。④

孙正甲、刘京希等学者的研究则更注重理论导向，关注规范层面的理论建构。孙正甲运用生态学的视角，分析社会政治现象与政治生态环境的相互关系。⑤ 刘京希同样基于系统性的生态学研究视角，但对政治体系与社会自然环境进行了更加深入的研究。他将生态政治理论分为三个层面，即政治内生态、政治体系与社会环境间的生态与反生态，以及政治作用于社会环境后与自然环境的生态和反生态，并逐层进行研究。⑥

2. 环境组织、政党与运动

我国学者关于环境组织、政党与运动的研究大致可以分为国外

---

① 冉冉：《政体类型与环境治理绩效：环境政治学的比较研究》，《国外理论动态》2014 年第 5 期。

② 郇庆治：《西方生态社会主义研究述评》，《马克思主义与现实》2005 年第 4 期；郇庆治：《国内生态社会主义研究论评》，《江汉论坛》2006 年第 4 期。

③ 张剑：《生态社会主义的新发展及其启示》，《马克思主义研究》2015 年第 4 期。

④ 张晓：《21 世纪以来西方生态马克思主义的发展格局、理论形态与当代反思》，《马克思主义与现实》2018 年第 4 期。

⑤ 孙正甲主编：《生态政治学》，黑龙江人民出版社 2005 年版。

⑥ 刘京希：《政治生态论》，山东大学出版社 2007 年版。

与国内两个方面。

在国外环境组织、政党与运动的研究方面，奚广庆、王谨主编的《西方新社会运动初探》对西方新社会运动进行评述，其中因为环境问题的广泛关注和绿党组织的影响力，生态运动和绿党及其斗争的内容占有突出位置。① 张淑兰等学者关注印度环境政治，熊家学、刘东国等学者则较为关注欧洲绿党的进展。张淑兰在《印度的环境政治》一书中系统性地论述了印度的环境主义、环境运动、环境非政府组织、环境制度以及环境外交等内容。② 熊家学在20世纪90年代率先对欧洲绿党的发展状况、组织特点及性质等做了详细的概述，认为欧洲绿党是具有一定革命和进步倾向的、影响广泛的左翼政治力量。③ 郇庆治对欧洲绿党进行了深入的研究，分析了绿党在欧洲的兴起与发展及其主要理论主张，体现出绿党政治在理解当代欧洲乃至整个世界社会政治进程中的重要意义；④ 此外还对近年来的"绿色转型"在欧洲主要左翼政党中的政治话语内涵进行了解析。⑤ 轩传树对欧洲绿党参与议会活动的进程进行考察，认为其经历了运动型政党、抗议型政党及体制化政党三个发展阶段。⑥ 沈丹对绿党的组织结构特点及其变化进行了深入分析，指出绿党在思想理念和组织架构等方面依然有别于传统政党。⑦

郇庆治、孙壮珍、王刚等从政治机会结构视角对我国环境运动进行分析，前两者从宏观视域进行分析，后者是基于政治机会结构

---

① 奚广庆、王谨主编：《西方新社会运动初探》，中国人民大学出版社1993年版。
② 张淑兰：《印度的环境政治》，山东大学出版社2010年版。
③ 熊家学：《西方绿党概述》，《湖南师范大学社会科学学报》1990年第2期。
④ 郇庆治：《欧洲绿党研究》，山东人民出版社2000年版。
⑤ 郇庆治：《欧洲左翼政党谱系视角下的"绿色转型"》，《国外社会科学》2018年第6期。
⑥ 轩传树：《从运动型到体制化：欧洲绿党发展进程研究》，《理论与评论》2018年第5期。
⑦ 沈丹：《欧洲绿党组织结构的发展变化》，《科学社会主义》2018年第1期。

视角的个案分析。郇庆治对环境组织与环境运动的脱节关系进行了探究，认为在中国政治力量的支持与社会运动增加的背景下，环境组织应提高对我国政治整体走向及国家大政方针的认识，增强自身的社会动员能力。① 孙壮珍、宋伟根据政治机会结构的变迁将改革开放以来的环境运动分为隐忍沉默、柔性抗争与激进抗争三个阶段。② 王刚、毕欢欢从政治机会结构的视角，基于邻避运动双案例的对比分析，认为可以从政体开放性、公众参与与精英团体非正式运作等方面提供环境运动的化解之道。③ 李异平等从环境政治学的视角对政府、企业和公众在茂名 PX 事件中的关系加以研究，是在环境政治学视域下对环境运动的微观探究。④ 覃冰玉认为中国近年来的环境群体性事件呈现出公众广泛参与但不存在强有力领导力量、采取暴力或非暴力行动方式、关注具体环境问题等特征。⑤

3. 环境政策

我国学者关于政府环境政策的研究也可分为国外和国内两个方面。

徐再荣等对美国环保运动与环境政策的兴起与发展沿革进行了深入的论述，认为美国的环保运动和环境政策的发展过程是与美国整体的社会经济环境密切相关的。⑥ 滕海建从环境政治史的分析框架

---

① 郇庆治：《"政治机会结构"视角下的中国环境运动及其战略选择》，《南京工业大学学报》（社会科学版）2012 年第 4 期。

② 孙壮珍、宋伟：《政治机会结构视角下中国环境抗争的策略演变》，《广西社会科学》2016 年第 10 期。

③ 王刚、毕欢欢：《"政治机会结构"视域下环境邻避运动的发生逻辑及其治理——基于双案例的对比分析》，《中国地质大学学报》（社会科学版）2017 年第 2 期。

④ 李异平、郭心华、沈海滨：《环境政治学视角下的"邻避运动"——以茂名 PX 事件为例》，《世界环境》2014 年第 4 期。

⑤ 覃冰玉：《中国式生态政治：基于近年来环境群体性事件的分析》，《东北大学学报》（社会科学版）2015 年第 5 期。

⑥ 徐再荣等：《20 世纪美国环保运动与环境政策研究》，中国社会科学出版社 2013 年版。

出发，较为系统地探究了美国的环境政策与环保立法。① 除美国外还有对其他国家环境政策的研究，如冷晓玲的《欧盟背景下以政府为主导的德国环境政策研究》。

冉冉的《中国地方环境整治：政策与执行之间的距离》否定集权—分权式的二元分析，认为地方政府执行政策的偏差影响了地方环境治理效率和能力的提升。② 马万里、杨濮萌运用政治经济学的相关理论知识，对环境污染治理过程中政府行为进行了深入分析，认为中国的环境治理应着眼于更高层面，加强顶层设计，完善中央对地方的考核和监督体制。③ 王鸿铭、黄云卿、杨光斌以政治学的视角对我国环境治理逻辑进行分析，认为我国的环境治理需要实现从威权管控到多元有效治理的转变。④ 任丙强认为地方政府在环境政策执行阶段受到政治激励、晋升激励与财政激励，但三者之间存在张力，影响环境政策的执行。⑤

除了学术成果以外，有一些报告和课题也对中国环境政策与管治的问题进行了研究。例如由中国环境与发展国际合作委员会牵头，凝结了中、美、德、日的20余位环境政策专家与学者的《中国政府环境执政能力研究报告》。该报告的课题组对东亚、欧盟、日本及美国的环境管理情况进行了广泛调研，并对中国的环境问题进行了深入调查和分析，为有效治理中国环境提出具体建议，许多建议最后进入政策议程得到贯彻落实。此外，2006年由尼尔·卡特（Neil

---

① 滕海建：《美国环境政策与环保立法研究：以环境政治史为视角》，中国社会科学出版社2018年版。

② 冉冉：《中国地方环境整治：政策与执行之间的距离》，中央编译出版社2015年版。

③ 马万里、杨濮萌：《从"马拉松霾"到"APEC蓝"：中国环境治理的政治经济学》，《中央财经大学学报》2015年第10期。

④ 王鸿铭、黄云卿、杨光斌：《中国环境政治考察：从权威管控到有效治理》，《江汉论坛》2017年第3期。

⑤ 任丙强：《地方政府环境政策执行的激励机制研究：基于中央与地方关系的视角》，《中国行政管理》2018年第6期。

Carter）与阿瑟·摩尔（Arthur Mol）合作编写的《中国的环境管治》认为中国的环境管治具有以下方面的新特征：环境国家能力的强化、从环境规制向环境管治的转变、环境政策一体化程度的提高和公民社会作用的不断增强，并认为中国正在成为"生态现代化的前沿"①。

4. 国际环境政治

国际环境政治方面的研究包括环境外交、全球化的环境问题、国家行为逻辑及国际合作等方面。王逸舟以国际关系视角分析生态环境问题，应是开国内之先河。② 张海滨围绕"全球环境治理为什么治理不了全球环境问题"这一核心问题，对环境与国际关系的互动理路进行分析，认为全球环境问题是与人口、技术、观念和经济发展等相关的综合性问题，并主张在全球范围内实施共同的环境政策。③

薄燕从双层博弈视角出发分析美国在《京都议定书》谈判过程中的策略和行为，认为其策略选择同时受到国际和国内双重因素的影响。④ 丁金光对环境问题、国际环境外交以及环境非政府组织等做了较为系统的阐述，并对中、美、日、欧盟、东北亚等环境外交和环境合作进行了深入的分析。⑤

庄贵阳、朱仙丽和赵行姝对环境问题和气候变化的产生背景和原因、内涵及治理策略等进行了深入的探析，认为环境问题的外部

---

① 郇庆治：《21世纪以来的西方生态资本主义理论》，《马克思主义与现实》2013年第2期。
② 王逸舟：《生态环境政治与当代国际关系》，《浙江社会科学》1998年第3期。
③ 张海滨：《环境与国际关系：全球环境问题的理性思考》，上海人民出版社2008年版。
④ 薄燕：《国际谈判与国内政治：美国与〈京都议定书〉：谈判的实例》，上海三联书店2007年版。
⑤ 丁金光：《国际环境外交》，中国社会科学出版社2007年版。

性要求加强国际谈判与合作。① 郇庆治对全球"碳政治"及其呈现的生态帝国主义特征进行了深入的分析，提出中国在新形势下应加强"碳政治"的话语权，以社会主义生态文明建设的持续推动来为世界环境保护做出贡献。②

5. 新兴议题

除环境政治学领域上述四大经典议题外，也涌现出环境社会文化传统、环境参与角色等一批新视角的研究成果。刘海霞等学者关注在环境问题中不同的参与角色，曹顺仙、刘然等学者则对中国传统文化加以考察。刘海霞在环境正义视角下对环境弱势群体的含义、基本诉求和主张进行了实证研究，并在提高环境弱势群体的地位、表达其利益诉求等方面提出政策建议。③ 朱狄敏的《公众参与环境保护：实践探索和路径选择》对环保问题上公众参与相关的法律法规、研究成果、典型案例、技术标准进行了梳理与总结，并分析了嘉兴环境治理实践；最后运用法学、政治学、公共管理等学科理论与方法，对不同阶段环保公众参与的特点和做法进行了概括与总结。④ 曹顺仙运用政治学相关理论和知识，对从夏商至明末清初的中国传统环境政治进行研究，论述其思想基础、运行原则和机制、传统社会的环境保护法规，以及传承的历史意义与时代价值。⑤ 刘然在环境治理问题上深度挖掘传统"治道"观念及实践，彰显我国传统政治观的时代价值。⑥

---

① 庄贵阳、朱仙丽、赵行姝：《全球环境与气候治理》，浙江人民出版社2009年版。

② 郇庆治：《"碳政治"的生态帝国主义逻辑批判及其超越》，《中国社会科学》2016年第3期。

③ 刘海霞：《环境正义视阈下的环境弱势群体研究》，中国社会科学出版社2015年版。

④ 朱狄敏：《公众参与环境保护：实践探索和路径选择》，中国环境出版社2015年版。

⑤ 曹顺仙：《中国传统环境政治研究》，博士学位论文，南京林业大学，2013年。

⑥ 刘然：《用中国传统政治学概念分析环境自主治理的可行性》，《国际社会科学杂志》（中文版）2013年第2期。

近年来，在环境政治学的研究方法方面取得了一系列进展，呈现出大数据分析与研究模型复杂和精确化等一系列特征。左翔、李明运用政治经济学的相关理论知识，基于 2006 年中国社会生活综合调查数据（CGSS）构建 Order Probit 模型对环境污染与公众政治态度进行实证研究，认为随着环境污染加剧，公众对政府的信任度和认可度会降低；随着经济发展水平的提高，这种不认可的政治态度会进一步强化。[①] 郑石明运用经济学相关知识构建政治周期、五年规划以及政治周期、与经济规划交互影响等多个计量模型，并基于 2003—2013 年 284 个城市样本的数据进行面板回归分析，研究发现环境污染具有明显的周期性，与政治周期、五年规划的周期性显著相关，提出调整考核与激励机制、增强经济发展与环境保护目标之间的协调性等政策建议。[②]

环境政治学的发展历程虽只有五六十年，但它的研究对象——环境问题自农业时代就已产生，而且环境问题因其所蕴含的重要价值具有永恒的意义。在环境政治学的研究内容方面呈现出横向和纵向的深度拓展，横向上除环境政治理论、环境组织、政党与运动、环境政策以及全球环境治理等经典议题外，也涌现出公众态度、弱势群体、环境污染与政治周期等一系列新的研究视角和课题；纵向上除关注现当代环境治理问题外，也试图从中国传统社会环境政治研究中寻求治理之道。

环境政治学在发展过程中积极吸纳其他学科的理论和方法成果，研究方法包括个案研究、访谈等定性研究与问卷、相关分析与实验等定量研究方法。近年来，社会网络分析方法、计量模型的引进等，也体现出环境政治学研究方法的科学性逐步提高。

[①] 左翔、李明：《环境污染与居民政治态度》，《经济学（季刊）》2016 年第 4 期。
[②] 郑石明：《政治周期、五年规划与环境污染——以工业二氧化硫排放为例》，《政治学研究》2016 年第 2 期。

三 环境政治学研究的不足与展望

(一) 研究不足之处

第一,研究视角囿于传统政治学领域,学科交叉研究有待推进。在我国,政治因素对环境问题的影响不断凸显,近年来也有学者从其他学科视角对环境政治问题进行研究,但总的来说我国环境政治学研究主要采用传统政治学路径,强调用政治学的视角和范式来分析中国的环境问题,缺少其他领域学者的参与,这就造成了学科发展的局限性。较早研究中国环境政治学的学者吴逢时,将中国环境政治研究分为三个主题:第一,自上而下地由国家和政府主导的环境治理。第二,自下而上公民环境意识和环境社会行动主义。第三,环境外交。① 无论是从国家视角自上而下地看待环境问题,还是从社会视角自下而上地看待环境问题,中国环境政治都不可避免地要遭遇到以下悖论:一方面,中央政府和领导人高度关注环境问题,并将环境保护、可持续发展列为我国的基本国策之一,也将生态文明建设写入党章。为了保护环境实现可持续发展,中央政府制定了许多法律法规,建立了一套完整的环境保护法律法规体系,拟通过自上而下的环境行政管理体制来保证这一系列环保政策的实施,并在五年规划中设定了环保目标,鼓励和促进环保和新能源产业的发展。另一方面,虽然有了完备的政策体系,但是我国的环境保护却没有收到理想的效果。② 解决这一悖论的出路是将研究的问题深入中国地方环境政治的具体情景之中。为此,需要将政治学与管理学、经济学、社会学、

---

① Wu Fengshi, "Environmental Politics in China: An Issue in Review", *Journal of Chinese Political Science*, Vol. 14, No. 4, 2009.

② Ran Ran, "Perverse Incentive Structure and Policy Implementation Gap in China's Local Environmental Politics", *Journal of Environmental Policy & Planning*, Vol. 15, No. 1, 2013.

环境科学等学科结合起来,拓宽环境问题研究视角,丰富环境政治学理论,为解决中国环境政治问题提供理论支撑。

第二,研究对象相对集中,研究视野仍需拓宽。越来越多的人已经意识到,中国的环境问题不再是单纯的经济、社会和技术层面的问题,而是一个公共政策问题。环境问题的凸显造成了严重的社会和政治后果,从而威胁到社会个体和国家的整体安全,导致政治冲突和群体性事件发生。[1] 近年来由环境污染引起的群体性事件、雾霾治理等成为我国环境政治学研究的热点,但是对于其他环境问题的研究未引起足够的重视。为了推动环境政治学的发展,我们需进一步拓宽研究视野和研究对象,把环境制度与激励、环境政策制定与执行、环保督察以及环境监管体制机制改革等环境问题纳入环境政治学研究的范畴之内。

第三,学科结构有待完善。因地方政府在环境政治中的重要性,我国的环境政治学研究多集中在地方政府环保政策的执行成效上,重点关注中央政府与地方政府的博弈、地方政府行为激励以及环境保护与经济发展的矛盾等问题,有很大的局限性。在过去的 30 多年间,中国一直实行的都是以 GDP 为核心的单维激励方式,这种制度安排在一定程度上扭曲了地方政府的环保动机。[2] 有研究指出,有些时候地方政府表面上积极实施一些在考核体系中被计入"量化问责范围"的项目,如颁布各类环境保护制度和规定、加大环境治理的人力和物力投入、发表重视环境治理的言论等,只是为了迎合中央政府关于节能降耗的目标责任制,实际上并不一定能够真正带来环境改善。[3] 如很多地方采用垃圾焚烧技术

---

[1] 刘海霞:《环境问题与社会管理体制创新——基于环境政治学的视角》,《生态经济》2013 年第 2 期。

[2] 周黎安:《中国地方官员的晋升锦标赛模式研究》,《经济研究》2007 年第 7 期。

[3] Alex L. Wang, "The Search for Sustainable Legitimacy: Environmental Law and Bureaucracy in China", *Social Science Electronic Publishing*, Vol. 37, No. 2, 2012.

来发电，但是为了提高发电量还是会使用很多煤炭，使这一技术带来的节能减排效果只是"表面文章"。环境治理能力是中国治理能力现代化的重要组成部分，提升环境治理能力要求从单一的权威管控向多元化的有效治理进行转变。未来需要从政府、企业与社会各个方面全方位研究环境政治的内容，丰富环境政治学理论，突破学科传统界限。

（二）研究展望

从研究意义来看，回顾以往研究，环境政治学在脱离其从属地位，逐渐成长为一门有其独特理论支撑的独立学科过程中，存在诸多问题；但综观全球环境现状，环境政治的研究有其必要性和迫切性，必将在日后引起越来越多的关注，发挥日益重要的作用。

从研究方法来看，除以往定性与定量研究中传统的研究方法外，学者们也在积极引入先进的研究方法，如社会网络分析方法、元分析等，利用大数据对环境政治进行研究，受到国际上自然和社会科学学者的广泛认可。在现代的研究背景和趋势下，研究方法的先进性与科学性使环境政治学保持学科的生命力，推动学科的持续深入发展，扩大学科的影响力。

从研究内容来看，我国的环境政治学不再对国际研究热点亦步亦趋，本土化趋势正日益加强。除国际广泛关注的环境政治理论、环境政党与运动、环境政策以及全球环境治理等内容外，也积极从我国的环境政治实践中探寻问题，形成了与我国环境政治实践密切相关的新兴议题。这些努力令我国环境政治学的发展更贴合我国国情，对于建设具有中国特色的环境政治学学科体系具有重要意义。

环境问题归根结底是一个综合性的问题，涉及自然科学、哲学、法学、政治学等多个学科领域，且超越国界，任何一个国家的环境问题都会不可避免地演化为全球问题。环境政治学虽然相较于其他环境类的学科起步较晚，但其在统筹各个学科来共同研究环境问题和进行环境治理方面具有无可比拟的优越性。如何在全球范围内积极吸纳环境政治的有益要素，学习和统筹各个学科的研究成果，促进我国绿色政治建设的理论与实践发展，是新时代我国环境政治学发展面临的重要课题。

结　语

"新兴学科"是政治学进一步发展的"生长点"。中华人民共和国成立 70 年来，特别是改革开放以来，政治学"补课"的重要成果即是议题以及研究领域的不断拓展。随着对议题讨论的深化和研究领域的扩展，具有较强现实观照力和理论解释力的成果不断出现，进而逐步形成了新兴学科。进入 21 世纪以来，政治学领域内出现了新兴学科繁荣发展的可喜局面，显示了当代中国政治学发展的勃勃生机，也折射出我国社会政治生活的丰富内涵与发展轨迹。

新兴学科的发展离不开火热的政治生活实践，离不开对其他学科的借鉴与融合，也与学界研究者理论创新的进取和努力分不开。70 年的政治发展历程，是政治学发展的深厚土壤。随着社会政治生活多层化发展，政治学议题的核心内容也得到深化。在社会转型升级的过程中，政治、经济、文化、社会的变迁，以及执政党自身的变化，使政治学的视野大大打开了。诸如政治心理学、民族政治学、农村政治学、空间政治学、环境政治学等都获得了一定程度的发展。这些新兴学科在大的学科体系中发育并成长、分化出来，用政治学的理论视角，采用政治学的研究范式与方法，观察与研究中国工业化、城镇化、现代化进程中的政治新现象，经过分析、归纳、总结、提炼，形成了新的认知，进而丰富了政治知识体系，并逐步提升为政治学的新的理论体系。总之，新兴学科的发展，绝非不是凭空想象、捏造，或"鹦鹉学舌"。从根本上，政治学新兴学科是社会政治生活实践发展的产物。

中华人民共和国成立 70 年来，特别是改革开放以来，社会经济生活的变迁，带来的社会利益的调整，社会阶层的分化，涌现出诸多新的政治学议题，传统的政治理论的分析框架，因缺乏一定的科学操作，无法在中观特别是微观层面对问题"聚焦"，这样就催生了新的政治学的认知方式。这些新兴学科的发展，也是不同学科知识体系、理论认知框架的互动与融合的结果。随着实践的发展，突破了政治学原有知识体系，新知识体系的建立需要借助其他学科的认知框架。新兴学科就是在两个甚至更多的学科边界地带生长起来，使得学科之间的融通成为可能。此外，几代政治学人的理论自觉也在新兴学科的发展过程中起到了重要作用。像农村政治学，即在几代政治学人的努力奋斗中，获得了比较突出的成绩，具有与世界对话的能力；而环境政治学的发展则与 21 世纪成长起来的新生代政治学者的努力息息相关。

政治学新兴学科的发展还在路上。我们已经看到了许多新兴学科的兴起，但这些学科还有很大的发展空间，需要做的工作还有很多，或者说新兴学科还不甚成熟。比如说，在学科借鉴与融合过程中，存在政治学视野弱化的问题，政治学的"地盘"一定程度上被放弃。比如，我们检视环境政治学的研究成果可见，对于政治学视野中的中国环境问题的探讨，自然科学的认知更为显见，而政治学的视野则一定上有所缺失；农村政治学的一些成果给我们的感觉还只是"政治学者在研究农村问题"，还不能完全称得上"政治学视野中的农村问题"。此外，一些重要的学科生长点还有待开发。比如，财政政治学应成为中国政治学发展的重要方面，而政治学界无论从知识结构还是从学术的敏感性等多个方面还缺乏财政学的学术意识，更缺少必备的相关知识和工具。政治学大量的工作是在研究政府，而缺乏财政政治学的视角与知识，在很多情况下就难以深入理解政府的治理行为。财政政治学本应称为一门"显学"，成为一个重要的政治学分支学科，为破解当前我国国家与社会治理中诸多问题，解决当前我国财政领域实践中普遍存在的财政困局提供了政治学学术支持，但我国政治学人尚未做到，仍需刻苦努力。

未来中国政治学新兴学科的发展，还需要在以下几方面着力。一是，理论的中国化问题仍需要下大力气解决。目前一些学科发展，还在起步中，或仍然处于"译介"阶段，自我的理论创造需要尽快提上日程。二是，要强化现实针对性的问题。政治学新兴学科最突出的特点是对火热社会生活的回应。但值得注意的是，不能在发展过程中，又陷入形而上的"怪圈"，做无谓的脱离实际的空谈。三是，在注意对其他学科的补课问题同时，不应"荒了自己的地，种了他人的田"，政治学不仅没有得到繁荣反而"退场"，这是得不偿失的。

主要参考文献

导　论

李铁映：《伟大的时代、辉煌的成就：新中国人文社会科学 50 年》，《中国社会科学》2000 年第 1 期。

汝信主编：《新时期中国政治学发展 20 年：1980—2000》，中国社会科学出版社 2001 年版。

汝信、易克信主编：《当代中国社会科学手册》，社会科学文献出版社 1988 年版。

王邦佐、潘世伟主编：《二十世纪中国社会科学：政治学卷》，上海人民出版社 2005 年版。

张友渔：《中国政治学的兴起——代发刊词》，《政治学研究》1985 年第 1 期。

第一章　国家理论研究

［美］柯文：《在中国发现历史》，林同奇译，社会科学文献出版社 2017 年版。

李大龙：《从"天下"到"中国"：多民族国家疆域理论解构》，人民出版社 2015 年版。

刘泓：《当代国外民族分离主义与反分裂研究》，中国社会科学出版社 2016 年版。

王柯：《中国，从天下到民族国家》，（台北）政大出版社 2014 年版。

于春洋：《现代民族国家建构：理论、历史与现实》，中国社会科学出版社 2016 年版。

［美］赵鼎新：《东周战争与儒法国家的诞生》，夏江旗译，华东师范大学出版社 2011 年版。

第二章 民主理论研究

陈家刚等：《社会主义协商民主制度与实践》，社会科学文献出版社 2019 年版。

房宁：《民主的中国经验》，中国社会科学出版社 2013 年版。

李铁映：《论民主》，人民出版社、中国社会科学出版社 2001 年版。

林尚立：《论人民民主》，上海人民出版社 2016 年版。

杨光斌等：《中国民主：轨迹与走向（1978—2020）》，中国社会科学出版社 2015 年版。

第三章 政党理论研究

陈明明：《在革命与现代化之间——关于党治国家的一个观察与讨论》，复旦大学出版社 2015 年版。

江金权主编：《"三个代表"与党建理论的新发展》，中共中央党校出版社 2001 年版。

李路曲：《政党政治与政治发展》，中央编译出版社 2016 年版。

林尚立：《中国共产党与国家建设》，天津人民出版社 2017 年版。

王邦佐等编著：《中国政党制度的社会生态分析》，上海人民出版社 2000 年版。

王长江：《政党现代化论》，江苏人民出版社 2004 年版。

王韶兴：《政党政治论》，山东人民出版社 2011 年版。

萧超然、晓韦：《当代中国政党制度论纲》，黑龙江人民出版社 2000 年版。

周淑真：《政党和政党制度比较研究》，人民出版社 2001 年版。

第四章　治理理论研究

王沪宁：《集分平衡：中央与地方的协同关系》，《复旦学报》（社会科学版）1991年第2期。

徐勇：《Governance：治理的阐释》，《政治学研究》1997年第1期。

荣敬本等：《从压力型体制向民主合作体制的转变》，中央编译出版社1998年版。

林尚立：《国内政府间关系》，浙江人民出版社1998年版。

俞可平主编：《治理与善治》，社会科学文献出版社2000年版。

朱光磊等：《"职责同构"批判》，《北京大学学报》（哲学社会科学版）2005年第1期。

邓正来等主编：《国家与市民社会：一种社会理论的研究路径》（增订版），上海人民出版社2006年版。

王浦劬等编译：《治理理论与实践：经典议题研究新解》，中央编译出版社2017年版。

第五章　政治制度研究

白钢：《选举与治理》，中国社会科学出版社2001年版。

蔡定剑：《中国人民代表大会制度》，法律出版社2003年版。

房宁等：《中国政治制度》，中国社会科学出版社2017年版。

浦兴祖：《中华人民共和国政治制度》，上海人民出版社2005年版。

孙哲：《全国人大制度研究》，法律出版社2004年版。

肖存良：《中国政治协商制度研究》，上海人民出版社2013年版。

张静：《基层政权：乡村制度诸问题（增订本）》，上海人民出版社2007年版。

第六章　行政管理研究

陈振明主编：《政策科学》，中国人民大学出版社1998年版。

郭济主编：《政府建设与政务公开研究》，知识出版社2001年版。

黄达强、刘怡昌主编：《行政学》，中国人民大学出版社 1988 年版。

刘怡昌、许文惠、徐理明主编：《中国行政科学发展》，中国人事出版社 1996 年版。

马骏、张成福、何艳玲主编：《反思中国公共行政学：危机与重建》，中央编译出版社 2009 年版。

田培炎：《公务员制度的理论与实践》，中国社会科学出版社 1993 年版。

魏礼群：《行政体制改革论》，人民出版社 2013 年版。

夏书章主编：《行政管理学》，山西人民出版社 1985 年版。

第七章　比较政治研究

房宁：《亚洲政治发展比较研究的理论性发现》，《中国社会科学》2014 年第 2 期。

房宁等：《民主与发展：亚洲工业化时代的民主政治研究》，社会科学文献出版社 2015 年版。

高奇琦：《比较政治学中的质性研究方法》，《比较政治学前沿》第 3 辑，2014 年。

李路曲、夏蒙：《比较政治学的学科发展、比较历史分析、政治发展与民主化研究评述》，《比较政治学研究》第 11 辑，2016 年。

罗荣渠：《现代化新论》，商务印书馆 2004 年版。

时和兴：《关系、限度、制度：政治发展过程中的国家与社会》，北京大学出版社 1996 年版。

第八章　政治思想史研究Ⅰ：中国部分

宝成关等：《中国近代政治思想史》，吉林大学出版社 1990 年版。

葛荃：《中国政治文化教程》，高等教育出版社 2006 年版。

金观涛、刘青峰：《观念史研究：中国现代重要政治术语的形成》，法律出版社 2009 年版。

刘健清、李振亚主编：《中国近现代政治思想史》，南开大学出版社

1993 年版。

刘泽华主编：《中国政治思想史》（3 卷本），浙江人民出版社 1996 年版；

刘泽华总主编：《中国政治思想通史》（9 卷本），中国人民大学出版社 2014 年版。

孙晓春：《中国传统政治哲学》（上），吉林人民出版社 2003 年版。

杨阳：《文化秩序与政治秩序——儒教中国的政治文化解读》，中国政法大学出版社 2007 年版。

张星久：《中国政治思想史》（古代部分），复旦大学出版社 2017 年版。

朱义禄、张劲：《中国近现代政治思潮研究》，上海社会科学院出版社 1998 年版。

第九章 政治思想史研究Ⅱ：西方部分

陈思贤：《西洋政治思想史》（四卷本），吉林出版集团 2008 年版。

马德普：《当代西方政治思潮》，中国人民大学出版社 2013 年版。

马啸原：《西方政治思想史纲》，高等教育出版社 2008 年版。

唐士其：《西方政治思想史》，北京大学出版社 2016 年版。

徐大同主编：《西方政治思想史》（五卷本），天津人民出版社 2005 年版。

徐大同主编：《现代西方政治思潮》，人民出版社 2003 年版。

张桂琳：《西方政治思想史》，高等教育出版社 2017 年版。

第十章 方法论研究

郭苏建主编：《政治学与中国政治研究：学科发展现状评析》，上海人民出版社 2016 年版。

郭正林、肖滨主编：《规范与实证的政治学方法》，广东人民出版社 2003 年版。

［美］寇艾伦、高敏、李侃如、墨宁主编：《当代中国政治研究：新

材料、新方法和实地调查的新途径》，段若石、胡国成、赵梅译，中国社会科学出版社 2014 年版。

臧雷振：《政治学研究方法：议题前沿与发展前瞻》，中国社会科学出版社 2016 年版。

左才：《政治学研究方法中的权衡与发展》，复旦大学出版社 2017 年版。

第十一章　新兴学科研究

政治心理学研究

胡建国：《中国中产阶层社会政治态度研究》，社会科学文献出版社 2016 年版。

季乃礼：《西方政治心理学史》，天津人民出版社 2016 年版。

卢春龙、严挺：《中国农民政治信任的来源：文化、制度与传播》，社会科学文献出版社 2016 年版。

史卫民等：《政治认同与危机压力》，中国社会科学出版社 2014 年版。

王丽萍：《政治心理学中的态度研究》，《北京大学学报》2006 年第 1 期。

张明澍：《中国"政治人"》，中国社会科学出版社 1994 年版。

郑建君：《政治心理学研究的基本内容、方法与发展趋向》，《政治学研究》2011 年第 4 期。

农村政治学研究

陈荷夫：《土地与农民——中国土地革命的法律与政治》，辽宁人民出版社 1988 年版。

贺东航：《中国村民自治制度"内卷化"现象的思考》，《经济社会体制比较》2007 年第 6 期。

贺雪峰：《地权的逻辑——中国农村土地制度向何处去》，中国政法大学出版社 2010 年版。

贺雪峰：《乡村治理的社会基础》，中国社会科学出版社 2003 年版。

吴毅：《村治变迁中的权威与秩序——20 世纪川东双村的表达》，中国社会科学出版社 2002 年版。

徐勇：《乡村治理与中国政治》，中国社会科学出版社 2003 年版。

徐勇：《中国农村村民自治》，华中师范大学出版社 1997 年版。

于建嵘：《岳村政治：转型期中国乡村政治结构的变迁》，商务印书馆 2001 年版。

张静：《基层政权：乡村制度诸问题》，社会科学文献出版社 2019 年版。

赵树凯：《乡镇治理与政府制度化》，商务印书馆 2018 年版。

民族政治学研究

宁骚：《民族与国家：民族关系与民族政策的国际比较》，北京大学出版社 1995 年版。

青觉：《中国民族政治学的发展与话语体系构建》，《探索》2018 年第 1 期。

王惠岩：《民族政治学研究的创新性力作》，《政治学研究》2002 年第 2 期。

严庆、姜术容：《当代中国民族政治学发展述评》，《民族研究》2015 年第 5 期。

周平：《民族政治学》（第二版），高等教育出版社 2007 年版。

周平：《民族政治学知识体系的构建、特点及取向》，《政治学研究》2019 年第 1 期。

周星：《民族政治学》，中国社会科学出版社 1993 年版。

空间政治学研究：

包亚明：《现代性与空间的生产》，上海教育出版社 2003 年版。

毕恒达：《空间就是权力》，（台北）心灵工坊出版社 2001 年版。

冯雷：《理解空间：20 世纪空间观念的激变》，中央编译出版社 2017 年版。

洪长泰：《地标：北京的空间政治》，（香港）牛津大学出版社 2011 年版。

环境政治学研究：

郁庆治：《环境政治学：理论与实践》，山东大学出版社2007年版。

冉冉：《中国地方环境整治：政策与执行之间的距离》，中央编译出版社2015年版。

任丙强：《地方政府环境政策执行的激励机制研究：基于中央与地方关系的视角》，《中国行政管理》2018年第6期。

肖建华：《走向多中心合作的生态环境治理研究》，湖南人民出版社2010年版。

郑石明：《政治周期、五年规划与环境污染——以工业二氧化硫排放为例》，《政治学研究》2016年第2期。

后　　记

在中华人民共和国成立 70 周年之际，由中国社会科学院政治学研究所负责组织全国政治学界以中青年科研人员为主的课题组，广泛收集和整理了 70 年来中国政治学研究的各类学术资料，系统梳理和研究中国政治学发展的历程，在此基础上编写出一部中国政治学的学术史。

在本书编写过程中，课题组按照历史性、政治性、文献性、本土性和原创性五项原则，对于 70 年来的中国政治学学术体系、学科体系以及话语体系的发展演进轨迹进行了描述和呈现。历史性体现为忠诚于历史，如其所是地呈现和展示中国政治学筚路蓝缕、一路前行的学术探索历程；政治性意味着政治学学术研究要"讲政治"，学术史源于中华人民共和国成立 70 年来的政治实践、政治建设和政治发展。作为意识形态、学理形态的学术史，要紧密联系和如实反映现实中的政治实践形态；文献性是学术史研究中题材与资料选择取舍的重要标准，我们力求选择 70 年来政治学研究中最有代表性、最重要和最具有现实影响力的学术成果，进行研究和展示；本土性则是力求反映和展现中国政治学从西学东渐到逐步形成本土化政治学体系的过程，重点反映从中国政治实践基础上产生和形成的中国化的政治学知识；原创性是科研学术追求的最高标准。当代中国仍处于社会主义初级阶段，1949 年以来政治学发展经历了坎坷与曲折，中国政治学发展仍处于探发展之中，与法学等相近社会科学学科相比还处于不够成熟阶段。但中华人民共和国成立 70 年来，中国政治学研究中仍然产生出大量具有原创性的学术成果,我们在本书中尽量予以发掘和展现。

在本书的最后需要专门说明一点是本课题组的组成情况。根据中国社会科学院科研局的意见,本课题由我本人负责。在遴选课题组成员的过程中,我们搞了"五湖四海",面向全国政治学界精选以中青年为主的优秀学者和科研骨干,组成研究和写作队伍。"70后"是本课题组的主体。这样做是为了便于集中全国政治学界的智慧,更是着眼于未来。目前"70后"为主体的中青年学者已经日益成为中国政治学界的主力,他们有着良好学术基础和研究功力,在时间紧、任务重的情况下,事实证明他们具备完成这项重要任务的能力。中国政治学70年的发展凝聚了几代政治学人努力与心血。回顾70年,出生于20世纪50年代的"50后"群体是过去70年学术研究的主要承载者。编写学术史要客观、中立,由"70后"年轻一代承担编写任务,有利于保持学术研究的客观性。展望未来,中国政治学必将迎来一个更加繁荣、更加成熟的新阶段。今天的"70后"以及更加年轻的一代学人,将是中国政治学80年、90年乃至100年的主力。他们将创造出中国政治学辉煌的未来,将总结前70年的任务交给他们也是对中国政治学未来的一种期许。

本书研究与撰写工作分工如下：主编房宁,负责全书研究编写框架的设计、各章撰写提纲的审定和全部书稿的审阅和修订；王炳权协助主编完成各项相关工作；导论中国政治学70年发展：王中原；第一章国家理论研究：郭忠华；第二章民主理论研究：李俊；第三章政党理论研究：柴宝勇、周悦；第四章治理理论研究：任勇；第五章政治制度研究：陈文、陈科霖；第六章行政管理研究：孙彩红；第七章比较政治研究：郑振清；第八章政治思想史研究Ⅰ：中国部分：杨阳、颜德如；第九章政治思想史研究Ⅱ：西方部分：佟德志；第十章方法论研究：左才；第十一章新兴学科研究,政治心理学研究：季乃礼、阴玥,农村政治学研究：张大维,民族政治学研究：白利友,空间政治学研究：宋道雷,环境政治学明。此外，丰俊功、陈宇慧为全书研究撰写做了大量服务工作。

中华人民共和国成立70年来，中国政治学伴随着中国政治发展走过了一条艰难探索的道路，也伴随着改革开放迎来了繁荣发展的新时期。在70年的发展中，特别是改革开放以来"补课"的40年来，中国政治学初步形成了自己的知识体系、学科体系。然而，政治学发展演化的路径复杂，学科发展枝蔓繁杂，这反映出中国政治学学科发展尚未成熟定型，同时也给学术史的研究与概括带来了众多难题。本书的写作是一个对70年来学术、学科发展的海量资料反复梳理、斟酌取舍的科研过程。尽管课题组全体成员未敢有丝毫疏忽懈怠，尽心尽力地认真研究、写作，但限于学术视野、研究能力与水平，加之时间仓促，书中有挂一漏万、欠妥失衡之处，肯定是在所难免。在此，恳请读者和学界方家予以谅解，并希望得到读者与方家的指教。

本书全体作者谨以虔诚之心向所有那些为中国政治进步和政治学建设发展做出贡献的人们，致以敬意和感谢！

房　宁

2019 年 8 月 25 日